上海奉贤经济发展分析与研判（2017~2018）

ECONOMY OF SHANGHAI FENGXIAN: ANALYSIS AND FORECAST (2017-2018)

主　编／张兆安　朱平芳
副主编／张　淼　邱俊鹏

社会科学文献出版社
SOCIAL SCIENCES ACADEMIC PRESS (CHINA)

图书在版编目(CIP)数据

上海奉贤经济发展分析与研判. 2017－2018 / 张兆安，朱平芳主编. －－北京：社会科学文献出版社，2018.3
（上海蓝皮书）
ISBN 978－7－5201－2401－0

Ⅰ.①上…　Ⅱ.①张…　②朱…　Ⅲ.①区域经济发展－经济分析－研究报告－奉贤区－2017－2018②区域经济发展－经济预测－研究报告－奉贤区－2017－2018　Ⅳ.①F127.513

中国版本图书馆 CIP 数据核字（2018）第 048170 号

上海蓝皮书
上海奉贤经济发展分析与研判（2017～2018）

主　　编 / 张兆安　朱平芳
副 主 编 / 张　淼　邸俊鹏

出 版 人 / 谢寿光
项目统筹 / 谢蕊芬
责任编辑 / 谢蕊芬 等

出　　版 / 社会科学文献出版社 · 社会学出版中心（010）59367159
地址：北京市北三环中路甲 29 号院华龙大厦　邮编：100029
网址：www.ssap.com.cn
发　　行 / 市场营销中心（010）59367081　59367018
印　　装 / 北京季蜂印刷有限公司

规　　格 / 开 本：787mm × 1092mm　1/16
印 张：23　字 数：348 千字
版　　次 / 2018 年 3 月第 1 版　2018 年 3 月第 1 次印刷
书　　号 / ISBN 978－7－5201－2401－0
定　　价 / 99.00 元

皮书序列号 / PSN B－2018－698－8/8

上海蓝皮书·奉贤经济
编　委　会

主编简介

张兆安　男，1959年1月出生，汉族，研究生，博士学位，研究员。上海市人民政府发展研究中心咨询部主任、上海经济年鉴社主编、全国人大代表、民建中央委员、民建中央经济委员会副主任。现任上海社会科学院副院长。自1983年以来一直在上海社会科学院以及市政府决策咨询机构从事经济理论、决策咨询和新闻出版工作。主持或参与了上海市内外一百余项的课题研究，撰写的研究报告有一百二十余篇，并连续6年参与主编或主持了《上海经济年鉴》的编辑出版工作，在上海乃至全国获得了较高评价。

朱平芳　男，1961年9月出生，汉族，博士学位，研究员。上海社会科学院研究生院院长，数量经济研究中心主任，享受政府特殊津贴，上海市领军人才。从事计量经济学的教学工作，研究方向为计量经济学理论与方法、宏观经济预测分析与政策评价等。目前，研究专长为计量经济学、宏观经济预测分析与政策评价、科技进步评价与分析。在国内外经济学权威学术刊物《经济研究》、《统计研究》和 *Journal of Business & Economic Statistics* 等上发表论文二十多篇。多年主持上海市政府发展研究中心和上海市科学技术委员会软科学项目，对上海市2007～2016年主要经济指标的预测与分析取得了较好的效果。

张　淼　女，1976年4月出生，汉族，硕士学位，副教授、会计师、经济师。中共上海市奉贤区委党校经济与区域发展研究中心副主任，长期从事经济领域的教学和科研工作，主要研究方向为区域经济学、金融学。先后在国家、省级刊物公开发表论文二十余篇；参编教材、论著四部，共二十余万字；主持、参与多项省部级、市级科研课题，获不同层次奖励，并形成咨政成果。

邸俊鹏 女，1980年8月出生，汉族，博士学位，上海社会科学院数量经济研究中心助理研究员。曾主持国家自然科学基金青年项目、上海市哲学社会科学一般项目、上海市科学技术委员会软科学项目等，在权威期刊《统计研究》《数量经济技术经济研究》《教育研究》等刊物上公开发表学术论文十余篇。

摘　要

2017年奉贤区主动适应上海市经济发展的新常态，全力推进区经济转型升级和创新发展，把握稳中求进的工作总基调，坚定不移地推进供给侧结构性改革，以提高经济增长质量和效益为中心，统筹推进落实稳增长、促转型、补短板、惠民生、防风险的各项政策措施。本书从奉贤区经济发展的基本面和结构入手，分析农业经济、工业经济、服务业经济，投资、消费、贸易三大需求，以及财政收入和房地产市场的运行态势，并对区内企业和园区创新发展，美丽健康产业、新能源、新材料等新产业，以及新型城镇化、生态文明、文化产业等特色经济做了专题研究。

研究结果表明，2017年奉贤经济发展总体呈现三大特征：经济发展稳中向好，产业结构不断优化；需求增长持续发力，动能基础逐步夯实；收入水平显著提升，民生事业蓬勃发展。结合内外部宏观经济形势和区内经济发展状况，预判2018年全区经济结构将进一步优化，新经济动能将持续发力，美丽奉贤建设将稳步推进，全年有望实现6.5%左右的增长。与此同时我们也注意到，新时代奉贤的经济发展机遇与挑战并存，要牢牢把握产业能级提升、创新创业集聚、空间布局优化、文化魅力塑造等诸多机遇，同时谨防实体经济与虚拟经济失衡、经济动能不足和人才服务不配套等方面的问题。为了确保“十三五”任务顺利完成，建议重视实体经济发展，积极营造创新创业环境，完善人才服务配套机制，充分发挥自身优势，深入对接区域发展战略。

关键词： 奉贤经济　创新发展　贤文化

前　言

选择上海的一个远郊行政区作为经济发展长期跟踪研究的对象，具有典型意义，也是一种全新的尝试。作为上海的远郊区，奉贤区的经济发展承担着独特的功能，研究奉贤区经济发展的转型升级，对上海深度融入和引领区域经济发展具有战略意义。

首先，我们将对奉贤区近年来尤其是2017年度经济发展所取得的进展进行跟踪分析。重点对奉贤区2017年度农业、工业、服务业、房地产业、消费品市场、固定资产投资、对外经济、财政运行状况作深入分析，对取得的经验加以总结提炼，并在此基础上，对奉贤区2018年的经济发展形势进行预判。

其次，我们也将近年来对影响奉贤经济发展的一些重大问题、需要破解的一些重大难题进行专项研究。

应该清醒地看到，奉贤区经济发展还面临不少困难和挑战，奉贤区人民日益增长的美好生活需要和发展、新城建设和其他区域的发展差距较大，城市资源配置问题凸显，其他区域资源配置和使用效益相对较低，如何统筹兼顾发展需要作深入研究。

本书对当前奉贤区中小企业发展状况、新材料新能源产业发展状况、经济园区转型升级、特色小镇建设路径、生态旅游产业发展、贤文化引领区经济发展、国家新型城镇化建设、“东方美谷”美丽健康产业建设等进行了专题研究。

从中长期来看，仍有以下一系列问题需要进一步研究。

从科创建设看，如何主动对接上海科创中心建设，成长为符合上海科创中心建设要求的新空间？如何进一步深化中小企业科创活力区建设，推进科技成果更快地转化为现实生产力，争取奉贤区高新技术企业和市级科技小巨人企业集聚？如何大力发展和培育创业载体，深化社区、校区和园区创业服务，打造全覆盖的创新创业“支持链”？

从产业推进看，如何进一步完善区产业结构从而成为上海产业生态的有机组成部分？如何整合、叠加市、区两级政策，做强“东方美谷”品牌，打造先进制造业重要承载区？如何改革招商引资体制，以专业化市场化为方向集聚产业界人才？如何打造奉贤区特色农产品品牌，强化农业科技创新和推广，发展现代种源产业？

从区域定位看，如何以国家新型城镇化综合试点和全市城乡一体化专项改革试点为主线，精准定位上海南部中心城市和杭州湾北岸综合性服务型核心城市功能？

从特色小镇建设看，在建设特色小镇中产业定位如何突出“特而强”、功能叠加如何力求“聚而合”、建设形态如何展现“精而美”、开发机制如何体现“新而活”？如何结合奉贤的现状，因地制宜培育以农业科技、文化体育和生态旅游为特色的高端农业类特色小镇，以美丽健康、新能源等重点产业为特色的产业升级类特色小镇，以金融服务、智慧智能、互联网大数据等为特色的创新转型类特色小镇？

从国资国企改革看，如何以“农艺公园”建设和“镇园区管”为重要平台，推动国有、集体经济联合发展、联动发展和融合发展？如何探索发展混合所有制经济，支持和鼓励符合条件的国企通过多种方式与优质民企进行股权融合、战略合作、资源整合？

本书是对奉贤区经济发展跟踪研究的一个开始。针对上述问题，我们将在今后的奉贤经济蓝皮书中给予深入研究。

是为序。

上海社会科学院副院长
张兆安
2017 年 12 月 12 日

目　录

Ⅰ　总报告

Ⅱ　分析研判篇

Ⅲ 专题研究篇

总 报 告

General Report

B.1

2018年上海奉贤经济形势分析与预测

朱平芳　邱俊鹏　李世奇*

摘　要： 2017 年奉贤经济发展总体呈现三大特征：经济发展稳中向好，产业结构不断优化；需求增长持续发力，动能基础逐步夯实；收入水平显著提升，民生事业蓬勃发展。结合内外部宏观经济形势，预判2018 年全区有望实现6.5%左右的增长。新时代奉贤的经济发展机遇与挑战并存，要牢牢把握产业能级提升、创新创业集聚、空间布局优化、文化魅力塑造等诸多机遇，同时也要谨防实体与虚拟经济失衡、经济动能不足和人才服务不配套等方面的问题。为了确保“十三五”任务

* 朱平芳，上海社会科学院研究生院研究员，博士生导师，主要研究方向为计量经济学、宏观经济预测分析与政策评价、科技进步评价与分析；邱俊鹏，经济学博士，上海社会科学院经济研究所、数量经济研究中心助理研究员，主要研究方向为计量经济学理论及其在政策评估中的应用研究；李世奇，上海社会科学院数量经济研究中心经济学博士研究生，主要研究方向为宏观经济增长与科技创新政策评估。

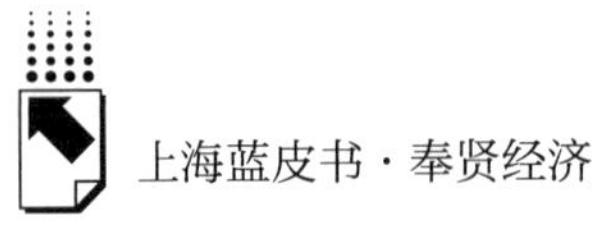

顺利完成，建议重视实体经济发展，积极营造创新创业环境，强化留住存量和引进增量的人才储备意识，充分发挥自身优势，深入对接区域发展战略。

关键词：　奉贤经济　美丽健康产业　特色小镇

一　2017年奉贤经济发展状况

奉贤区2017年主动适应上海市经济发展的新常态，全力推进经济的转型升级和创新发展，把握稳中求进的工作总基调，坚定不移推进供给侧结构性改革，以提高经济增长质量和效益为中心，统筹推进稳增长、促转型、补短板、惠民生、防风险的各项政策措施落实见效。

（一）经济发展稳中向好，产业结构不断优化

经济运行稳中趋进，增长质量逐步提高。2017年奉贤全区实现增加值779.3亿元，同比增长6.9%，三次产业结构进一步优化。自2011年来，奉贤区增加值中二产占比缓慢下降，三产占比快速上升。从2017年三季度末全区的增加值构成来看，二产仍然占据主导地位。考察产业构成的变化，可以发现第一产业增加值为12.3亿元，同比下降18.8%，占全区增加值的比重为1.60%；第二产业增加值为419.9亿元，同比增长6.6%，占全区增加值的比重为53.9%，对全区增加值的贡献最为显著。第三产业增加值为347.1亿元，同比增长7.2%，占全区增加值的比重为44.9%。三次产业结构达到1.6∶53.9∶44.9，其中第一产业比重比去年下降0.6个百分点，第二产业比重下降0.5个百分点，第三产业比重上升1.1个百分点。

2017年奉贤全区实现财政总收入403.2亿元，地方财政收入达到128.1亿元，分别增长31.7%和24.8%，增速均为全市第一。从税收贡献来看，2017年，全区税收收入为380.9亿元，同比增长33.4%，其中第一产业税

收收入0.31亿元，占全区比重为0.08%，同比下降5%；第二产业税收收入为211.02亿元，占全区比重为55.4%，工业税收收入为192.42亿元，占全区比重超过五成，成为税收的主要来源。第三产业税收收入169.54亿元，同比增长19.2%，占全区比重为44.51%；从三产内部结构来看，房地产业和批发零售业税收收入排名靠前，分别为55.33亿元和52.11亿元，同比分别增长9.0%和27.3%。从固定资产投资来看，奉贤区第三产业居于主导地位。具体来看，奉贤区第一产业为0.042亿元，同比下降85.5%，占比0.01%；第二产业固定资产投资为88.86亿元，同比上升4.5%，占比24.31%；第三产业固定资产投资为276.55亿元，同比增长28.4%，占比75.67%。

奉贤区产业结构调整与升级的步伐和创新驱动与转型发展正在稳步推进。具体表现在如下三个方面。

一是奉贤区农业结构优化调整。2017年奉贤区农业总产值为32.77亿元，比上年下降18.8%。从2016年的情况看，种植业产值为19.9亿元，同比下降10.0%；从农业结构来看，在传统种植业占比下降的同时，畜牧业、林业、农林牧渔服务业产值占比总体上呈现增长态势；从2010年到2016年，奉贤区畜牧业产值占比从28.6%增加到29.2%，林业产值占比从2.4%增加到3.2%，农林牧渔服务业产值占比从1.1%增加到3.2%。表明奉贤区农业产值尽管有所下降，但是整个农业结构更趋合理。

二是工业经济走势逐步趋稳。2017年奉贤区工业增加值为361.7亿元，同比增长3.7%，出现稳步回升态势。全区工业总产值达到1754.7亿元，同比增长1.3%。其中规模以上工业总产值1421.8亿元，与去年持平。在不同注册登记类型的工业总产值中，国有企业工业总产值出现较大幅度下滑，集体企业工业总产值大幅增长，股份及股份合作制、外商及港澳台商企业以及私营企业工业总产值均出现不同幅度的增长，其中私营企业、股份及股份合作制企业增速低于全区平均水平；与此同时，股份及股份合作制、私营企业在全区工业总产值中所占比重均有所下滑。当然这与拆除违章建筑、倒逼产业结构升级和上海总体商务成本的提高有着重要的关系。2017年奉贤完成工业总产值1799.3亿元，比上年增长7.3%。其中，规模以上工业总产值1565.4亿元，较上年增长7.3%，占全区工业总产值的比重为87.0%。产值前百位企业支撑作用显著，考察2016年的数据，发现其实现规模以上产值875.9亿元，同比增长8.9%，增幅高于平均水平，占全部规模以上工业产值的比重高达57.4%，比上年上升1.9个百分点。

奉贤区工业经济发展总体上与上海产业结构调整与升级的方向高度一致。在迎接“中国制造2025”与上海构建全球有影响力的科技创新中心过程中，奉贤区主动对接、积极作为，充分发挥原有优势，淘汰落后产能，其调整路径沿着“减量增质、减能增效”的基本方向，区内工业企业发展质量不断提升，主营利润率攀升的同时单位产值能耗也在不断下降。工业行业中的八大重点行业整体发展平稳向好。2017年，八大重点行业实现规模以上工业产值797亿元，同比增长4.6%。年内，八大重点行业总体平稳，产值增长呈现“五升三降”格局。先进设备和汽车配件实现两位数增长，分别增长22.0%和11.0%，精细化工、生物医药和新材料行业稳中有进，分别增长8.4%、8.5%和3.5%，电子信息和新能源行业下滑明显，降幅达到两位数，智能电网行业情况稍好，仅下降1.8%。工业经济效益明显改善。2017年，规模以上工业企业实现主营业务收入1501.2亿元，同比增长10.9%，实现利润总额132.9亿元，同比增长20.2%。

三是服务业继续保持增长态势，批发零售业贡献显著。从服务业内部结构来看，2017年1~9月，除房地产业外，其他主要行业增加值均呈增长趋势。具体来看，批发和零售业增加值为64.30亿元，同比增长9.3%，占服务业增加值比重为25.53%，对服务业增加值贡献最大。住宿、餐饮业增加值为10.02亿元，同比增长8.9%，占服务业增加值比重为3.98%；信息传输、软件和信息技术服务业为30.01亿元，同比增长5.4%，占服务业增加值比重为11.92%；金融保险业增加值为32.82亿元，同比增长7.4%，占服务业增加值比重为13.03%。从货币信贷看，截至2017年12月，银行存款余额1570.07亿元，同比增长14.7%，其中企业存款为786.5亿元，占比超过五成；银行贷款余额1244.83亿元，同比增长

19.8%，其中企业贷款为808.1亿元，占据主要份额。旅游品牌不断提升，旅游业发展迅速。2017年，全区旅游业营业收入36.13亿元，同比增长5.2%，接待人数950.11万人，同比增长6.1%。其中，旅行社营业收入2.4亿元，同比增长5.8%；旅馆饭店营业收入16.51亿元，同比增长5.4%；旅游景点营业收入17.17亿元，同比增长5.0%，在旅游业的营业收入份额中所占比重最大。总体来看，奉贤区传统服务业仍处于主导地位，金融服务、信息服务、科技研发、创意设计等高技术含量、高附加值的行业比重有待进一步提高。

消费品市场发展稳中趋缓。2017年社会消费品零售总额490.3亿元，比上年增长10.0%，增速较上年回落2个百分点。其中，吃的商品零售额107.3亿元，同比增长11.0%；穿的商品零售额60.9亿元，同比增长10.4%；用的商品零售额207.7亿元，同比增长12.5%；烧的商品零售额64.3亿元，同比增长2.1%。分经济类别看，国有、集体、私营、其他经济分别为6.1亿元、57.3亿元、219.7亿元和157.0亿元，分别比上年同期增长10.4%、11.2%、10.8%和9.0%。分行业看，批发和零售业零售额342.8亿元，同比增长10.0%；住宿和餐饮业零售额72.7亿元，同比增长6.7%。

奉贤区服务业城乡私营企业表现优秀。2016年，奉贤区私营企业数为201509户，服务业158432户，占比高达78.6%，体现出在奉贤的市场主体中，服务业占有很大优势，其中，批发和零售业的户数最多（71586户），占奉贤区服务业总体的45.18%；从私营企业投资者人数来看，奉贤区共有投资者338165人，服务业投资者266174人，占比78.7%，其中批发和零售业投资者人数最多；从城乡私营企业的雇工人数来看，奉贤私营企业共吸纳就业人数1500676人，服务业为1156814人，占比77.09%，成为吸纳就业人员的主渠道，其中批发和零售业贡献最大，雇工人数517988人，占比44.78%，接近五成；从城乡私营企业注册资本来看，奉贤区私营企业注册资本为6873.64亿元，服务业为5594.3531亿元，占比81.39%，成为吸纳资金的主要渠道，其中租赁和商务服务业处于优势，注册资本2016.69亿元，占比36.05%。

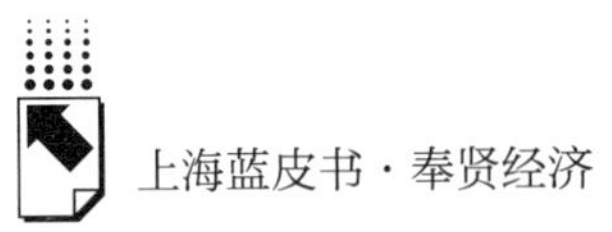

（二）需求增长持续发力，动能基础逐步夯实

2017 年，奉贤区在区委、区政府的领导下，全区上下围绕“奉贤美、奉贤强”的战略总目标，需求端延续了 2016 年的稳定态势。前三季度需求端在“消费品市场、固定资产投资、进出口、房地产市场”四大方面呈现以下特点。

消费品市场稳中趋缓。2017 年在国内宏观经济平稳转型的背景下，全区深入推进产业结构调整，强力促进以改善民生为核心的消费需求增长，着力提高居民消费能力，全区消费品市场呈现稳中趋缓的发展态势。2017 年全年社会消费品零售总额535 亿元，同比增长9.1%。回溯2016 年，社会消费品零售总额为490.3 亿元，比上年增长10.0%，增速较上年回落2 个百分点。其中，1~9 月吃的商品零售额为 107.3 亿元，同比增长 11.0%；穿的商品零售额为60.9 亿元，同比增长10.4%；用的商品零售额为207.7 亿元，同比增长 12.5%；烧的商品零售额为 64.3 亿元，同比增长 2.1%。2007~2016 年，奉贤区居民消费市场有结构性的转变。其中，在 2014~2016 年，吃的商品和穿的商品出现了负增长的趋势之后转而增长。用的商品在2014~2016 年保持了持续增长的趋势，到 2016 年底，用的商品零售总额保持在207.7 亿元。烧的商品在 2014 年迅速增长，之后稳定在 60.9 亿元。

分经济类别看，国有、集体、私营、其他经济的消费品零售额分别为6.1 亿元、57.3 亿元、219.7 亿元和 157.0 亿元，分别比上年同期增长10.4%、11.2%、10.8%和 9.0%，分别占社会消费品的 1.0%、13.0%、50.0%和 36.0%。可以看出奉贤区，私营经济社会消费品占有率是最高的，国有经济社会消费品占比最低。分行业看，批发和零售业零售额为 342.8 亿元，同比增长 10.0%；住宿和餐饮业零售额为 72.7 亿元，同比增长 6.7%。批发和零售业零售额增长速度快于社会消费品零售总额。

固定资产投资企稳回升。2017 年奉贤区完成全社会固定资产投资总额365.46 亿元，同比增长 21.6%。从产业投向看，工业投资 88.86 亿元，同比增长 4.5%，所占比重为 24.31%；房地产开发投资 185.17 亿元，占奉贤区总固定资产投资的比重逐年上升，从2006年的23.83%上升至2017年的50.67%，表明奉贤区固定资产投资对于房地产投资依赖较重。2017年，奉贤区施工项目314个，同比增长17.2%；新开工项目147个，同比下降21.4%。

从2007年到2017年，奉贤区固定资产投资的产业结构发生了很大的转变，产业结构进一步优化。其中，2011年奉贤区第三产业固定资产投资首次超过第二产业固定资产投资。自2007以来，上海市奉贤区固定资产投资完成总额保持稳定增长的趋势，投资规模持续扩大，但是增长速度在2011年与2012年出现大幅下降，至2013年和2014年连续两年出现负增长，2013年同比下降3.01%，2015年和2016年缓慢回升，2016年增长2.96%；2017年出现较大幅度增长，达到21.6%。基于奉贤区经济结构进一步调整和重点项目开工支撑，预期奉贤区固定资产投资将保持较快增长，将有效改善奉贤区基础设施状况、支撑经济增长。

对外贸易降幅收窄转升。2017年1～11月实现进出口总额675.19亿元，同比增长15.8%，其中出口总额404.30亿元，同比增长12.1%，进口总额270.89亿元，同比增长21.9%。回溯2016年，奉贤进出口总值为644.2亿元，同比下降3.1%，降幅比上年有明显收窄。其中出口总值为399.0亿元，同比下降3.1%，进口总值为245.1亿元，同比下降2.9%，净出口小幅下降3.4%，降幅比去年收窄15个百分点，奉贤进出口总值占上海进出口总值的2.25%。近两年来，奉贤进口的同比降幅明显小于出口。从出口与进口增速的分化来看，奉贤的经济发生了结构上的变化。2015年和2016年连续两年出现负增长，一方面是国际经济复苏较为乏力，另一方面则是在供给侧结构性改革的背景下上海以及奉贤自身产业结构转型所致。具体来看，奉贤的贸易结构近年来发生了极大的变化，一般贸易取代加工贸易成为奉贤对外贸易的主力军。2016年，一般贸易同比增长6.88%，占比59.61%，加工贸易同比下降22.22%，占比28.79%。由于加工贸易已经降低到一个较低的基数水平，所以尽管2017年和2018年加工贸易仍然会保持较大的降幅，但对总体贸易的影响并不会很大，相反随着一般贸易的稳步增加，相信奉贤未来对外贸易的发展不仅从总量上会进一步增加，结构也会进

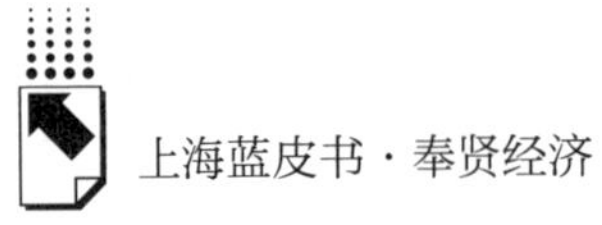

一步优化升级。

外商投资企业近十年来一直是奉贤对外出口的主体，与此同时，民营企业也扮演了重要角色。从企业性质来看，奉贤的出口结构在朝着积极的方向变化，对外出口从较大程度依赖外商投资企业向外商投资与民营企业并重发展转变。2016 年，外商投资企业出口同比下降 6.0%，占比 62.77%，民营企业出口同比增长 6.0%，扭转了 2015 年下降的趋势，占比 36.96%。相对而言，外商投资企业受到国际环境的冲击较民营企业更大，尽管民营企业出口增速的波动性较大，但随着奉贤民营企业的竞争力逐步加强，预计未来民营企业对奉贤外贸发展的支撑作用会进一步增强。从地域分布来看，奉贤的出口主要集中在综合开发区、闵行出口加工区以及南桥镇等三个镇（区），奉贤的出口活动具有一定的集聚效应，集中度较高。未来随着新兴出口企业自身规模的不断扩大，奉贤的对外出口不论是规模还是结构都会进一步健康发展。亚洲作为奉贤最大的出口目的地和进口来源地，2016 年出口和进口分别同比下降 7.4% 和 11.5%，亚洲出口的占比基本上稳定在 45% 左右，而亚洲进口的占比近年来则不断下降。北美洲在 2013 年超过欧洲成为奉贤第二大出口目的地。欧洲作为奉贤第三大出口目的地和第二大进口来源地，2016 年出口和进口分别下降 3.2% 和增加 17.0%，占比为 17.28% 和 33.51%。欧洲进口的占比连续六年不断攀升，2016 年首次出现欧洲进口大于出口的现象。

房地产市场先扬后抑。2016 年奉贤房地产经历了新一轮的增长，2016 年房地产增加值是 43.48 亿元，占 GDP 总量的 5.96%，同比增长 18.56%。房地产开发计划投资总额是 241.50 亿元，同比增长 27.95%；相对应，2016 年的房屋施工面积是 9452202 平方米，同比增长 17.04%，达到历史最高。房地产开发投资完成额是 153.84 亿元，比 2015 年增长 5.25%，其中，住宅完成投资额 91.2 亿元，比 2015 年增长 9.31%。房屋新开工面积达 3511561 平方米，是 2015 年的 2 倍，其中，住宅新开工面积 249.41 万平方米，占本年房屋新开工面积的 71%，同比增长 78.78%。各项数据指标都反映了 2016 年奉贤房地产市场行情较好。2017 年全年，房地产开发投资累计 185.17 亿元，同比增长20.4%；房屋建筑施工面积累计13953996平方米，同比增长8.8%；房屋建筑竣工面积累计1796350平方米，同比下降148.3%，增长速度较快。2017年12月，房地产开发投资404525万元，房屋建筑施工面积988402平方米。2017年全年，现房销售额累计330788万元，同比下降25.8%，期房销售额累计538079万元，同比下降54.9%，表明2017年上半年房地产市场有很大程度的回落。2017～2018年，一方面，上海楼市商品住宅成交平稳，另一方面，房企拿预售证难度增加。在房地产政策严控的大环境下，奉贤房地产市场均价将进入一段理性调整期。

总的来说，2017年，消费品市场发展稳中趋缓，社会消费品零售总额达535亿元；固定资产投资企稳回升，全社会固定资产投资总额达365.46亿元；对外贸易降幅收窄转升，进出口总额675.19亿元；房地产市场先扬后抑，房地产开发投资累计185.17亿元，体现需求端增长持续发力，动能基础逐步夯实。

（三）收入水平显著提升，民生事业蓬勃发展

在经济不断下行的压力下，奉贤区立足由“少年奉贤”向“青春奉贤”的方向转变，坚定“调结构、转方式”的基调。前三季度奉贤区居民收入水平显著提升，民生事业蓬勃发展。

居民收入水平显著提升。2017年1～9月全区居民人均可支配收入为30561元，比上年同期增长8.9%，农村常住居民人均可支配收入为22440元，比上年同期增长8.4%；全区居民人均消费支出为17848元，比上年同期增长9.2%，农村常住居民人均消费支出为12305元，比上年同期增长6.7%。2007～2017年奉贤区人均可支配收入保持快速增长，城镇居民人均可支配收入从2007年的18028元增加到2016年的44056元，农村居民人均可支配收入从2007年的9560元增加到2016年的25565元，年均增速都在10%以上，保持了快速增长的趋势，居民收入水平显著提升。截至2016年末，平均每百户居民家庭耐用消费品拥有量：家用汽车34辆，空调137台，移动电话225部，计算机71台。平均每百户农村常住居民耐用消费品拥有

量：家用汽车18辆，彩电142台，洗衣机73台，热水器51台，移动电话211部，空调93台，计算机45台。年末全区居民人均住房面积43.3平方米；农村常住居民人均住房面积50.5平方米。人民生活水平显著提高。

财政收入与财政支出保持快速增长。纵观近年奉贤区财政收入，2012～2017年全区财政总收入分别为188.44亿元、209.39亿元、234.18亿元、264.88亿元、306.13亿元、403.19亿元，相比上年增长率分别为10.2%、11.1%、11.8%、13.1%、15.6%、31.7%，保持了较快的增长趋势。奉贤区加大了对重大基础设施和市政配套建设的力度，健全社会救助体系，完善城乡居民最低生活保障制度，加大困难群体的应急性救助；加强住房保障，支持旧区改造、“城中村”改造和旧住房综合整治、农村危房改造等工程。加快社会事业发展，支持教育综合改革，支持医疗卫生体系建设，保障重大医疗基础设施建设，进一步提高农村基本医疗卫生服务水平。支持文化和体育事业发展。支持养老服务体系建设，加强绿色生态和环境建设。加强农村环境改善的财力支持，持续保障美丽乡村建设。民生事业蓬勃发展。2017年1～9月，奉贤区财政（预算）支出181.83亿元，同比增长24.7%。其中，一般公共服务支出4.18亿元，同比下降1.8%；教育支出15.14亿元，同比增长3.8%；文化体育和传媒支出1.32亿元，同比增长18.6%；社会保障和就业支出13.37亿元，增长4.7%；节能环保支出3.10亿元，增长105.5%；城乡社区事务支出11.87亿元，同比增长61.5%；农林水事务支出18.04亿元，增长49.7%。

稳步推进社会事业，人民群众获得感不断增强。全力推进创业型城区建设。2017年1～9月，奉贤区就业创业工作稳步推进，实现新增就业岗位22425个，城镇登记失业人数5153人，职业技能培训12286人。公共体育设施建设管理日趋完善。新建健身苑点21个、市民益智健身点16个、市民健身步道12条、社区足球场1个和市民健身房2个。全区已建成健身苑点537个、社区公共运动场23个、农民体育健身工程194个、百姓健身步道36条、百姓健身房15个、百姓游泳池3个、灯光球场1个和区级体质监测中心1个。全区体育场地面积达260万平方米，人均体育场地面积达2.27

平方米。文化服务阵地建设持续推进。完成区博物馆新馆立项选址及项目建设前期工作。截至2016年底，全区15家社区文化活动（分）中心建成并投入运行。已建村（居）级文化设施数量226个，村级文化设施场所面积10.89万平方米。区图书馆流通人次达159.89万人次。

社会保障水平持续提升。至2016年末，奉贤区全区共有各级各类卫生计生机构257所（含村卫生室）。其中：医院12所（其中1所分支机构），基层医疗卫生机构232所，专业公共卫生机构8所，其他卫生机构5所。全区医疗机构实有床位4826张，其中公立医疗机构4406张，民营医疗机构420张。全区卫生人员6536人。2017年8月末，城乡居民养老保险缴纳人数357228人，基本医疗保险缴费人数357228人，失业保险缴费人数350439人，社会保险覆盖范围持续扩大，养老保障水平不断提升。老年福利事业不断加强，持续推进城乡居保和征地养老人员的参保和扩覆工作。至2016年末，全区60周岁以上户籍老年人口已达到15.9万人，占户籍总人口的29.9%。全区现有养老机构34家，养老床位5445张，占户籍老年人口的3.4%。2017年1~8月，城镇居民低保人数为26195人，农村居民低保人数为7700人，社会救助帮困工作积极推进。

住房保障工作全力推进。至2016年末，奉贤区廉租住房新增租金配租37户，做到了“应保尽保”。完成年内批次共有产权保障房申请、受理工作，238户家庭递交了申请。公共租赁住房竣工128套，完成率100%。完成10.68万平方米老旧住房安全隐患处置（含2.09万平方米直管公房改造）和17.08万平方米老旧住房综合改造工程。奉贤区已签约的商品房配建保障房项目43个，合计3493套27.1万平方米。

二 2018年奉贤经济运行展望

（一）走势研判

2017年上半年，在全球制造业与贸易的周期性复苏以及全球金融市场相对稳定的背景下，世界经济出现向好势头，多家机构调高了 2017 年、2018 年两年世界经济增速的预期。国际货币基金组织（IMF）已连续三次上调中国 2017 年经济增长预期。

上海结构调整与转型所带来的经济运行向好态势有所持续。2017 年三季度上海 GDP 同比增长 7.0%，主要得益于第二产业的快速回升和第三产业的稳健增长，我们发现自 2011 年 1 季度起第二产业累计同比增速首次超过第三产业增速。其中工业，交通运输、仓储和邮政业，信息传输、软件和信息技术服务业与金融业的贡献较大。三次产业对上海经济增长的贡献一直呈现“三、二、一”的次序结构，第三产业占上海市 GDP 的比重基本稳定在 70% 左右的水平，继续处于 60% 这一重要水平线之上，高于全国近 16 个百分点。1 ~9 月，上海工业总产值增长 8.9%，规模以上工业企业完成总产值增长 9.4%，6 个重点工业行业比上年同月增长 12.1%。

奉贤区经济发展稳中向好，产业结构不断优化，增长动能逐步提升，2017 年全年奉贤区 GDP 同比增长 6.9%。经济增长的主要来源——第二产业和第三产业运行状况良好，固定资产投资持续发力。在经历 2012 年至 2015 年工业总产值实际增长率显著下滑后，2016 年奉贤区工业经济走势止跌趋稳，工业行业中的八大重点行业整体发展平稳向好，规模以上工业企业利润总额和盈利总额均显著增长，亏损单位数开始减少。值得关注的是，全区规模以上工业企业主营利润率自 2012 年起不断攀升。同年服务业增加值增长 8.2%，其增加值占奉贤区 GDP 的比重为 43.4%，比 2015 年提升 2.2 个百分点。

随着产业结构不断优化、经济增长质量不断提升，一些重大项目的落地以及重要公司进驻均为奉贤区经济增长注入了新的活力，预计 2018 年全区 GDP 有望实现增长 6.5% 左右。从三次产业增长态势来看，第一产业下降 15%，其对 GDP 的贡献将继续下降；第二产业已经扭转之前的低增长态势进入提速期，预计实现增长约 7.0%，其中八大重点行业将持续发力成为工业增长的重要引擎；第三产业增长步伐稳健，全年可望实现增长 5.5% 左右，其中批发和零售业、住宿和餐饮业、金融保险业等仍将延续 2017 年的高增长，并且随着2018年奉贤区重要交通基础设施投入运营，区内旅游业的增长将有望出现质的提升。从需求方面看，奉贤区处于消费升级时期，传统消费增速可能有所回落但仍保持较高增长，新兴消费潜力有望伴随着业态的升级等多方面利好逐步释放，全年社会消费品零售总额增长达9.3%左右。固定资产投资预计增长12%左右，其中房地产开发投资在2018年将有所趋缓，但区内重大项目投资的落地将助推固定资产投资维持在高位运行。一方面得益于国际经济复苏及奉贤企业主要出口的国际市场回暖，另一方面奉贤区在供给侧结构性改革下产业结构转型升级出现相当积极的变化，贸易结构得以优化，产品的国际竞争力逐渐提升。奉贤区持续提升的居民收入为区域消费提供重要支撑，高速增长的财政收入（增速在25%以上）为财政政策提供了积极作为的空间。此外，区内创新创业活力进一步提升，创新环境持续改善，“东方美谷”等重要引领性产业集群效应开始显现，国内外重要企业的生产和研发中心进驻均为奉贤区的内生增长提供了动力支持。综合判断，2018年甚至未来2~4年奉贤区经济增长都将维持在较高速度的运行水平，我们通过各种量化分析方法乐观预测增速将达到7.0%左右。

（二）重要机遇

1. 产业能级提升带来的综合拉动效应

奉贤结合本地的生态环境优势和产业基础，提出打造“东方美谷”的战略目标，推动美丽健康产业的集聚发展。奉贤充分对接国家“美丽中国”“健康中国”的发展战略，秉承上海“海派文化”“时尚之都”的文化韵致，积极发挥奉贤区发展空间、生态环境、资源联动等综合优势，将美丽健康产业作为对接“中国制造2025”、上海全球有影响力的科技创新中心建设、推进产业转型升级的重点产业方向。奉贤坚持创新和应用发展并举，以绿色化和智能化为发展导向，充分发挥奉贤的区位优势，联动上海及长三角，辐射珠三角，打造美丽健康产业集群，全面提升美丽健康产业内涵和影响力，打造面向亚洲、具有东方品位和独特魅力的美丽健康产业硅谷——“东方美谷”。奉贤以体现高水平为出发点，在当前美丽健康产业及相关产业链发展基础上，顺应国际发展趋势，对接国际最前沿的发展理念与技术，促进与传统产业、新兴产业跨界融合，鼓励多种业态和发展模式。近年来，奉贤区美丽健康产业已形成一定的基础和实力，在推进美丽健康产业发展的同时，奉贤区积极打造美丽健康产业链，取得了显著成效，涌现出一批知名企业，为奉贤经济的创新转型发展注入了新的活力。“东方美谷”作为上海大健康产业的先行先试核心承载区，在上海美丽健康产业空间布局中居于核心地位，对拉动奉贤乃至上海产业能级的提升具有极其重要的作用。

新能源产业和新材料产业是国家和上海市确定的重点支持发展的高新技术产业，也是奉贤区优先发展、重点扶持的主导产业之一。随着落后产能的不断退出，低耗能高技术企业的不断集聚，奉贤以龙头企业带动的新能源产业和以先进高分子材料为主要发展方向的新材料产业近年来发展快速，目前已实现了产业转型发展从散向聚的转变。上海市工业综合开发区新能源产业园区和奉城新能源产业园作为新能源产业重点发展区域，坚持逐步淘汰环境污染大、能源消耗高、科技含量低、综合效益差的中小企业，为引入创新创业项目腾出空间，以重点项目为带动，加大对拥有核心技术的新能源企业的持续支持，培育发展技术领先企业，通过核心技术的攻关，带动相关共性技术的突破，形成核心技术的扩展效应，提升奉贤新能源产业技术水平。奉贤新材料产业通过工业区转型升级、加速国内外知名新材料与服务企业集中、兼并、重组，实现中小企业的华丽变身，重点支撑具有高性能、高附加值产品的高技术项目，扶持国际先进水平的龙头企业，通过龙头企业的示范作用，实现产业进一步的集聚，利用互联网平台聚集区内新材料行业数据和信息，通过互联网的开放性支持行业内互动，优化产业内部结构，实现供应链协同。聚焦新能源和新材料产业为奉贤制造业带来了更广阔的发展前景。

2. 创新创业集聚带来的转型发展机遇

创建中小企业科技创新活力区是奉贤对接上海科技创新中心建设的重要战略。中小企业在奉贤区数量众多，是奉贤区税收创造、吸纳劳动力的主导企业类型。在上海建设全球有影响力的科技创新中心中，奉贤的禀赋优势便在其数量众多的中小企业上，奉贤已经成为中小企业创新创业的热土。在区委区政府的引导下，奉贤中小企业创新创业积极活跃、创新能力不断提升，多种创新要素开始加速集聚。奉贤通过重点扶持实力型中小企业，积极制定中小企业培育提升战略的相关政策，使扶持的对象更加聚焦，扶持的力度更加到位，扶持的手段更加灵活。奉贤积极培育企业创新主体，鼓励和组织企业开展各种技术创新，集聚各方科技资源，构建科技创新体系，科技创新创业载体建设步伐不断加快。上海奉浦现代农业科技创业孵化器、光明村孵化基地、工业综合开发区中小企业孵化基地等一批科技企业孵化器、加速器已建成投入使用，对科技项目进行积极孵化。奉贤中小企业创新活力区的建设对吸引外部增量创新要素、盘活内部存量创新要素意义重大，为奉贤未来经济的转型发展注入了不竭动力。

各具特色的经济园区作为奉贤经济社会发展的推进器，已然成为经济发展新的增长点。作为奉贤产业经济发展的重要载体和主战场，近年来，经济园区的经济总量不断增大，承载能力不断增强，主导作用日益显现，成为全区经济转型发展的重要力量，奉贤制造业向工业园区集中，走上规模化、集约化之路，奉贤服务业依托经济园区发展生产性服务业。从近年的实践来看，奉贤积极探索园区企业退出政策，建立政府与企业共同享有土地收益的土地管理利益机制，进一步调动原土地权益企业、开发主体、集体经济组织等盘活存量土地的积极性，形成利益共享的合作机制；引入市场化运作机制，鼓励高水平开发区对低效开发区兼并、合并，输出管理品牌，带动其土地利用效率整体提高；针对奉贤区工业园区转型任务较重和开发主体自身财力薄弱的矛盾，通过统筹产业扶持资金和土地出让金，支持开发主体进行基础设施改造、土地收储、贷款贴息、园区联动开发、公共服务平台建设等，通过统筹资源和因地制宜，对符合条件的进行补贴，盘活存量土地，带动原有园区的转型升级。经济园区的转型和发展对促进奉贤产业结构的转型升级意义重大。

3. 空间布局优化带来的区域功能完善

新型城镇化建设是奉贤完善区域功能的重要借力点。奉贤新城是奉贤推进城乡空间一体化的重要载体，通过加快奉贤新城建设，在杭州湾北岸率先打造独立性综合型城市，构筑上海特大型城市的南部和长三角节点城市，充分发挥新城对奉贤产业发展、社会事业配备和城市功能提升的引领和辐射作用，优化城乡发展格局、实现城乡均衡发展。奉贤聚焦重点功能区差异化、联动化发展，结合各主要功能区的特点提出相应的发展定位，充分发挥各镇的载体作用，提升服务水平，优化村庄规划布局，体现历史底蕴及人文记忆。奉贤坚持城乡空间充分融合、城乡要素合理流动、城乡生产布局优化、城乡公共服务均等、城乡生态环境良好的发展格局，塑造与国际化大都市相匹配的郊区形象和环境，通过建设上海统筹城乡发展的重要示范区，创新投融资机制，完善城乡基础设施建设，推进公共资源均衡化，不断在发展中保障和改善民生，构建奉贤特色风貌，保护和改善人居生态环境，走出一条国际化大都市郊区加快推进城乡一体化发展的新路，实现区域经济的协调发展。

奉贤通过打造一批环境友好、智慧生活、品质服务、产城融合的特色小镇，为新型城镇化建设提供支撑和配套。特色小镇建设是产城融合的重要手段，也是缩小城乡差距的重要抓手，特色小镇建设无疑将成为推动奉贤产业转型升级、城镇功能形态完善、缩小城乡差距的有力载体。奉贤具有得天独厚的地理优势，奉贤区域面积大，各镇的经济基础、人文环境、生态特色等各不相同，每一个镇的特色小镇建设路径也必然有着一定的差异。奉贤区紧紧围绕自身的优势与特点，规划和发展了一批在上海具有代表性的特色小镇：依托奉贤金融基地打造上海金融小镇；依托“东方美谷”打造金汇镇“东方美谷”小镇；依托农艺公园和农艺特色打造庄行“农艺”小镇；依托上海神仙酒厂等非遗文化集聚打造四团镇“醉美幸福”小镇等。不同的特色小镇建设为新型城镇化综合试点提供了有益的思路。特色小镇建设，产业是根基，生态是底色，文化是灵魂。以建成产业有支撑、文化有内涵、生态有保护为目标的具有鲜明发展特色的小镇建设，是奉贤经济发展的重要抓手，奉贤将迎来“小镇时代”。奉贤区内特色小镇发展潜力巨大，具有较大的“后发优势”，每一项产业的培育和功能的发挥，不仅能创造更多的就业机会，提高群众生活水平，更重要的是大大增强了小镇的发展后劲，进而提升整个区域经济的整体实力。

4. 文化魅力塑造带来的内涵品质提升

“贤文化”是奉贤区的文化基因，核心是“见贤思齐，敬奉贤人”，载体和落脚点是“贤人”。在当今时代，“贤人”的意涵更多体现在社区生活中品德高尚感动奉贤的邻里乡贤，以及各行各业中德才兼备的业务人才，而正是越来越多的这些“当代贤人”汇聚在奉贤，支撑起奉贤的经济社会事业健康快速发展。在整个奉贤的经济社会发展中，“贤文化”的引领作用多年来得到了实践的检验以及社会各界的认可。从人才的活动情况来看，“贤文化”同奉贤的经济发展有显著的协同效应，奉贤经济的发展历程，也是奉贤人才聚集体系与奉贤区域经济产业体系互相正向影响、朝着更加有序健康的方向良性循环发展的历程；通过“贤文化”的引领，形成奉贤区经济发展的增长动力，伴随经济的快速增长，又反过来推进“贤文化”的深入建设，聚集吸引越来越多的高端人才和经济资源。依靠“贤文化”营造出的政商环境和人才队伍建设，对于奉贤经济发展有不可替代的作用。奉贤人才的聚集同奉贤的经济发展有循环互动的特征，即奉贤区的经济发展越快速，所吸引的人才质量越高、规模越大、结构越合理、层次越丰富，继而又促进经济发展越有竞争力、质量越高、活力越大，从而形成了一个良性的循环互动。

以“贤文化”为依托，奉贤生态旅游也随之蓬勃发展。奉贤坚持以农业旅游为核心，节庆、民俗、农副产品销售等延伸发展，使旅、文、农、商、体各种活动相互促进、互为补充，拓展了生态旅游内涵；坚持以节庆活动为龙头，多种活动联动发展，呈现更多生态旅游亮点。奉贤生态旅游经过多年快速发展，已基本形成以东部海湾都市菜园、南部申亚乡村度假农园、西部庄行金色田园、北部瑞地怡园、中部绿都现代农园为代表的“东南西北中”五大板块的空间发展格局，基本形成以生态旅游景区（点）为主体，以农家乐为支撑，以“林家乐”和“渔家乐”为补充的业态发展格局。多元化的发展格局，综合性的生态旅游服务功能，推动奉贤生态旅游进入持续高速增长的新阶段。随着奉贤生态旅游规模发展壮大，生态旅游在提高农业效益、增加农民收入、增加农村就业、推进农业“接二连三”、加快农业转型发展、推进美丽乡村和新农村建设、推进城乡一体化发展等方面发挥了重要作用。随着奉贤生态旅游进一步加快发展，生态旅游对经济社会的推动作用将不断提升与凸显。

（三）风险挑战

1. 实体经济运行面临压力

一方面，制造业投资下滑、成本高企、外贸下跌。多方面的研究资料显示，劳动力成本成为影响外商对奉贤产业投资热情的重要因素，较高的用地成本也是影响制造业规模扩张的重要因素。从外贸方面看，奉贤的进出口规模增速减缓，尤其是加工贸易和高技术产品的进出口规模都出现下降。另一方面，奉贤制造业的产品研发和创新力度仍然不足，尚未形成一批有影响力的制造业企业。

上海整体的商务成本居高不下制约实体经济发展，奉贤商务成本在上海各区县中虽处于相对较低的水平，但考虑到奉贤区的企业以中小企业为主，这些中小企业对商务成本的变化非常敏感。当前，奉贤处于经济发展的“换挡期”，发展将受到土地、租金、劳动力等要素成本上升过快和交易成本下降缓慢的双重影响。一方面，不断飙升的房价阻碍年轻人、外地优秀人才来奉贤发展，房价、租金的持续高涨导致商务成本不断上升，给引进和留住企业与人才带来挑战。另一方面，奉贤商业随上海商务成本水涨船高而面临巨大的成本和竞争压力，土地资源紧缺、商务成本高企，导致商业经营成本不断攀升，商业网点日趋饱和，各类商圈之间竞争加剧。

此外，生产性服务业对制造业的支撑相对薄弱。制造业的转型升级能够扩大对生产性服务业的需求，生产性服务业把日益专业化的人力资本和知识引进制造业，提高制造业的技术水平和竞争力。从奉贤区的实际情况看，一方面服务业总量规模较小、结构不甚合理，以传统服务业为主。2016 年上海市服务业增加值占 GDP 的比重为 70.5%，奉贤区的服务业占 GDP 的比重只有 43.4%；生产性服务业的比重更是远远低于全市水平。另一方面发展质量和效益也不高，奉贤区服务业主要以批发零售、住宿餐饮为主，二者占服务业增加值的比重达29.6%（房地产占13.7%）；工业设计、现代物流、信息服务、服务外包、会展、商务服务、咨询、科技服务等生产性服务相对较弱，占比10.8%，难以推动制造业产业向高端延伸。

2. 增长动力结构有待优化

奉贤经济增长处于结构性“换挡期”，但传统产业仍然是经济增长的重要来源，新兴产业正在积极培育但尚未在边际上补足，创新对经济增长的贡献仍然相对有限。一方面，产学研合作质量不高，奉贤区毗邻闵行区的上海交通大学、华东师范大学，区内还有华东理工大学、上海应用技术大学、上海大学以及上海商学院等，还包括农科院等科研院所，具备开展产学研合作的优良禀赋。尽管目前奉贤区产学研合作项目和平台数量较多且取得一定的进展，但合作质量还不够高，合作形式较单一，合作机制有待完善，总体经济效益并不显著。另一方面，创新基础设施亟待更新。由于历史原因，一批早期创立的产业园区在规划建设过程中缺少足够的前瞻性，对道路、污水纳管、燃气管网、通信、电力等基础设施投资力度不够，随着企业技术革新和创新转型的深入开展，园区现有的设施已经无法满足企业的需要。产业的创新转型对传统的产业园区提出了更高的要求，除了园区本身基础设施外，服务配套方面如交通、餐饮、居住、休闲、文娱等尚未跟上，企业人员日常生活和工作有诸多不便。

奉贤区近年来制定了不少科技创新政策，但是各项政策关联性不够强，各部门交流与协调机制有待强化，目前这些科技创新政策尚未形成合力。比如，在推动学研平台建设方面，尽管相关政策框架已经形成，但与一些兄弟区县相比，还存在政策较零散、集中性不够、体系性不强的问题，不利于企业便捷掌握政策，降低了企业申请政策扶持的积极性。此外，科技政策对区域产业转型升级的促进作用还有待进一步提升，缺乏围绕区内重点产业转型发展而制定的全面性、针对性的科技创新政策体系，科技产业政策与全区“6+8”先进制造业体系的对接融合需要进一步加强。

此外，在科技成果转化方面，奉贤区内大部分科技型中小企业都属于轻资产的企业，其自有流动资金较少，但实现科技成果产业化的初期对设备和流动资金需求却很大，且获得贷款较为困难，贷款的额度较小，并不能真正满足企业的发展需求。尤其是创业团队和科技型种子期企业初始发展需要一定的资金支持，但是由于企业在这段时期基本没有资产，且发展风险巨大，所以基本得不到担保贷款和风险投资，导致科技成果难以转化为生产力。目前许多科技金融政策有利于条件较好的企业融资，资金紧缺的中小企业反而融资困难，多为“锦上添花”而缺少“雪中送炭”。

3. 人才服务配套亟须提升

奉贤区经济社会发展历来受到人才瓶颈的制约，在创新发展进程中，人才的作用至关重要。由于交通基础设施、人才服务配套等方面短板的存在，奉贤区的创新创业人才集聚程度较低，而高端人才紧缺更是创新中的主要短板。奉贤区在留住现有人才和吸引增量人才方面还存在着明显短板，主要体现在以下方面。

专门针对科技人才的区级政策较少。目前现有的科技人才政策或为配合上海市浦江人才计划等市级政策，或散见于各种其他政策文件中，奉贤区级层面缺少专门针对科技人才的政策，未形成完善的“吸引—扶持—服务”一条龙的科技人才政策体系。

人才管理机制不健全。在引进机制方面，渠道窄，抓手少，审批流程有待简化。在培养使用机制方面，培养主体、途径相对单一，流动性差。在激励机制方面，现有的激励措施仅限于人才生活方面的服务补贴等方面，在财税优惠和成果收益分配方面还缺乏有效的制度安排。在人才评级和职称评定方面，目前对于科技人员的学历要求是一项硬性指标，且门槛过高，人才评价主要以学历、资历、论文等为导向，没有充分考虑人才的能力、业绩、薪酬等市场化要素，评价结果没能真实地反映人才的市场价值和社会价值，使得一些学历层次尚未达标，但拥有较多科技成果的科技人员无法参与人才评级或职称评定，影响了科技人员的创新积极性。

人才集聚交流平台不多，创新创业平台层次较低。部分现有平台运作不充分，缺少常态化、品牌化的活动项目支撑，涉及面窄、影响力有限。目前奉贤区一些人才聚集平台包括奉浦开发区孵化基地、光明大学生创业孵化基地、上海交大奉贤产学研合作促进中心等，现有创新创业平台数量相对较少，部分平台功能有重叠，发展层次不高，有的仅限于房租减免等初级阶段，对创新创业要素的集聚能力不强，承载能力有限，国家级、市级重大创新创业平台严重不足。此外，创新创业平台配套有待完善，“创客空间”“创业咖啡”等基础设施也有待丰富。

人才总量不足、高层次人才队伍存在较大缺口。例如，奉贤区在非公领域人才总量与浦东、松江和嘉定等区县相比明显偏少。在高层次人才方面，各领域高、精、尖人才严重短缺，中高级经营管理人才和高级专业技术人员数量偏少。高层次人才引进难、渠道窄，人才无序流动迹象明显。调研发现，奉贤区在防止人才外流以及吸引增量人才方面还存在着明显制约因素：（1）人才政策的覆盖面较窄，政策效益较差。其主要表现，一是安居政策门槛高受益面小；二是教育资源稀缺与高层次人才对子女教育诉求的矛盾突出；三是医疗服务政策含金量低，覆盖范围仅限于本区医疗机构，难以全面满足高层次人才的高端医疗需求。（2）人才政策过于单一，对创新创业团队和骨干支撑不足。现有的人才政策以人才学历、职称、获奖证书等硬指标为准入条件，并呈现重个人、轻团队的倾向，导致政策实施过程中高端人才服务配套齐全，中间创新创业团队核心成员、中层骨干等“夹心层”与政策覆盖不匹配的突出特征。(3）综合配套与人才生活环境设施不够完善。奉贤产业多、布局散，产业链培育不够，人才难以有效集聚。由于地处远郊，基础设施配套相对薄弱，通往市区的快速交通路网缺乏，高端文化功能区尚未建立，优质教育资源短缺，所以人才安居成本较高，从而为优秀人才的引进和留住带来诸多不便，甚至存在一定程度的人才流失现象。

三 对策建议

奉贤区经济发展“十三五”规划实施接近过半，经济发展形势总体保持了稳中向好的态势，面对当前宏观经济形势和风险挑战，必须进一步深化改革、锐意创新，重视和引导实体经济良性发展，积极营造创新创业发展环境，继续完善人才服务配套机制，充分发挥自身优势，深入对接区域发展战略，确保“十三五”规划任务顺利完成。

（一）重视和引导实体经济发展

健全经济政策协调机制，支持重点产业发展，增强可持续增收能力。加强财政经济的前瞻分析预判和收入征管。加大对产业、行业、企业的调研力度，密切关注宏观经济形势、调控政策及产业走势等因素影响，关注税制改革、财政分配体制改革、转移支付制度改革等财税重点改革事项。进一步加强对财政经济形势的把控、分析和研判，改进财政收入预测分析方法，逐步建立较为科学、完整、系统的收入预测分析体系。进一步加强财税联动，协助开展税收征管和稽查，加强主要税种、重点行业、龙头企业税收征管的跟踪和分析，积极结合财政收入现状开展收入适度调控。完善非税收入信息平台建设，建立非税收入征、管、查一体化动态监控和征管机制。坚持以票控费，票款分离，严格执行“收支两条线”。加强国有土地使用权转让收支管理，进一步规范土地出让金预决算管理。进一步扩大国有资本经营预算收入规模。

支持区域实体经济蓬勃发展。积极通过孵化基地建设、技术成果转化、产业政策扶持等多渠道、多平台，完善企业从初创孵化到成长成熟阶段的分类扶持财政政策，重点支持“四新”业态企业发展。进一步转变企业的财政扶持方式，建立健全以财政投入为导向的多元化投入机制，创立产业投资引导基金，发挥财政金融政策的引导和杠杆撬动作用，创新财政专项资金的“拨改投”，助推“四新”企业发展和转型升级。进一步加强企业融资支持，积极实施政策性融资担保和商业性融资担保相结合的融资支持政策，引导驻地金融机构支持企业做大做强。

鼓励工业企业技术改造。工业企业技术改造通过运用新工艺、新设备提高工艺和装备水平，企业围绕项目开展技术创新活动，开发新产品、提高产品质量等，从而开拓市场空间，提高销售收入和利润，而利润的增加又为企业后续的技术改造和技术创新提供了资金支持。最终通过项目的实施，提高了劳动生产率，增加了当前产出，形成了新的增量，成为经济持续增长的源泉。面对全市工业用地天花板，奉贤区已开始大力推进产业结构调整工作和减量化工作，企业已不能以外延型的思路来发展。需鼓励企业主动加大自身技术改造力度，充分借助区政府有关技术改造资金扶持政策，推动企业走集约型内涵式发展之路。

引导传统企业转型升级，培育新型企业。一是要继续做大、做强现有限额以上企业（单位），充分发挥现有限额以上企业（单位）的龙头作用，为全区限额以上企业零售额的持续增长提供保障。二是要探索零售消费业的混改模式，引入新的投资主体，改善企业的治理结构，提高治理水平，在混改的支持下，扩大国有企业的经营范围，形成多主体共协发展的新局面。三是确保入库企业质量，重点培育高质量限上企业，形成新的支撑点。

拓宽融资渠道，加大金融对实体经济的支撑。落实推广基础设施及公共服务领域的 PPP 模式，创新融资机制，鼓励和吸引社会资本进入具有一定经济效益的基础设施及公共服务领域。鼓励社会资本以特许经营、参股控股等多种形式参与项目建设和运营，建立健全政府和社会资本合作机制，合理选择合作模式，发挥政府投资的引导和带动作用。对于鼓励社会资本参与的项目，政府投资要给予优先支持，并根据项目的不同情况，通过投资补助、基金注资、担保补贴、贷款贴息等方式引导和扶持。充分发挥政策性金融机构的作用，为重大项目建设提供长期稳定、相对低成本的资金支持。加大政策扶持力度，支持本区企业赴资本市场融资。同时还应进一步完善投资中介服务体系，充分发挥中介机构在投资决策、实施方面的服务作用，为固定资产投资提供更加优良、专业的中介服务。

（二）积极营造创新创业环境

支持中小企业科技创新活力区建设。进一步完善财政支持科创领域建设的财政政策配套，创新财政支持方式，完善多元化的科技投入机制。建立科技型中小企业风险补偿机制，鼓励和引导面向科技创新企业的风险投资。积极发挥财政资金的引导促进作用，加大科创企业孵化和服务平台建设的财力支持，及时兑现高新技术成果转化和贷款贴息等财政扶持政策，加快发展重大科技专项和高新技术产业化项目，支持重点企业突破核心关键技术，支持具有自主知识产权的新技术、新工艺、新装备研发以及传统产业对先进制造技术、重大科技装备的引进及再创新。

未雨绸缪，加快培育新经济。尽快明确培育方向，寻求具有科技创新力强、成长性好、产业链集聚度高的龙头企业，持续投入，形成较为完整的高附加值产业链。美丽健康行业作为区委区政府重点培育的产业，有必要加快、加大项目的推进力度，整合全区优势资源，努力打造产业高地，同时积极紧盯产业发展方向，加快新产业布局，打造工业4.0。积极加快东方美谷的功能性载体建设，扩大其影响力与辐射面。

强化企业服务，优化发展环境。积极争取市、区相关部门的支持。积极争取国家、上海市相关现代服务业试点、国家内贸体制改革试点的相关政策，争取纳入试点范围，力争重点项目向奉贤倾斜。积极搭建产业服务平台。统筹各相关部门职能，不断优化奉贤区中小企业公共服务平台，形成推进中小企业服务工作合力。引进和培育各类专业服务机构和综合性服务机构，完善扶持资金申请、培训、法律、财税、金融、风险投资、知识产权、管理咨询等中小企业综合服务功能。

深化国际合作，鼓励创新发展。实现吸引外资和选择外资同步，在扩大资金来源的同时也要注重保证资金质量和使用效率，确保吸引的外资能够被投入重点行业、重点领域，切实拉动区内战略性新兴产业发展；鼓励大型跨国公司在奉贤设立研发中心、实验室等机构，以新技术带动新产业；鼓励企业利用多层次的资本市场，通过兼并收购等手段，基于产业链核心环节向两端延伸产业链和价值链。

（三）完善和提升人才服务配套

优化人才生活和居住环境，吸引企业和人才落户奉贤。由于交通基础设施、教育资源、医疗资源以及区财政力量等多方面历史短板因素的制约，创新创业要素在奉贤区集聚效应受到限制。奉贤区必须重视创新型人才对其工业企业乃至整体产业的支撑作用，政策上应该努力让现有人才存量真正在奉贤落地，营造良好的生产、生活氛围，吸引增量科技创新人才，这是实现奉贤工业可持续发展过程中需要给予相当重视的工作。奉贤区拥有天然的、宜居的自然环境禀赋，未来在教育、医疗等方面的配套服务大力提升后，可望通过高层次人才引领下的创新驱动助推奉贤工业转型升级，最终成为南上海的工业桥头堡，进一步向长三角辐射。虹梅南路高架正式通车后奉贤区又打开一条通往上海市区的快速通道，并且随着2018年上海地铁五号线南延伸线的正式开通以及上海首条BRT线路的正式通车，奉贤区的交通基础设施正出现质的提升。要积极利用这些有利的条件，营造吸引人才、留住人才的良好氛围。

培训和引进并举，构建完善的奉贤区现代服务业人才体系。与国际知名培训机构、大型服务业企业、大学城重点院校合作，按照“政府支持，市场运作”模式，大力推进奉贤区服务业人才培训资源整合，积极发展职业技术教育，加强岗位培训，培养服务业专业“蓝领”人才。加快培育和引进服务业发展所需的高层次应用型人才，发挥上海市首个“千人计划”创业园的虹吸效应，创新电子商务等平台经济类人才的培训、服务模式，为奉贤现代服务业发展储备和集聚人才。

（四）积极对接区域发展战略

对接上海建设全球影响力的科创中心战略，完善区内创新载体。提高创新载体建设水平，促进孵化器、创业苗圃与加速器相结合，支持上海现代农业与生物医药孵化器、奉浦中小企业孵化基地、海湾科创园、光明村孵化基地等各类创新载体建设，构建完备的“创业苗圃 + 孵化器 + 加速器”创业孵化服务链。鼓励、引进知名企业和专业团队在奉贤区创建各类科技企业孵化器。借鉴创新工场、创客空间等模式，在轨道交通五号线南延伸段沿线、奉贤新城核心区和整体转型的江海园区等区域，建设一批模式新颖、形态多样的众创空间。鼓励国资国企和有条件的农村集体经济组织参与创新载体建设，改进国有企业经营业绩考核办法，将科技研发、收购创新资源和重大项目、模式和业态创新转型等方面的投入视同于利润。加强对众创空间团队的资金补贴和扶持，对经认定的国家级、市级和区级科技企业孵化器（加速器）给予建设费用和使用租金补贴，支持科技企业孵化器开展创新活动。

对接上海大健康产业，打造“东方美谷”完整产业链。引商培育美丽健康高端龙头企业。关注和跟踪基于生物工程技术、纳米技术、天然植物萃取技术的美妆产品，以及使用先进制剂技术和创新科技的生物医药及医疗器械等市场空间大、市场短缺的国际知名美丽健康企业；引进有望实现进口替代成长领域的国内市场占有率大的处于行业前沿的优质民营企业落户；做好现有企业如韩束、伽蓝等龙头企业的跟踪服务工作，促进相关企业加快高端产品系列化、高端技术体系化、高端资源集聚化，促进企业技改扩能、增资扩股。同时加强与市属国企、央企开展产业战略合作。孵化培育美丽健康高新技术产业。积极响应产业供给侧结构性改革、对接上海科创中心建设，重点加强与上海张江国家科学中心、紫竹科学园区、静安国际化妆谷以及市区相关科研院所、高校、协会（如上海市日用化学品行业协会、上海国际时尚联合会）等高端资源对接，鼓励企业与其合作建立研发团队或联合实验室，合作成果共享，加快创新成果在“东方美谷”产业化，培育一批高新技术企业。

对接杭州湾区建设，打造北岸生态旅游新地标。根据奉贤区经济社会发展目标的总体要求，综合考虑未来奉贤生态旅游发展环境和基础条件，通过生态旅游转型升级，全面展示奉贤优美的生态环境，生态文明建设和新农村建设取得的成就。凭借丰富的生态旅游资源，打造奉贤生态旅游升级版。把资源优势转化为效益优势，把生态旅游业发展成奉贤经济转型升级的动力产业，服务民生的重要产业，低碳环保的先行产业。努力把奉贤建设成上海居民重要的生态旅游目的地，杭州湾北岸生态旅游新亮点，上海乃至长三角生态旅游新地标。围绕奉贤生态旅游发展目标，明确奉贤生态旅游目标市场，发挥奉贤生态旅游比较优势，加大营销力度，打造“杭州湾北岸生态旅游新亮点，上海乃至长三角地区生态旅游新地标”的全新旅游形象；增加营销投入，组织营销队伍，创新营销方式，进一步提升奉贤生态旅游知名度和美誉度。

分析研判篇

Analytical Study

B.2

2017~2018年奉贤区农业经济形势分析与研判

张鹏飞　陈　蓉*

摘　要： 党的十九大报告明确提出实施乡村振兴战略，并表明解决好“三农”问题是全党工作的重中之重。结合“奉贤美、奉贤强”战略目标，奉贤区以党的十九大精神为指导思想，以实施乡村振兴为战略契机，以生态建设为核心，以土地制度改革为抓手，以农业政策为导向，推进农业现代化建设，使奉贤区农业经济取得了长足发展。主要表现在如下几个方面：农业生产减量提质，农业结构不断优化调整；都市农业得到快速发展；农民收入持续稳步增长，城乡差距增速减慢；随

* 张鹏飞，上海社会科学院博士研究生，研究方向为区域经济学；陈蓉，中共上海市奉贤区委党校副教授，党建与文化研究中心主任，研究方向为两新组织党建。

着城镇化的推进，农村人口数出现减少趋势，人口结构和文化结构更趋合理；农村生态建设稳步推进；农村改革进展顺利；等等。

关键词： 奉贤农业 乡村振兴 减量提质 生态建设 确权登记

党的十九大报告中明确提出实施乡村振兴战略，“三农”问题是关系国计民生的根本性问题，近年来，解决好“三农”问题是全党工作重中之重，并且指明乡村振兴战略的实施方向。奉贤区认真学习贯彻习近平总书记十九大精神，实施乡村振兴战略，深入推进农业现代化建设，认真落实各项支农惠农政策，严格遵循稳定粮食生产、合理布局果林产业、规范畜禽养殖、优化水产养殖的原则，以生态建设为核心，以土地制度改革为抓手，结合“奉贤美、奉贤强”的发展战略，加快转变奉贤农业发展方式，使奉贤区的农业产业结构不断优化，全区农业经济在调整中保持健康发展。

一 奉贤区农业生产减量提质，产业结构优化调整

（一）农业生产总体情况

奉贤区农业主要为种植业和畜牧业，其中种植业占农业总产值比重在50%左右，畜牧业占比在30%左右。近年来，奉贤区农业总产值持续下降，而且下降幅度增大，这主要由传统种植业产值下降引起。其中2017年奉贤农业总产值为32.8亿元，同比下降18.8%；而2016年奉贤区农业总产值为40.4亿元，同比下降2.9%。在2016年农业总产值构成中，种植业产值为19.9亿元，同比下降10.0%。从农业结构来看，在传统种植业占比下降的同时，畜牧业、林业、农林牧渔服务业产值占比整体上却呈现增长态势。从2010年到2016年，奉贤区畜牧业产值占比从28.6%增加到29.2%，林业产

值占比从 2.4% 增加到 3.2%，农林牧渔服务业产值占比从 1.1% 增加到 3.2%（见图 1）。这表明奉贤区农业产值尽管有所下降，但是整个农业种植结构更趋合理。

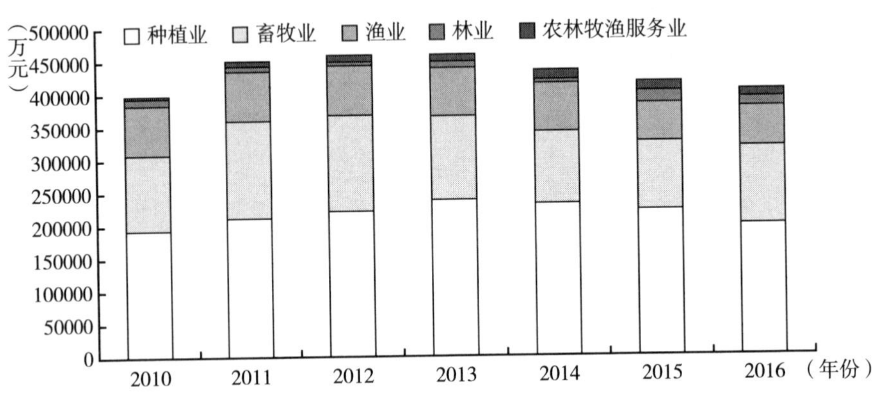

图 1　奉贤区农业生产总体情况

数据来源：《奉贤统计年鉴》。

（二）传统种植业

奉贤区的传统种植业产值下降主要受到种植面积下降、气候和政策的影响，且影响比较明显。其中种植面积下降对奉贤传统种植业产量影响最为明显。从 2014 年到 2016 年，奉贤区的粮食总产量从 10.5 万吨下降到 9.2 万吨，从单产来看，却从 6786 千克增加到 7406 千克；但是播种面积从 15475.4 公顷下降到 12427.3 公顷，下降了近 20%（见表 1）。

气候也对奉贤区的种植业产生影响。比如 2015 年水稻成熟期推迟和连续阴雨天气，影响了 2016 年小麦的播种进度，导致大面积小麦因为错过播种时间而无法播种。2016 年小麦的播种面积下降了 44.8%，单产下降了 19.2%，总产量下降了 55.4%。

此外，奉贤区农业政策也对其农业结构产生影响，比如奉贤区 2016 年不再将小麦列入粮食生产指导计划，同时取消相关补贴，使得全区小麦种植面积由常规年份的 7 万亩以上下降到 1.4 万亩。

表1　奉贤区种植业主要作物基本情况

年份	粮食			夏熟谷物		
	播种面积（公顷）	单产（千克）	总产量（吨）	播种面积（公顷）	单产（千克）	总产量（吨）
2014年	15475.4	6786	105013	6355.8	3893	24742
2015年	14612.3	7052	103039	5392.8	4042	21796
2016年	12427.3	7406	92036	3141.8	3316	10418
年份	小麦			单季稻		
	播种面积（公顷）	单产（千克）	总产量（吨）	播种面积（公顷）	单产（千克）	总产量（吨）
2014年	5744.1	3921	22525	9119.6	8802	80271
2015年	4990.9	4066	20292	9219.5	8812	81243
2016年	2753.4	3285	9046	9285.5	8790	81618
年份	水果		蔬菜		西甜瓜	
	果园面积（公顷）	总产量（吨）	播种面积（公顷）	上市量（吨）	播种面积（公顷）	总产量（吨）
2014年	3036.8	55748	18393.3	443601	1196.5	38227
2015年	2935.4	53543	15794.3	377731	1125.5	35528
2016年	2620.2	40319	14900.9	326031	894.2	30761

数据来源：《奉贤统计年鉴》。

由于对外来务农人员的减控以及对田间窝棚的整治等原因，奉贤区的蔬菜、西甜瓜等经济作物种植面积和产量都出现下降。比如从2014年到2016年，奉贤区的蔬菜种植面积从1.8万公顷下降到1.5万公顷，同比下降16.7%，蔬菜上市量下降26.5%。西甜瓜等因为种植成本高、土地轮休等内在原因，加上政策的导向性，种植面积也出现持续萎缩趋势。

（三）畜牧业

2016年是奉贤区生猪“提质减量”的第三年，奉贤区不断加大对不规范畜禽养殖的整治力度，推进生态环境综合治理畜禽退养工作，生猪出栏数量出现下降，“提质减量”效果显著。从2014年到2016年底，奉贤区生猪出栏数量从49.6万头减少到37.2万头，减少了25.0%；能繁母猪从3.1万头减少到1.2万头，减少了61.2%（见表2）。仅2016年上半年，就拆除生猪养殖户684家。奉贤区家禽养殖业在经历了“十二五”期间“政策+疫情”双重影响的洗盘后，最近有所复苏，养殖户中开始出现补栏和重新有意愿养殖家禽的现象，2014年到2016年，家禽产量从270万羽增加到507万羽，增长了87.8%（见表2）。

表2　奉贤区畜牧业产量情况

畜牧业	2014年	2015年	2016年
生猪出栏数(万头)	49.6	40.3	37.2
家禽产量(万羽)	270	282	507
鲜蛋产量(吨)	10044	9618	9824
牛奶产量(吨)	17424	19696	18899

数据来源：《奉贤统计年鉴》。

（四）水产养殖业

由于土地复垦等原因，池塘养殖面积逐年下降，仅2016年，奉贤水产养殖面积就下降了2.3%，为4.7万亩。从2013年到2016年，奉贤水产养殖从2.1万吨下降到1.7万吨，减少19.0%。但是，奉贤注重苗种的培育和水资源的保护，比如在海南文昌建设育苗点，每年引进优质种虾，开展种质研究，繁育优质苗种，近几年来效果显著，其中使用良种虾苗的虾池比使用普通苗种的虾池每万尾增产50%以上，病害减少70%以上，且生长周期相对较短。奉贤水产业目前正在不断转变为新型水产养殖模式，逐步从数量型向质量型转变，实现从传统渔业向现代渔业的转变。

（五）林业

随着创建国家生态园林城区工作的开展，奉贤区林业部门先后制订并落实林业发展规划，承担本辖区内森林防火、有害生物防控、公益林养护管理及林果等新品种、新技术、新标准的推广等职责；积极开展资源调查、造林检查验收、林业统计和资源档案管理工作；完成辖区内公益林养护工作，完成森林资源、湿地和野生动植物资源的管理工作；加大对造林进行补贴的力度等，使奉贤林年末实有林地面积逐年增加，从2014年到2016年，共增加1216公顷。

此外，奉贤区农业机械化水平不断提高，其中粮食作物耕种收综合机械化水平达到88%，种植机械化水平达到68.8%。与此同时，奉贤区农业信息化得到快速推进，目前已完成农业移动执法系统的开发和应用，开展青村镇解放村“智慧村庄”试点建设，积极构建农业物联网控制技术下的绿色生态现代智慧果园体系；通过与电商合作，加大特色农产品推广力度，苏宁易购上海首个特色馆——奉贤馆已正式运营。奉贤区农业科技创新与推广得到不断加强，奉贤通过发挥院校科技优势，加快新品种技术推广，如水稻沪粳、沪香粳151、申尤17等优质新品种引进示范，蜜梨、桃品质优化，积极推广省力化栽培技术模式等。

总之，近年来，奉贤区农业产业结构在不断优化，传统农业逐渐向现代增效农业转变，水产畜牧养殖业逐年从增量到增质转变。但是耕地资源紧缺成为奉贤农业生产面临的最大问题，如何利用有限的耕地面积，通过合理布局优化农产产业结构、打造现代都市农业，将是奉贤农业未来发展的着力点。

二 奉贤区加快都市农业的发展

奉贤区在打造现代都市农业方面，除了前面提到不断优化调整农业产业结构，比如针对小麦生产存在高投入、高风险、低收益等弊端，调整传统稻麦茬口模式，形成“稻＋绿肥或者深晒垡”的种地养地相结合模式；加大对不规范畜禽养殖的整治，推进生态环境综合治理畜禽退养工作，2016年奉贤区完成35个点位的退养工作，并完成生猪减量提质三年行动计划。奉贤区都市农业建设还表现在以下两个方面。

（一）加大优质农产品认证力度

已有“三品一标”认证企业总数230家，861个认证农产品。其中无公害认证企业212家，认证农产品755个；绿色食品认证企业17家，认证农产品25个；有机食品69个；农业部农产品地理标志登记证书2张，认证农产品2个；上海市品牌产品达到10个。

（二）加强农产品安全监管

一是规范提升区、镇、村、联户组安全监管体系，2016年全区共发放安全生产告知书15133份，签订地产农产品安全承诺书10832份，签订安全生产责任书3310份，并完善信息员制度与农产品准出制度，有效发挥村级400名安全监管人员和65个检测点的作用。二是建立农业档案可追溯体系，全区建立生产档案12941个，档案记录面积25.5万亩，农村档案追溯体系覆盖率达94.4%。三是加大执法监管力度，在种植、养殖、屠宰、生产、流通各个环节同步开展，严厉打击非法添加、使用非农产品原料、在饲料中添加使用违规物质、滥用农兽药和超范围超限量使用农产品添加剂等非法违法行为，严厉整治带有行业共性的隐患和“潜规则”问题，2016年立案查处15起，罚没款金额44191元，没收假劣农药29.9公斤。

三　奉贤区农民收入持续稳步增长，城乡差距增速减慢

近年来，奉贤区农民人均可支配收入逐年增加，2011年到2017年，从1.5万元增长到2.8万元，增长率86.7%。在2016年，财产性收入此前一度减少后在该年出现小幅回升，家庭经营收入和转移性收入增长幅度最大，分别是138.2%和133.2%；工资性收入从1.1万元增长到了1.8万元，增长率为63.4%。尽管工资性收入增长幅度没有家庭经营性收入和转移性收入增长的幅度大，但是工资性收入在农民人均可支配收入中所占的比重高达70%以上（见图2）。

从奉贤区农民人均可支配收入各项占比来看，工资性收入和财产性收入占比持续下降，家庭经营性收入和转移性收入占比持续上升，表明奉贤区农民收入结构更趋多元化。其中，从2011年到2016年，工资性收入占比从

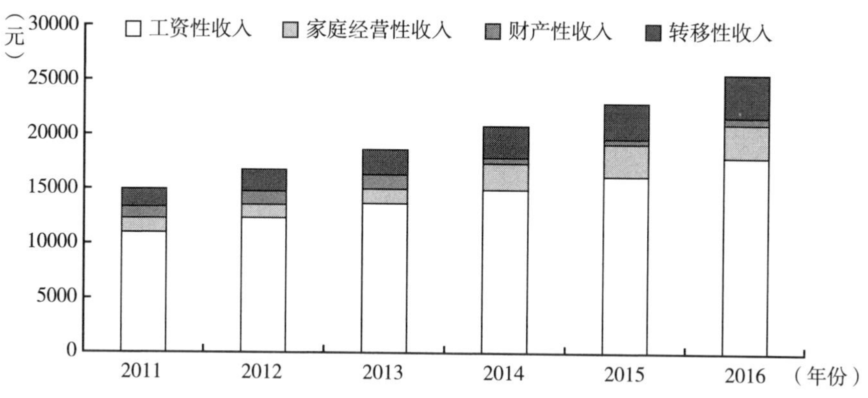

图2　奉贤区农民人均可支配收入情况

数据来源：《奉贤统计年鉴》。

73.7%下降到70.7%；财产性收入占比从6.8%下降到2.4%；而家庭经营性收入占比从8.4%增长到11.8%；转移性收入占比从11.1%增长到15.1%（见表3）。

表3　奉贤区农民可支配收入占比

单位：%

	2011年	2012年	2013年	2014年	2015年	2016年
工资性收入	73.7	73.9	73.8	71.7	70.9	70.7
家庭经营性收入	8.4	6.7	6.9	11.5	12.2	11.8
财产性收入	6.8	7.6	7.3	2.5	2.2	2.4
转移性收入	11.1	11.7	12.0	14.3	14.7	15.1

数据来源：《奉贤统计年鉴》。

结合奉贤区农民收入明细进一步进行分析（见表4），可以得出：家庭经营收入增长较多，主要来自第三产业的收入，比如批零、住宿和餐饮、居民服务业等行业。财产性收入中利息、红利和转让土地承包权收入没有明显增长；同时租金收入出现大幅度下降。在转移性收入中，政策性生活补贴、社会救济和补助、政策性惠农补贴太弱；报销医疗费、转移性支出和社会保障支出增幅较大。

表4　奉贤区农民可支配收入明细

单位：元

项目	2011年	2012年	2013年	2014年	2015年	2016年
年人均可支配收入	15004	16789	18602	20611	22988	25565
工资性收入	11059	12414	13724	15143	16299	18072
农业	857	691	371	510	518	1043
林业	-45	-47	-6	-5	-41	-22
牧业	40	-4	45	2	-10	16
渔业	111	88	-17	42	765	-108
第二产业收入	-11	-22	164	54	-21	388
第三产业收入	315	425	721	844	1580	1698
利息	28	33	33	87	-6	18
红利	10	11		73		39
转让土地承包权收入	44	112	72	104	43	47
租金收入	924	1111	1012	1147	461	497
离退休金	921	1399	3121	3186	3770	3112
政策性生活补贴					20	53
社会救济和补助	9	17		65	1	53
报销医疗费	102	66	419	108	504	547
政策性惠农补贴				3	7	1
转移性支出	349	383	994	946	1052	1576
社会保障支出	174	231	552	543	714	1017

数据来源：《奉贤统计年鉴》。

注：转移性收入包括离退休金、社会救济补助、惠农补贴、政策性生活补贴、报销医疗费、外出从业人员寄回和带回收入、赡养收入和其他转移性收入等指标；家庭经营收入主要包括第一产业的农业、林业、牧业、渔业及第二产业、第三产业等指标；财产性收入主要包括利息、红利、储蓄型保险、土地流转、房屋出租、其他资产出租、自由住房折算租金等指标。

奉贤区在城乡居民可支配收入差距层面，从2011年到2016年，奉贤区城市居民人均可支配收入增长率为84%，农村居民可支配收入增长率为94%。尽管两者有差距，并且差距有扩大趋势，但是差距增长速度变缓，将有助于城乡一体化发展（见图3）。

此外，奉贤区近年来不断拓宽农民增收渠道，未来奉贤区农民收入将会持续增长，城乡差距将会得到有效的改善。奉贤区扩展农民增收的渠道有：一是集聚发展新型农业经营主体，创新“合作社+家庭农场”的粮食生产经营模式，2017年拟组建家庭农场530家，经营面积7.5万亩；二是加强村级集体资产管理，确保集体资产增值保值，2016年产权制度改革后，全区

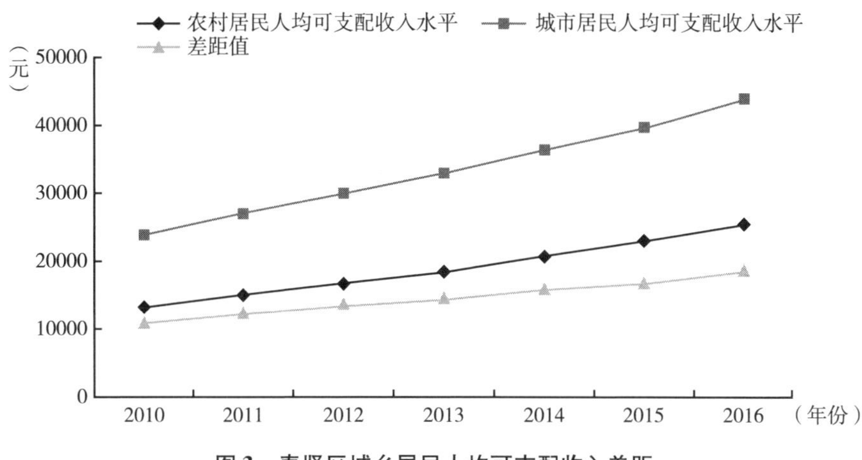

图3　奉贤区城乡居民人均可支配收入差距

数据来源：《奉贤统计年鉴》。

145个村实施分红，全区农民股份分红达7300万元；三是充分发挥经济薄弱村帮扶政策效应，“百村公司”效益红利显著，2016年每个经济薄弱村分配达70万元，其中48%用于集体资产股权分配，32%用于低收入家庭补助。

四　奉贤区农村人口结构和文化结构更趋合理

截至2016年，奉贤区农业总常住人口为61.5万人，其中外来人口为36.3万人，占总常住人口总数的比重为59.0%。从2012年到2016年，奉贤区农业总人口逐年减少，总共减少了6.6%；外来人口占农村常住人口比重出现微弱下降，2016年同比下降了2%（见表5）。

（一）奉贤区农村劳动力情况

奉贤区农村劳动力总数也在逐年减少，从2012年的48.2万人减少到2016年的44.0万人，减少了8.6%。农村劳动力主要聚集在第二产业，占总劳动力人口比重在72%以上，其劳动力人口变化不是很明显；而奉贤农村第一产业劳动力和第三产业劳动力较2012年减少幅度比较大，分别为14.3%和22.2%（见表5）。

表5　奉贤农村人口状况

单位：人

项目	2012年	2013年	2014年	2015年	2016年
农业总常住人口	658507	666207	644360	619515	615363
外来人口	374240	401439	383619	370454	362989
劳动力总数	481894	477305	463545	445753	440446
第一产业劳动力	56849	55791	537765	49655	48697
第二产业劳动力	348828	350376	345598	334834	332476
第三产业劳动力	76217	71138	64182	61264	59273

数据来源：《奉贤统计年鉴》。

（二）奉贤区农民文化结构情况

根据奉贤区农村抽样调查结果，2011年到2016年，奉贤区农民文化结构呈现两头缩小、中间逐渐变大的趋势。其中初中程度人数占比从48.35%增长到50.25%，高中程度人数占比从9.98%增长到16.67%；文盲或半文盲人数占比、小学文化程度人数占比、中专及以上学历人数占比都出现不同程度下降（见表6）。

表6　奉贤区农民文化结构

单位：人，%

	2011年	2012年	2013年	2014年	2015年	2016年
调查户数	700	700	700	700	200	200
总调查人数	1303	1249	1228	1418	385	408
其中:文盲或半文盲比重	4.07	4.48	3.26	5.15	0.00	3.43
小学文化程度比重	26.86	25.14	26.38	29.13	4.42	23.53
初中文化程度比重	48.35	49.24	51.63	47.81	30.65	50.25
高中文化程度比重	9.98	10.09	10.83	10.37	49.87	16.67
中专学历比重	4.30	4.80	—	—	11.69	3.68
大专及以上学历比重	6.45	6.24	7.90	7.55	3.38	2.45

数据来源：《奉贤统计年鉴》。

（三）奉贤区农村人口年龄结构情况

根据奉贤区农村年龄结构抽样调查结果，从2011年到2016年，奉贤区

15岁以下人口占比出现增加趋势，从5.28%增长到14.56%；15～60岁人口占比变化不大；60岁以上人口占比出现持续减少趋势，从28.22%减到18.45%（见表7），表明奉贤区人口结构将渐趋合理化。

表7　奉贤区常住人口年龄结构

单位：人，%

	2011年	2012年	2013年	2014年	2015年	2016年
调查人数	1818	1792	1792	1969	468	515
15岁以下比重	5.28	5.19	7.14	6.04	12.39	14.56
15～60岁比重	66.50	66.41	60.49	63.13	63.46	66.99
60岁以上比重	28.22	28.40	32.37	30.83	24.15	18.45

数据来源：《奉贤统计年鉴》。

此外，为了培育新型职业农民，一方面，奉贤区开展新型职业农民的培训与认定。2016年完成培训622人，其中，生产经营型职业农民249人，专业技能型职业农民100人，专业服务型职业农民273人（农业信息员115人、动物防疫员100人、动物检疫员50人、农资营销员50人）。奉贤区已认定新型职业农民343人。另一方面，奉贤区不断加强职业农民培育体系建设。目前上海市只有奉贤地区具有农民培训职能机构与农业部、市农委保持一致，并完善了培训、考核、认定等一整套培育流程，并对取得职业农民资格的农民进行后续跟踪服务和动态管理，只要是新型职业农民生产中碰到的问题，如农业技术问题，会第一时间派科技指导员一对一入户指导，并在土地流转、农舍对接、员工社保、农业标准化、金融扶持政策等方面给予支持，并整年度提供跟踪服务。

五　奉贤区农村生态建设稳步推进

（一）扎实开展美丽乡村村庄改造

2015年全区完成5159户改造，2016年完成4215户的农户改造，2017

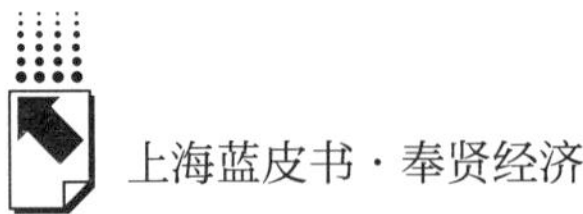

年5266户农村改造建设项目已经立项批复，目前正在进行工程招投标前期准备工作。2015年奉贤区财政安排到位资金1596.32万元，2016年区财政安排资金2145.36万元，两年共计到位3741.68万元。

（二）加大美丽乡村建设资金整合

目前主要是和区水务局一起进行水环境治理，如农村生活污水处理工程，河道疏浚工程，农村河道整治，生态河道整治，断头浜、黑臭河道整治等项目，以及区建管委的经济薄弱村道路桥梁改造工程等，2015～2016年美丽乡村建设资金整合约1.17亿元。

（三）强化农业面源污染控制

大力实施化肥和农药减量化行动。2016年全区化肥亩均施用量降至27.5公斤目标，完成农药减量24%，回收处理农药包装废物91.4吨，主要粮食作物秸秆综合利用率达96%。积极示范推广稻鸭、稻虾、稻鳖等多种生态种植模式，全年共建立示范点5个。对市、区公布重污染河道周边畜禽养殖场进行排摸，共涉及180个畜禽养殖点，切实将这些养殖场作为退养和整治重点，切断污染源头。

六　奉贤区农村改革进展顺利

（一）稳步推进产权制度改革

2015年奉贤区试点村级集体经济产权制度改革，到2016年底全面完成177个行政村的产权制度改革，并建立“村经分离、村社分账”新机制。2016年启动镇级产权制度改革试点工作，庄行、金汇两镇成为改革试点，其中庄行镇已于2016年底基本完成改革，金汇镇已于2017年4月完后改革试点。

（二）基本完成农村土地承包经营权确权登记

自 2011 年被农业部列为全国农村土地承包经营权登记试点单位以来，奉贤区已基本完成农村土地承包经营权登记颁证工作。全区应开展的 131 个村全部完成确权登记颁证工作，涉及村民小组 1942 个，农户 6. 84 万户，确权面积 21. 26 万亩，其中确权确地面积 13. 19 万亩，确权确利面积 8. 07 万亩，权证到户率为 100%，确权登记率为 99. 7%。2016 年 12 月 15 日，奉贤区关于农村土地承包经营确权登记颁证工作顺利通过市级专家组验收。

（三）提高土地规范流转率

2016 年，奉贤区制定新一轮《关于奉贤区引导农村土地经营权有序流转，发展农业适度规模经营的实施意见》，全区当年农户委托流转面积达 16. 04 万亩，规范土地流转率达 70. 79%，较前一年增长 16 个百分点，其流转用途主要为：种植粮食经营面积为 9. 34 万亩，占比为 58. 2%；蔬菜经营面积为 1. 97 万亩，占比为 12. 3%；水产经营面积 1. 95 万亩，占比为 12. 2%；其他的依次为林地、果林、经济作物等。与此同时，奉贤区全面推进农村土地经营权公开交易，完成公开交易流转合同 364 份，涉及面积为 4. 11 万亩。

七　奉贤区农业经济发展的政策建议

（一）注重政策引导，优化农业产业结构

因为农业生产容易受到气候等因素影响，奉贤区农业政策需要结合地区具体情况制定，符合奉贤区农业发展实际，引导农民农业种植模式，提高土地利用率，切实维护农民根本利益。一是加快土地流转，优化粮食种植模式。结合奉贤气候条件，减少小麦种植面积，增加水稻种植面积，可以通过取消小麦补贴等政策，同时倡导一季稻种植模式来进行政策引导；由于蔬菜

种植存在碎片化种植低效等弊端，鼓励蔬菜规模化生产经营；通过建设粮食生产功能区，推广绿肥使用、深耕晒垡、水旱轮作等来实现种地养地相结合的农业生产模式，切实保护耕地，提高耕地生产率。二是规范水产养殖，优化水产布局。由于奉贤区水产养殖面积有限，需要将不规范的零星池塘进行“退鱼还水”，保护奉贤水资源；同时试点推行高效、生态的工厂化养殖，推进渔业标准化生产，提升渔业产业能级，形成自然和谐、环境优美的水产产业布局。三是注重发展循环农业，比如开展“稻渔结合”的种养模式，提高农业生态系统综合利用率，进而形成种养一体化的生态农业综合经营体系。

（二）监管并举，牢牢保障农产品质量安全

农产品质量安全一直是全社会关注的焦点问题之一，确保食物绿色环保和健康安全，使居民放心购买食用，这就需要不断规范农业企业生产经营活动，进行标准化生产，加强对农产品进行认证，巩固提升“三品一标”认证率；尽快建设农产品质量安全追溯体系，明确农产品生产者为粮食安全责任主体，及时对粮食信息进行查询、对流向进行追踪、对质量进行追溯等；规范企业添加剂使用，加强对原料采购的验收，严格进行农产品生产全程记录，严格进行质量管理，确保安全放心的食品在市场上流通。这就需要完善监管网络体系，健全区、镇、村三级农业服务体系网络；严抓农机、渔业和森林防火等重点领域安全工作，确保无安全生产事故；健全基层产品安全监管队伍，深入推进专项执法整治，尤其需要加大对违禁添加剂和高毒农药、肥料等违法使用行为的查处力度，确保不发生重大农产品质量安全事件；贯彻落实《上海市食品安全条例》，推进上海市农产品质量安全区县创建工作。

（三）拓宽渠道，持续促进农民增收

确保农民收入继续稳定增长一直是农业和农村经济发展的重要课题之一，需要改变农民传统收入来源，拓宽农民收入渠道。奉贤区促进农民增收的渠道有以下几个。一是创新“合作社 + 家庭农场”的粮食生产经营模式，

促进家庭农场进行粮食规模化生产经营，包括统一进行耕种、病虫防治、灌溉排水、储藏保鲜等；重点发展农产品加工流通和电子商务等农业生产环节，比如特色馆等创新项目，确保农产品及时销售。二是提升农产品品牌效应，挑选农业龙头企业与具备加工销售实力的粮食专业合作社开展合作，打造粮食品牌，通过优质优价、提升附加值来增加种粮收益，比如促进“奉贤大米”进超市、上电视、入网络，不断提升奉贤大米品牌影响力。三是加快对民宅租赁权进行公开市场交易的研究，提高民宅的租赁费；探索宅基地使用权与工商资本股份制开发，加大宅基地开放，提高农民宅基地收入。四是加大新型职业农民培训力度，培养造就一支懂农业、爱农村、爱农民的“三农”工作队伍；定向结对青年农场主，并及时把政策送到青年农场主身边，指导帮助开展农业生产经营管理活动；通过报纸、电视、微信公众号等媒体宣传，来扩大新型职业农民的社会影响力；开展新型职业农民评优活动，树立职业农民典范，激发其他农民参加职业培训的积极性。

（四）绿化优先，全面改善农业农村生态环境

我国农村居民生活水平不断提高，也对生活环境提出更高要求，奉贤区改善农业农村生态环境需要从以下几个方面入手。一是聚焦农艺公园，打造农艺公园生态廊道，在路边、河旁、田间插绿种林；重点推进金山地区环境整治防护林、浦星公路东侧（大叶公路到G1501高速）、G1501高速和S2高速四团段等田字绿廊生态廊道；提升黄浦江涵养林品质，并对黄浦江涵养林道路、水系、林园进行改造；落实2016～2018年奉贤区林地建设专项规划，督促各镇挖掘林地空间。二是整合各类资源，扎实推进美丽乡村建设三年行动计划，积极开展美丽乡村示范村创建；加大项目整合力度，聚集新农村建设资金，通过农林水联动发展让美丽乡村成效更加明显。三是加快不规范畜禽退养，完善管控机制，各镇（开发区）为不规范畜禽退养的责任主体，按照退养目标，锁定退养名单，实行任务明确到村，计划明确到户（场），节点明确到月，责任明确到人；区、镇（开发区）设立不规范畜禽退养工作专项资金，对主动配合支持关停工作、拆除畜禽棚舍、实现有效拔

点的养殖户（场）实施奖补。四是实施化肥和农药减量化行动，包括使用测土配方施肥技术，推广商品有机肥和缓释肥、水肥一体化技术，加快应用高效低毒低残留农药；全面禁烧农作物秸秆，推进秸秆机械化还田。

（五）深化改革，持续激发农村发展活力

农村改革涉及面广、综合性强、难点很多，能够最大限度释放农村发展活力，能够加快推进农业现代化和社会主义新农村建设，是全面深化改革的重要领域。奉贤区深化农村改革需要从以下几个方面着手。一是推进农村产权制度改革，按照“一村一策”的要求，推进村级产权制度改革；在认真总结庄行、金汇两镇改革经验的基础上，全面启动镇级产权制度改革工作；积极研究制定农村集体组织收益合理分配机制，让农民在明晰资产份额的同时，获得镇、村集体经济发展的红利。二是探索集体经济发展新路子，依托上海农业要素交易所平台，加快建设土地流转交易市场和集体资产公开交易市场，探索建立奉贤区农村产权交易服务体系，促进农村集体资源和资产运行方式转向市场化和公开化运作方式；加速农村资产统一管理经营平台建设，受托管理村级集体资产，让农村集体资产有较强的保值增值能力，让集体经济组织成员有更多的资产性收益。三是积极实践“三权分置”，坚持农村土地集体所有制不变，大胆实现农村土地所有权与经营权分离，允许更多的生产经营主体拥有土地经营权；切实稳定土地承包权，加强颁证后续管理，严肃变更条件，规范变更程序，确保农户土地承包权时效性得到保护；按照“依法、自愿、有偿”的原则，创新土地流转方式，积极引导鼓励农户土地股份合作、土地入股等形式，推动土地有效流转；探索农村土地经营权抵押贷款，实现农村资源资本化、市场化。四是着力规范土地流转管理制度，在坚持农民依法自愿有偿的基础上，加强组织引导；运用市场和经济手段，鼓励农户土地流出，引导土地向家庭农场、农民专业合作社集中；加强土地流转用途管制，严禁借土地流转之名搞非农建设，进一步规范土地流转方式，严格控制通过流转平台将土地流转给外来务工人员或二次转包给外来务工人员；加强农村土地承包经营权纠纷调解仲裁体系建设，及时化解土地

流转中的各类矛盾和纠纷。五是严格规范设施农用地管理，对于符合用途的，及时做好备案工作；对于改变用途的，按照“拆除、保留、转性”的原则，采取针对性措施；对于闲置及拆除复垦的，作为新增项目落地的重要资源，加以充分利用；进一步完善设施农用地长效管理机制，制定区设施农用地规划，保障设施农业健康发展。

（六）加大投入力度，提高强农惠农政策效应

近年来，中共中央、国务院高度重视农业，坚持城乡统筹建设，不断加大资金投入量，奉贤区结合自身发展特点，需要从以下几个方面着手来提高强农惠农政策效应。一是加大强农惠农富农政策力度，建立以绿色生态为导向的农业补贴机制，加大耕地保护财政支持力度，充分发挥政策的激励引导作用，调动农民生产的积极性和主动性，确保政策力度不减弱、农民实惠不减少。二是充分利用公示栏、惠农宣传手册等多种形式，全方位宣传各项惠农补贴政策，确保各项惠农政策家喻户晓、人人皆知；健全基础信息档案管理制度，全力做好补贴对象的信息采集、录入、审核工作，规范、准确地传送补贴数据，严格审查农户的姓名、身份证号、种植面积、一卡通账号，尽力做到一人不漏、一人不错，确保农户信息准确无误，保证补贴资金及时准确打入农户“一卡通”。三是研究制定财政涉农补贴资金管理办法，切实加强对惠农补贴资金拨付、发放等重点环节的监督检查，做到专项检查和经常检查相结合，加强对村干部的纪律教育，完善规范透明的管理制度，加强涉农资金专项审计，健全涉农补贴资金的申报审核制度，并将其纳入考核扣分项目，杜绝挤占挪用、层层截留、虚报冒领，保证惠农补贴专款专用，维护惠农补贴政策的严肃性，确保资金使用见到实效。

B.3
2017~2018年奉贤工业形势分析与研判

王永水*

摘　要： 奉贤区工业经济发展与上海产业结构调整升级的方向保持高度一致。在迎接“中国制造2025”与上海构建全球有影响力的科技创新中心进程中，奉贤区主动对接、积极作为，充分发挥禀赋优势、淘汰落后产能，其调整路径满足“减量增质、减能增效”的基本方向，区内工业企业发展质量不断提升，主营利润率攀升的同时单位产值能耗也在不断下降。然而，工业企业发展中科技创新的支撑还相对薄弱，且由于交通基础设施、教育和医疗资源乃至区财政力量等历史短板的制约，创新创业要素集聚规模有限。但凭借已有的工业积淀，奉贤区未来在教育、医疗等方面的配套服务大力提升后，可望通过高层次人才引领下的创新驱动助推奉贤工业转型升级，最终成为南上海工业桥头堡，并进一步辐射长三角地区。

关键词： 创新支撑　人才政策　服务配套

* 王永水，经济学博士，华东政法大学商学院助理研究员，上海社会科学院数量经济学科创新团队成员，上海市软科学研究基地——科技统计与分析研究中心研究人员。主要研究领域包括：人力资本、科技进步与经济增长，科技政策评价与分析。

中国经济进入新常态后，“去产能、去库存、去杠杆、降成本、补短板”这“三去一补一降”成为经济社会发展过程中面临的重要任务。上海地区生产总值结构中第三产业所占比重已经远远超过第二产业，伴随着工业行业自身不断升级与调整，目前上海工业发展的显著特征为“减量增质、减能增效”。

奉贤区作为上海工业企业相对密集的区，工业仍然是区内经济增长的重要引擎。在多次走访与调研中可以看到，奉贤区具备相当数量的优质工业企业，多数企业正加大创新转型力度，立足下游、触碰上游，近年来区内工业企业发展逐渐走出2008年金融危机以来的低谷，多项指标出现好转。但是，从总体上看，奉贤区工业企业创新研发活动与上海部分工业强区相比仍然具有一定差距，创新活动支撑相对薄弱与其传统的历史短板因素有关。因此，本文以统计数据为基础，结合走访和调研结果，梳理了奉贤区工业发展情况，总结工业企业发展面临的瓶颈因素，并针对性地提出对策建议。

一 2016年奉贤区工业总体概况

（一）上海各区县工业发展概况比较

表1为2015年上海各区县规模以上（以下简称“规上”）工业企业主要指标分布情况——以上海总计100计算，计算其余各地区所占比重。从企业单位数量来看，上海工业企业最为密集的地区主要为浦东新区、闵行区、嘉定区、松江区、奉贤区和青浦区，奉贤区企业单位数位居上海17个区第4位；从业人员最多的为浦东新区，闵行区、嘉定区与松江区的工业从业人员占上海工业企业从业人员比重也均超过10%，奉贤区工业企业从业人员占上海总体比重为7.67%。

工业总产值、年末资产总计、主营业务收入以及利润总额等经济指标方面，奉贤区均处于上海各区县中等偏上的位置。其中，奉贤区工业总产值为

表1　2015年上海各区县规上工业企业主要指标分布

单位：%

地区	单位数	从业人员	工业总产值	年末资产总计	主营业务收入	利润总额
总计	100	100	100	100	100	100
浦东新区	19.10	26.31	29.30	33.23	31.82	33.50
黄浦区	0.19	0.38	0.28	0.31	0.51	0.33
徐汇区	1.25	1.34	1.76	1.65	1.89	4.16
长宁区	0.34	0.81	0.36	0.56	0.33	0.11
静安区	0.04	0.05	0.03	0.10	0.03	-0.06
普陀区	1.25	1.01	0.62	0.79	0.70	0.83
闸北区	0.58	0.77	0.78	1.15	0.75	0.30
虹口区	0.24	0.34	0.33	1.00	0.32	1.24
杨浦区	0.79	0.91	3.72	4.25	3.36	9.44
闵行区	11.07	11.90	10.11	10.21	9.99	9.40
宝山区	5.49	4.91	6.08	8.38	6.43	2.82
嘉定区	13.80	13.31	15.79	10.67	15.00	21.12
金山区	8.23	6.02	5.25	3.97	4.84	3.18
松江区	14.23	13.96	11.51	7.51	10.78	5.09
青浦区	9.61	7.95	4.82	4.40	4.54	3.62
奉贤区	11.95	7.67	4.83	5.34	4.50	3.62
崇明县	1.38	1.58	1.09	1.67	0.90	-0.18
其他	0.46	0.78	3.34	4.81	3.33	1.47

1512.74亿元，占上海工业总产值4.83%，位居上海第七；年末资产总计1992.49亿元，占上海工业年末资产总计的5.34%，位居第六；主营业务收入1536.5亿元，占上海4.50%，位居第八；利润总额97.08亿元，占上海3.62%，位居并列第六。2011～2015年，奉贤区各指标在上海总体指标的比重动态变化方面，除了从业人员和主营业务收入外，其余各指标在上海工业企业中的地位均有所提升。

（二）奉贤区工业主要指标动态趋势

2011 年以来，奉贤区紧随上海产业结构调整步伐，创新驱动、转型发展稳步推进，GDP 中第二产业占比逐渐下降，第三产业占比迅速上升（见图 1）。尽管如此，奉贤区的 GDP 构成中，第二产业仍然占据主导地位，2016 年二产占 GDP 比重达到 54.4%，其中工业增加值占 GDP 比重达 49.6%。

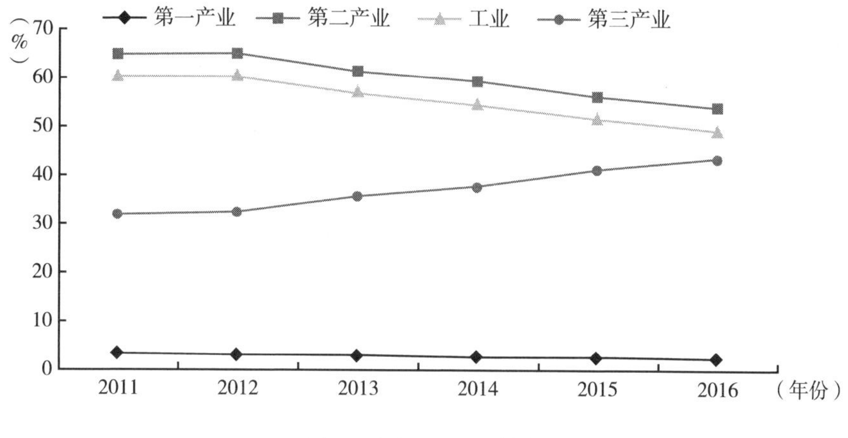

图 1　奉贤区 GDP 构成

2007~2016 年，奉贤区的工业企业从 2009 年高峰时期的 1872 家下降到 2016 年的 947 家，但总产值仍然保持相对平稳（见图 2）。工业总产值实际增长率经历了 2007~2011 年的较快上升期，2012~2015 年工业总产值实际增长率开始显著下滑；2016 年，奉贤区工业经济走势止跌趋稳，全年完成工业总产值 1754.7 亿元，比上年增长 1.3%。其中，规模以上工业总产值 1421.8 亿元，与上年基本持平，占全区工业总产值的比重为 81.0%。产值前百位企业支撑作用显著，共实现规模以上产值 875.9 亿元，同比增长 8.9%，占全部规模以上工业产值的比重高达 57.4%，比上年上升 1.9 个百分点。

从工业增加值来看（见图 3），经历了 2012~2015 年的结构调整以后，

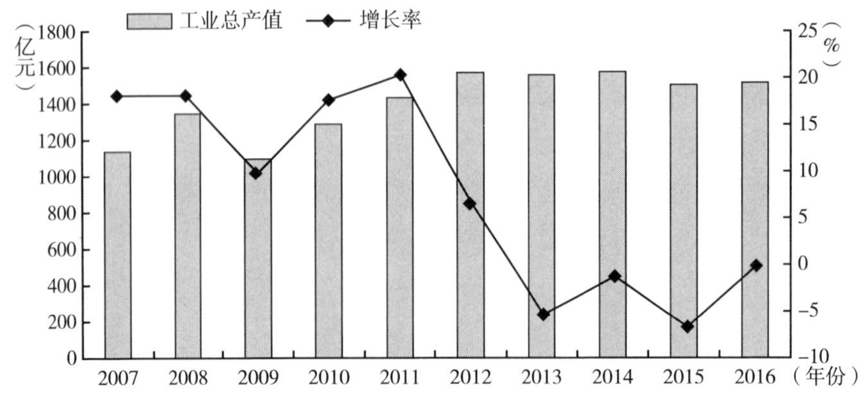

图2　奉贤区工业总产值情况

2016年奉贤区工业增加值稳步回升，全年工业增加值达到361.7亿元，实现增长3.73%。在“十二五”期间，奉贤区主动作为，积极淘汰过剩产能、培育新兴产业，为工业经济发展注入新动能，助推工业整体转型升级。

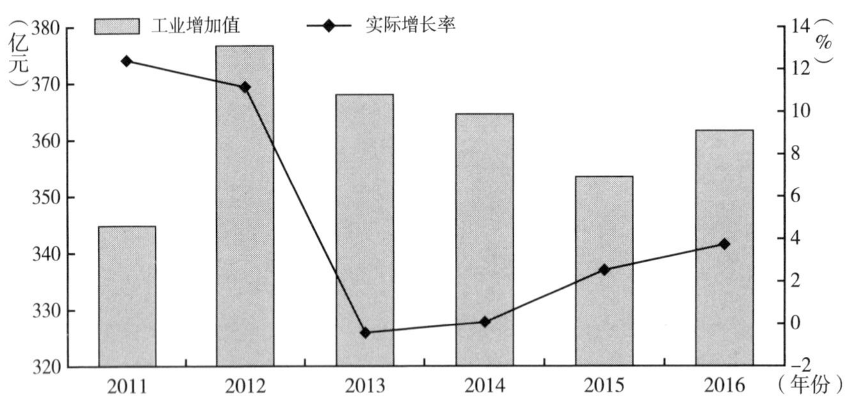

图3　奉贤区工业增加值

从奉贤区总体税收增长（见表2）来看，工业上缴税金增长率远小于全区税收增长率，其直接表现就是从2011年至2016年，奉贤区税收来源中工业上缴税金所占比重开始逐渐下降，从2011年的58%下降到了2016年43.9%。此外，我们看到奉贤区全区税收增长开始逐步回升，但工业上缴税金增长率却在显著下滑，可以预计未来奉贤区税收增长对工业的依赖将进一步降低。

表 2　奉贤区工业税收贡献情况

单位：亿元，%

年份	全区税收		工业上缴税金		工业纳税占比
	金额	增长率	金额	增长率	
2011	158	32.8	91.68	18.3	58.0
2012	181	10.2	107.1	16.8	59.2
2013	200.8	11.0	101.2	7.5	50.4
2014	225.1	12.1	114.7	13.3	51.0
2015	247.7	10.0	124.7	8.7	50.3
2016	285.6	15.3	125.3	0.5	43.9

工业行业中的八大重点行业整体发展平稳向好，各行业分布相对均衡（见图 4）。八大重点行业实现规模以上工业产值 688.8 亿元，同比增长 0.5%，占全部规模以上产值的比重达到 48.4%。年内，八大重点行业总体

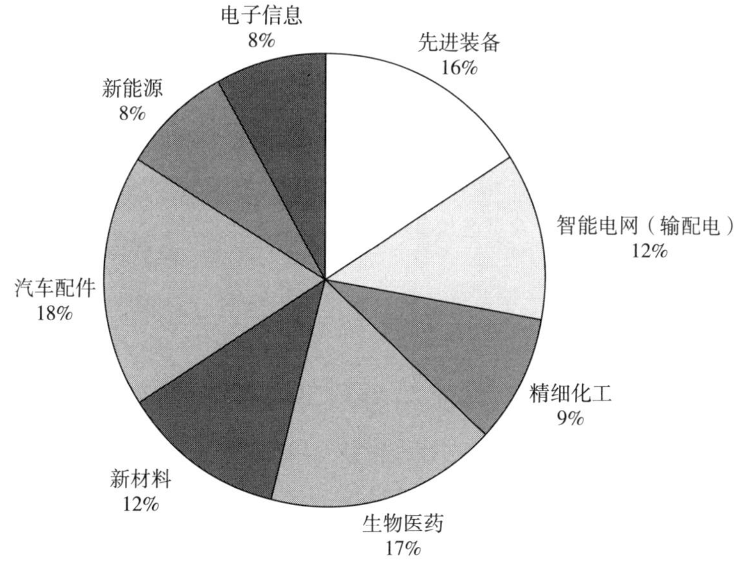

图 4　八大重点行业分布结构

平稳，产值增长呈现五升三降格局。精细化工、生物医药两位数增长，分别增长15.4%和10.3%；新能源、汽车配件和先进装备行业稳中有进，分别增长8.0%、7.3%和6.9%；智能电网、新材料行业下滑明显，降幅达到两位数；电子信息行业情况稍好，仅下降5.8%。

工业经济效益明显改善（见图5）。2016年，规模以上工业企业实现主营业务收入1487.7亿元，同比增长了2.2%；实现利润总额121.2亿元，同比增长20.9%。当期盈利企业盈利总额达到137.7亿元，亏损单位数130户，同比下降2.2%，亏损覆盖面13.7%，亏损企业亏损总额16.4亿元，同比下降7.0%。另外，值得关注的是，全区规上工业企业主营利润率自2012年起不断攀升。

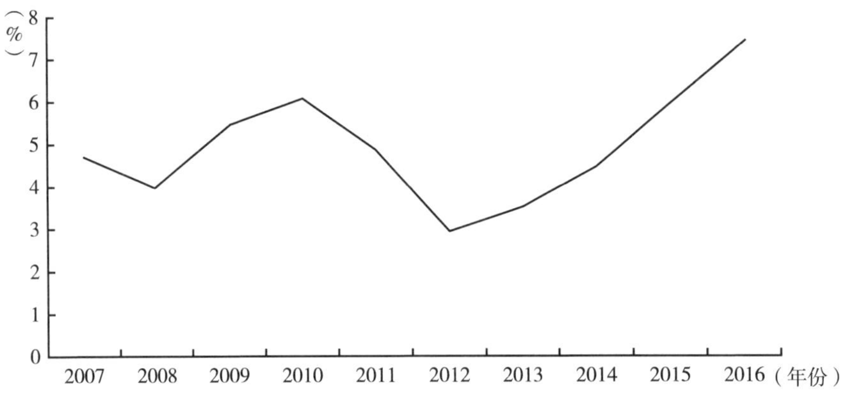

图5　奉贤区规模以上工业企业主营利润率

工业能源消耗出现显著增加，单位增加值能耗也出现明显抬头（见图6）。2016年，工业能源消费总量为224.9万吨标准煤，单位增加值能耗为0.637吨标准煤/万元，可以看到2016年全年能源消费无论是总量还是单耗都出现较大幅度的跃升，说明在总体经济增速下滑的压力下，奉贤工业发展结构调整在局部上也有所反复，这也是未来奉贤区工业发展过程中应该给予关注的。

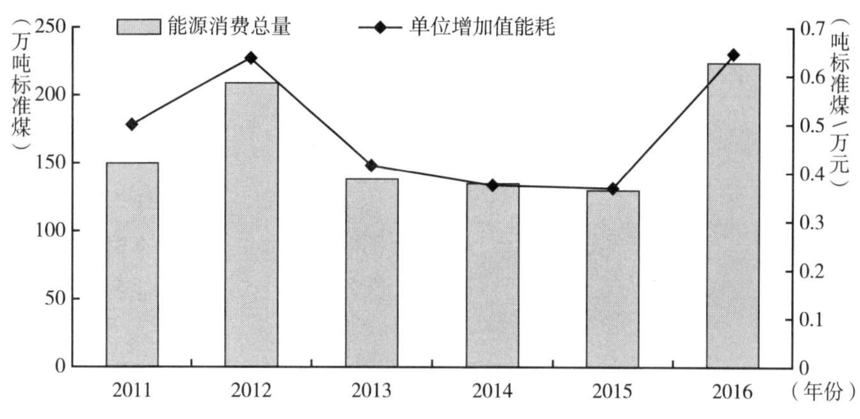

图6　奉贤区工业能源消费情况

（三）2017年1～8月奉贤区工业经济指标

2017 年 1～12 月，奉贤区规上工业企业总产值为 1565.4 亿元，增长 7.3%（见表3）。2017 年 1～8 月，不同注册登记类型的工业总产值中（见表4），国有企业工业总产值出现较大幅度下滑，集体企业工业总产值大幅增长，其余的股份及股份合作制、外商及港澳台商企业以及私营企业工业总产值均出现不同幅度的增长，但私营企业、股份及股份合作制企业增速低于全区水平；与之相对应的，股份及股份合作制、私营企业在全区工业总产值中所占比重均有所下滑，主要原因在于奉贤区在拆除违章建筑、倒逼产业结构升级等方面的举措实施，另外上海总体商务成本的提高也可能是私营企业增速较大幅度低于全区水平的重要原因，未来值得进一步关注。

表3　2017 年 1～12 月奉贤区规模以上工业企业总产值

单位：亿元，%

	1～12 月	增长
全区合计	1565.4	7.3
1. 开发区小计	705.1	6.2
海湾	3.0	-54.9
综合	382.7	2.8

续表

	1～12月	增长
杭州湾	213.1	6.7
东方美谷	56.8	7.3
临港	49.5	51.7
2. 各街镇小计	831.3	8.4
南桥镇	146.1	11.5
奉城镇	147.7	3.6
庄行镇	97.3	19.9
金汇镇	110.8	4.3
四团镇	61.5	31.2
青村镇	127.4	5.3
柘林镇	69.3	-2.1
海湾镇	30.8	4.0
西渡街道	20.4	9.2

注：工业总产值为现价，增长速度为现价速度。

表4　2017年1～8月奉贤区工业经济指标

单位：万元，%

工业总产值	8月	1～8月累计	增长
国有	1355.1	11508.7	-8.8
集体	1068.9	7638.5	17.8
股份及股份合作制	250015.5	1956813.5	6.3
外商及港、澳、台	597298	4708002.4	8.5
私营	413819.2	3177788.8	5.1
结构比重	8月	1～8月累计	增长
国有	0.1	0.1	0
集体	0.1	0.1	0
股份及股份合作制	19.8	19.9	-0.1
外商及港、澳、台	47.3	47.7	0.6
私营	32.7	32.2	-0.5

注：结构比重增长以百分点的增减计算。

二 奉贤区各镇规上工业企业发展情况

奉贤区所辖镇主要包括南桥、奉城、庄行、金汇、四团、青村、柘林和海湾，2016年起对西渡街道的工业经济指标进行独立统计（见图7）。由于2011年规模以上工业企业统计口径变更为年主营业务收入在2000万元以上的企业，因此为保证数据可比性，下文主要采用2011年至2016年的数据进行分析（后续分析部分与此类似，不再赘述）。

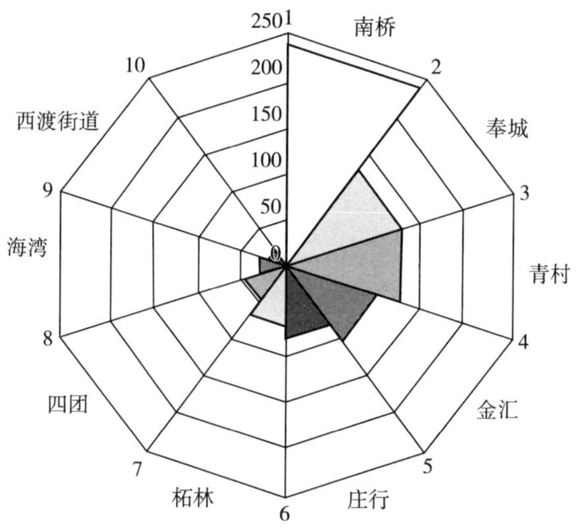

图7 2016年奉贤区规上工业企业总产值地区分布

2011年至2016年，各镇规上工业企业合计单位数由808家下降到704家，亏损单位从110家下降到88家；亏损覆盖面从13.6%下降至12.5%。从分布情况来看，除海湾镇和四团镇以外，其余各镇工业企业分布相对均衡。表5、表6分别为2011年至2016年奉贤区各镇规上工业企业单位数及亏损单位数的总体分布。

表 5　奉贤区各镇规上工业企业单位数

单位：个

	2011 年	2012 年	2013 年	2014 年	2015 年	2016 年
南　桥	188	187	188	189	160	101
奉　城	145	146	147	156	149	128
庄　行	93	93	103	93	91	83
金　汇	112	119	118	114	109	97
四　团	41	50	66	63	54	50
青　村	127	137	153	164	149	112
柘　林	89	91	98	96	98	90
海　湾	13	13	13	13	12	12

表 6　奉贤区各镇规上工业企业亏损单位数

单位：个

	2011 年	2012 年	2013 年	2014 年	2015 年	2016 年
南　桥	21	30	38	33	28	13
奉　城	26	22	17	17	25	11
庄　行	16	14	13	12	15	11
金　汇	22	24	26	19	19	13
四　团	6	9	9	8	11	5
青　村	10	12	17	16	22	17
柘　林	7	10	16	15	25	14
海　湾	2	1	1	2	3	2

从工业总产值的地区分布上看，南桥是奉贤区工业产出最高的镇，其工业总产值从 2011 年的 204.6 亿元增至 2016 年的 237.8 亿元。此外，2016 年奉城、青村和金汇工业总产值也都达百亿以上，各地区历年工业总产值总体情况如表 7 所示。

从图 8、图 9 可以看到，各镇盈利水平方面，青村和南桥工业企业盈利总额、营业利润均显著高于其他镇，相应的，青村缴纳的增值税数额显著较高，但南桥缴纳增值税相比奉城、庄行等地区并无显著差异。此外，除南桥镇在部分年份出现较大波动外，各地区规上工业企业盈利总额和营业利润均不断提升。在各镇的比较中，青村、南桥和海湾的主营利润率（营业利润/主营业务收入）相对较高，并且各地区主营利润率指标均逐渐走高。

表 7　奉贤区各镇工业总产值

单位：亿元

	2011 年	2012 年	2013 年	2014 年	2015 年	2016 年
南　桥	204.60	239.07	107.02	222.45	250.86	237.80
奉　城	78.06	91.27	78.67	116.65	125.87	127.63
庄　行	65.34	75.74	127.03	76.40	78.63	78.99
金　汇	105.39	116.55	76.07	108.72	93.31	101.04
四　团	60.57	68.42	150.16	55.07	48.15	46.32
青　村	133.93	136.10	85.19	158.11	140.08	124.45
柘　林	74.97	82.51	31.99	87.61	75.08	66.42
海　湾	23.06	29.12	32.31	36.62	32.81	29.91

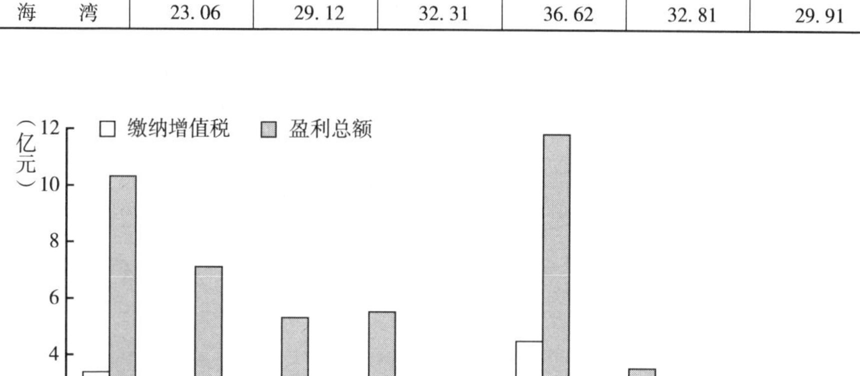

图 8　2016 年各地区规上工业企业盈利总额及缴纳增值税情况

图 10 展示了 2016 年各地区规上工业企业能源消费情况，可以看到南桥和奉城单位产值能耗相对较低，工业企业对能源的依赖较小，四团则是奉贤区工业企业能源消费单耗最高的镇。

从表 8 可以看到，2011 年至 2016 年间，南桥、奉城、庄行、金汇和青村单位产值能源消费量有较为显著的下降，而四团、柘林和海湾单位产值能耗相反地有所提升，这种结构性的差异显示出奉贤区工业企业发展在“节能增效”方面仍有相当的作为空间。

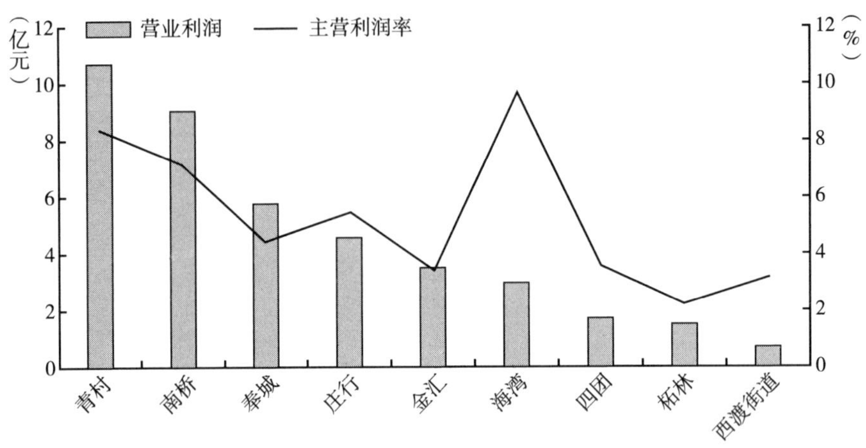

图9　2016年各地区营业利润情况

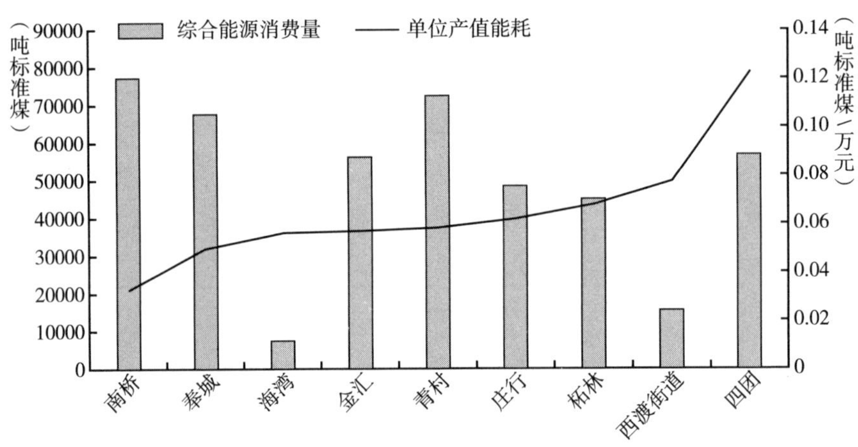

图10　2016年各地区规上工业企业能耗情况

表8　各地区单位产值能源消耗

单位：吨标准煤/万元

	2011年	2012年	2013年	2014年	2015年	2016年
南桥镇	0.0457	0.0435	0.0576	0.0449	0.0393	0.0326
奉城镇	0.0730	0.0749	0.0648	0.0602	0.0568	0.0503
庄行镇	0.0859	0.0764	0.0683	0.0638	0.0615	0.0622
金汇镇	0.0807	0.0606	0.0539	0.0554	0.0537	0.0572

续表

	2011 年	2012 年	2013 年	2014 年	2015 年	2016 年
四团镇	0.1082	0.0651	0.0629	0.1049	0.1140	0.1233
青村镇	0.0638	0.0566	0.0571	0.0535	0.0586	0.0584
柘林镇	0.0645	0.0570	0.0559	0.0528	0.0693	0.0683
海湾镇	0.0500	0.0553	0.0542	0.0463	0.0491	0.0563
西渡街道						0.0779

三　奉贤区分行业规上工业企业发展情况

按照国民经济行业分类统计口径，2016 年奉贤区规模以上工业总产值达到百亿元以上的主要包括电气机械和器材制造业、化学原料和化学制品制

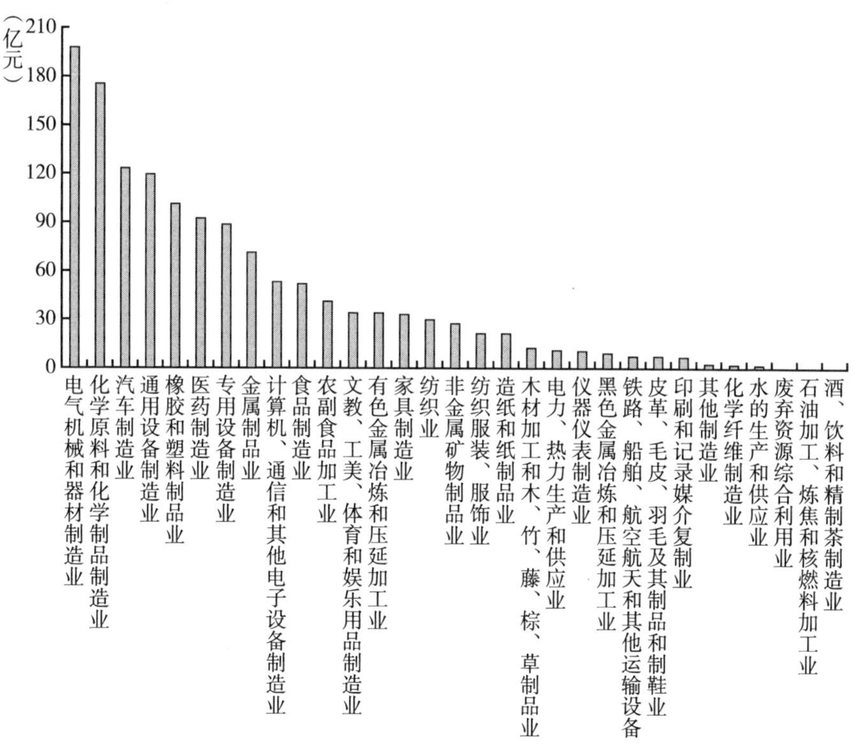

图 11　2016 年奉贤区分行业规上工业企业总产值

造业、汽车制造业、通用设备制造业、橡胶和塑料制品业。其中，除汽车制造业、橡胶和塑料制品业工业总产值不断上升外，其余行业工业总产值开始走低。从各行业工业总产值变化趋势可以明显看到，传统行业正在开始逐渐萎缩，这与奉贤区产业转型升级的过程是密不可分的，事实上，从2011年至2016年，以医药制造业等为代表的重点行业正在快速崛起，医药制造业的工业总产值已实现翻番。

表9　奉贤区分行业规上工业企业总产值

单位：亿元

行业	2011年	2012年	2013年	2014年	2015年	2016年
电气机械和器材制造业	280.56	264.62	252.82	293.99	310.86	200.66
化学原料和化学制品制造业	261.07	271.34	247.26	209.45	185.11	177.70
汽车制造业	81.65	91.78	113.36	118.41	117.06	125.01
通用设备制造业	132.14	147.71	136.49	139.72	129.57	121.84
橡胶和塑料制品业	81.47	92.90	105.23	109.43	103.32	102.85
医药制造业	47.25	46.78	51.21	64.59	62.06	93.80
专用设备制造业	91.35	124.27	122.87	108.52	81.05	89.93
金属制品业	65.10	77.02	71.61	73.49	71.27	73.00
计算机、通信和其他电子设备制造业	70.66	87.36	65.71	62.06	57.95	54.21
食品制造业	45.40	49.04	64.46	64.59	52.54	53.05
农副食品加工业	14.51	22.44	34.54	36.41	37.62	42.39
文教、工美、体育和娱乐用品制造业	31.87	33.75	34.79	41.38	38.19	34.81
有色金属冶炼和压延加工业	42.20	36.20	65.88	45.36	38.95	34.35
家具制造业	21.07	29.06	32.66	38.11	35.13	34.05
纺织业	26.35	34.77	29.75	35.90	31.74	30.66
非金属矿物制品业	37.22	36.15	31.29	32.45	23.98	27.97
纺织服装、服饰业	39.70	37.38	33.18	30.46	25.11	22.33
造纸和纸制品业	22.58	26.30	28.68	27.50	25.86	22.17

续表

行业	2011年	2012年	2013年	2014年	2015年	2016年
木材加工和木、竹、藤、棕、草制品业	12.03	13.17	13.42	12.34	12.74	13.31
电力、热力生产和供应业	7.05	7.16	7.21	6.51	7.27	11.80
仪器仪表制造业	14.16	12.45	12.56	14.38	13.50	10.96
黑色金属冶炼和压延加工业	22.45	14.72	12.41	15.92	10.68	9.67
铁路、船舶、航空航天和其他运输设备制造业	9.13	7.88	12.20	9.13	10.20	8.20
皮革、毛皮、羽毛及其制品和制鞋业	13.87	12.55	12.16	10.35	10.26	8.08
印刷和记录媒介复制业	5.12	7.23	8.47	7.79	7.90	7.64
其他制造业	2.94	0.35	0.64	2.98	3.56	3.59
化学纤维制造业	5.56	5.40	5.76	5.20	3.59	2.93
水的生产和供应业	1.92	1.92	2.08	2.16	2.59	2.60
废弃资源综合利用业	0.76	0.72	1.05	0.80	0.76	0.83
石油加工、炼焦和核燃料加工业	0.00	0.63	0.64	1.64	0.93	0.82
酒、饮料和精制茶制造业	1.80	1.76	2.22	2.27	1.38	0.61

从规模以上工业企业单位数量的行业分布来看，奉贤区传统工业的力量仍然相当强劲，通用设备制造业、电气机械和器材制造业、橡胶和塑料制品业、化学原料和化学制品制造业、金属制品业以及专用设备制造业等企业占据绝对比重，而亏损较多的企业也集中在这些行业中。另外，在利用市场逐步淘汰部分传统企业的过程中，尽管存在阵痛，但也充分显现出奉贤区未来在对接“中国制造2025”和“智能制造”等方面存在的优势。在上海建设科技全球有影响力的科技创新中心进程中，奉贤区依托其自身比较优势，制定了一系列的产业扶持政策帮助企业转型升级、助推工业企业科技创新，最终实现奉贤区整体产业结构优化升级。

表 10　分行业规上工业企业单位数

单位：个

行业	2011 年	2012 年	2013 年	2014 年	2015 年	2016 年
通用设备制造业	137	147	158	154	147	134
电气机械和器材制造业	143	147	155	154	150	118
橡胶和塑料制品业	88	100	101	112	103	92
化学原料和化学制品制造业	84	85	92	96	91	88
金属制品业	94	102	107	104	95	86
专用设备制造业	63	68	81	79	69	60
汽车制造业	42	48	49	43	41	39
家具制造业	27	35	40	46	43	36
纺织服装、服饰业	61	56	54	44	35	27
非金属矿物制品业	35	34	32	35	30	27
食品制造业	30	28	25	25	26	26
医药制造业	19	20	21	24	25	25
造纸和纸制品业	22	25	30	32	26	23
农副食品加工业	15	17	18	20	19	18
文教、工美、体育和娱乐用品制造业	24	21	22	23	20	17
计算机、通信和其他电子设备制造业	16	16	16	19	18	17
黑色金属冶炼和压延加工业	17	19	18	19	18	15
有色金属冶炼和压延加工业	11	12	14	16	15	14
皮革、毛皮、羽毛及其制品和制鞋业	25	23	24	18	20	13
印刷和记录媒介复制业	8	10	14	13	13	13
纺织业	27	27	23	18	16	12
仪器仪表制造业	9	10	11	11	11	11
木材加工和木、竹、藤、棕、草制品业	9	12	12	11	11	10

续表

行业	2011 年	2012 年	2013 年	2014 年	2015 年	2016 年
铁路、船舶、航空航天和其他运输设备制造业	10	9	12	10	11	7
其他制造业	5	2	2	6	7	5
电力、热力生产和供应业	3	3	3	3	4	4
酒、饮料和精制茶制造业	3	4	4	4	3	2
石油加工、炼焦和核燃料加工业	0	1	2	2	2	2
化学纤维制造业	1	2	2	2	2	2
废弃资源综合利用业	1	1	2	2	2	2
水的生产和供应业	2	2	2	2	2	2

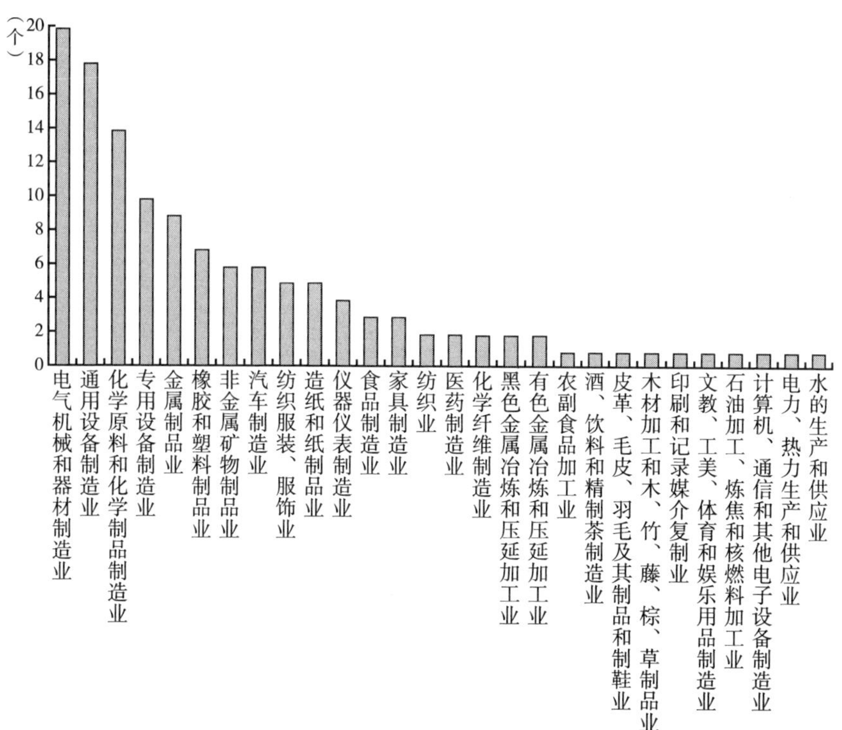

图 12　2016 年奉贤区各行业规上工业企业亏损单位数

从各行业盈利情况来看，奉贤区医药制造业盈利总额以绝对优势占据首位，另外化学原料和化学制品制造业盈利总额也到23.8亿元。此外，汽车制造业、橡胶和塑料制品业、电气机械和器材制造业、通用设备制造业等对奉贤区工业企业盈利总额也贡献了相当的比重。从盈利总额的行业分布形态可以看到，区域内行业盈利水平差异非常明显，未来以部分行业为引领的增长将成为奉贤区工业发展的显著特征。

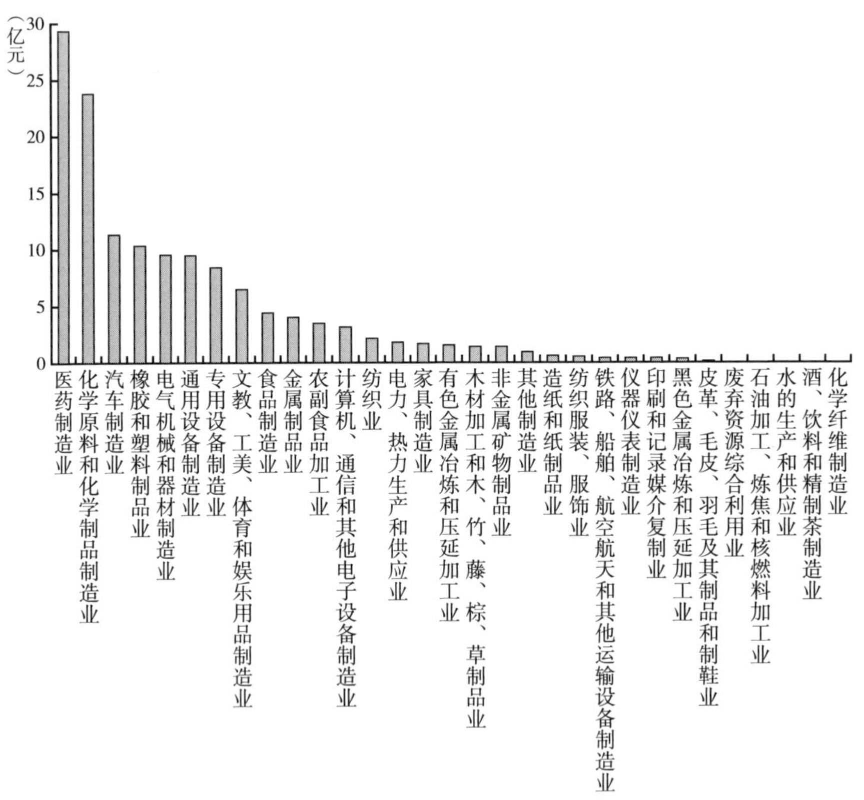

图13　2016年奉贤区分行业规上工业企业盈利总额

此外，奉贤区增值税来源主要为化学原料和化学制品制造业、医药制造业、通用设备制造业以及食品制造业等。各行业营业利润的差异化也相当突出，医药制造业在主营业务利润率方面表现优异（见图15）。

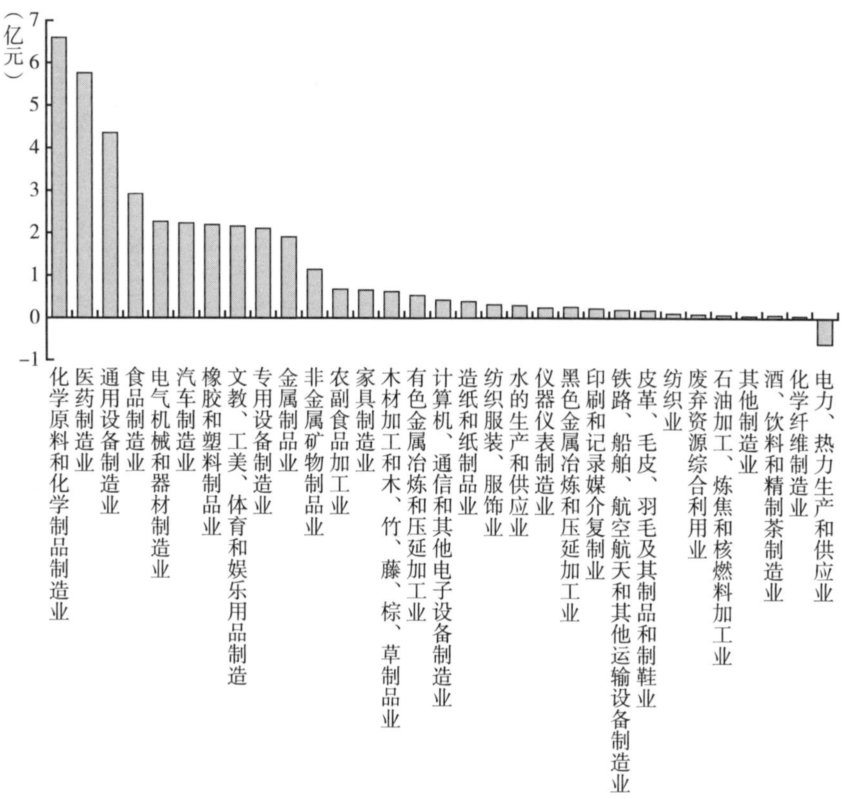

图14　2016年奉贤区分行业规上工业企业缴纳增值税情况

奉贤区能源消耗量较高的为橡胶和塑料制品业、医药制造业、电气机械和器材制造业等，但值得注意的是，能耗绝对量高的这部分行业，其单位产值综合能耗其实相对较低；而化学纤维制造业、水的生产和供应业为单位产值综合能耗最高的行业（见图16）。《奉贤区统计年鉴》数据显示，多数行业产出对能源的依赖度正在不断下降，这与奉贤区产业结构调整优化方向高度一致。

四　奉贤区分注册登记类型规上工业企业发展情况

奉贤区规模以上工业企业数量在不同注册登记类型分布方面，私营企业

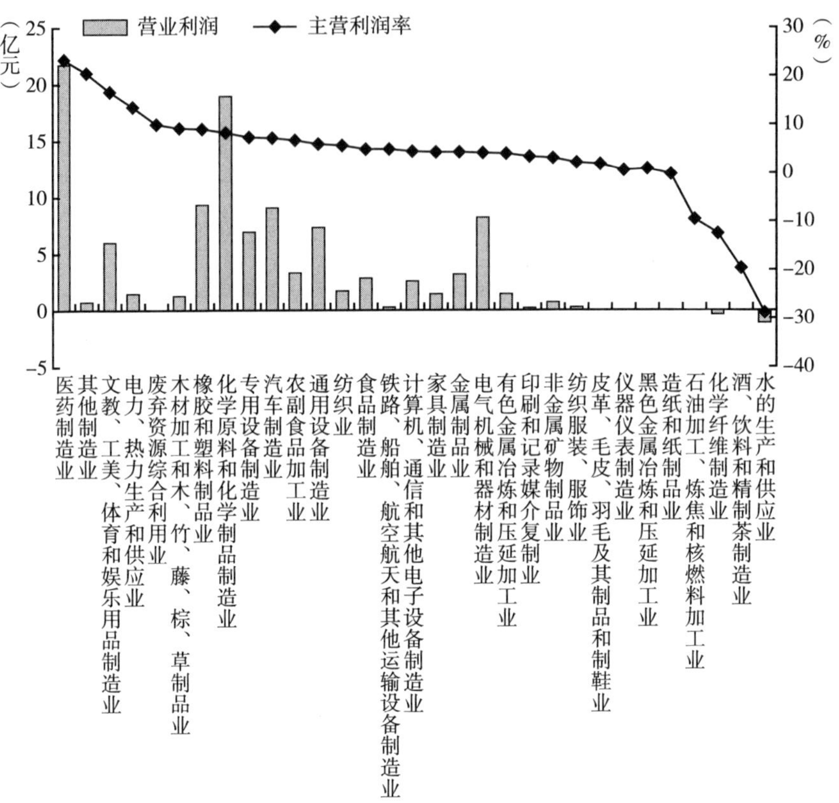

图15　2016年奉贤区分行业规上工业企业营业利润情况

占据绝对权重，其中以私营有限责任公司、私营股份有限公司为主；此外，奉贤区也是外资企业集聚之地，全区外资企业自2011年以来均稳定在150家以上，而港澳台商独资、中外合资经营、与港澳台商合资经营也具备相当规模。与之对应，工业总产值的规模分布与企业单位数量分布保持高度一致。

从各种登记注册类型的工业总产值历年数据（见表12）可以看到，私营有限责任公司、外资企业以及中外合资经营企业工业总产值在2012年至2015年期间经历了较为显著的下滑。此外，私营独资、国有、集体和股份合作企业工业总产值出现急剧下降。与之相反的是，股份有限公司、港澳台商独资、港澳台商投资股份有限公司工业总产值在不断提高。

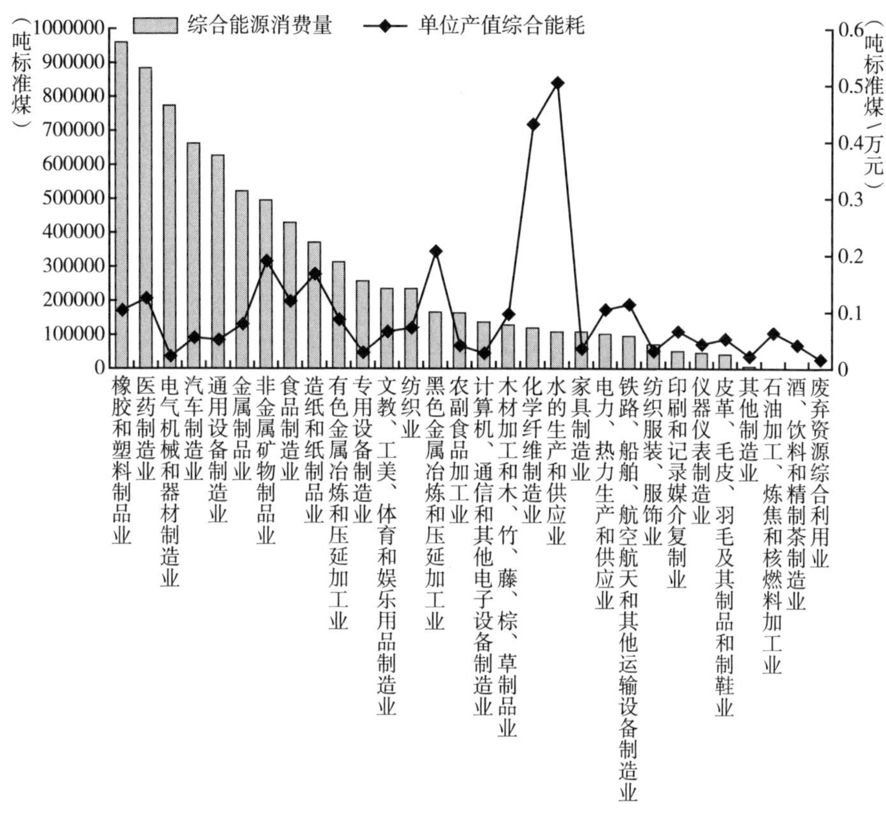

图 16　2016 年奉贤区分行业规上工业企业能源消耗情况

表 11　分注册登记类型工业企业单位数

单位：个

类别	2011 年	2012 年	2013 年	2014 年	2015 年	2016 年
私营有限责任公司	482	490	592	613	584	490
外资企业	169	182	187	174	163	155
其他有限责任公司	64	75	94	88	79	77
港澳台商独资	56	60	63	62	59	56
私营股份有限公司	35	36	42	47	48	53
中外合资经营	72	73	68	57	54	48
与港澳台商合资经营	19	19	16	21	25	20
股份有限公司	17	16	18	20	16	17

续表

类别	2011 年	2012 年	2013 年	2014 年	2015 年	2016 年
国有独资公司	3	3	7	7	8	6
私营独资	38	34	11	10	9	6
港澳台商投资股份有限公司	4	5	3	4	5	4
集体	20	20	12	10	6	3
与港澳台商合作经营	4	3	3	3	3	3
国有	10	11	3	2	2	2
私营合伙	7	9	1	1	2	2
中外合作经营	4	5	5	5	4	2
股份合作	21	19	15	15	4	1
其他内资	2	23	5	6	3	1
外商投资股份有限公司	2	1	1	1	1	1

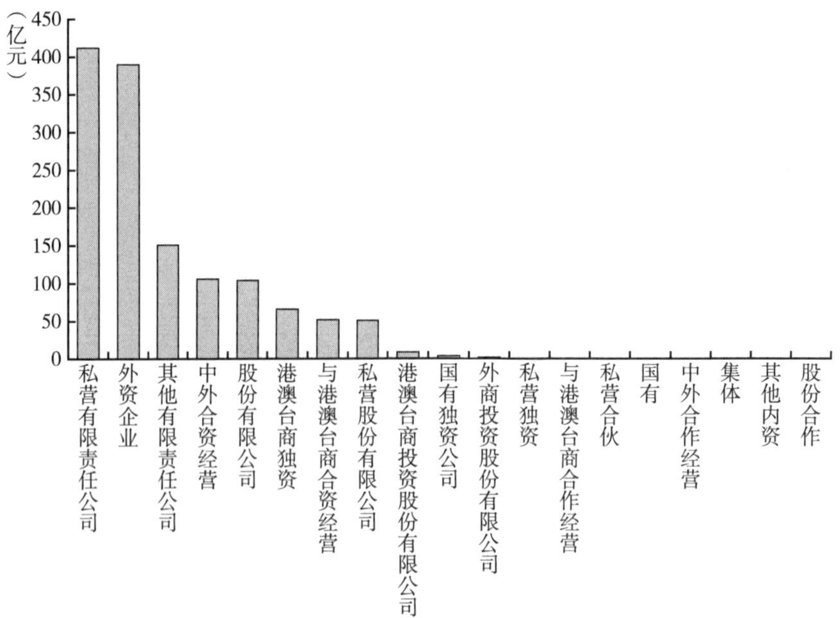

图 17　2016 年奉贤区分注册登记类型工业企业总产值

表 12　分注册登记类型工业企业总产值

单位：亿元

类别	2011 年	2012 年	2013 年	2014 年	2015 年	2016 年
私营有限责任公司	477.94	494.72	544.41	545.47	472.01	418.09
外资企业	407.02	463.08	464.08	457.07	391.12	396.56
其他有限责任公司	119.12	154.90	183.73	160.12	126.99	157.48
中外合资经营	148.84	140.07	131.16	117.09	105.55	110.97
股份有限公司	40.17	48.79	53.51	52.08	47.22	109.32
港澳台商独资	48.70	52.41	53.27	62.34	66.19	71.53
与港澳台商合资经营	55.67	49.07	73.26	60.41	97.93	58.13
私营股份有限公司	85.18	71.21	63.21	112.16	160.54	57.18
港澳台商投资股份有限公司	6.16	5.61	3.51	11.49	14.80	15.43
国有独资公司	5.24	4.85	10.43	8.13	8.72	8.73
外商投资股份有限公司	7.15	4.09	5.39	6.60	7.07	6.84
私营独资	32.99	31.35	3.19	4.32	2.82	2.72
与港澳台商合作经营	1.70	1.43	1.93	2.02	2.15	2.22
私营合伙	3.98	4.32	0.30	0.25	0.44	2.04
国有	13.17	22.54	1.85	2.47	2.36	1.86
中外合作经营	2.39	2.84	2.40	3.44	1.56	1.15
集体	12.78	9.07	6.94	6.34	1.93	0.97
其他内资	1.16	16.77	1.99	2.57	1.17	0.37
股份合作	11.72	9.57	7.25	7.55	2.17	0.22

工业企业盈利方面，外资企业位居工业企业盈利总额之首，其营业利润也高居榜首的位置，并且外资企业营业利润达到了私营有限责任公司的近2倍（见表13、表14）。此外，股份有限公司、与港澳台商合资经营的企业盈利总额在2016年也都超过15亿元。从2011年至2016年，盈利总额靠前的工业企业类型，盈利总额和营业利润都不断提升，部分类型工业企业（如股份有限公司、与港澳台商合资经营、港澳台商投资股份有限公司等）盈利总额出现跨越式的增长。

表 13　分注册登记类型工业企业盈利总额

单位：亿元

类别	2011 年	2012 年	2013 年	2014 年	2015 年	2016 年
外资企业	22.83	19.72	22.70	26.63	25.46	39.61
私营有限责任公司	20.41	18.59	19.57	19.44	19.06	22.37
股份有限公司	5.68	6.86	9.14	8.64	6.48	16.16
与港澳台商合资经营	4.31	3.19	2.68	3.84	6.94	15.08
中外合资经营	11.57	11.95	11.39	10.89	9.01	9.98
港澳台商投资股份有限公司	0.82	0.54	0.21	4.26	12.82	9.32
其他有限责任公司	5.44	5.41	10.90	9.96	9.23	8.89
港澳台商独资	3.80	2.66	2.35	3.54	5.51	7.22
私营股份有限公司	9.41	5.18	7.08	39.64	16.65	6.33
国有独资公司	0.04	0.05	0.39	0.58	3.76	1.52
外商投资股份有限公司	0.16	0.28	0.67	0.63	0.80	0.80
私营独资	2.30	1.27	0.35	0.31	0.23	0.15
与港澳台商合作经营	0.08	0.08	0.10	0.09	0.15	0.08
私营合伙	0.21	0.23	0.00	0.00	0.01	0.05
国有	1.21	1.57	0.03	0.04	0.05	0.03
其他内资	0.01	0.84	0.11	0.27	0.20	0.03
集体	0.93	0.19	0.12	0.14	0.06	0.02
中外合作经营	0.03	0.07	0.17	0.21	0.18	0.02
股份合作	0.65	0.28	0.22	0.25	0.07	0.01

表 14　分注册登记类型工业企业营业利润

单位：亿元

类别	2011 年	2012 年	2013 年	2014 年	2015 年	2016 年
外资企业	14.89	7.98	16.30	19.09	18.72	32.20
私营有限责任公司	18.93	13.37	14.37	12.88	12.70	16.48
股份有限公司	5.02	6.41	7.34	8.00	6.12	15.14
港澳台商投资股份有限公司	0.86	0.52	0.19	4.24	12.81	9.32
与港澳台商合资经营	4.19	3.08	2.54	3.47	6.56	8.59
中外合资经营	8.21	9.54	8.94	8.73	5.96	7.88
其他有限责任公司	2.47	2.87	8.06	8.47	7.43	7.88
港澳台商独资	3.41	1.59	1.12	1.99	4.45	6.25
私营股份有限公司	8.51	-0.56	-1.14	6.27	15.30	5.19

续表

类别	2011 年	2012 年	2013 年	2014 年	2015 年	2016 年
外商投资股份有限公司	0.16	0.28	0.67	0.62	0.78	0.72
国有独资公司	-2.01	-1.50	-3.25	-3.14	-0.34	0.23
私营独资	2.18	1.13	0.33	0.29	0.16	0.13
与港澳台商合作经营	0.08	0.08	0.10	0.09	0.13	0.05
中外合作经营	0.03	0.06	0.08	0.11	0.10	0.05
私营合伙	0.21	0.21	0.00	0.00	0.00	0.05
国有	0.70	-0.83	0.03	0.04	0.05	0.03
其他内资	0.01	0.44	0.08	0.23	0.19	0.02
集体	0.71	-0.06	0.07	0.11	0.05	0.02
股份合作	0.53	0.16	0.15	0.15	0.05	0.01

表 15 为各种注册登记类型的工业企业主营业业务利润率，可以看到全区工业企业主营利润率正在不断提升，港澳台商投资股份有限公司的主营利润率显著高于其他类型，与港澳台商合资经营的工业企业主营利润率在 2016 年也大幅提升，而股份有限公司主营利润率指标维持在 11% 左右相对稳定，外商投资股份有限公司、港澳台商独资以及外资企业主营利润率稳步走高，而私营股份有限公司经历了 2012 年、2013 年的大幅下跌后，2014 年其主营利润率开始回升走高。另外值得注意的是，国有独资公司主营利润率也稳步提升，2016 年开始转负为正。

表 15　分注册登记类型工业企业主营业业务利润率

单位：%

类别	2011 年	2012 年	2013 年	2014 年	2015 年	2016 年
港澳台商投资股份有限公司	14.45	9.22	5.48	34.80	89.35	60.66
与港澳台商合资经营	7.63	6.34	3.52	5.66	6.61	14.83
股份有限公司	11.08	11.93	12.71	13.60	11.21	12.45
外商投资股份有限公司	2.39	7.18	12.77	9.63	11.16	10.48
私营股份有限公司	10.21	-0.81	-1.86	7.18	9.84	8.96
港澳台商独资	7.70	3.30	2.21	3.30	6.99	8.78
外资企业	3.65	1.76	3.43	4.09	4.48	7.44

续表

类别	2011 年	2012 年	2013 年	2014 年	2015 年	2016 年
中外合资经营	7.41	6.99	6.90	7.40	5.66	6.86
其他内资	1.18	2.75	4.02	9.09	13.35	5.98
其他有限责任公司	1.67	1.93	4.27	5.14	5.70	4.98
私营独资	7.63	3.99	10.70	6.95	6.01	4.98
中外合作经营	1.13	2.22	3.33	3.36	6.23	4.07
私营有限责任公司	4.17	2.83	2.79	2.43	2.74	3.84
股份合作	4.74	1.91	2.36	2.15	2.28	3.82
与港澳台商合作经营	5.03	5.69	5.39	4.63	6.31	2.30
私营合伙	6.07	5.08	0.35	0.73	0.70	2.28
国有独资公司	-38.74	-26.26	-28.10	-29.42	-3.30	2.20
集体	5.97	-0.70	1.01	1.82	2.64	2.06
国有	5.13	-3.98	1.58	1.73	2.16	1.56

五　奉贤区工业转型升级的瓶颈

（一）创新支撑相对薄弱，创新基础设施亟待更新

通过统计数据分析以及实地调研后发现，奉贤区工业发展存在的一个突出问题是，多数工业企业创新支撑较弱，整体竞争力不强，主要体现在以下几个方面。

第一，产学研合作质量不高。产学研合作是助推地区产业升级的重要手段，奉贤区毗邻闵行区的上海交通大学、华东师范大学，区内有华东理工大学、上海应用技术大学、上海大学以及上海商学院等，还包括农科院等科研院所，具备开展产学研合作的优良禀赋。尽管目前奉贤区产学研合作项目和平台数量较多且取得了一定的进展，但合作质量还不够高，合作形式较单一，合作机制有待完善，总体经济效益并不显著。

第二，传统产业主导，新兴产业相对薄弱。目前，全区共有高新技术企业388家，其中传统改造186家，占47.94%；电子信息31家，占7.99%；

高技术服务16家，占4.12%；生物医药26家，占6.70%；新材料80家，占20.62%；新能源与节能26家，占6.70%；资源与环境23家，占5.93%。传统技术领域高企几乎占一半，新兴产业领域企业比重仍不够高。此外，助推新兴产业发展的生产性服务业发展还不够成熟，由于区政府财力限制，新兴产业产业扶持政策与上海其他重点工业区县相比缺乏优势和特色。

第三，创新基础设施亟待更新。由于历史原因，一批早期创立的产业园区在规划建设过程中缺少足够的前瞻性，对道路、污水纳管、燃气管网、通信、电力等基础设施投资力度不足，随着企业技术革新和创新转型的深入开展，园区现有的设施已经无法适应企业的需要。产业的创新转型对传统的产业园区提出了更高的要求，除了园区本身基础设施外，服务配套方面如交通、餐饮、居住、休闲、文娱等尚未跟上，企业人员日常生活和工作有诸多不便。

（二）人才聚集未成规模，需要盘活存量、吸引增量

奉贤区经济社会发展历来受到人才瓶颈的制约，在需要依靠创新驱动的工业中，人才对于工业企业创新能力的作用至关重要，甚至起着决定性的作用。交通基础设施、人才配套服务等方面短板的存在，使得创新人才集聚程度较低，主要表现包括以下几点。

第一，人才管理机制不健全。在引进机制方面，渠道窄，抓手少，审批流程有待简化。在培养使用机制方面，培养主体、途径相对单一，流动性差。在激励机制方面，现有的激励措施仅限于人才生活领域的服务补贴等，在财税优惠和成果收益分配领域还缺乏有效的制度安排。在评价机制方面，现有人才评价主要以学历、资历、论文等为导向，没有充分考虑人才的能力、业绩、薪酬等市场化要素，评价结果没能真实地反映人才的市场价值和社会价值。

第二，人才发展平台方面，人才集聚交流平台不多，创新创业平台层次较低。部分现有平台运作不充分，缺少常态化、品牌化的活动项目支撑，涉

及面窄、影响力有限。目前奉贤区一些人才集聚平台包括奉浦开发区孵化基地、光明大学生创业孵化基地、上海交大奉贤产学研合作促进中心等，现有创新创业平台数量相对较少，部分平台功能有重叠，发展层次低，有的仅处于房租减免等初级阶段，对创新创业要素的集聚效应不强，承载能力差，国家级、市级重大创新创业平台严重不足。而且，不少创新创业平台配套有待完善，缺乏类似于创客空间、创业咖啡厅等灵活多样的新型众创空间。

第三，人才总量不足、高层次人才队伍存在较大缺口。奉贤区在非公领域人才总量与浦东、松江和嘉定等区相比明显偏少。高层次人才方面，各领域高、精、尖人才严重短缺，中高级经营管理人才和高级专业技术人员数量偏少。高层次人才引进难、渠道窄，人才无序流动迹象明显。通过调研发现，奉贤区在防止人才外流以及吸引增量人才方面还存在着明显制约因素，主要包括以下几点。

人才政策的覆盖面较窄，政策效益较差。其主要表现，一是安居政策门槛高受益面低；二是教育资源稀缺与高层次人才对子女教育诉求的矛盾突出；三是医疗服务政策含金量低，覆盖范围仅限于主要本区医疗机构，难以全面满足高层次人才的高端医疗需求。

人才政策过于单一，对创新创业团队和骨干支撑不足。现有的人才政策以人才学历、职称、获奖证书等硬指标为准入条件，并呈现重个人、轻团队的倾向，导致政策实施过程中高端人才服务配套齐全，中间创新创业团队核心成员、中层骨干等“夹心层”与政策覆盖不匹配的突出特征。

综合配套与人才生活环境不够完善。奉贤区产业多、布局散，产业链培育不够，人才难以有效集聚。地处远郊、基础设施配套相对薄弱、通往市区的快速交通路网缺乏、高端文化功能区尚未建立、优质教育资源短缺、人才安居成本较高等综合因素，为优秀人才的引进和留住带来诸多不便。

六　研究总结

本报告重点梳理了奉贤区工业发展过程中的一些主要特征，根据统计数据展示了奉贤工业经济主要指标。从前述分析，结合课题组对上海经济形势分析的研究报告可以看到，奉贤区工业经济发展总体上与上海产业结构调整与升级的方向高度一致，在迎接“中国制造 2025”与上海构建全球有影响力的科技创新中心过程中，奉贤区主动对接、积极作为，充分发挥原有优势，淘汰落后产能，其调整路径满足“减量增质、减能增效”的基本方向，区内工业企业发展质量不断提升，主营利润率攀升的同时单位产值能耗也在不断下降。

当然，奉贤区工业发展还存在较大的作为空间。就目前来看，科技创新对工业企业发展的支撑还相对薄弱，而且由于交通基础设施、教育资源、医疗资源以及区财政力量等多方面历史短板因素的制约，创新创业要素在奉贤区未能实现较大规模的集聚效应。但历史沉淀的发展瓶颈正在逐步突破，尤其是在虹梅南路高架正式通车后奉贤区又打开了一条通往上海市区的快速通道，并且随着 2018 年上海地铁 5 号线南延伸线的正式开通以及上海首条 BRT 线路的正式通车，奉贤区的交通基础设施正出现质的提升。除此以外，奉贤区必须重视创新型人才对其工业企业乃至整体产业的支撑作用，政策上应该努力让现有人才存量真正在奉贤落地，营造良好的生产、生活氛围，吸引增量科技创新人才，这是实现奉贤工业可持续发展过程中需要给予相当重视的工作。除了前述交通基础设施的提升以外，奉贤区拥有天然的、宜居的自然环境禀赋，未来在教育、医疗等方面的配套服务方面大力提升后，可望通过高层次人才引领下的创新驱动助推奉贤工业转型升级，最终使其成为南上海的工业桥头堡，进一步向长三角辐射。

B.4

2017～2018年奉贤服务业形势分析与研判

纪园园　陈　蓉*

摘　要： 2017年，奉贤区主动适应上海市经济发展的新常态，全力推进经济的转型升级和创新发展。从服务业的税收贡献和固定资产投资来看，1～12月，服务业对全区财政税收贡献率高达44.51%，接近五成，服务业固定资产投资占比为75.67%，成为投资的主导力量。从增加值来看，1～9月，奉贤区服务增加值业为560.10亿元，同比增长4.9%，占全区增加值比重为44.97%，相比2016年，服务业对全区经济增长的支撑作用进一步加强。从服务业私营企业分布来看，奉贤区服务业在数量、吸引投资、注册资金方面，均表现出明显的优势。但是，奉贤区的服务业面临着一些瓶颈制约，转型任务仍然十分艰巨。预计2018年奉贤区服务业的消费品市场走势依然平稳，金融业增速可能继续回落，房地产业的走势还有待于进一步观察。

关键词： 服务业　经济转型　税收贡献　固定资产投资

* 纪园园，经济学博士，上海社会科学院经济研究所、数量经济研究中心助理研究员，主要研究方向为计量经济学与大数据分析、计量经济理论。陈蓉，中共上海市奉贤区委党校副教授，党建与文化研究中心主任，研究方向为两新组织党建。

“十三五”期间，上海已经逐渐形成制造业和服务业“双轮驱动”的产业格局，服务业对上海经济的平稳运行发挥着越来越重要的作用，成为上海实现“创新驱动，转型发展”的重要保障。2017 年 1～9 月，上海市服务业总产值为 14903.18 亿元，在生产总值中所占比重为 68.94%，产业结构逐渐向服务业化转型。服务业的快速发展为上海推进自贸区建设和科创中心建设奠定了基础。奉贤区紧跟上海市经济转型的步伐，大力推进服务业的发展，近年来，服务业在整个产业结构中的比重逐渐增加，在经济增长中也发挥着越来越重要的作用，整个奉贤区的功能都朝着综合化和能级提升的方向发展。但是，从奉贤区服务业的内部结构来看，其与上海整体的结构仍存在一定差距，尤其是高技术和高附加值的业态有待增加。本节基于奉贤区的年度统计数据，总结了奉贤区服务业发展的主要特点和面临的瓶颈，并预测了奉贤区 2018 年服务业的发展趋势，最后，针对问题提出了相关对策建议。

一　奉贤区服务业发展概况简析

（一）服务业对奉贤区经济增长的支撑作用日益增强

2016 年，奉贤区服务业增加值为 316.45 亿元，同比增长 8.2%，增速比 2015 年降低 1.6 个百分点；服务业增加值占奉贤区增加值的比重为 43.4%（见表 1），比上年全年提升 2.2 个百分点，而同期，第一产业和第二产业的比重都呈下降趋势。2017 年，奉贤区产业结构进一步优化，1～9 月，服务业增加值为 560.10 亿元，同比增长 4.9%，其增加值占奉贤区增加值的比重进一步增加，为 44.97%。从各产业增速走势来看，近年来奉贤区服务业增长速度处于下降趋势，然而，相比第一产业和第二产业，服务业的增长速度一直处于优势（见图 1）。从各产业所占比重的走势来看，近年来奉贤区第一产业、第二产业的占比均呈下降趋势，而得益于上海经济转型的推进，服务业的占比则呈现上升趋势，这也体现出服务业对奉贤区经济增长的支撑作用日益明显（见图 2）。

表1 2016年奉贤区服务业发展总体状况

服务业	增加值(亿元)	增长率(%)	占总增加值比重(%)
运输邮电仓储	22.29	2.1	3.1
信息传输、计算机服务和软件业	34.06	8.0	4.7
批发和零售	82.77	9.3	11.3
住宿和餐饮	11.03	-10.8	1.5
金融保险业	40.58	9.8	5.6
房地产	43.48	18.6	6.0
其他服务业	82.24	6.7	11.3
总计	316.45	8.2	43.4

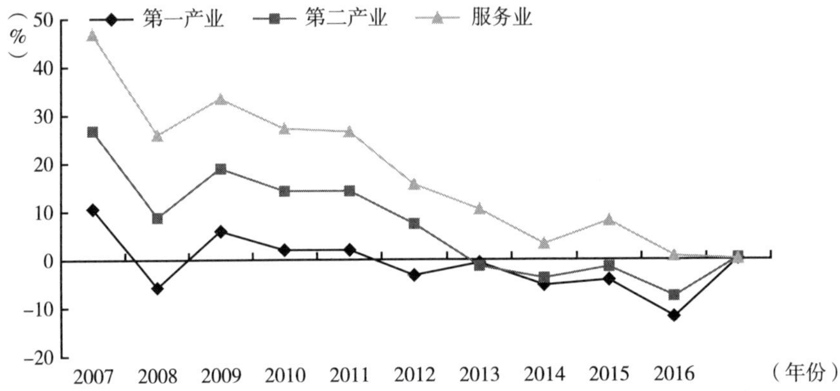

图1 2007年以来奉贤区第一产业、第二产业和服务业增速走势

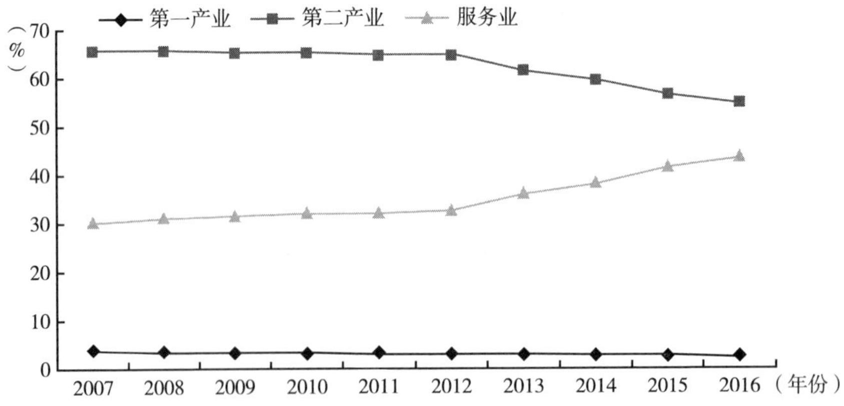

图2 2007年以来奉贤区第一产业、第二产业和服务业占比走势

（二）服务业对财政税收贡献率接近五成

随着服务业增速的加快，其对财政税收的支撑作用日益加强。2016 年，服务业实现税收 142.27 亿元，比上年增长 33.0%，增速快于第二产业 31.3 个百分点，对奉贤区税收贡献率为 49.82%，接近五成。其中，房地产业财政税收同比增长 58.7%，租赁和商务服务业财政税收同比增长 28.2%，批发和零售业同比增长 16.8%，信息传输、计算机服务和软件业同比增长 17.2%，金融业财政税收同比下降 2.1%，交通运输、仓储和邮政业同比下降 3.7%，住宿和餐饮业同比下降 34.1%。2017 年 1~12 月，服务业税收 169.54 亿元，其中，房地产业、批发和零售业税收在服务业中占较大比重，分别为 50.33 亿元和 52.11 亿元，占服务业税收的 29.69% 和 30.74%，合计占比超过 60%。

（三）批发零售业占比最高，房地产业增速下降

从服务业内部分布结构看（见图 3），2016 年批发和零售业增加值为 82.77 亿元，在服务业中所占比重最大，占 26%。房地产业、金融保险业增加

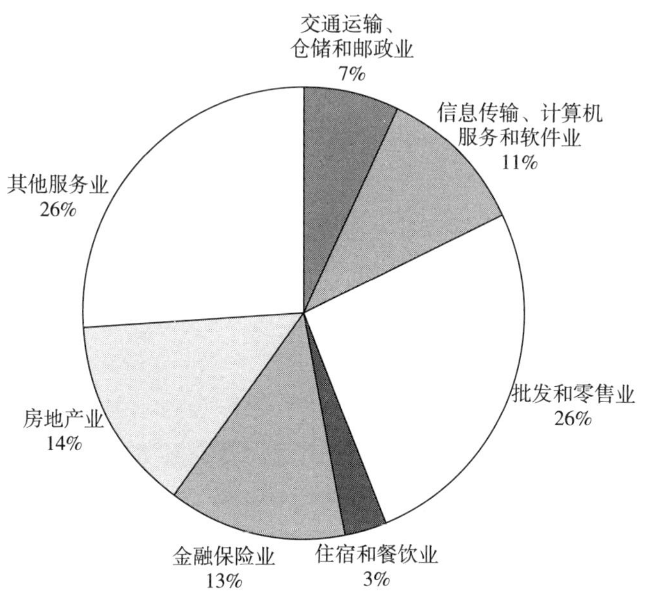

图 3　2016 年奉贤区服务业分布结构

值在服务业中占比排名处于前列，增加值分别为43.48亿元和40.58亿元，占比分别为14%和13%。住宿和餐饮业所占比例最低，仅占服务业增加值的3%，增加值为11.03亿元。2017年1~9月，批发和零售业增加值为64.30亿元，其在服务业中占比继续保持优势，占比25.53%，金融保险业增加值为32.82亿元，占比13.03%，房地产业增加值为22.71亿元，占比9.02%，住宿和餐饮业增加值为10.02亿元，占比仍然很低，仅为3.98%。

从服务业各行业的增长速度来看，2016年，除住宿和餐饮业外，服务业各行业均处于正增长状态。其中，房地产业增长速度最快，比上年同期增长18.6%；其次是金融保险业，比上年同期增长9.8%；批发和零售业增长速度为9.3%，在服务业中增速排名第三。住宿和餐饮业增长速度为负值，为-10.8%。2017年1~9月，批发和零售业、住宿和餐饮业、金融保险业增速排名靠前，同比分别增长9.3%、8.9%和7.4%，房地产业增速下降较大幅度，由正转负，为-23.8%，这与2017年政府对房价的紧缩政策有很大关系。

（四）服务业是奉贤区固定资产投资的主要力量

2016年，奉贤区服务业完成固定资产投资215.32亿元，占固定资产投资总额的71.62%，远高于第一产业（0.10%）和第二产业（28.28%），比上年增长8.7%。从服务业内部结构来看，房地产业投资占比最大，占服务业总投资的71.62%，超过五成，占固定资产总投资的51.17%，且比上年同期增长5.2个百分点，属于服务业中发展前景较好的行业。2017年1~12月，服务业固定资产投资继续保持优势，为276.55亿元，同比增长28.4%，占固定资产投资总额的75.67%。

二　奉贤区服务业城乡私营企业发展情况

（一）服务业私营企业数量占优，批发和零售业占比最高

从城乡私营企业户数来看（见表2和图4），2016年奉贤区私营企业数为

201509户，其中服务业158432户，占比高达78.62%，这体现出在奉贤的经济体系中，服务业占有很大优势。其中，批发和零售业的户数最高（71586户），占奉贤区服务业总体的45.18%；其次是租赁和商务服务业（35409户），占比22.35%；排名第三的是科学研究、技术服务业（32140户），占20.29%；卫生、社会保障和社会福利业，教育业，金融业私营企业户数均较低，分别为25户、52户、272户，在城乡私营企业分布中占比很小。

从城乡私营企业户数的增长速度来看，教育业的增长速度最快，同比增长高达108.00%，这与教育企业的数量本身基数较小有很大关系；其次是房地产业，同比增长79.97%，这主要得益于房地产业的回暖；增长速度排名第三的是文化、体育和娱乐业，同比增长49.91%。

从城乡私营企业各行业的地理分布来看，卫生、社会保障和社会福利业，住宿和餐饮业私营企业户数在城镇分布较多，分别占68.00%和67.14%，均超过50%；其他行业则在城镇分布比例不及50%，大多分布在乡村，充分体现了奉贤区乡村企业发展的优势。

表2　2016年奉贤区服务业城乡私营企业情况

行业	户数（户）	同比增加（%）	占比（%）	城镇私营企业户数（户）	城镇私营企业户数占全区比例（%）
批发和零售业	71586	17.26	45.18	23449	32.76
交通运输、仓储和邮政业	7604	17.09	4.80	2475	32.55
住宿和餐饮业	569	7.36	0.36	382	67.14
信息传输、计算机服务和软件业	1368	27.14	0.86	469	34.28
金融业	272	17.75	0.17	104	38.24
房地产业	2795	79.97	1.76	1132	40.50
租赁和商务服务业	35409	22.71	22.35	13462	38.02
科学研究、技术服务业	32140	27.01	20.29	11819	36.77
水利、环境和公共设施管理业	463	-4.73	0.29	151	32.61
居民服务和其他服务业	2057	12.16	1.30	764	37.14
教育业	52	108.00	0.03	22	42.31
卫生、社会保障和社会福利业	25	8.70	0.02	17	68.00
文化、体育和娱乐业	4091	49.91	2.58	1618	39.55
其他	1	0.00	0.00	0	32.76
合　计	158432	21.69	100	55864	35.26

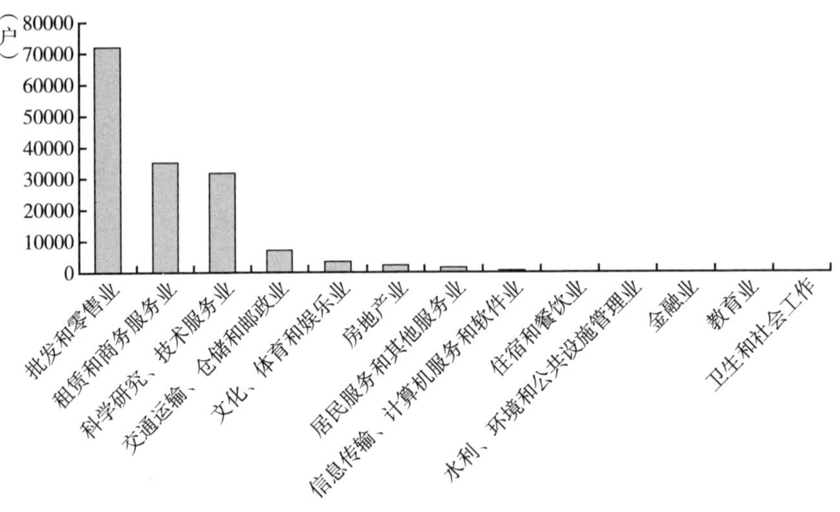

图 4　2016 年奉贤区服务业各行业城乡企业户数

从服务业私营企业数量发展的总体趋势来看，从 2011 年到 2016 年，企业户数逐年处于增加趋势，从 49919 户增长至 158432 户，增长了 2 倍左右，且其占私营企业总体的比重也从 65. 28% 上升至 76. 34% 。这一方面体现了奉贤区服务业企业增长的迅猛势头，另一方面也体现了奉贤区积极推进上海市政府提出的服务业与制造业“双轮驱动”产业升级转型战略的效果。从

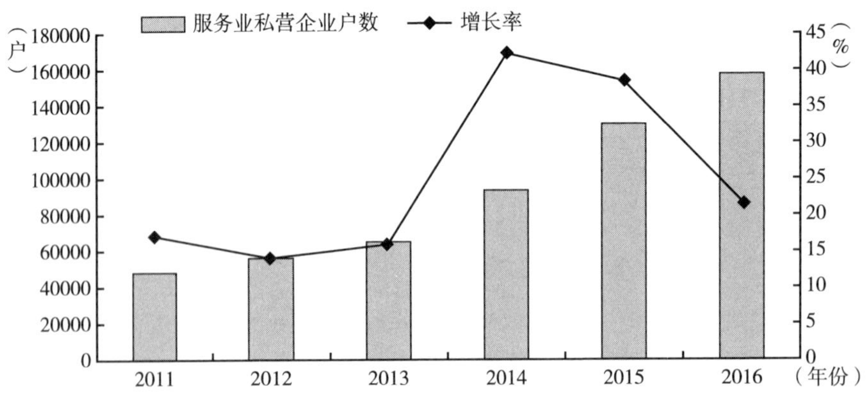

图 5　2011 年以来奉贤区服务业私营企业户数趋势

增长趋势来看，服务业私营企业数量增速在2014年达到最高，为42.29%，之后增长速度开始下降，这可能是由于企业基数增大。

从服务业私营企业分行业户数发展趋势来看（见表3），从2011年开始，服务业各行业在大多数年份处于增长趋势，其中批发和零售业，租赁和商务服务业、科学研究、技术服务和地质勘查业在各年份私营企业户数中均处于领先地位，在服务业企业中占有较大比例。从服务业私营企业分行业户数增长率来看（见图6），从2011年到2013年，服务业户数排名前五的行业，即交通运输、仓储和邮政业，批发和零售业，租赁和商务服务业，科学研究、技术服务和地质勘查业，文化、体育和娱乐业大都处于增长趋势，并在2014年增长幅度达到最大，之后至2016年，各行业增长速度开始减慢，但仍处于增长状态。

表3 2011~2016年奉贤区服务业私营企业数

单位：户

行业	2011年	2012年	2013年	2014年	2015年	2016年
交通运输、仓储和邮政业	2329	2698	3267	4883	6494	7604
信息传输、计算机服务和软件业	931	890	865	913	1076	1368
批发和零售业	27604	30634	34369	46221	61050	71586
住宿和餐饮业	453	435	444	478	530	569
金融业	19	21	49	87	231	272
房地产业	838	849	896	1053	1553	2795
租赁和商务服务业	9921	11600	13552	19856	28856	35409
科学研究、技术服务和地质勘查业	5685	7522	10105	16857	25305	32140
水利、环境和公共设施管理业	473	498	482	478	486	463
居民服务和其他服务业	1238	1306	1367	1605	1834	2057
教育业	13	11	13	17	25	52
卫生、社会保障和社会福利业	11	10	10	12	23	25
文化、体育和娱乐业	404	444	597	1476	2729	4091
其他	0	0	1	1	1	1
合　计	49919	56918	66017	93937	130193	158432

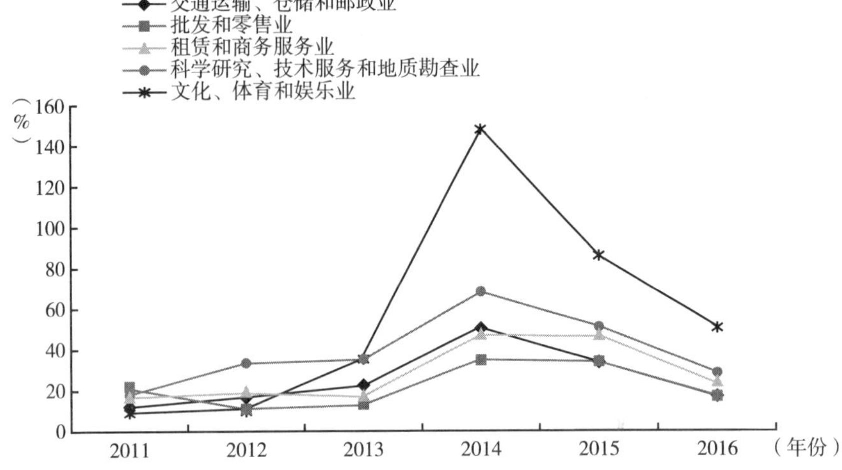

图6　2011～2016年奉贤区服务业私营企业户数排名前五行业的增长率

（二）服务业成为吸引投资者的主导领域，批发和零售业投资者人数领先

从城乡私营企业投资者人数来看（见表4和图7），2016年，奉贤区共有投资者338165人，其中服务业投资者为266174人，占78.71%，体现了奉贤区服务业的吸引力。服务业投资者人数排名前三的行业分别是批发和零售业（115042人），租赁和商务服务业（62948人），科学研究、技术服务和地质勘查业（56506人），占服务业总体投资人数比重分别为43.22%、23.65%、21.23%，合计占比高达88.10%，在奉贤服务业投资人数中占据主导地位。卫生、社会保障和社会福利业，教育业，金融业投资者在各行业中排名最后，主要缘于其企业户数较少，经济体量较小。从城乡私营企业各行业投资人数的城乡分布来看，卫生、社会保障和社会福利业，住宿和餐饮业私营企业的投资者人数在城镇分布的较多，分别占66.67%和62.52%，均超过50%，其他行业的投资者人数则以在乡村居多。

从服务业私营企业投资者人数及其历年趋势来看（见表5和表6），从2011年到2016年，企业投资者人数从94382人增加至266174人，增长了2倍左

表4　2016年奉贤区服务业城乡私营企业投资者情况

行业	投资者人数（人）	同比增加（%）	占比（%）	城镇私营企业投资者（人）	城镇私营企业投资者占全区比例（%）
交通运输、仓储和邮政业	12263	12.15	4.61	3903	31.83
信息传输、计算机服务和软件业	2515	20.22	0.94	855	34.00
批发和零售业	115042	12.99	43.22	37400	32.51
住宿和餐饮业	747	4.92	0.28	467	62.52
金融业	478	10.65	0.18	188	39.33
房地产业	4390	67.30	1.65	1735	39.52
租赁和商务服务业	62948	18.97	23.65	24335	38.66
科学研究、技术服务和地质勘查业	56506	24.10	21.23	20867	36.93
水利、环境和公共设施管理业	918	-2.44	0.34	286	31.15
居民服务和其他服务业	3285	6.62	1.23	1162	35.37
教育业	105	98.11	0.04	49	46.67
卫生、社会保障和社会福利业	36	9.09	0.01	24	66.67
文化、体育和娱乐业	6939	48.49	2.61	2765	39.85
其他	2	0.00	0.00	0	0.00
合　计	266174	17.86	100.00	94036	35.33

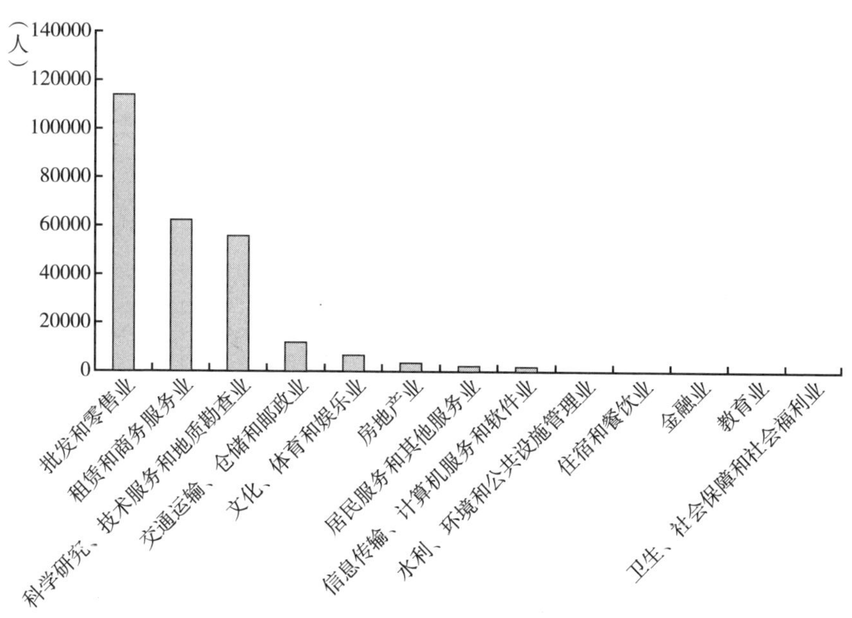

图7　2016年奉贤区服务业城乡企业各行业投资者人数

右；从增长率趋势来看，服务业私营企业数量增长率在2014年达到最高，为36.44%，之后开始回落，这与私营企业户数的变化趋势是一致的。分行业来看，近三年以来，除水利、环境和公共设施管理业投资人数出现负增长外，其他行业投资者的增长人数均为正向增长，体现了奉贤区对外界投资的吸引力在逐年增强。2014～2016年，文化、体育和娱乐业投资人数的增长率一直处于领先地位，其次是教育业，再次是金融业，但其波动较大，在2015年增长高达137.76%，在各行业中处于领先地位，然而在2016年增长率仅为10.65%，增长率有很大幅度下降。

表5　2011～2016年奉贤区服务业私营企业投资者人数

单位：人

行业	2011年	2012年	2013年	2014年	2015年	2016年
交通运输、仓储和邮政业	4422	5177	6143	8636	10934	12263
信息传输、计算机服务和软件业	1870	1790	1725	1794	2092	2515
批发和零售业	50297	55506	61895	80128	101819	115042
住宿和餐饮业	623	594	611	643	712	747
金融业	69	67	124	182	432	478
房地产业	1704	1714	1765	1980	2624	4390
租赁和商务服务业	19740	22963	26517	37070	52911	62948
科学研究、技术服务和地质勘查业	11712	15259	20076	31508	45531	56506
水利、环境和公共设施管理业	942	991	954	939	941	918
居民服务和其他服务业	2192	2315	2419	2760	3081	3285
教育业	19	17	21	36	53	105
卫生、社会保障和社会福利业	20	16	17	20	33	36
文化、体育和娱乐业	772	851	1121	2657	4673	6939
其他	0	2	2	2	2	2
合　计	94382	107262	123390	168355	225838	266174

表6　2011～2016年奉贤区服务业私营企业投资者人数增长率

单位：%

行业	2011年	2012年	2013年	2014年	2015年	2016年
交通运输、仓储和邮政业	11.89	17.07	18.66	40.58	26.61	12.15
信息传输、计算机服务和软件业	5.23	-4.28	-3.63	4.00	16.61	20.22
批发和零售业	19.77	10.36	11.51	29.46	27.07	12.99
住宿和餐饮业	-2.96	-4.65	2.86	5.24	10.73	4.92
金融业	25.45	-2.90	85.07	46.77	137.36	10.65
房地产业	4.22	0.59	2.98	12.18	32.53	67.30
租赁和商务服务业	16.85	16.33	15.48	39.80	42.73	18.97
科学研究、技术服务和地质勘查业	16.96	30.29	31.57	56.94	44.51	24.10
水利、环境和公共设施管理业	25.94	5.20	-3.73	-1.57	0.21	-2.44
居民服务和其他服务业	1.81	5.61	4.49	14.10	11.63	6.62
教育业	216.67	-10.53	23.53	71.43	47.22	98.11
卫生、社会保障和社会福利业	33.33	-20.00	6.25	17.65	65.00	9.09
文化、体育和娱乐业	7.82	10.23	31.73	137.02	75.88	48.49
其他	—	—	—	—	—	—
合　计	17.10	13.65	15.04	36.44	34.14	17.86

（三）服务业成为吸纳就业的主渠道，批发和零售业贡献最大

从城乡私营企业吸纳就业的人数来看（见表7和图8），2016年，奉贤私营企业共吸纳就业数1500676人，其中服务业为1156814人，占77.09%，体现了奉贤区的服务业已经成为吸纳就业的主渠道。分行业来看，吸纳就业人数最多的行业是批发和零售业，雇用517988人，占44.78%，接近五成；其次是租赁和商务服务业，雇用258963人，占22.39%；再次是科学研究、技术服务和地质勘查业，雇用239573人，占20.71%。从城乡私营企业吸纳就业人数的城乡分布来看，卫生、社会保障和社会福利业，住宿和餐饮业、教育业吸纳的雇工人数在城镇分布的较多，分别占比63.74%、62.47%和59.35%，均超过50%，其他行业吸纳就业人数则以在乡村居多。

表7　2016年奉贤区服务业城乡私营企业雇工人数情况

行业	雇工人数（人）	同比变化（%）	占比（%）	城镇私营企业雇工人数（人）	城镇私营企业雇工人数占全区比例（%）
交通运输、仓储和邮政业	55900	18.64	4.83	18151	32.47
信息传输、计算机服务和软件业	9232	33.97	0.80	3129	33.89
批发和零售业	517988	19.49	44.78	171331	33.08
住宿和餐饮业	3618	6.60	0.31	2260	62.47
金融业	1861	19.99	0.16	661	35.52
房地产业	20200	84.36	1.75	7962	39.42
租赁和商务服务业	258963	24.22	22.39	98582	38.07
科学研究、技术服务和地质勘查业	239573	27.72	20.71	87435	36.50
水利、环境和公共设施管理业	3194	-4.14	0.28	1039	32.53
居民服务和其他服务业	15081	12.22	1.30	5108	33.87
教育业	428	87.72	0.04	254	59.35
卫生、社会保障和社会福利业	182	10.30	0.02	116	63.74
文化、体育和娱乐业	30586	51.50	2.64	12223	39.96
其他	8	0.00	0.00	0	0.00
合　计	1156814	23.48	100.00	408251	35.29

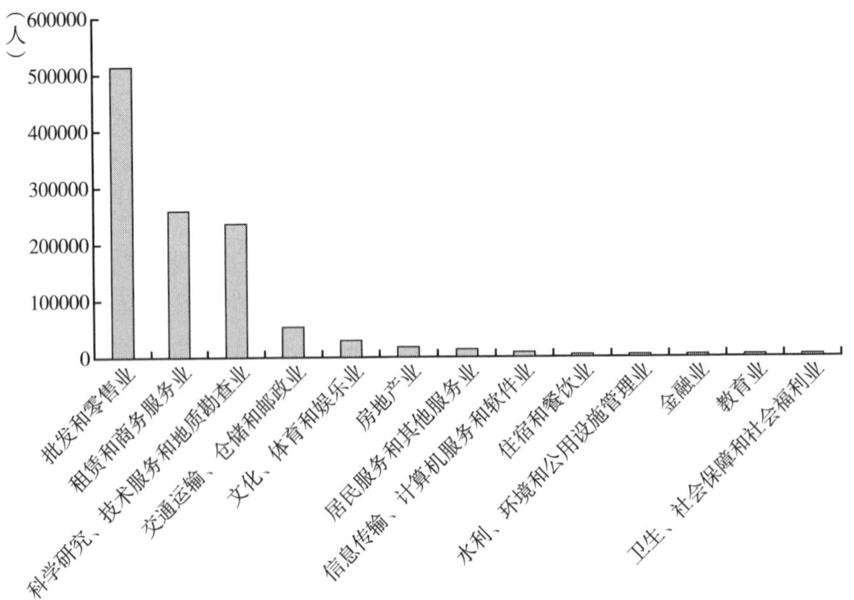

图8　2016年奉贤区服务业城乡企业各行业雇工人数

从服务业私营企业吸纳就业人数及其历年趋势来看（见表8和表9），从2011年到2016年，企业投资者人数从311966人增长至1156814人，增长了近3倍。从服务业吸纳就业人数的增长速度来看，服务业私营企业雇工人数增长率一直为正值，在2014年达到最高，为49.81%。分行业来看，2014～2016年，文化、体育和娱乐业，金融业，科学研究、技术服务和地质勘查业，房地产业吸纳就业人数的增长势头一直比较迅猛。

表8　2011～2016年奉贤区服务业私营企业雇工人数

单位：人

行业	2011年	2012年	2013年	2014年	2015年	2016年
交通运输、仓储和邮政业	14049	17291	21576	34557	47116	55900
信息传输、计算机服务和软件业	5589	5563	5358	5825	6891	9232
批发和零售业	171669	195487	225229	318654	433496	517988
住宿和餐饮业	2862	2787	2777	3077	3394	3618
金融业	125	120	327	588	1551	1861
房地产业	5512	5725	6045	7343	10957	20200
租赁和商务服务业	62326	76120	91455	139763	208475	258963
科学研究、技术服务和地质勘查业	36276	49964	69350	122031	187575	239573
水利、环境和公共设施管理业	3101	3321	3214	3263	3332	3194
居民服务和其他服务业	8112	8896	9594	11559	13439	15081
教育业	64	58	138	166	228	428
卫生、社会保障和社会福利业	132	84	79	97	165	182
文化、体育和娱乐业	2149	2550	3761	10596	20189	30586
其他	0	8	8	8	8	8
合　计	311966	367974	438911	657527	936816	1156814

表9　2011～2016年奉贤区服务业私营企业雇工人数增长率

单位：%

行业	2011年	2012年	2013年	2014年	2015年	2016年
交通运输、仓储和邮政业	18.15	23.08	24.78	60.16	36.34	18.64
信息传输、计算机服务和软件业	9.70	-0.47	-3.69	8.72	18.30	33.97

续表

行业	2011 年	2012 年	2013 年	2014 年	2015 年	2016 年
批发和零售业	25.37	13.87	15.21	41.48	36.04	19.49
住宿和餐饮业	1.71	-2.62	-0.36	10.80	10.30	6.60
金融业	16.82	-4.00	172.50	79.82	163.78	19.99
房地产业	6.06	3.86	5.59	21.47	49.22	84.36
租赁和商务服务业	21.64	22.13	20.15	52.82	49.16	24.22
科学研究、技术服务和地质勘查业	22.73	37.73	38.80	75.96	53.71	27.72
水利、环境和公共设施管理业	33.09	7.09	-3.22	1.52	2.11	-4.14
居民服务和其他服务业	3.87	9.66	7.85	20.48	16.26	12.22
教育业	166.67	-9.38	137.93	20.29	37.35	87.72
卫生、社会保障和社会福利业	73.68	-36.36	-5.95	22.78	70.10	10.30
文化、体育和娱乐业	15.29	18.66	47.49	181.73	90.53	51.50
其他	—	—	—	—	—	—
合　计	22.37	17.95	19.28	49.81	42.48	23.48

（四）服务业注册资本最多，租赁和商务服务业表现活跃

从城乡私营企业注册资本来看（见表 10 和图 9），2016 年，奉贤区私营企业注册资本为 68736470 万元，其中服务业为 55943531 万元，占奉贤区私营企业注册资本的比重为 81.39%，体现了奉贤区的服务业已经成为吸纳资金的主要渠道。分行业来看，注册资本最多的行业是租赁和商务服务业，注册资本为 20166924 万元，占 36.05%；其次是批发和零售业，注册资本为 17688043 万元，占 31.62%；再次是科学研究、技术服务和地质勘查业，注册资本为 10612605 万元，占比为 18.97%。从城乡私营企业注册资本的地理分布来看，卫生、社会保障和社会福利业在城镇分布较多，占比均超过 50%，其他行业注册资本则以在乡村居多。

表10　2016年奉贤区服务业城乡私营企业注册资本

行业	注册资本（万元）	同比变化（%）	占比（%）	城镇私营企业注册资本(万元)	城镇私营企业注册资本占全区比例(%)
交通运输、仓储和邮政业	2510473	39.83	4.49	860934	34.29
信息传输、计算机服务和软件业	388805	66.30	0.69	148847	38.28
批发和零售业	17688043	40.57	31.62	6099971	34.49
住宿和餐饮业	102417	7.08	0.18	33535	32.74
金融业	605754	13.36	1.08	216226	35.70
房地产业	2185982	58.26	3.91	864045	39.53
租赁和商务服务业	20166924	30.39	36.05	8914299	44.20
科学研究、技术服务和地质勘查业	10612605	58.57	18.97	4078212	38.43
水利、环境和公共设施管理业	158140	3.46	0.28	42012	26.57
居民服务和其他服务业	322215	44.26	0.58	93775	29.10
教育业	7946	86.53	0.01	3250	40.90
卫生、社会保障和社会福利业	9913	12.48	0.02	5083	51.28
文化、体育和娱乐业	1184254	139.35	2.12	463589	39.15
其他	60	0.00	0.00	0	0.00
合　计	55943531	41.04	100.00	21823778	39.01

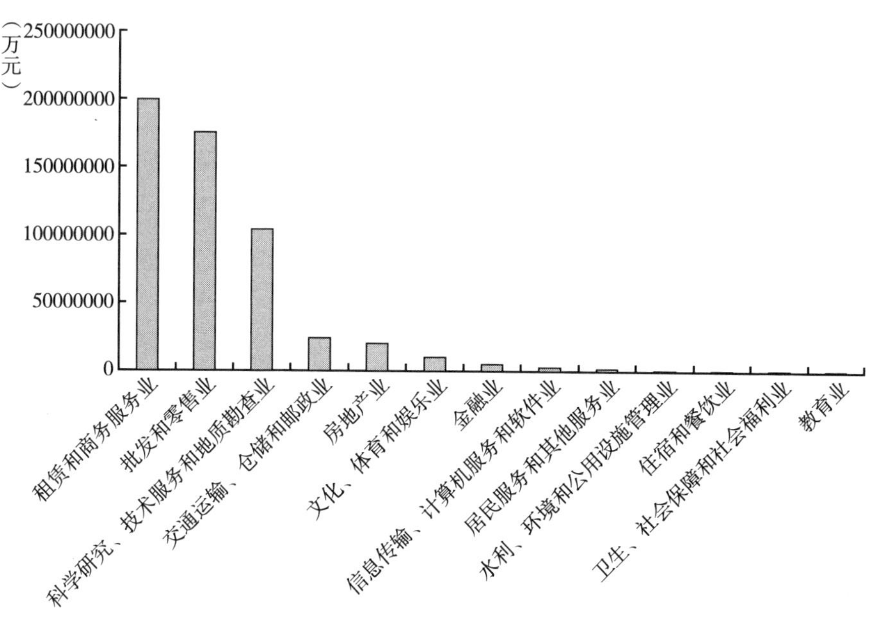

图9　2016年奉贤区服务业城乡企业各行业注册资本

从服务业私营企业注册资本及其历年趋势来看（见表 11 和表 12），2011～2016 年，企业注册资本从 9197439.8 万元增长至 55943531 万元，增长了 5 倍左右，增长速度大大超过私营企业户数、投资者人数、雇工人数的增长。从服务业注册资本增长速度来看，服务业私营企业注册资本的增长率一直为正值，在 2015 年达到最高，为 92.54%。从服务业分行业来看，2014～2016 年，卫生、社会保障和社会福利业，金融业，文化、体育和娱乐业增长一直迅速，体现了奉贤区服务业市场主体的活力。

表 11　2011～2016 年奉贤区服务业私营企业注册资本

单位：万元

行业	2011 年	2012 年	2013 年	2014 年	2015 年	2016 年
交通运输、仓储和邮政业	510357.7	579029.6	671376	1126746	1795331	2510473
信息传输、计算机服务和软件业	121090.7	121460.7	126537	155471	233798	388805
批发和零售业	4464999.9	4952717.0	5343612	7660100	12582804	17688043
住宿和餐饮业	55688.8	61417.5	86211	87590	95649	102417
金融业	19658.0	12298.0	24569	133867	534379	605754
房地产业	946052.7	969905.7	1015618	1153022	1381240	2185982
租赁和商务服务业	1934885.3	2440144.2	3391913	6556649	15466087	20166924
科学研究、技术服务和地质勘查业	881049.8	1157481.0	1527570	3253081	6692512	10612605
水利、环境和公共设施管理业	115266.0	116859.0	117439	133828	152858	158140
居民服务和其他服务业	111265.0	120955.5	122458	150650	223351	322215
教育业	260.0	220.0	700	3150	4260	7946
卫生、社会保障和社会福利业	1010.0	510.0	530	1080	8813	9913
文化、体育和娱乐业	35855.9	41458.8	45380	185855	494779	1184254
其他	0.0	60.0	60	60	60	60
合　计	9197439.8	10574517	12473973	20601149	39665921	55943531

表12　2011～2016年奉贤区服务业私营企业注册资本增长率

单位：%

行业	2011年	2012年	2013年	2014年	2015年	2016年
交通运输、仓储和邮政业	17.62	13.46	15.95	67.83	59.34	39.83
信息传输、计算机服务和软件业	28.67	0.31	4.18	22.87	50.38	66.30
批发和零售业	38.79	10.92	7.89	43.35	64.26	40.57
住宿和餐饮业	49.53	10.29	40.37	1.60	9.20	7.08
金融业	2.40	37.44	99.78	444.86	299.19	13.36
房地产业	8.07	2.52	4.71	13.53	19.79	58.26
租赁和商务服务业	35.10	26.11	39.00	93.30	135.88	30.39
科学研究、技术服务和地质勘查业	38.40	31.38	31.97	112.96	105.73	58.57
水利、环境和公共设施管理业	19.86	1.38	0.50	13.96	14.22	3.46
居民服务和其他服务业	-10.66	8.71	1.24	23.02	48.26	44.26
教育业	73.33	15.38	218.18	350.00	35.24	86.53
卫生、社会保障和社会福利业	180.56	49.50	3.92	103.77	716.02	12.48
文化、体育和娱乐业	8.45	15.63	9.46	309.55	166.22	139.35
其他	—	—	—	—	—	—
合　计	31.39	14.97	17.96	65.15	92.54	41.04

三　服务业主要行业发展特点

（一）受制于市场需求疲软，批发和零售业增长稳中趋缓

2016年，奉贤区批发和零售业增加值为82.77亿元，比上年增长9.3%，增速同比增加0.1个百分点，占总体产业增加值的比重为11.3%。从主要业务指标来看，一是流通市场趋于平稳。2016年，奉贤区商业销售额为1506.42亿元，增速为10.1%，增速同比持平。二是消费市场低位运行。社会消费品零售总额为490.31亿元，增速为10.0%，增速同比回落2个百分点。三是集市贸易额保持较快增长。集市贸易成交额为50.08亿元，增速为8.3%，增速同比增加2.4个百分点。其中，全区限额以上批

发和零售企业通过公共网络实现的累计商品零售额为12.5亿元，同比增长53.5%。2017年1~9月，奉贤区批发和零售业的增长速度为9.3%，与2016年增速持平。从总体趋势看（见图10），批发和零售业在2011年增速达到最高，自2013年以来，增速处于下降趋势，2016年增速与上一年基本持平，仅相差0.1个百分点，但相比2014年及近些年回落明显。

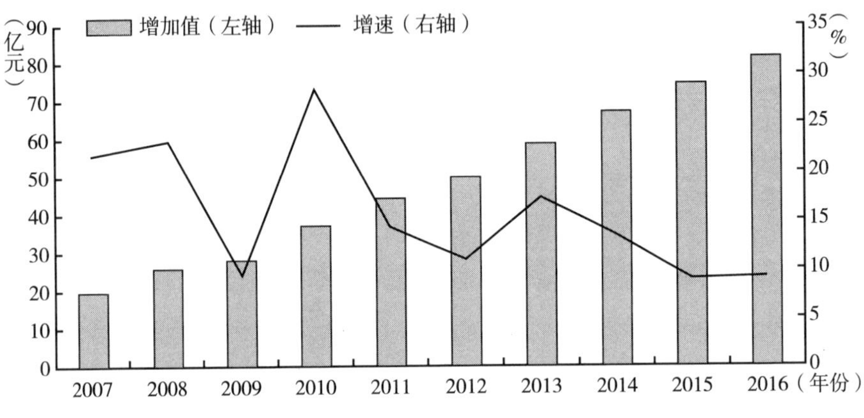

图10 2007年以来奉贤区批发零售业增加值和增速走势

（二）受国家宏观调控影响，房地产业增速下降幅度较大

2016年，奉贤区房地产业增加值为43.48亿元，比上年增长18.56%，增速同比提高8.72个百分点，占总体产业增加值的比重为6.0%。然而，2017年，受政府对房价宏观调控紧缩政策的影响，房地产业增长速度由正转负，其中1~9月，奉贤区房地产业增加值为22.71亿元，同比下降23.8%。从住房供给看，一是房地产开发投资保持增长态势，2016年，房地产开发投资额为153.84亿元，同比增长5.25%；二是房屋竣工面积下降，新开工面积增长幅度较大。2016年，房屋竣工面积为27.93万平方米，比上年下降71.57%；房屋新开工面积为351.16万平方米，比上年增长近1倍。其中，住宅竣工面积为27.93万平方米，比上年下降51.25%；住宅新开工面积为249.41万平方米，比上年增长78.78%。办公楼竣工面积为

0.73万平方米，比上年下降93.03%；办公楼新开工面积为6.45万平方米，上年办公楼新开工面积为0平方米。商业营业用房竣工面积为0.71万平方米，比上年下降91.64%；新开工面积为38.43万平方米，比上年增长565.63%。从房地产市场需求来看，2016年，商品房销售面积为93.73万平方米，同比下降5.16%；住宅商品房销售面积为714377平方米，同比下降19.59%。全区空置房面积为54.4万平方米，同比下降25.5%。从总体趋势来看（见图11），自2014年以来，房地产业增速一直处于稳步上升趋势。

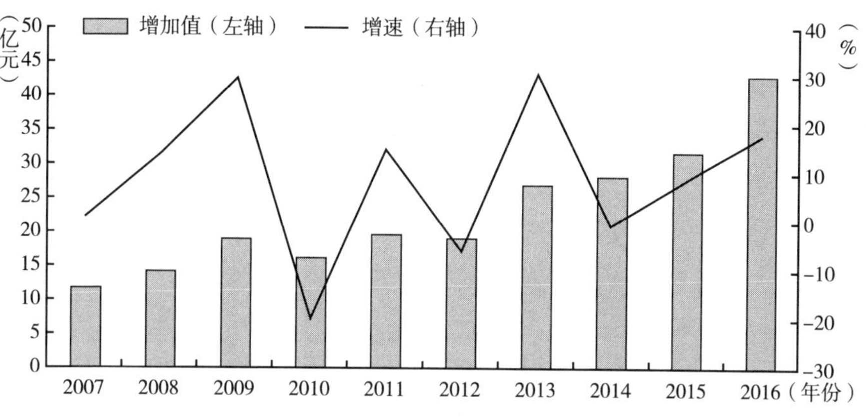

图11　2007年以来奉贤区房地产业增加值和增速走势

（三）受金融管制影响，金融保险业增速回落

2016年，奉贤区金融保险业实现增加值40.58亿元，比上年增长9.8%，增速同比降低了6.3个百分点，占整体产业增加值比重为5.6%。2017年1~9月，金融保险业增加值比2016年同期增长7.4%，增速继续回落。从货币信贷看，银行存贷款增速较快。2016年，银行存款余额为1370.86亿元，比上年增长12.39%；银行贷款余额为1040.40亿元，比上年增长10.82%。2016年，奉贤区外汇银行存款上升幅度较大，贷款额度处于下降趋势。截至2016年底，外汇银行存款余额为5.74亿美元，比上年增长73.92%，外汇银行贷款余额为6.85亿美元，比上年下降8.34%。从金

融市场来看，随着金融市场体系日益完善，市场成交处于活跃状态。2016年，奉贤区证券交易总额为14972.23亿元，比上年增长154.82%。其中，股票交易成交额为11976.60亿元，比上年增长139.79%；基金交易额为367.23亿元，比上年增长368.24%，增长幅度最大；债券交易额为45.25亿元，比上年增长280.59%；债券回购交易额为2581.97亿元，比上年增长226.83%；其他交易额为1.17亿元，比上年增长79.12%。从总体趋势看（见图12），2007年金融业增速最高，近四年来，除2015年呈现上升趋势，大都呈下降趋势，这受国家宏观政策调控等因素的影响很大。

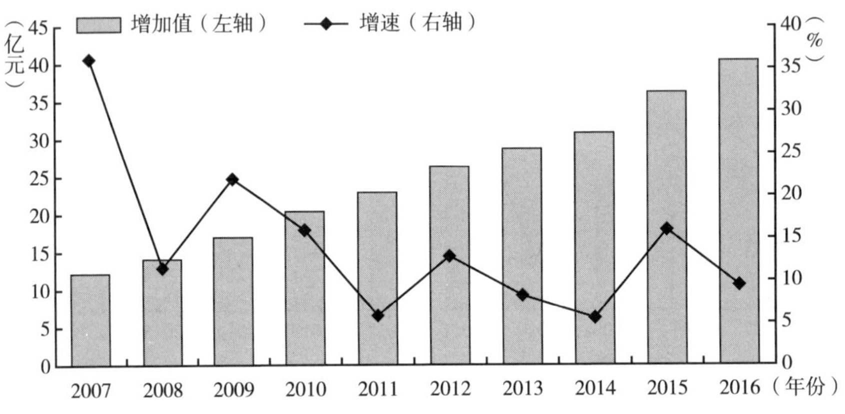

图12　2007年以来奉贤区金融保险业增加值和增速走势

（四）信息传输、计算机服务和软件业增速放缓

2016年，奉贤区信息传输、计算机服务和软件业实现增加值34.06亿元，比上年同期增长8.0%，增速回落4.5个百分点，占总体产业比重为4.7%。2017年1~9月，信息传输、计算机服务和软件业相比2016年同期增长5.4%，增速依然停滞不前。从整体趋势来看（见图13），信息传输、计算机服务和软件业在2013年增速达到最低，随后稳步上升，到2016年增速出现回落。

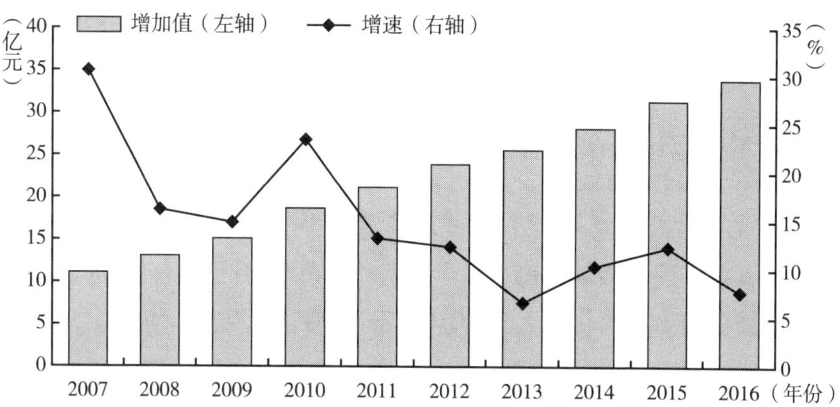

图 13　2007 年以来奉贤区信息传输、计算机服务和软件业增加值和增速走势

（五）交通运输、仓储和邮政业增速回落

2016 年，奉贤区交通运输、仓储和邮政业实现增加值 22.29 亿元，比上年同期增长 2.1%，增速同比回落 7.5 个百分点，占总体产业增加值比重为 3.1%。2016 年，奉贤区快递业务量共计完成 9906.9 万件，同比增长 112.0%；业务收入完成 6.71 亿元，同比增长 79.9%；共计完成邮政业务总量 1.70 亿元，比上年增长 11.4%。其中，投送各类邮件 3787 万件，投送各类报刊 2348.3 万件。从总体趋势来看（见图 14），自 2007 年以来，交通

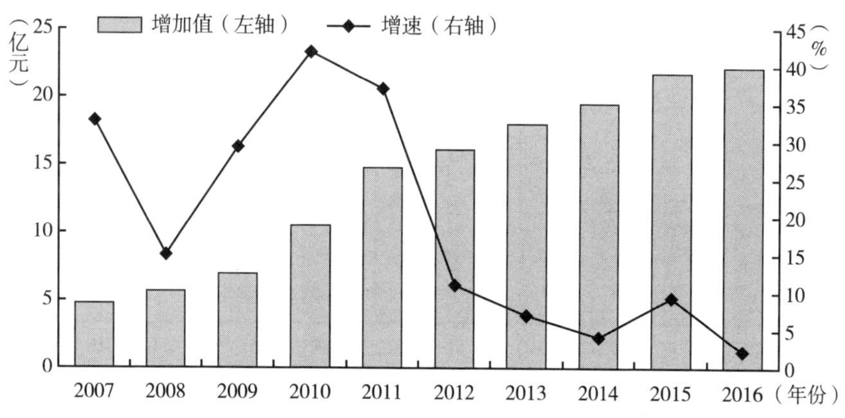

图 14　2007 年以来奉贤区运输邮电仓储业增加值和增速走势

运输、仓储和邮政业增速在2010年达到最大，之后除2015年略有回升外，总体上呈下降趋势。

（六）住宿和餐饮业增速大幅上升，营业收入保持增长

2016年，奉贤区住宿和餐饮业实现增加值11.03亿元，比上年下降10.8%，占总体产业增加值比重为1.5%。然而，2017年1～9月，住宿和餐饮业增加值为10.02亿元，比2016年同期增长8.9%，增速上升较大幅度，这主要得益于奉贤区近些年大力发展旅游产业，从而带动了区内住宿和餐饮业的发展。从主要经营指标看，2016年，限额以上住宿和餐饮业经营额为8.80亿元，比上年增长7.19%。其中，客房收入为1.50亿元，比上年下降11.97%；餐费收入为6.21亿元，比上年增长11.69%；商品销售额收入为0.52亿元，比上年增长12.83%；其他收入0.57亿元，比上年增长17.82%。其中，全区限额以上住宿和餐饮企业通过公共网络实现的累计客房收入和餐费收入为0.06亿元和0.01亿元，同比分别增长18.7%和下降60.5%。从总体趋势来看，自2014年开始，奉贤区住宿餐饮业增速一直处于下降趋势，近两年甚至出现负增长（见图15），直至2017年增速开始由负转正。

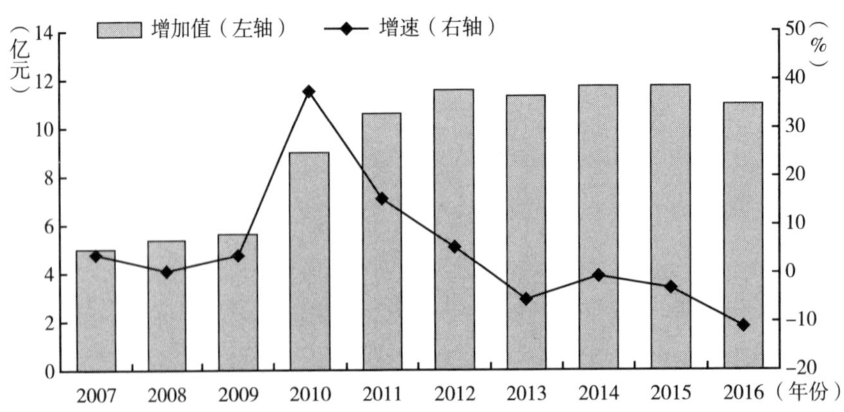

图15　2007年以来奉贤区住宿和餐饮业增加值和增速走势

四　奉贤区服务业转型需要关注的问题和挑战

2017年，奉贤区服务业总体增长较快，对全区经济增长的贡献作用明显提升。但是奉贤区服务业的稳定性和均衡性还有待提升，内部结构仍需进一步调整优化，转型任务仍然十分艰巨。

（一）服务业各行业增长波动性较大

2016年，批发和零售业、房地产业和金融保险业仍是推动奉贤区经济增长的主要力量，其中，批发和零售业对全产业经济增长的贡献率达11.3%，房地产业对全产业经济增长的贡献率达6.0%，金融保险业对全产业经济增长的贡献率达5.6%，三者合计拉动经济增长22.9%，接近三分之一。2017年1~9月，批发和零售业、房地产业和金融保险业增加值合计为119.83亿元，仍在奉贤区的经济增长中处于不可忽视的地位，三者对全产业经济增长贡献率合计为21.39%。从历年数据来看，房地产业和金融业运行具有较大不稳定性。由于房地产业和金融保险业对政策环境的依赖性比较大，两者运行具有较大不稳定性。金融业，受国家宏观经济走势和宏观政策调控的影响，往往随着经济周期呈现明显的波动。从房地产业来看，当政府房地产市场政策收紧时，房地产市场交易明显下行；当房地产市场政策宽松时，市场交易呈上升趋势。

（二）服务业门类较全，但高技术和高附加值的业态比重有待提高

2016年，全区服务业增加值结构中，商贸服务业占服务业增加值的31.5%，传统优势行业仍处于主导地位。金融服务、信息服务、科技研发、创意设计等高技术含量、高附加值行业的比重有待进一步提高。

（三）龙头企业较少，产业竞争力和组织化程度有待提高

目前区内服务业领域中具有较强资源整合能力和行业带动能力的大型龙

头企业较少，缺少有引领作用的功能主体。区内生产性服务业服务对象多数仅限于企业本身，单独剥离出来的企业较少，竞争力不强。生活性服务业主要以传统购物中心、商业街为主，辅之以社区商业和小型个体商贸业，总体上存在“小、散、杂”的特点，集聚度较低，产业竞争力和组织化程度有待进一步提高。

五　2018年奉贤区服务业发展趋势判断

（一）消费品市场走势趋于平稳

从消费品市场发展的总体趋势来看，2018 年，奉贤区消费品市场增长的稳定性依然延续，居民消费增长更多依靠市场内在的增长动力。消费品市场的主要影响因素主要集中在以下三方面：一是批发和零售业将继续在稳中上升，其潜力有待进一步释放；二是“互联网 +”创新升级不可小觑，有待进一步激发消费活力；三是生态旅游多元联动效应持续释放，将成为 2018 年消费品市场增长的重要推手。初步预计，2018 年，奉贤区消费品市场仍保持稳定增长态势，增速处于平稳状态。

（二）房地产市场走势有待观察

从房地产市场发展的总体趋势看，本轮房地产复苏始于 2014 年，2015 年和 2016 年以来增长势头明显加快。由于 2016 年房价上涨幅度增大，各类房屋的新开工面积均有所增加。然而，2017 年以来，国家对房地产市场的紧缩政策，使得房地产业增速下降了很大幅度，直接由正转负。初步判断，2018 年开局出现盘整的可能性较大，市场的走势有可能趋于平稳甚至继续下行。2018 年房地产走势很大程度上依托于相关政策，因此，当前房地产市场将如何发展有待进一步观察。

（三）金融业增速继续回落

从金融业发展的总体趋势来看，2015 年以来，股票市场的火爆情形，推动金融业增加值大幅度增加，对经济增长的贡献功不可没，然而，2016年下半年至今，股票市场处于不景气状态，其增加值增速出现一定幅度的回落，2018年股票市场继续突破2015年历史性高位的可能性非常小。同时，受2017年股票市场的影响，再加上国家对金融业“脱虚向实”的宏观调控，2018年金融业增速继续回落的可能性较大。总体来看，2018年金融业增加值对经济增长的拉动作用将减弱。

六 2018年加快奉贤区服务业发展的对策建议

（一）优化专业规划，促进协同发展

服务业行业类别多而广，建议区政府组织编制服务业相关重点发展行业的专业配套规划，如商贸服务业发展规划、商业网点布局规划、平台经济发展规划、电子商务发展规划等，并逐步与上海市规划相衔接、相配套，形成一个完整的服务业发展规划体系。明确服务业各专业规划的指导责任主体和实施责任主体，切实维护规划的权威性和严肃性，有序推进奉贤区服务业各专业的协同发展。

（二）强化企业服务，优化发展环境

积极争取市、区相关部门的支持。积极争取国家、上海市相关现代服务业试点、国家内贸体制改革试点相关政策，争取被纳入试点范围，力争重点项目向奉贤倾斜。积极搭建产业服务平台。统筹各相关部门职能，不断优化奉贤区中小企业公共服务平台，形成推进服务业中小企业服务工作合力。引进和培育各类专业服务机构和综合性服务机构，完善扶持资金申请、培训、法律、财税、金融、风险投资、知识产权、管理咨询等中小企业综合服务功能。

（三）培育引进并举，构建人才体系

培训和引进并举，构建完善的奉贤区现代服务业人才体系。与国际知名

培训机构、大型服务业企业、大学城重点院校合作，按照“政府支持，市场运作”模式，大力推进奉贤区服务业人才培训资源整合，积极发展职业技术教育，加强岗位培训，培养服务业专业“蓝领”人才。加快培育和引进服务业发展所需的高层次应用型人才，发挥上海市首个“千人计划”创业园的虹吸效应，创新电子商务等平台经济类人才的培训、服务模式，为奉贤现代服务业发展储备和集聚人才。

（四）加大招商力度，打造品牌形象

认真做好奉贤服务业产业整体形象创意设计，加强宣传策划，努力打造奉贤服务业品牌形象。搭建招商平台，形成招商合力。发挥政府主导作用，搭建多部门联动协调统筹招商平台，整合相关产业联盟、行业协会及社会团体形成招商合力，加大奉贤服务业对外推介、宣传和招商力度，并纳入各责任单位的考核范围。以组织重大招商活动为抓手，开展服务业推介和投资促进活动，努力吸引著名企业来奉贤投资设立服务型企业，尤其注重引进平台经济、软件设计、系统服务、技术研发、数据处理、国际物流、商务咨询、人力资源、金融后台、客户服务、财会核算等领域国际国内知名服务业企业的高端项目，提升奉贤服务产业的规模和能级。

B.5
2017～2018年奉贤固定资产投资形势分析与研判

伏开宝*

摘　要： 2007～2016年奉贤区固定资产投资的产业结构不断优化，第三产业固定资产投资占比逐年提高；但是奉贤区固定资产投资增速低于上海市增长速度、第三产业投资过多依赖房地产投资、工业投资出现连续几年负增长等问题有待进一步优化；2017年奉贤区固定资产投资快速增长，同比增长21.6%，工业投资由负转正；基于奉贤区经济结构进一步调整和重点项目开工支撑，预期奉贤区固定资产投资将保持平稳增长，这将有效改善奉贤区基础设施状况、支撑经济增长。

关键词： 固定资产投资　产业结构　重大项目

2016年是奉贤区实施“十三五”规划的开局之年，也是推进结构性改革的攻坚之年。奉贤区全区上下围绕“奉贤美、奉贤强”战略总目标，牢牢把握稳中求进工作总基调，坚定不移地推进供给侧结构改革，以提高经济增长质量和效益为中心，统筹推进稳增长、促转型、补短板、惠民生、防风险的各项政策措施。全区全年经济保持平稳健康发展态势，城乡一体化发展开创新局面，美丽贤城面貌持续改善，社会事业和保障

* 伏开宝，上海社会科学院博士研究生，研究方向为区域经济与科技进步。

水平持续改善，人民群众获得感不断增强。在经济下行的压力下，奉贤区立足由“少年奉贤”向“青春奉贤”的方位转变，保持“调结构、转方式”的基调。

2017年，宏观经济形势依然面临诸多不确定性。奉贤区经济的发展离不开投资的直接驱动，一定规模、稳定的外部投资是经济增长的关键因素。在奉贤区委区政府的正确领导下，全力推进固定资产投资项目建设，优化投资结构，全区固定资产投资保持较快增长态势。

一 2007~2017年奉贤区固定资产投资分析

本节主要从固定资产投资总量、增长速度、分产业固定资产投资占比和增长速度等几个方面对奉贤区2007~2017年固定资产投资完成额进行分析，简要分析奉贤区固定资产投资变化趋势。

（一）2007~2017年奉贤区固定资产投资总量和增速分析

2007~2017年，上海市奉贤区固定资产投资完成额从总量上看基本保持稳定增长的趋势，投资规模持续扩大，但是增长速度在2011年与2012年出现大幅度下降，至2013年和2014年连续两年出现负增长，2015年和2016年缓慢回升（见图1），依然处于比较低的增长水平，2017年出现较大幅度增加。对奉贤区固定资产投资和上海市全社会固定资产增长速度进行比较发现，奉贤区固定资产投资2013年大幅度下降为负，至2016年缓慢增长，但增速一直低于上海市全社会固定资产投资增长速度，2017年出现较大幅度增长，达到21.6%，比上海市2017年固定资产投资增速高出14.3个百分点（见图2）。

（二）2007~2017年奉贤区固定资产投资产业结构分析

固定资产投资额的产业结构状况决定着经济结构的发展状态。产业结构优化是指通过产业调整使各产业实现协调发展，并满足社会不断增长的需求

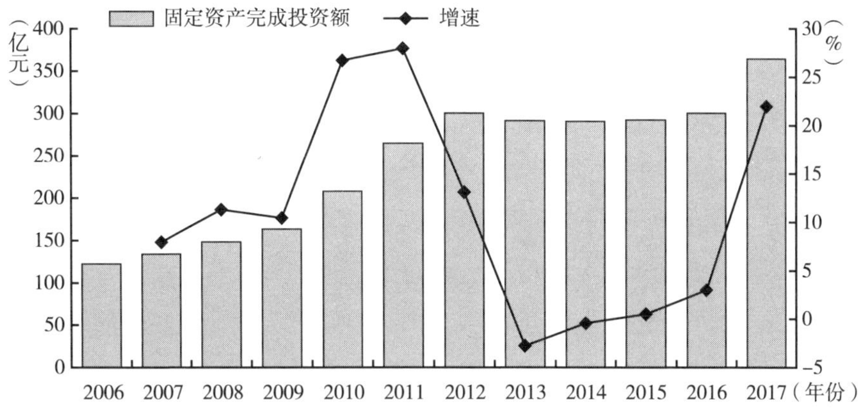

图1　2007～2017年奉贤区固定资产投资完成额与增长速度

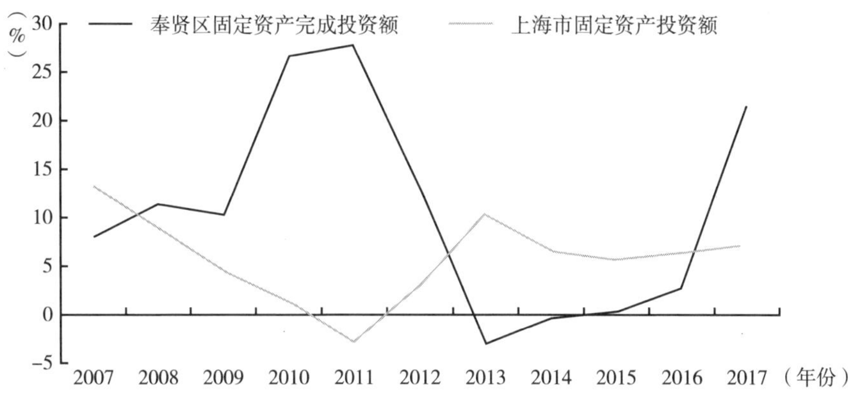

图2　奉贤区固定资产投资完成额与上海市固定资产投资增速

的过程中的合理化和高级化。从2007年到2017年，奉贤区固定资产投资的产业结构发生了很大的转变，产业结构进一步优化。从图3我们发现，2006年至2017年，第一产业固定资产投资占比一直低于10%，第三产业固定资产投资占比逐年上升，第二产业固定资产投资逐年下降，2011年奉贤区第三产业固定资产投资首次超过第二产业固定资产投资；2017年第三产业固定资产投资占比达到75.67%，第二产业固定资产占比下降为24.31%。其中房地产固定资产投资占奉贤区总固定资产投资的比重从2007年至2016年基本逐年上升，2017 年较 2016 年出现了小幅下降，但占比依然达到 50.7%，表明奉贤区固定资产投资对于房地产投资依赖较重。

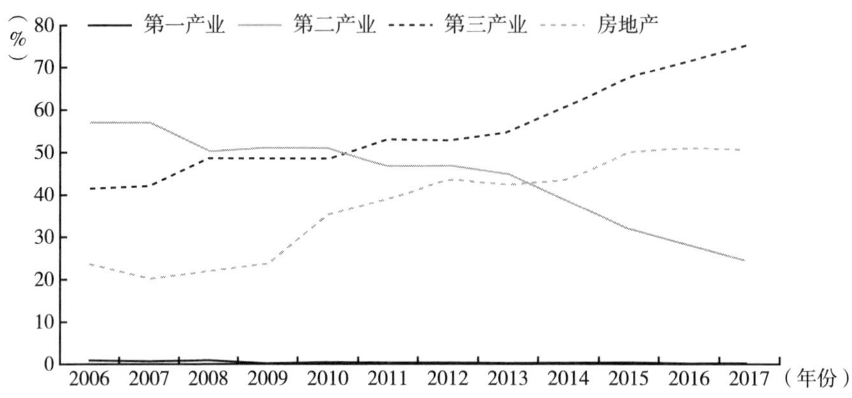

图 3　2007～2017 年奉贤区固定资产投资（分产业）

从固定资产投资分产业的增长速度看（见图 4），奉贤区第三产业和房地产增速高于奉贤区固定资产投资增速，第二产业固定资产投资增长速度最低，增速表现为逐年下降的趋势，从 2013 年至 2016 年由负增长逐渐转为小幅增长，2017 年出现 4.5% 增长，第二产业固定资产投资主要为工业固定资产投资，表明奉贤区工业固定资产投资形势 2017 年出现了一定的好转。

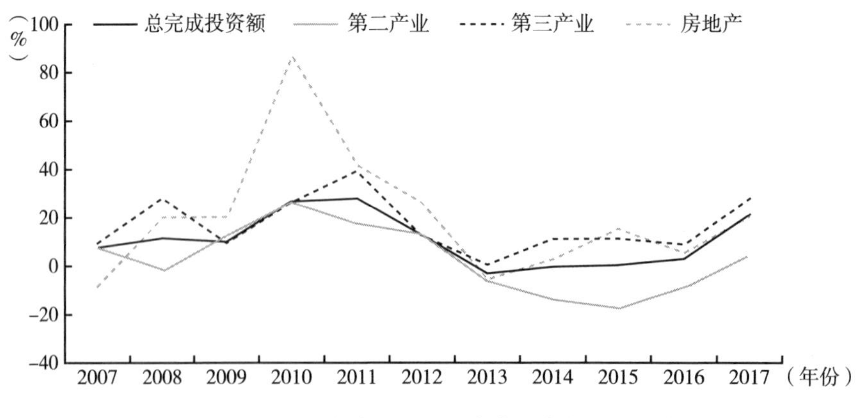

图 4　2007～2017 年奉贤区固定资产投资增速（分产业）

二 2017年奉贤区固定资产投资分析

（一）奉贤区固定资产投资总体运行状况分析

2017 年以来，随着国内市场的复苏，奉贤区本着“奉贤美、奉贤强”的战略构想、“1 + 1 + X”的产业定位，聚焦美丽健康产业、新能源产业和科技型企业发展，全力推进投资和项目建设工作。2017 年奉贤区固定资产投资总量扩大，投资额增幅明显，完成投资产业投资项目数、城市基础设施投资额增长明显。

2017 年，奉贤区固定资产投资完成额为 365.46 亿元，同比增长 21.6%；施工项目个数为 314 个，同比增长 17.2%；全部投产项目数为 124 个，同比增长 15.9%；新增固定资产为 14.88 亿元，同比增长 62.4%；房屋建筑施工面积为 1395.40 万平方米，房屋建筑竣工面积为 179.64 万平方米，同比增长分别为 8.8% 和 148.3%。

从产业分类看，2017 年第一产业投资完成 0.042 亿元，同比减少 85.5%；第二产业投资完成 88.86 亿元，同比增长 4.5%；第三产业投资完成 276.56 亿元，同比增长 28.4%，其中，房地产投资完成额为 185.17 亿元，同比增长 20.4%。房地产投资占比远远高于工业投资占比。

从构成看，建筑工程投资额为 196.83 亿元，同比增长 8.3%；安装工程投资完成 7.71 亿元，同比下降 37.3%；设备、工具、器具购置投资完成 24.59 亿元，同比增长 29.9%；其他费用 136.34 亿元，同比增长 55.4%。

从投资领域看，工业投资 88.86 亿元，同比上升 4.5%；房地产投资 185.17 亿元，同比增长 20.4%。

在奉贤区所辖 2 个街道、8 个镇和 5 个开发区中，杭州湾、临港、奉贤新城以及上海市工业综合开发区固定资产投资额占比较高，分别为 21.38 亿元、18.53 亿元、14.66 亿元和 12.37 亿元，占固定资产完成投资额的 11.86%、10.28%、8.13% 和 6.86%。全区街镇、园区中有 5 个街镇实现增长。从增速看，奉贤新城、杭州湾开发区和临港投资额增长较快，增速分别达到 152.1%、60.5% 和 24.8%。

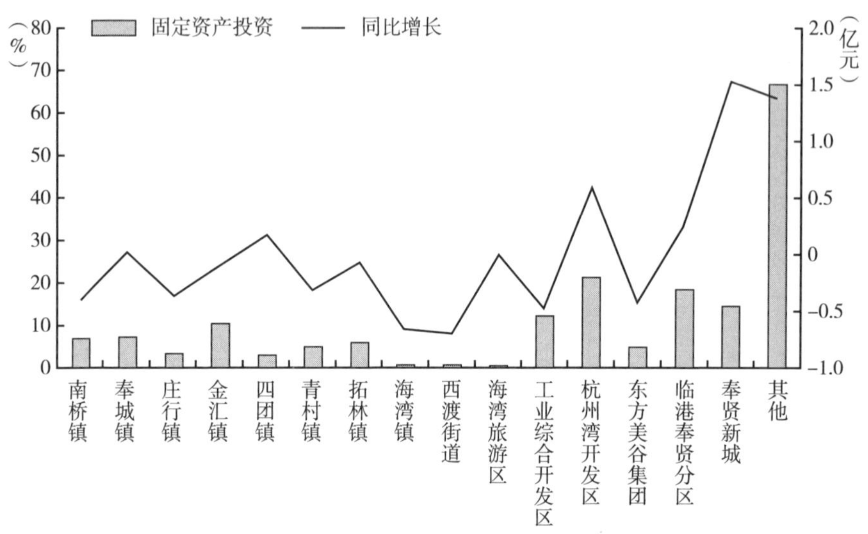

图5　2017 年奉贤区分镇（区）固定资产投资

（二）2017年奉贤区房地产开发资产投资分析

近年来，通过交通基础设施的不断完善，随着 5 号线延伸段的规划和开建及虹梅南路高架和各个高速道路、桥梁的建设，奉贤实现了半小时覆盖区域核心圈层，融入了徐家汇商圈、虹桥商务区和迪士尼商圈，本区房地产开发投资受到越来越多投资者的青睐。

作为远郊区域，奉贤上半年商品住宅成交面积为 17.87 万平方米；相比于上年同期，成交量严重缩水，2016 年上半年共计成交 61.23 万平方米，同比减少 70.81%。除了传统淡季，春节前后 2 个月，成交处于低位，3 月、4 月、5 月成交相对平稳，波动起伏较小，往年的“金三银四”、“红五月”成色都不足，而 6 月成交超 5 万平方米，环比上涨 2.2 倍，主要原因在于 6 月份有佳源梦想广场三期、禹洲雍贤府两个盘相继推盘，且体量都不小，其中禹洲雍贤府更是居于 2017 年 6 月上海市商品住宅成交面积排行榜榜首。

在成交价格方面，2017 年上半年奉贤区成交均价为 24371 元/平方米，整个 1 ~6 月，成交均价稳定在 2 万多元每平方米。一方面在楼市调控力度增加的大环境下，上海楼市商品住宅成交平稳；另一方面与房企拿预售证难度增加有关。在成交套数上，2017 年上半年每个月的成交套数均比 2016 年同期要少，共计成交 1642 套。2016 年同期奉贤区成交套数达 6369 套，同比下行 74.21%。

在供地方面，奉贤区在上半年仅成交了 1 块位于奉城的普通商品房地块，为奉贤区奉城镇 57 -05 区域地块，以楼板价 14581 元/平方米成交，溢价率达 48.79%。

2007 年奉贤区房地产开发投资额仅为 26.94 亿元，2017 年房地产投资完成额达到了 185.17 亿元（图 6），在十年间增长近 6 倍，并且仍具有一定的上涨空间。从增长幅度看，2012 年前，房地产开发投资增速波动较大，2010 年增长幅度最高，增长了 87.1 个百分点。2012 年以后，房地产开发投资增速逐渐放缓，2017 年增速出现较大幅度增加，达到 20.4%，房地产投资依旧是拉动全社会固定资产投资增长的主要动力。

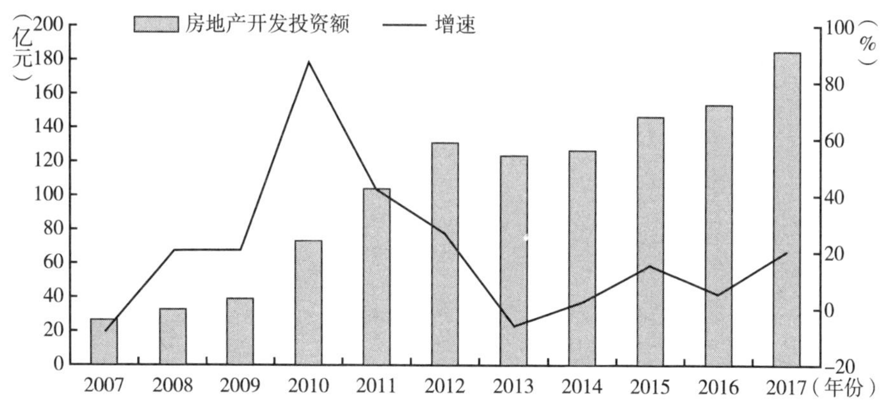

图 6　2007 ~2017 年奉贤区房地产投资变化趋势

2017 年上半年，上海推出一系列楼市调控政策，调控频率快，涉及范围广，例如，暂停类住宅项目网签，加强住房公积金提取审核，推出封杀类住宅、禁止散卖商铺写字楼的土地出让新规，对新开盘商品住房要求在公证机构主持下摇号公开销售以及发布类住宅整顿文件明确停止审批公寓式办公项目等严控政策。在严苛的调控政策之下，2017 年上半年房地产开发投资仍明显改善，出现奉贤区房地产市场价格优势现象，房地产市场依旧受投资者青睐。2017 年上半年奉贤区房地产投资主要依靠上海中铁京贤房地产有限公司、上海励治房地产开发有限公司、上海肖塘投资发展有限公司、上海兖矿东华房地产开发有限公司等房地产项目的入库。

三 2017年奉贤区固定资产投资特点分析

2017 年奉贤区固定资产投资同比大幅度增长，表现出如下特点。

（一）奉贤区固定资产投资形势整体较好

2017 年，全区固定资产投资 365.46 亿元，同比增长 21.6 个百分点，增速较 2016 年同一时期加快 18.6 个百分点。投资额从 1 月份逐渐增加，至 4 月后小幅下降，7 月至 10 月保持平稳，11 月份出现较大增加，达到 58.22 亿元，为 2017 年最高，总体表现良好。

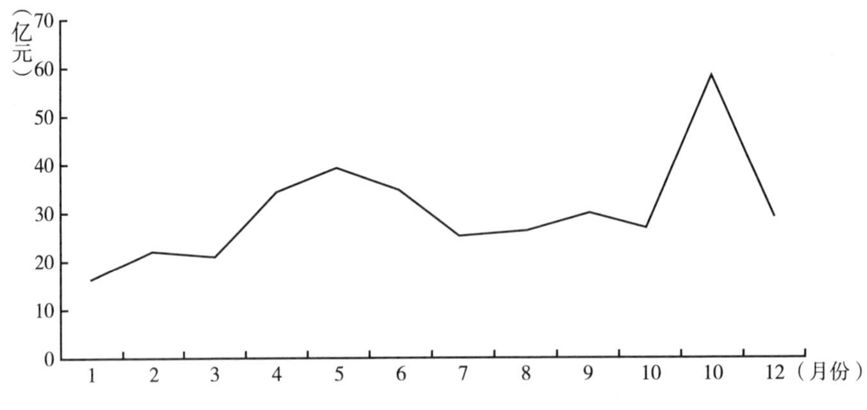

图 7　2017 年 1～12 月奉贤区分月固定资产投资额

（二）重大项目投资拉动突出

奉贤区重大工程建设项目中正式项目为45项，其中基础设施项目22项，环境建设7项，社会事业6项，保障安置7项，产业发展3项，总投资额达511.85亿元。2017年计划完成投资额134.33亿元。这45项重大工程建设项目中，属于上年结转项目的数量为33项，本年计划完成投资额102.67亿元，属于新增项目的数量为12项，计划完成投资额为31.77亿元。另外还有5项涉及环境建设、社会事业和产业发展的储备项目，总投资额为39.3亿元，其中属于上年结转的项目2项。

（三）工业投资转暖

2017年奉贤区工业投资完成88.86亿元，同比增长4.5个百分点。随着上海申能热电工程项目对工业投资拉动作用的逐步显现、庄行镇上海鼎丰食品酿造有限公司等项目的开工，工业投资趋势将逐步向好。

（四）亿元以上工业项目拉动作用进一步加大

1～6月在建计划总投资1亿元以上工业项目拉动效应明显，项目个数、投资额、占全区工业投资比重均较同比有所提高（见表1）。在建计划总投资1亿元以上工业项目比上一年同期增加了10个，占全区工业投资的比重超过八成，大项目的拉动作用极其明显。亿元以上项目主要集中在医药制造业、汽车制造业、家具制造业、其他制造业。而亿元以上工业项目拉动作用进一步加大，为稳定工业投资提供了保障。

表1　2017年1～6月亿元以上项目投资情况

指标/报告期	2017年1～6月	2016年1～6月	同比增长(%)
在建计划总投资额1亿元以上工业项目个数	61	51	19.6
投资额(亿元)	32.5	30.9	5.0
占全区工业投资比重(%)	85.9	79.8	6.1

（五）东方美谷投资项目数大幅增长

1～6月东方美谷产业施工项目数24个，同比增加50%。完成工业投资9.70亿元，同比下降5.3%，主要原因是受上一年同期帝斯曼维生素竹子项目3.50亿元投资抬高基数的影响。1～6月东方美谷产业项目涉及的大项目有：上海致中和健康食品有限公司、上海泰昌健康科技股份有限公司、上海中翊投资有限公司、上海诺尔康神经电子科技有限公司、上海裕隆神康医学发展有限公司，以上5个项目1～6月投资均超过1亿元，合计投资6.89亿元，占东方美谷投资七成。

（六）市政设施管理业、教育业和其他仓储业投资拉动

2017年上半年除房地产以外的第三产业投资增长近七成，扣除房地产以外的第三产业投资完成39.35亿元，同比增长65.9%。主要原因是大项目拉动作用明显，涉及市政设施管理业、教育业和其他仓储业。1～6月累计完成投资1亿元以上的项目共有10个，比上一年同期多3个，共计投资21.38亿元，比上一年同期多8.24亿元，涉及的大项目有：上海奉贤交通能源（集团）有限公司的浦卫公路（闵浦三桥－南亭公路）改建工程，投资额为5.4亿元；金海公路（浦南运河－平庄西路）改建工程，投资额为4.63亿元；金庄公路（金海公路－金钱公路）道路新建工程，投资额为2.02亿元；上海临港菁瑞教育投资有限公司的上海外国语大学临港外国语学校，投资额为1.55亿元；上海临普供应链管理有限公司的上海临普奉贤一期物流仓储项目，投资额为1.55亿元；等等。

（七）道路建设为城市基础设施投资注入强劲动力

1～6月城市基础设施投资30.26亿元，同比增长182.1%，占全社会固定资产投资比重的17.9%，同比增长10.8个百分点，比1～3月增长6.6个百分点。上半年城市基础设施改善有赖于上海奉贤交通能源（集团）有限公司的浦卫公路（闵浦三桥—南亭公路）改建工程、金庄公路（金海公

路—金钱公路）道路新建工程、金海公路（平庄西路—规划G228公路）改建工程、金海公路（浦南运河—平庄西路）改建工程、江海南路（平庄西路—观工路）道路新建工程和上海申能奉贤热电有限公司的上海申能热电工程，6个项目合计投资18.79亿元，以上5条道路建设合计投资14.72亿元，占城市基础设施投资的近五成。

（八）工业技术改造投资增幅明显

1～6月工业技术改造项目完成投资13.16亿元，绝对量增加6.49亿元，同比增长97.2个百分点；项目个数53个，同比增加26个。主要原因是宜家分拨（上海）有限公司宜家新建生产性车间、上海水星家用纺织品股份有限公司的生产基地及仓储物流信息化建设项目、上海泰昌健康科技股份有限公司项目、上海阿波罗机械股份有限公司的高端装备高新技术产业化项目、上海华明高压电气开关制造有限公司项目等合计近7亿元技改投资的拉动。

（九）多个保障安置项目投资拉动

2017年有7个于2015年或2016年开工的保障安置项目计划完成投资额26.21亿元。其中由上海建灏置业有限公司建造的兰亭雅苑（四团镇“三线”区域宅基地置换项目）、由上海四团城镇建设投资有限公司建设的锦港佳苑三期、由上海建林置业有限公司建设的如意家园〔F8返征地（03－01）〕、由上海业晟置业有限公司建造的民旺苑四期和海港新苑四期这五个项目将在2017年竣工。

四　奉贤区固定资产投资有待优化之处

（一）工业投资负增长，后续工业经济发展存在下行隐忧

奉贤区工业投资在2013～2016年出现负增长和低速增长，虽然2017年

工业固定资产投资同比增长4.5%，短期来看工业经济依旧承压，中长期来看不利于奉贤区工业经济发展。受土地资源紧缺以及上海的土地新政策的制约，目前工业投资意愿普遍不强。需鼓励企业主动加大自身技术改造力度，充分借助奉贤区有关技术改造资金扶持政策，推动企业走集约型内涵式发展之路。

（二）投资仍面临下行压力

目前受经济下行压力加大、经济复苏缓慢、市场需求不足、产能过剩等因素叠加的影响，企业利润较少，投资意愿不足，部分公司已放弃投资，解除出让合同。并且，企业融资成本居高不下。目前“融资难、融资贵”仍然是经济运行和企业生产中面临的突出问题。部分理财产品违约风险上升、金融资本“避实就虚”等问题的存在导致企业融资成本居高不下，给民间投资意愿与中小企业生产经营活动带来不利影响。

（三）固定资产投资产业结构不尽合理

奉贤区的第三产业投资对房地产开发投资的依赖度很高，金融、信息、电信、社会保障等行业所占比重小，服务系统不完善，目前交通运输在上海各区来看也没有优势。2017年1～8月房地产投资占第三产业投资比重的73.1%，而能获得较高收益的金融、旅游业、社会保险业和服务业发展缓慢，占比很小，固定资产投资结构仍然需要优化。

（四）新项目落地有难度

近一年来，全区新增工业用地明显减少，全年仅出让几块工业用地。一些项目只能通过腾笼换鸟、结构调整进入，但在实际操作中存在诸多困难，实业型招商引资的吸引力下降。在此情况下，鼓励企业技术改造，走内涵式发展道路尤为重要。然而，全年工业技改项目虽在绝对值与占比上有所提高，但从投资结构发展方式来看仍以外延型为主，发展结构仍未转变。

五 奉贤区固定资产投资优化建议

（一）提高招商质量，统筹布局

通过借鉴其他区县在统筹经济发展职能工作中的先进经验，进一步提高经济发展能级以及城市治理整体能力和精细化管理水平。出台多元激励措施，强化招商选资，打造特色产业，扩大固定资产投资规模。应动用全区可利用的资源，实施多元化招商，鼓励政府部门公职人员和普通市民对招商引资进行牵线搭桥。在存量上，加快传统制造业腾笼换鸟，以工业园区转型为抓手，改变工业用地产出率低的现状，推动传统产业向高端化发展。与此同时，应紧抓技术改造投资，增强发展后劲。针对技改项目投资额占比低、小项目多的问题，有必要对标行业龙头企业，鼓励本地企业做大做强，追求技术水平的提高、工艺水平的极致。

（二）加快固定资产投资产业结构调整与优化

放宽对私营企业的限制，制定合理的政策。对全社会多元投资主体的投资方向和投资范围进行调整与引导，加强对战略性产业的集中支持 。同时还应调动各方面资金，大力发展第三产业，提升第三产业的竞争力。产业演进规律表明，工业经济发达阶段产业结构顺序应该是第三产业、第二产业、第一产业，所以发展第三产业对地方经济长远发展有重要作用。对于奉贤区第三产业发展过度依赖房地产开发投资这一问题，政府应加大力度扶持除房地产投资以外的行业，如金融、旅游等行业，有效地利用地理位置和旅游资源，像申隆生态园、青村镇桃园、碧海金沙、海湾国家森林公园、花果山百枣园等。旅游业投资少、见效快，利润也高，还可以带动和促进交通、信息、服务业的发展，潜能极大。

（三）鼓励工业企业技术改造

工业企业技术改造通过运用新工艺、新设备提高装备和工艺水平，企业围绕项目开展技术创新活动，开发新产品，提高产品质量等，从而开拓市场空间，提高销售收入和利润，而利润的增加又为企业后续的技术改造和技术创新提供资金支持。最终通过项目的实施，提高劳动生产率，增加当前产出，形成新的增量，成为经济持续增长的源泉。面对全市工业用地的天花板问题，奉贤区已开始大力推进产业结构调整工作和减量化工作，企业已不能以外延型的思路来发展。需鼓励企业主动加大自身技术改造力度，充分借助区政府有关技术改造资金扶持政策，走集约型内涵式发展之路。

（四）创新融资方式，拓宽融资渠道

落实推广基础设施及公共服务领域的 PPP 模式。创新融资机制，鼓励和吸引社会资本进入具有一定经济效益的基础设施及公共服务领域。政府通过投资补助、担保补贴等方式给予优先支持以鼓励社会资本以特许经营、参股控股等多种形式参与项目建设和运营，合理选择合作模式，发挥政府投资的引导和带动作用；充分发挥政策性金融机构的作用，为重大项目建设提供长期稳定、相对低成本的资金支持。加大政策扶持力度，支持本区企业赴资本市场融资。同时还应进一步完善投资中介服务体系，充分发挥中介结构在投资决策、建设实施中的服务作用，为固定资产投资提供更加优良、专业的服务。

（五）加快新经济培育，未雨绸缪

尽快明确培育方向，寻求具有科技创新力强、成长性好、产业链集聚度高的龙头企业，持续投入，形成较为完整的高附加值产业链。美丽健康行业作为区委区政府重点培育的产业，有必要加快、加大项目的推进力度，整合全区优势资源，努力打造产业高地，同时积极紧盯产业发展方向，加快新产业布局，打造工业 4.0。还要积极加快东方美谷的功能性载体建设，扩大其影响力与辐射面。

六　奉贤区固定资产投资形势展望

近年来，奉贤区按照市委、市政府工作部署，大力实施创新驱动发展、经济转型升级，经济社会发展取得较大进步。通过交通基础设施的不断完善，地铁、高速公路的相继建成，奉贤实现了半小时覆盖区域核心圈层，融入了徐家汇商圈、虹桥商务区、迪士尼商圈。虹梅南路高架桥在9月底正式通车，这意味着奉贤市民最快能在20分钟内抵达市区中环。作为远郊区域，奉贤再也不“远”了，这意味着其与市区的联系将更加紧密。奉贤区全力推进固定资产投资项目建设，优化投资结构，预计2017年竣工的项目有社区大学（原老年大学）和区行政学院，第二福利院预计2018年上半年竣工。同时，2017年奉贤有几个重大工程项目开建。

（一）“上海之鱼”

“上海之鱼”是上海奉贤新城金海湖的核心景观湖，建成后将是上海面积最大的人工湖，该风景区以大地雕塑的手法，开凿成金鱼造型的人工湖。建成后的“上海之鱼”金海湖水系将连通黄浦江和东海，成为奉贤区的标志。

（二）上海之鱼青年艺术公园及滨水景观带

景观带占地面积134089平方米，绿化面积87389平方米，园路及铺装场地面积46700平方米，将是一个很好的旅游胜地。

（三）九棵树（上海）未来艺术中心

九棵树（上海）未来艺术中心开工仪式于2017年9月29日举行，并计划于2019年10月竣工。项目竣工之时，这座森林剧院就将承办在上海举行的第十二届中国艺术节。艺术中心选址为奉浦大道以南、望园路以东、金海公路以西的中央生态林地内，处于林地核心位置，用地面积12万平方米，

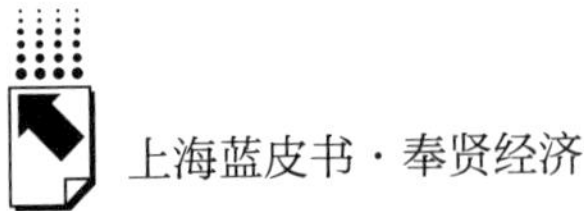

以艺术中心大中小三个剧院为主，配套服务设施。借助周围森林环拱，形成一个与自然对话、与水绿交融的“森林剧场”。

（四）奉贤区牙病防治所及皮肤病防治所

该新建工程预计2018年12月正式投入使用，牙病防治所新建工程项目总建筑面积约15000平方米，东至区第二福利院，南至金齐路，西至公共停车场，北至望河路。作为基础医疗机构，项目建成后，将有效改善区牙病防治现有的医疗卫生条件，进一步完善与强化奉贤区公共医疗卫生基础设施，方便群众就近就医。

综合判断，2018年固定资产投资会有所回落，但仍会保持较快增长。受房地产调控影响，房地产开发投资增速将小幅回落。关于固定资产投资有利的条件是新开工项目减少，但计划完成投资额增多，能够很好地支撑后续投资。2017年，新开工项目计划完成投资额为31.77亿元，比2016年（19.58亿元）增长62.3%。一般而言，投资项目的平均建设周期在两年半左右，当年新开工项目对本年和下一两年的投资增长影响较大。首先，虽然2017年新开工项目数量（147个）比2016年下降21.4%，但完成总投资额远超2016年，这对2018年的投资增长将带来积极的作用。其次，投资资金供应可能略有好转。2018年投资资金供应总体上仍会比较紧张，但可能略有改观。这主要体现在：企业盈利能力大幅提高、利润增加，企业投资意愿提升。积极的政策将继续支撑资金高速增长，同时民间投资专项督查工作将促进营商环境改善，带动民间投资回稳向好。最后，新的投资热点逐渐涌现并快速发展。以旅游、文化、健康、养老为代表的幸福产业发展十分迅速，随着奉贤区老年大学、福利院以及各个旅游景点的建设逐步完成，相关产业将实现快速增长，而且奉贤区特色小镇建设将带动市政设施建设需求。综上所述，2018年上海市奉贤区固定资产投资将保持较快增长。

B.6
2017～2018年奉贤消费品市场形势分析与研判

邱俊鹏　吴康军*

摘　要： 基于对奉贤区消费品市场历史数据和相关政策的分析，我们对2017～2018年奉贤消费品市场形势进行了分析和研判。研究结果表明，社会消费呈现以下几个特点：消费品消费结构有所变化；居民对于消费品质和消费服务有更高的要求，向着高档和特色化变化；零售业稳步增长，以网络为销售平台的销售方式发展迅速；尽管全区居民人均收入水平不断提高，但房地产贷款在一定程度上挤压了消费，居民对未来消费持谨慎态度。

关键词： 需求侧　消费品市场　消费结构

经济步入新常态后，中国原有的经济增长动力明显减弱，亟待产业结构调整，优化产能结构。消费品市场既涉及需求侧也涉及供给侧，深入推进供给侧结构性改革，有必要对消费品市场进行深入的了解。2017年，在国内宏观经济平稳转型，奉贤区深入推进产业结构调整，促进以改善民生为核心的消费需求增长，着力提高居民消费能力，全区消费品

* 邱俊鹏，经济学博士，上海社会科学院经济研究所、数量经济研究中心助理研究员，主要研究方向为宏观经济形势分析、计量经济学理论及政策评估；吴康军，奉贤区委党校区域与经济发展研究中心主任，讲师，研究方向为农村经济。

市场呈现稳中趋缓态势。截至 2017 年，全区全年社会消费品零售总额 535.1 亿元，比上年增长 9.1%，增速较上年回落 0.9 个百分点，增速保持稳定，商品销售额和社会消费品零售总额基本保持了 12 年以来的较快增长速度。

一 消费品历史发展分析

（一）销售额和社会消费品总额

2006 年以来，奉贤地区的销售额和社会消费品总额都保持了增长的趋势，从 2006 年商业销售额的 200 余亿元到 2017 年商业销售额的 1600 余亿元，奉贤地区的商业销售额实现了几乎 7 倍的增长。从 2006 年社会消费品零售总额的 100 余亿元到 2017 年社会消费品的 500 余亿元，奉贤地区的社会消费品零售总额实现了大约 4 倍的增长。奉贤地区商业销售额平均每年以大约 20% 的速度增长，社会消费品总额大约以每年 17% 的速度增长。可以看出，奉贤地区的商业销售额和社会消费品总额在 2006 ~ 2017 年以较高的速度持续增长（见图 1）。

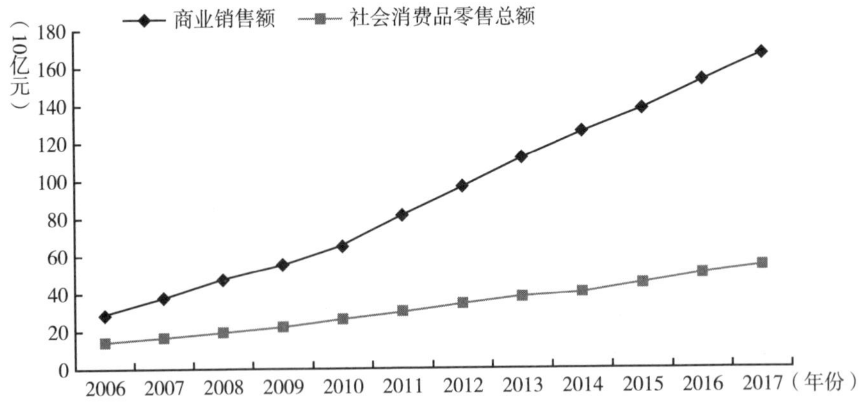

图 1 2006 ~ 2017 年奉贤区商业销售额和社会消费品零售总额

（二）各用途社会消费品增长情况

2008 年以来，奉贤地区各用途社会消费品基本在 2008～2013 年保持持续增长态势。其中用的商品从 2008 年的 60 亿余元增长到 2013 年的 130 亿余元。吃的商品从 2008 年的 60 亿余元增长到 2013 年的 130 亿余元，吃的商品和用的商品的增长趋势几乎相同，反映出地区居民的消费水平在2008～2013 年持续增长。穿的商品从 2008 年的 25 亿余元增长到 2013 年的 60 亿余元，烧的商品从 2008 年的 6 亿余元增长到 2013 年的 15 亿余元。穿的商品和烧的商品在 2008～2013 年也保持了高速增长，但是由于它们原有的基数小，在与用的商品和吃的商品增长率相同的情况下，绝对值相对较小。在 2014 年到 2016 年，吃的商品和穿的商品出现了负增长趋势之后转向正增长。在 2016 年底，吃的商品消费额保持在 107 亿余元，穿的商品消费额保持在 60 亿余元。用的商品在 2014～2016 年保持了持续增长的趋势，到 2016 年底，用的商品消费额保持在了 207 亿余元。烧的商品消费额在 2014 年迅速增长，之后稳定在了 60 亿余元上下。2014～2016 年，各用途社会消费品增长速度的变化反映了这段时间奉贤地区居民消费结构的转变（见图 2）。

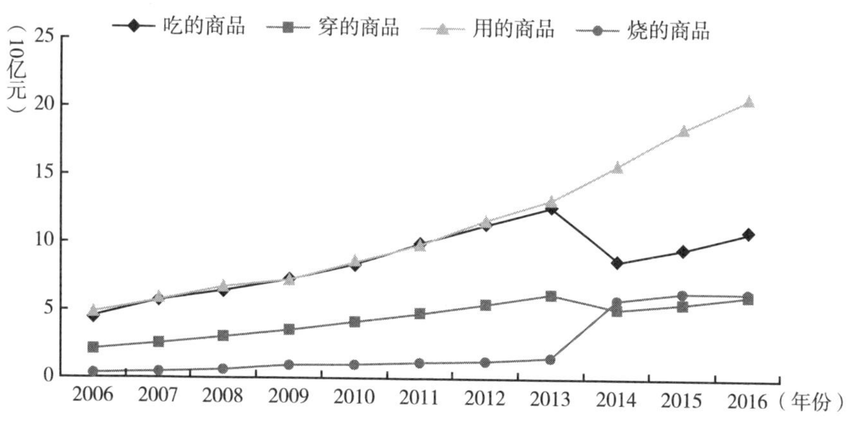

图 2　2006～2016 年按用途划分社会消费品零售总额

（三）2006～2016年不同所有制经济的消费品总额

2006～2016年，按所有制分类的社会消费品整体呈现增长趋势。国有经济社会消费品从2006年的2.46亿余元增长到2016年的6.13亿余元，集体经济社会消费品从2006年的21.56亿余元增长到2016年的57.30亿余元，私营经济社会消费品从2006年的63.31亿余元增长到219.75亿余元，其他社会消费品从2006年的33.37亿余元增长到157.05亿余元。然而在2006～2016年，按所有制分类的社会消费品的增长并非一帆风顺（见图3）。

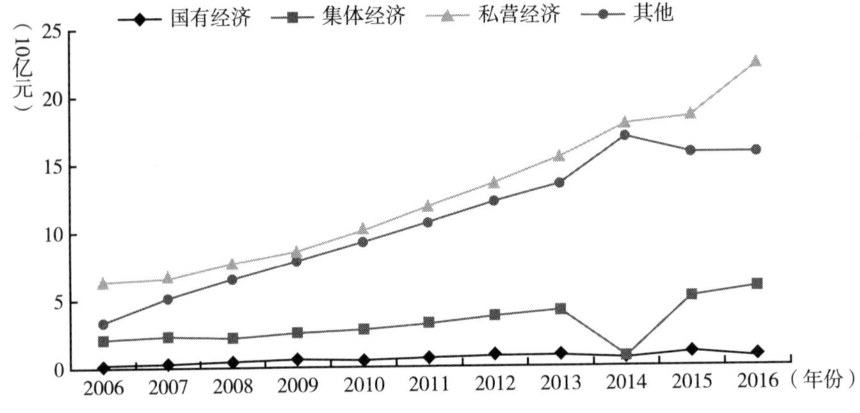

图3　2006～2016年按所有制分类社会消费品总额

2006～2013年，国有经济社会消费品从2006年的2.46亿余元增长到2013年的7.60亿余元，保持了年均17.45%的增长率。集体经济社会消费品从2006年的21.56亿余元增长到2013年的41.61亿余元，保持了年均9.85%的增长率。私营经济社会消费品从2006年的63.31亿余元增长到2013年的152.96亿余元，保持了年均13.43%的增长率。其他社会消费品从2006年的33.37亿余元增长到2013年的133.84亿余元，保持了年均21.95%的增长率。

然而在2014年，部分所有制社会消费品增长经历了负增长。集体经济社会消费品从 2013 年的 41.61 亿余元下降到 2014 年的 7.14 亿余元，比 2013 年降低了 82.84%。国有经济社会消费品从 2013 年的 7.60 亿余元降低到 2014 年的 3.57 亿余元，比 2013 年降低了 53.03%。相比之下，私营经济社会消费品和其他社会消费品保持了增长的态势。私营经济社会消费品从 2013 年的 152.96 亿余元增长到 178.98 亿余元，比 2013 年增长了 14.54%。其他经济社会消费品从 2013 年的 133.84 亿余元增长到 167.32 亿余元，比 2013 年增长了 25.01%。

在 2014～2016 年，国有经济社会消费品、集体经济社会消费品和私营经济社会消费品保持了增长的态势，国有经济社会消费品从 2014 年的 3.57 亿余元增长到 2016 年的 6.13 亿余元，比 2014 年增长了 71.71%。集体经济社会消费品从 2014 年的 7.14 亿余元增长到了 2016 年的 57.30 亿余元，比 2014 年增长了 702.52%。私营经济社会消费品从 2014 年的 178.98 亿余元增长到了 219.75 亿余元，比 2014 年增长了 22.78%。其他经济社会消费品从 2014 年的 167.32 亿余元下降到 2016 年的 157.05 亿余元，比 2014 年下降了 6.54%。

（四）不同所有制经济的社会消费品市场份额

2016 年按所有制分类的社会消费品的消费占比大致可以分为：国有经济社会消费品占比 1%，集体经济社会消费品占比 13%，私营经济社会消费品占比 50%，其他经济社会消费品占比 36%。可以看出奉贤地区私营经济社会消费品占有率是最高的，其次是其他经济社会消费品，再次是集体经济社会消费品，最后是国有经济社会消费品（见图 4）。

（五）不同用途的社会消费品市场份额

2016 年各用途分类社会消费品占比可以分为：吃的商品占比 24%，穿的商品占比 14%，用的商品占比 47%，烧的商品占比 15%。可以看出奉贤地区，用的商品在总社会消费品中占比最高，其次是吃的商品，再次是烧的商品，最后是穿的商品。（见图 5）

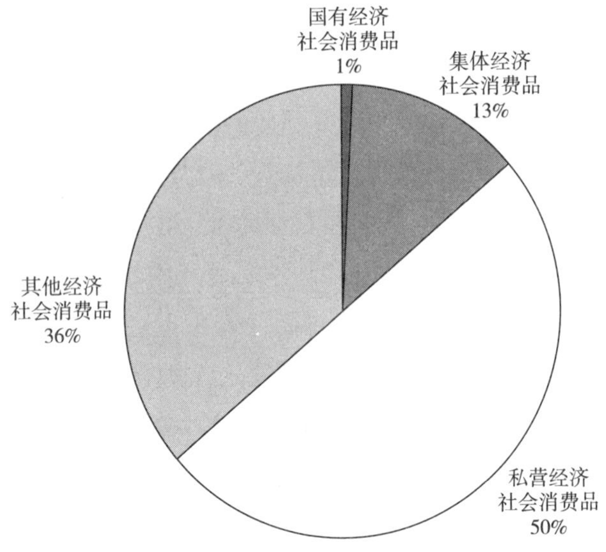

图4 2016年按所有制分类的社会消费品占比

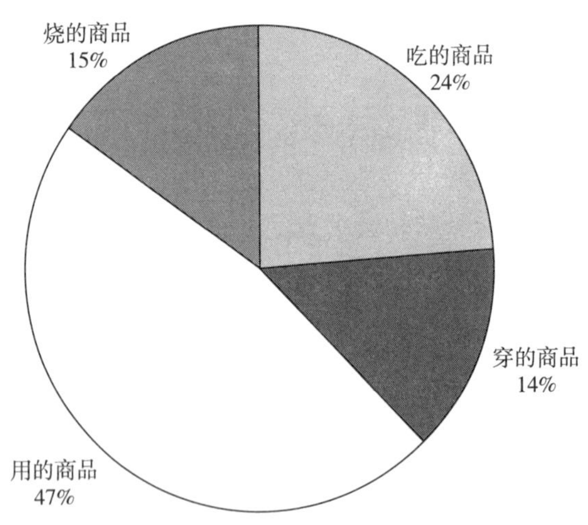

图5 2016年按用途分类社会消费品总额

（六）2009～2017年各镇和地区的社会消费品总额

2009～2017年，奉贤地区各镇及地区社会消费总额整体上保持了高速发展。南桥镇社会消费总额从2009年的36.52亿余元增长到2017年的131.00亿余元，年均增长率为17.31%。奉城镇社会消费总额从2009年的27.98亿余元增长到2017年的79.26亿余元，年均增长率为13.90%。庄行镇社会消费总额从2009年的5.90亿余元增长到2017年的24.79亿余元，年均增长率为19.65%。金汇镇社会消费总额从2009年的9.51亿余元增长到2017年的28.75亿余元，年均增长率为14.83%。四团镇社会消费总额从2009年的7.82亿余元增长到2017年的16.46亿余元，年均增长率为9.75%。青村镇社会消费总额从2009年的12.04亿余元增长到34.51亿余元，年均增长率为14.07%。柘林镇社会消费总额从2009年的10.14亿余元增长到28.78亿余元，年均增长率为13.93%。海湾镇社会消费总额从2009年的4.65亿余元增长到12.21亿余元，年均增长率为12.83%。海湾旅游区社会消费总额从2009年的1.87亿余元增长到3.10亿余元，年均增长率为7.04%。

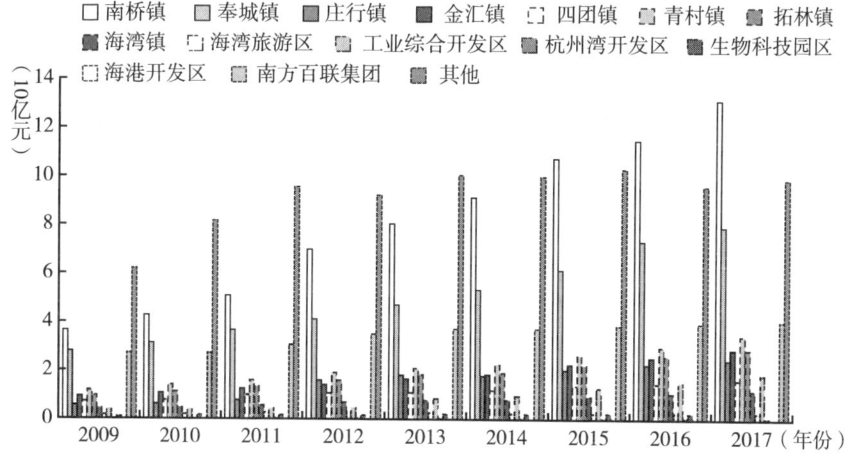

图6　2009～2017年按镇和地区划分社会消费总额

工业综合开发区社会消费总额从2009年的4.47亿余元增长到2017年的18.63亿余元，年均增长率为19.53%。杭州湾开发区社会消费总额从2009年的0.40亿余元增长到1.14亿余元，年均增长率为13.98%。生物科技园区社会消费总额从2009年的1.55亿余元增长到2016年的3.31亿余元，年均增长率为11.45%。海港开发区社会消费总额从2009年的0.25亿余元增长到0.51亿余元，年均增长率为10.72%。南方百联集团社会消费总额从2009年的27.64亿余元增长到2017年的40.13亿余元，年均增长率为4.77%。其他地区社会消费总额从2009年的62.45亿余元增长到2017年的98.78亿余元，年均增长率为5.90%。

各镇和开发区社会消费品的年均增长率中，庄行镇的年均增长率最高：19.65%，其次是工业综合开发区的年均增长率：19.53%，第三是南桥镇的年均增长率：17.31%，其余的镇和地区的年均增长率排序依次是，金汇镇（14.83%）、青村镇（14.07%）、杭州湾开发区（13.98%）、拓林镇（13.93%）、奉城镇（13.90%）、海湾镇（12.83%）、生物科技园区（11.45%）、海港开发区（10.72%）、四团镇（9.75%）、海湾旅游区（7.04%）、其他地区（5.90%）、南方百联集团（4.77%）。

从总量上看，各镇和地区社会消费品数据截至2017年，南桥镇社会消费品消费总量最高：131.00亿余元，其次是奉城镇：79.26亿余元，再次是南方百联集团：40.13亿余元，其余的镇和地区从高到低排序依次是，青村镇（34.51亿余元）、柘林镇（28.78亿余元）、金汇镇（28.75亿余元）、庄行镇（24.79亿余元）、工业综合开发区（18.63亿余元）、四团镇（16.46亿余元）、海湾镇（12.21亿余元）、生物科技园区（3.31亿余元）、海湾旅游区（3.10亿余元）、杭州湾开发区（1.14亿余元）、海港开发区（0.51亿余元）。

（七）2017年镇和开发区的社会消费品总额

2017年按镇和地区划分的社会消费品中，各镇和地区占比从高到低排列依次是南桥镇（25%）、奉城镇（15%）、南方百联集团（8%）、青村镇（7%）、拓林镇（6%）、金汇镇（5%）、庄行镇（5%）、工业综合开发区（4%）、四团镇（3%）、海湾镇（2%）、海湾旅游区（1%）、杭州湾开发区（0.002%）。

（八）奉贤地区历史数据的解读

奉贤地区社会消费品总量从历史上看保持了持续增长的趋势。尽管在2013~2014年，社会消费品总量在一些板块出现了一定的波动，有些板块出现了负增长，但在这段时间的短期波动过后，各板块的社会消费品总量又回到了持续增长的状态。同时，社会消费品总量在保持增长的情况下，其内部结构也逐渐发生着调整和优化，以适应奉贤地区的经济发展趋势，辅助奉贤地区的产业结构调整和优化过程。

从所有制划分的社会消费品总量来看，私营经济社会消费品持续增长，且没有受到2013~2014年这段时间经济波动的影响，可以看出私营经济需求一直是奉贤地区经济发展的重要推动力。同时，国有经济社会消费品和集体经济社会消费品在奉贤地区起到的作用是润滑作用，尽管体量上少于私营经济社会消费量，但公有制经济消费品在奉贤地区的消费品需求结构中，起到了填补私营经济需求的不足的作用。

从各镇和开发区的社会消费品总量上看，一些新兴地区尽管在体量上小于发达地区，但增长率高于发达地区，由此可以看出这些地区的发展潜力很大，需要给予更多的关注和扶持。

二　2017年消费品市场运行特点

（一）消费品市场稳中有变，消费结构显著提升

2017年商品零售总额1660.1亿元，与上年同期相比增长10.2%，社会消费品零售总额535.1亿元，增长9.1%，同期，上海市社会消费品零售总额增长8.0%，本区高于全市1.4个百分点，保持了较为稳定的增长态势。其中，限额以上社会消费品零售总额125.9亿元，增长2.6%，通过公共网络实现的商品零售额16.1亿元，增长29.2%，成为增速最快的部分，而同期上海市网上商店零售额增长16.4%，增速幅度快于本市38.8个百分点，

显示了本区网络零售的强劲增长势头。从主要商品类别看，食品粮油类零售额6.2亿元，同比下降4.7%；烟酒类零售额2.8亿元，同比下降12.5%；服装、鞋帽、针纺织品类零售额15.7亿元，同比增长24.6%；日用品类零售额2.4亿元，同比下降7.5%；家用电器和音像器材类零售额6.4亿元，下降0.4%；文化办公用品类零售额1.2亿元，下滑51.1%；石油及制品类零售额14.2亿元，下降4.4%；汽车类消费24.7亿元，增长8.6%。从以上数据可以看出，服装衣帽类消费增长最快，而文化办公和日用品消费出现负增长，食品消费变化缓慢，以汽车类消费为代表的高档商品消费增速迅猛，这从侧面说明，居民的衣食住行中，当食品需求满足后，更多地向服装、出行、耐用品消费转变，消费结构出现分化，更多家庭对生活质量提高提出新的要求，本区的网络销售比全市的销售增速快38.8个百分点，说明在以互联网为平台的销售中，本区具有很大的潜力。

（二）商品销售较快增长，网络零售稳步发展

对全区504户进行抽样调查的数据显示：2017年上半年，本区居民人均可支配收入为20789元，同比增长8.3%，增速同比下降1.5个百分点。全区居民人均生活消费支出11792元，同比增加8.7%，增速同比提高0.4个百分点。2017年上半年人均消费与收入之比为0.57。收入的提高带动了商品消费，其中2017年上半年实现商品零售额697亿元，同比增长9.7%。在居民八大类人均消费结构中，食品烟酒类占比28.7%，比上年同期下降1.7个百分点；衣着类占比6.0%，比上年同期增加0.1个百分点；居住类占比27.6%，比上年同期增加0.5个百分点；生活用品及服务类占比4.6%，比上年同期增加0.5个百分点；交通通信类占比13.6%，与上年同期持平；教育文化娱乐类占比8.5%，比上年同期增加1个百分点；医疗保健类占比8.7%，比上年同期下降0.7个百分点；其他用品和服务类占比2.4%，比上年同期增加0.3个百分点。2017年上半年，限额以上企业通过公共网络实现的商品零售额为7.4亿元，同比增长60.4%，是消费增长中最快速的。

随着网络平台的日趋完善，电子商务的迅猛发展，互联网购物成为消费者的消费常态。2016 年，全区快递服务企业累计完成业务量 994.5 万件，较 2015 年净增 415.6 万件，同比增长 71.8%；另外，由于周边城市商业模式的创新及商业集群化，具有更加吸引消费者的体验模式和价格优势，这造成奉贤区实体经济消费者的流失。2016 年宝龙城市广场、苏宁生活广场、金叶时代广场、连城商业广场、新都汇生活广场等城市综合体日趋完善，融商业零售、商务办公、酒店餐饮、公寓住宅、综合娱乐等功能于一体。城市综合体的服务吸引大量消费者，适应了消费的日益变化。

（三）消费结构悄然变化，商业服务换代升级

2017 年，文化办公用品类、日用品类消费大幅度下降。文化办公用品类累计零售额 1.2 亿元，下滑 51.1%，食品饮食烟酒类消费低迷，衣帽消费上升速度很快，服装、鞋帽、针纺织品类零售额 15.7 亿元，同比增长 24.6%，汽车类消费 24.7 亿元，增长 8.6%，说明地区消费结构正在发生悄然变化。从日常饮食类消费向着出行衣着类转变，这一方面是地区居民收入递增、消费升级的结果，另一方面也是地区商业产业不断升级，大量商业服务投入运营，以满足高档消费。

三　主要特点

（一）限额以上企业比重过低

全区批零住餐限上企业（单位）仅有 56 家，占总体单位数的 0.3%，完成零售额 27.7 亿元，占总量的 27.1%。限上单位带动能力不强，这在很大程度上制约了全区消费品市场的发展。

（二）镇级市场发展不均衡，潜力有待进一步挖掘

数据显示，商品零售额以南桥、奉城两镇比例最大，占据全区零售品比

例的40%左右，其余各镇发展相对滞后，乡村消费品市场发展较为活跃，但规模偏小，仅占整个消费品市场的7.9%，对整个消费品市场贡献率偏小，市场潜力有待进一步挖掘。

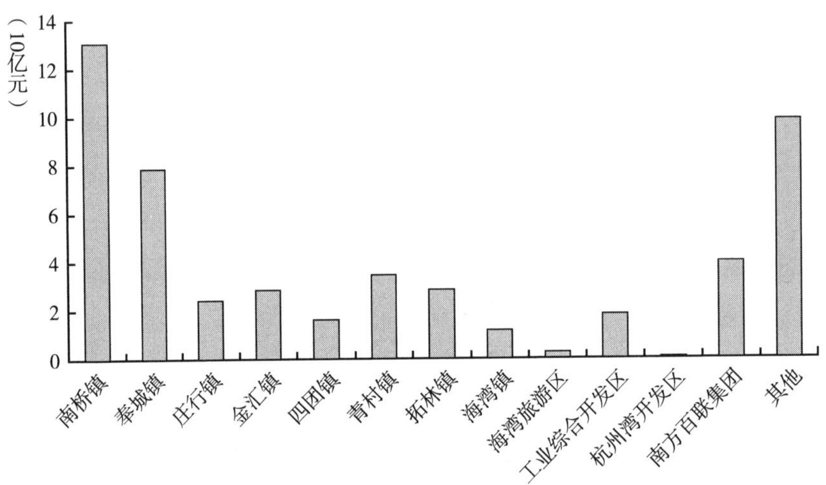

图7　2017年各镇和开发区社会商品销售额

四　2018年消费品市场研判

2017年，奉贤区个人住房贷款为352.72亿元，比年初增长16.5%，居民储蓄存款784.28亿元，比年初增长8.3%，与2016年同期个人住房贷款和居民储蓄存款相比，分别增长了27.2%和9.7%，由此可以看到，居民大部分收入进行了住房消费，而相应的居民储蓄比住房贷款增速要少了近10个百分点。可以预测，与住房相关的装修、家用电器等消费会稳步增加。我们从统计数据可以看到，由于房地产贷款迅速增加，居民增加的收入被房地产业吸纳，远期居民消费会受到影响。

上海市统计局发布的前三季度上海市城镇常住居民人均可支配收入为31524元，其中消费支出为20710元，分别比上年增长8.6%和6.9%，而三季度上海居民消费者信心指数为117.2，比上一季度下降了1.5，消费者现状指数和预期指数分别为121.3和113.3，比上一季度下降了0.4和2.6，虽然三个指数都高于100的临界点，属于乐观状态，但是其还是下跌，可见不但居民消费支出增速慢于收入增速，在房价高企的当前经济状况下，居民消费当期和预期都相对悲观，远期对于消费不利。

五 对策建议

（一）紧紧把握消费新热点，促进营销业转型升级

经济增长使广大人民群众收入不断增加，消费结构出现了新的变化，对消费品质，消费的便捷性、及时性提出了更高要求，这就对消费的营销模式、服务方式提出了新的挑战。十九大报告指出，当前我国社会的主要矛盾是人民日益增长的美好生活需要和不平衡不充分的发展之间的矛盾，我们要从主要矛盾出发，紧抓结构调整、转型升级等契机，从供给侧改革出发，进一步拓宽消费领域，满足广大人民群众的需要。要加快“互联网+消费”的发展步伐，促进奉贤区商品营销模式的转型升级，一是要完善物流配送体系，提高仓储运输能力，扶持创新经营模式，对新兴的基于“互联网+”的经济形式给予扶持，进一步增强以互联网为平台的实体经济模式竞争力，在万众创业中，对于新型的创业形式给予更多的宽容。二是引导消费品质提升，优化服务结构调整，在提升服务品质上下功夫，增加短缺服务，优化现有服务，不断释放大众消费潜力。同时要提高社会福利，完善养老、就业、医疗、教育、住房等制度的改革，解决居民消费群体的后顾之忧，不断释放居民的消费需求，从根本上刺激消费，提高消费对经济增长的贡献率。三是方便区内居民，减少消费群体流失，方便农村消费人群，形成集聚效应，扩大消费的吸引力。

（二）从混改出发，引导传统企业转型升级，培育新型企业

一是要继续做大、做强现有限额以上企业单位，充分发挥现有限额以上

企业（单位）的龙头作用，为全区限额以上企业零售额的持续增长提供保障。二是要探索零售消费业的混改模式，引入新的投资主体，改善企业的治理结构和治理水平，在混改的支持下，同时扩大国有企业的经营范围，形成多主体协同发展的新局面。三是确保入库企业质量，重点培育高质量限上企业，形成新的支撑点。相关部门和行业协会应规划和引导商家走区域性差异化路线，避免同业恶性竞争消耗企业元气，影响企业入库的持续性。四是充分发挥新业态对消费市场的推动作用。在传统商业日渐式微、电商蓬勃兴起的背景下，奉贤区消费品市场应顺应“互联网+”发展趋势，拓宽销售渠道，积极进行技术创新、服务创新、组织创新，发挥扩大限上企业的带动作用，全面提高企业的经营水平和竞争能力。

（三）用好电商平台，提高网购产品质量

我国社会经济的发展，使人们的消费方式和内容有了较大的变化，对购买的商品质量要求更高，对于服务要求更具快捷和特色服务，而且群众对于消费品质的售后以及相关的维权意识和要求也越来越高。大力实施电子商务推进工程，加快构建以特色农副产品为支撑的销售网络，促进区农村电商产业成长壮大。这需要工商、质检、安全、卫生等诸多部门加强对网络销售平台的监管，提高网络销售产品的质量保证和售后服务，对于反馈的商品纠纷，要及时处理，维护正当的良好的网上经营环境，扩大抽查范围，使抽查常态化、制度化。对于不合格的商品要严格依法查处，倒逼网购商品的质量不断提高，同时加大对于网络销售诚信管理，对于不正当竞争和恶意评价，要坚决打击。另外，积极扩大O2O平台范围，将线下的商务机会和互联网结合，为传统企业开辟新的市场渠道，为消费者提供全新的购物渠道和体验。将网上经营和实体体验、销售有机结合，多方位，多渠道为网络经营提供销售机会。

（四）完善新型消费服务，打造消费供给新动力

重视新型消费的发展，加快发展生活性服务业，积极发挥新消费的引领

作用，实现经济发展和消费品质的双赢。对于外卖、快递、网约车、共享单车、网络教育等行业，提供政策引导和支持，逐渐完善行业标准，推动其职业化、规范化发展。同时在文娱和旅游方面，一方面依托“全域旅游”契机，突出绿色乡村特色旅游圈的新特色，改善乡村环境，提高村容村貌，通过乡村旅游的兴旺带动乡村消费市场的繁荣；另一方面，加强基础设施建设，打造特色旅游，建设主题公园，提升影院服务质量等。通过完善娱乐基础设施提高服务质量，为消费者创造良好的消费环境。

参考文献

徐连仲：《2000年及2001年我国消费品市场预测》，《经济纵横》2000年第12期。

赵明辉：《消费特征变化引领消费品市场发展新格局》，《消费经济》2004年第4期。

孙艳：《我国消费品价格波动的非对称性实证检验》，《统计与决策》2014年第14期。

马弘、乔雪、徐嫄：《中国制造业的就业创造与就业消失》，《经济研究》2013年第12期。

罗中德、赖美艳：《中国社会消费品零售总额的预测分析》，《统计与决策》2013年第2期。

武赫、张嘉昕：《试论扩大民间消费与经济的发展——基于农村消费市场的分析》，《经济问题》2012年第9期。

唐学玉、李世平：《基于消费动机维度的安全农产品市场细分研究——以南京市为例》，《农业技术经济》2012年第1期。

B.7

2017～2018年奉贤对外经济形势分析与研判

李世奇　朱嘉梅*

摘　要： 2016年，奉贤进出口总值为644.2亿元，同比下降3.1%，降幅比上年有明显收窄，其中出口总值为399.0亿元，同比下降3.1%；进口总值为245.1亿元，同比下降2.9%，奉贤进出口总值占上海进出口总值的2.25%。2016年，新批准外商直接投资合同项目数344项，同比增长19.4%，吸引外商直接投资的合同金额为6.8亿美元，同比增长11.5%，实际到位金额为2.6亿美元，同比下降17.4%。2017年奉贤对外经济形势相较2016年和2015年有了显著改善，预计2018年奉贤进出口总值与外商直接投资合同额会进一步保持增长，但由于2017年的增长基数较高，2018年的增速应会有所回落。

关键词： 对外经济　贸易结构　外商直接投资

党的十九大报告指出中国要推动形成全面开放的新格局，推进贸易强国的建设，中国改革开放的步伐不会停止，中国开放的大门只会越开越

* 李世奇，上海社会科学院数量经济研究中心经济学博士研究生，主要研究方向为宏观经济增长与科技创新政策评估。朱嘉梅，讲师，上海市奉贤区委党校教研室副主任，主要研究方向为区域经济和公共管理。

大。上海作为国际贸易中心，在全球贸易和对外投资领域的地位举足轻重，上海自由贸易区的蓬勃发展为中国各地自贸区提供了丰富的可复制、可参考的经验，加快自由贸易港的建设是上海贯彻党的十九大精神的重要举措之一，上海有责任、有义务推动各项贸易和投资自由便利化政策在中国的落地实施。奉贤作为上海未来对外经济发展最具潜力的地区之一，2017 年 1～11 月奉贤外贸进出口额为 675.19 亿元，同比增长 15.8%，1～12 月实际到位外资 2.76 亿美元，同比增长 5.0%，奉贤的对外贸易和外商直接投资结构都出现了可喜的变化，两者结构的变化与奉贤自身产业结构的升级紧密相关，奉贤正不断推广上海自贸区的经验成果，提升对外经济发展的能级。

一　奉贤外贸进出口的主要特点

（一）内外环境影响增速，出口进口出现分化

奉贤进出口总值从 2007 年的 49.48 亿美元增加至 2016 年的 103.97 亿美元，十年时间翻了一番，取得了十分显著的成绩，但是在这十年时间里，奉贤进出口的增长并不是一帆风顺的。受到国际大环境的影响，2009 年出现了较为明显的滑坡。2015 年和 2016 年连续两年出现负增长，一方面是国际经济复苏较为乏力，另一方面则是在供给侧结构性改革的背景下上海以及奉贤自身产业结构转型所致。

从出口来看，奉贤从 2007 年的 30.76 亿美元增加到 2014 年的 73.01 亿美元，但在 2015 年和 2016 年分别同比下降 8.95% 和 3.10%，至 2016 年的 64.41 亿美元。从进口来看，奉贤从 2007 年的 18.72 亿美元增加到 2014 年的 41.27 亿美元，但在 2015 年和 2016 年分别同比下降 1.26% 和 2.90%，至 2016 年的 39.56 亿美元。2007～2011 年，奉贤的出口与进口基本上保持了较为一致的增幅，除去 2009 年增幅为负，其他年份的增长速度均达到了两位数。但是自 2012 年以来，出口与进口的增长速度出现了一定的分化，

2012 年出口增速为正，而进口增速为负，2013 年出口增速为 6.01%，进口增速则为 13.15%，2014 年出口增速为 23.48%，而进口增速则为 2.61%。而近两年来，奉贤进口的同比降幅要明显小于出口。从出口与进口增速的分化来看，奉贤的经济结构发生了一定的变化。

（二）波动幅度大于上海，预计增速有所放缓

对比上海的进出口增速，奉贤进出口增速的波动性相对较大。在外需高速增长的 2007 年和 2008 年，奉贤的增速分别为 49.14% 和 40.26%，上海则为 24.30% 和 13.90%。而进入 2012 年，上海和奉贤的进出口增速均由正转负，奉贤同比降低 1.22%，上海同比降低 0.20%。在 2015 年，奉贤同比降低 6.18%，上海同比降低 3.70%。可以看出，奉贤作为上海的一部分，其进出口总值的波动性要大于上海，但是进出口总值的变化趋势与上海保持一致。据此，可以使用上海的进出口数据来辅助判断奉贤进出口的变化情况（见图 1）。

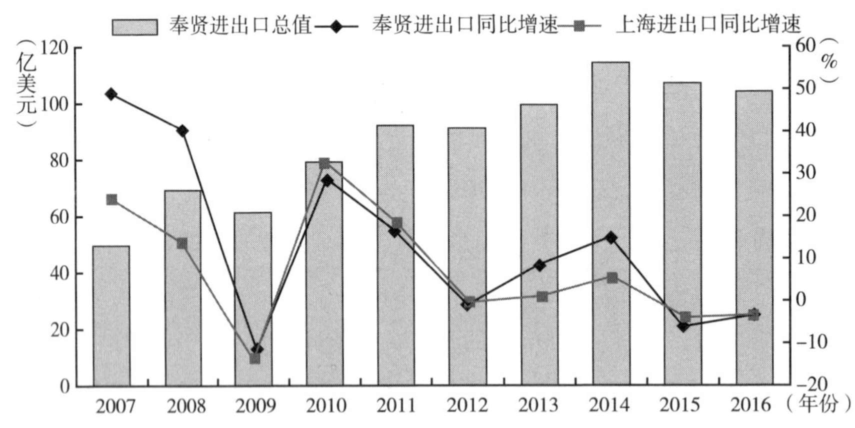

图 1　2007～2016 年奉贤进出口总值及同比增速

数据来源：奉贤区统计年鉴。

2016 年，上海进出口累计同比降幅逐月收窄，从 2017 年 1 月开始增速由负转正。2017 年上半年上海进出口总值同比增速为 12.30%，出口增

速为5.8%，进口增速为17.1%。2017年奉贤的进出口情况与上海相似，由于2016年的低基数效应，2017年进出口情况有明显好转。但是与上海的进出口主要由进口拉动不同，奉贤2017年上半年出口同比增速达到了16.0%，远远高于上海的平均速度，有力支撑了奉贤总体的外贸形势（见图2）。

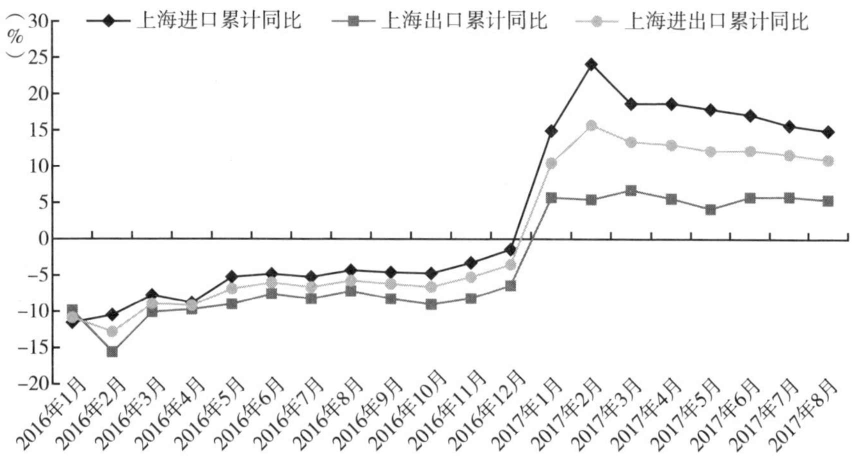

图2　2016年1月～2017年8月上海进出口累计增速

数据来源：奉贤区统计年鉴。

（三）净出口占比连续下降，出口依赖有所降低

2016年奉贤净出口值小幅下降3.4%，降幅比去年收窄15个百分点。从整体来看，奉贤净出口值从2007年的12.04亿美元增加到2016年的24.85亿美元，但占GDP的比重却从2007年的29.21%下降到2016年的22.61%，净出口值基本保持了波动向上的趋势，对外贸易仍然对奉贤经济增长起到了一定的支撑作用。但是随着近两年来净出口值占GDP比重的下滑，奉贤经济增长对出口的依赖程度在降低，说明奉贤经济的转型升级取得了一定的成效（见图3）。

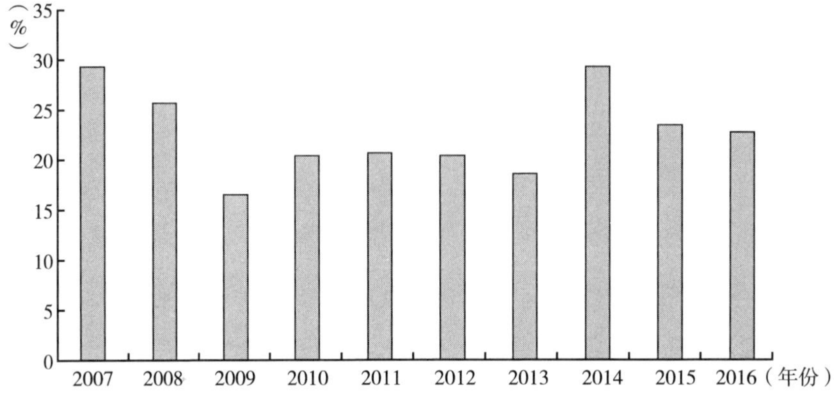

图3　2007～2016年奉贤净出口值占GDP比重

数据来源：奉贤区统计年鉴。

（四）一般贸易迅速发展，加工贸易逐步退出

奉贤的贸易结构近年来发生了极大的变化，一般贸易取代加工贸易成为奉贤对外贸易的主力军。奉贤一般贸易进出口总值占比从2010年的43.01%增加到2016年的62.00%，其中一般贸易出口占比从38.45%增加到59.61%，一般贸易进口占比从49.63%增加到65.89%，相对应的，奉贤加工贸易进出口总值占比从2010年的52.08%下降到2016年的28.79%，其中一般贸易出口占比从59.08%下降到35.53%，一般贸易进口占比从41.88%下降到17.83%。一般贸易的进出口总值从2011年开始超过加工贸易，一般贸易的出口值从2013年开始超过加工贸易。从以上分析可以看出，奉贤进口结构的变化（从加工贸易向一般贸易转变）要早于出口结构的变化。

特别需要指出的是，在2014年，一般贸易和加工贸易的进出口总值分别增长20.26%和9.44%，一般贸易进出口总值在2015年和2016年依旧保持了较快的增长，增速分别达到5.14%和6.87%，而加工贸易进出口总值则分别下降17.09%和22.22%。所以在2015年以前，加工贸易占比的下滑是由于其增速低于一般贸易的增速，但加工贸易本身还保持一定的增长，

2015 年以来加工贸易占比的下滑则是由于其本身进入下降的阶段。在 2016 年，加工贸易出口值同比下降 15.55%，22.88 亿美元，加工贸易进口值同比下降 38.09%，7.05 亿美元（见图 4）。

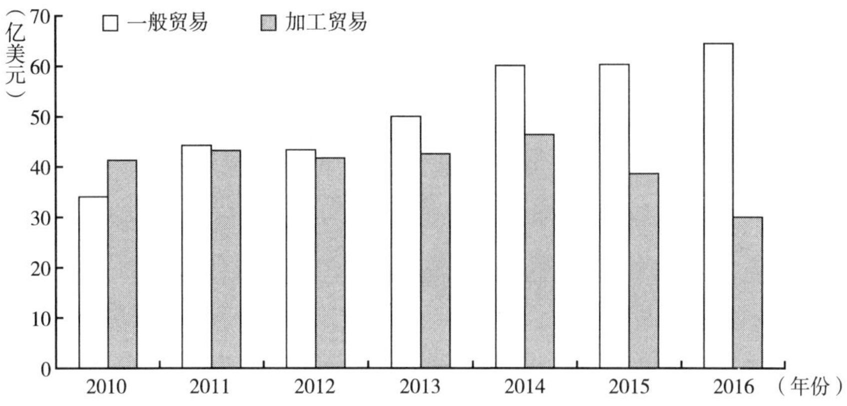

图 4　2010~2016 年按贸易方式分类奉贤进出口总值

数据来源：奉贤区统计年鉴。

由于加工贸易已经降低到一个较低的基数水平，所以尽管预期 2018 年加工贸易仍然会保持较大的降幅，但对总体贸易的影响并不会很大，相反随着一般贸易的稳步增加，奉贤未来对外贸易的发展不仅从总量上会进一步增加，贸易结构也会进一步优化。

（五）外商企业仍为支柱，民营企业迎头追赶

外商投资企业近十年以来一直是奉贤对外出口的主要支柱，民营企业的对外出口也得到了巨大的发展。从企业性质来看，奉贤的出口结构在朝着积极的方向变化，对外出口从较大程度依赖外商投资企业向外商投资与民营企业并重发展转变。奉贤民营企业出口值从 2010 年的 6.35 亿美元增加到 2016 年的 23.81 亿美元，占比从 20.66% 增加到 36.96%，相对应的，奉贤外商投资企业出口值从 2010 年的 23.80 亿美元增加到 2016 年的 40.43 亿美元，占比从 77.39% 下降到 62.77%（见图 5）。

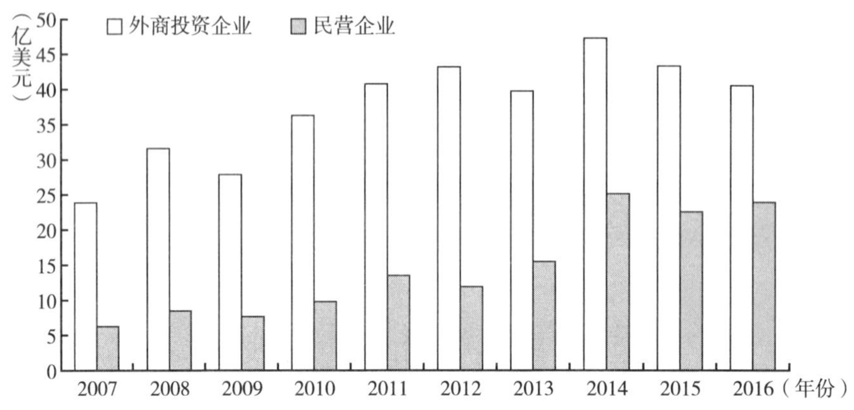

图5 2007～2016年按企业性质分类奉贤出口值

数据来源：奉贤区统计年鉴。

从近年的增速变化来看，奉贤外商投资企业的出口值在2014年增长18.76%以后，2015年和2016年连续两年下降，降幅分别为8.47%和6.26%。而民营企业的出口值在2014年增长61.54%以后，2015年下降10.23%，2016年则增长6%。相对而言，外商投资企业受到国际环境的冲击较民营企业更大，尽管民营企业出口增速的波动性较大，但随着奉贤民营企业的竞争力逐步加强，预计未来民营企业对奉贤外贸发展的支撑作用会进一步增强。

（六）集聚效应逐渐显现，企业数量不断增多

从地域分布来看，奉贤的出口主要集中在综合开发区、出口加工区以及南桥镇三个镇（区）。这三个镇（区）自2007年以来就占据奉贤各镇（区）出口前三名，2008～2012年出口加工区排名第一，2013～2016年综合开发区排名第一，南桥镇则在第二名与第三名的位置上变动。第四名与第五名相对并不稳定，奉城镇、金汇镇、庄行镇、杭州湾开发区、柘林镇以及四团镇均有上榜。前五名镇（区）的出口值之和占奉贤出口值的比重近年来一直稳定在62%左右，说明奉贤的出口活动具有一定的集聚效应，集中度较高（见表1）。

表1　2007～2016年奉贤各镇（区）出口排行前五名

年份	第一名	第二名	第三名	第四名	第五名
2016	综合开发区	南桥镇	出口加工区	奉城镇	金汇镇
2015	综合开发区	出口加工区	南桥镇	庄行镇	奉城镇
2014	综合开发区	出口加工区	南桥镇	庄行镇	奉城镇
2013	综合开发区	出口加工区	南桥镇	庄行镇	杭州湾开发区
2012	出口加工区	综合开发区	南桥镇	金汇镇	四团镇
2011	出口加工区	南桥镇	综合开发区	柘林镇	金汇镇
2010	出口加工区	南桥镇	综合开发区	柘林镇	金汇镇
2009	出口加工区	南桥镇	综合开发区	四团镇	金汇镇
2008	出口加工区	综合开发区	南桥镇	柘林镇	四团镇
2007	综合开发区	南桥镇	出口加工区	柘林镇	金汇镇

数据来源：奉贤区统计年鉴。

综合开发区、出口加工区以及南桥镇作为十年来始终排名前三的镇（区），需要进行重点分析。这三个镇区的出口值之和占奉贤出口值的比重在2007～2017年的十年间经历了先上升后下降的过程，在2012年达到峰值，主要是出口加工区的出口值在2010年有了较大的提升，在2012年之后开始逐渐回落，近年来三者出口之和的占比基本上稳定在48%附近，进一步体现了奉贤出口活动较高的集中度（见图6）。

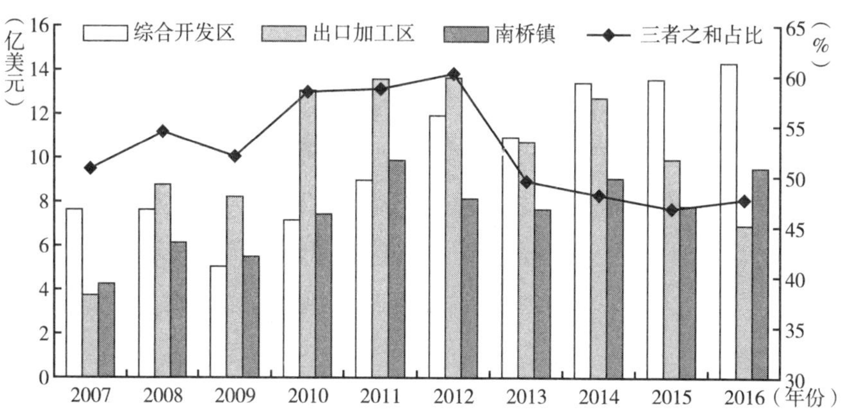

图6　2007～2016年排名前三名镇（区）的出口值及占奉贤出口值的比重

数据来源：奉贤区统计年鉴。

具体来看，综合开发区出口在2016年和2015年连续两年增长，增速分别为5.85%和0.85%，出口加工区出口在2016年和2015年连续两年下降，降幅分别为30.04%和22.33%，南桥镇出口在2015年下降14.35%，2016年增长23.14%。出口加工区的出口连续两年以高达两位数的降幅下降是奉贤近两年出口下降的主要原因，综合开发区对奉贤出口的支持力度逐年提升，南桥镇的出口值在2016年也超过了出口加工区。由于奉贤加工贸易的规模会逐渐缩小，预计2018年，出口加工区的出口值会进一步降低。

从出口企业数来看，出口加工区的出口企业数一直维持在19家以内，而综合开发区的出口企业数从2007年的80家增加到2016年287家，南桥镇的出口企业数从2007年的143家增加到2016年423家。出口加工区的单位出口值远远高于综合开发区和南桥镇，这是上海出口加工企业一般而言规模较大的特点所导致的。2016年，综合开发区和南桥镇的出口值增长的主要原因是出口企业数有了较大幅度的增加，综合开发区增加了78家出口企业，南桥镇增加了145家出口企业，所以综合开发区和南桥镇的单位企业出口值相比于2015年其实均有一定的下降。未来随着这些新兴出口企业自身规模的不断扩大，奉贤的对外出口不论是规模还是结构都会随之进一步健康发展（见图7）。

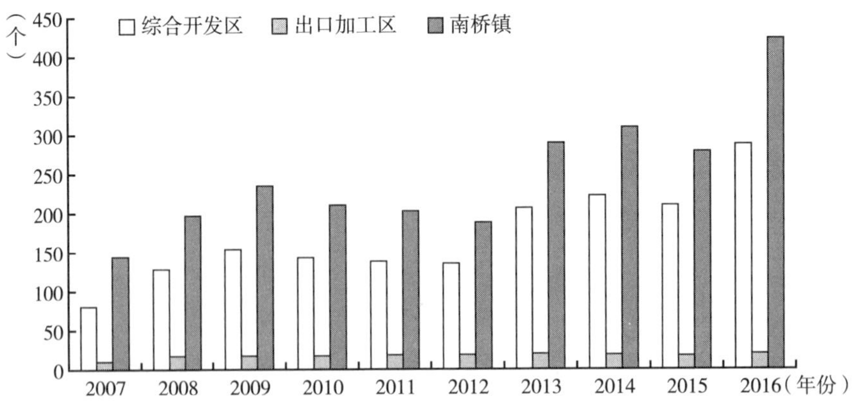

图7　2007~2016年排名前三名镇（区）的出口企业数

数据来源：奉贤区统计年鉴。

从企业分布来看，2007 ~2016 年奉贤的出口排名前列的企业主要有上海晶澳太阳能科技有限公司、创见资讯（上海）有限公司、先锋高科技（上海）有限公司、先锋电子科技（上海）有限公司、宜家分拨（上海）有限公司、上海恒逸聚酯纤维有限公司以及上海海亮铜业有限公司等企业。2008 ~2010 年创见资讯排名第一，2011 ~2016 年晶澳太阳能排名第一，先锋高科技和先锋电子基本上占据了第二名的位置。排名前十企业的出口之和占奉贤出口值的比重自 2011 年的 44.48% 开始逐年下降，2016 年占比降至 30.71%。集中度下降的主要原因在于经济结构转型过程中以出口为导向的传统加工企业逐渐迁出奉贤。

表 2　2007 ~2016 年奉贤企业出口排行前五名

年份	第一名	第二名	第三名	第四名	第五名
2016	晶澳	先锋高科技	奥托立夫	宜家	海亮铜业
2015	晶澳	先锋高科技	宜家	恒逸	海亮铜业
2014	晶澳	恒逸	海亮铜业	先锋电子	宜家
2013	晶澳	先锋电子	海亮铜业	恒逸	创见资讯
2012	晶澳	先锋电子	先锋高科技	创见资讯	海亮铜业
2011	晶澳	超日	先锋电子	创见资讯	海亮铜业
2010	创见资讯	先锋电子	晶澳	超日	海亮铜业
2009	创见资讯	先锋电子	海亮铜业	超日	宜家
2008	创见资讯	先锋电子	先锋高科技	海亮铜业	超日
2007	先锋高科技	创见资讯	黄燕	东辉塑胶	超日

数据来源：奉贤区统计年鉴。

注：先锋高科技属于综合开发区，先锋电子属于出口加工区。

具体来看，位于出口加工区的创见资讯的出口值自 2008 年达到 5.23 亿美元后逐年递减，至 2015 年降至 1.2 亿美元，2016 年未出现在奉贤出口排名前十的企业名单中。同样位于出口加工区的先锋电子科技的情况与创见资讯类似，出口值从 2010 年的 3.9 亿美元降至 2015 年的 0.82 亿美元，2016 年退出前十。从 2011 年开始排名第一的晶澳太阳能（位于出口加工区）以及排名一直稳定在前五的海亮铜业（位于四团镇）近两年的出口值也有较为明显的下滑，但随着经济大环境的好转，这两家企业的出口预计在2018年会有所提升。位于工业综合开发区的先锋高科技的出口值连续两年增加，未来出口的增长态势较为明朗（见图8）。

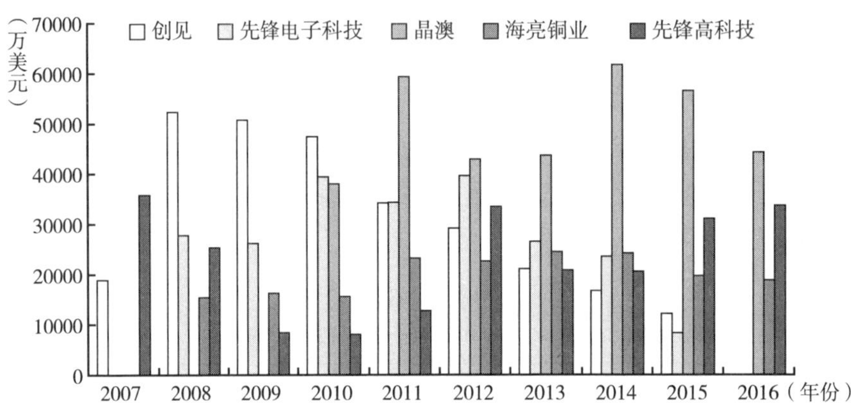

图8　2007～2016年奉贤主要出口企业出口值

数据来源：奉贤区统计年鉴。

（七）外贸对象较为稳定，机电产品居于核心

亚洲作为奉贤最大的出口目的地和进口来源地，2016年出口和进口分别达到29.89亿美元和18.92亿美元，同比下降7.4%和11.5%，占奉贤出口与进口的比重为45.96%和47.85%，亚洲出口的占比基本上稳定在45%左右，而亚洲进口的占比近年来则不断下降。北美洲在2013年超过欧洲成为奉贤第二大出口目的地，2016年出口达到13.92亿美元，同比下降2.4%，占比21.6%，但从北美洲进口的规模仍小于欧洲，2016年为4.50亿美元，同比增加12.0%，占比11.38%。欧洲作为奉贤第三大出口目的地和第二大进口来源地，2016年出口和进口分别达到11.12亿美元和13.25亿美元，同比下降3.2%和增加17.0%，占比分别为17.28%和33.51%，欧洲进口的占比连续六年不断攀升，2016年奉贤首次出现欧洲进口大于出口的现象。奉贤与大洋洲、拉丁美洲以及非洲的进出口规模相对较小，对大

洋洲的出口远远高于从大洋洲的进口，而与拉丁美洲和非洲的出口与进口规模较为平衡（见图 9 和图 10）。

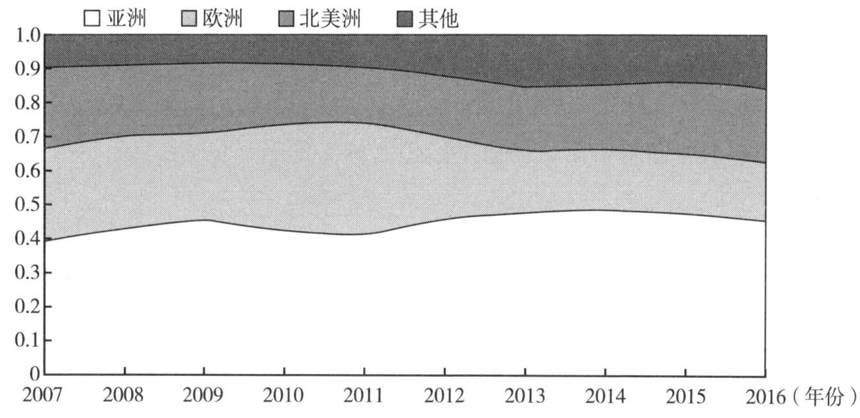

图 9　2007～2016 年奉贤主要出口目的地占比

数据来源：奉贤区统计年鉴。

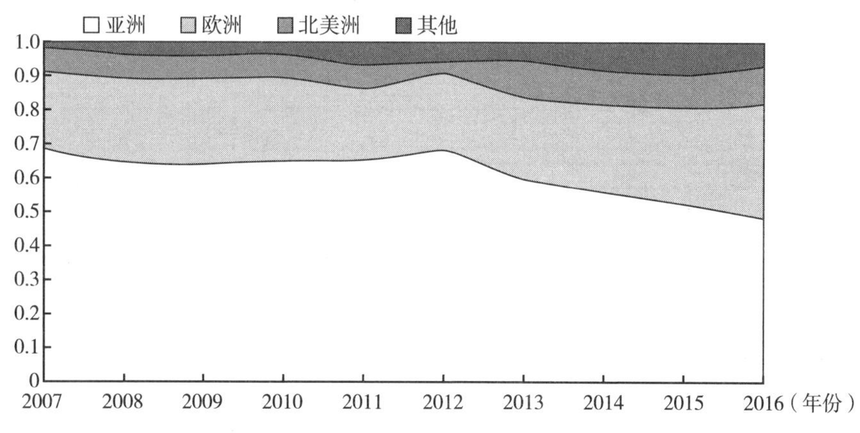

图 10　2007～2016 年奉贤主要进口来源地占比

数据来源：奉贤区统计年鉴。

从具体的国家和地区排名来看，美国和日本交替占据出口第一和第二的位置，两者出口之和的占比稳定在 35% 左右，澳大利亚的出口排名在十年间有了较为明显的提升，2016 年排名第三，占比 5.46%。日本连续十年占据奉贤进口第一的位置，但是日本进口的占比从2007年的28.29%降低到2016年的15.45%，从德国的进口连续多年保持增长，占比从2007年的3.66%提升至2016年的10.93%。出口前十名国家和地区之和的占比近十年以来一直在60%至75%的区间内震荡，而进口前十名之和的占比则从2007年的84.22%下降到2016年的65.29%，说明奉贤进口的来源地呈现多元化发展的趋势，而奉贤出口的目的地仍然较为集中（见表3）。

表3　2007～2016年奉贤出口与进口排行前五名的国家和地区

年份	第一名		第二名		第三名		第四名		第五名	
	出口	进口	出口	进口	出口	进口	出口	进口	出口	进口
2016	美国	日本	日本	德国	澳大利亚	美国	印度	韩国	韩国	意大利
2015	美国	日本	日本	德国	韩国	美国	澳大利亚	韩国	中国台湾	阿联酋
2014	日本	日本	美国	美国	澳大利亚	德国	中国台湾	阿联酋	韩国	韩国
2013	日本	日本	美国	美国	澳大利亚	中国台湾	中国台湾	阿联酋	韩国	德国
2012	日本	日本	美国	中国台湾	中国台湾	德国	澳大利亚	韩国	比利时	沙特
2011	美国	日本	日本	中国台湾	荷兰	韩国	中国台湾	美国	德国	德国
2010	日本	日本	美国	韩国	荷兰	中国台湾	德国	美国	中国台湾	德国
2009	美国	日本	日本	中国台湾	中国台湾	韩国	荷兰	美国	韩国	英国
2008	美国	日本	日本	中国台湾	中国台湾	韩国	荷兰	英国	韩国	美国
2007	美国	日本	日本	中国台湾	中国台湾	韩国	德国	美国	比利时	瑞典

数据来源：奉贤区统计年鉴。

从进出口产品的排名来看，在2016年，机电产品、杂项制品、贱金属制品、纺织制品和塑料橡胶制品居于奉贤出口产品前五名，机电产品、塑料橡胶制品、化学工业产品、贱金属制品和光学医疗仪器居于奉贤进口产品前五名。上述几类产品也是2007年以来奉贤进出口的主要产品。

机电产品居于奉贤核心地位的进出口产品，连续十年排在进出口第一名。2016年奉贤机电产品出口25.98亿美元，占奉贤出口的40.63%，同比增长4.86%，机电产品进口10.48亿美元，占比26.55%，同比增长8.09%。在2016年奉贤出口与进口双双下滑的背景下，机电产品的逆势增长是殊为不易的。杂项制品近年来在奉贤进出口中占比上升较快，2016年奉贤杂项制品出口6.75亿美元，占比从2007年的5.51%增加到2016年的10.55%，杂项制品进口1.69亿美元，占比从2007年的0.18%增加到2016年的4.29%。奉贤贱金属制品进出口的态势较为平稳，进出口占比均维持在10%左右的水平。奉贤化学工业产品的进出口态势分化较大，出口连续7年增长，至2016年的4.58亿美元，占比从2007年的5.77%增加到2016年的7.16%，进口连续4年减少，至2016年的4.96亿美元，占比从2007年的32.8%减少到2016年的12.57%。奉贤塑料橡胶制品的出口占比维持在10%以内，而进口的占比则从2007年的7.96%增加到2015年的19.27%，2016年回落至15.17%。奉贤进出口产品的结构变化，尤其是化学工业产品进口的持续减少，充分反映了奉贤经济转型发展的良好态势（见表4）。

表4　2007～2016年奉贤出口与进口排行前五名的产品

年份	第一名		第二名		第三名		第四名		第五名	
	出口	进口	出口	进口	出口	进口	出口	进口	出口	进口
2016	机电	机电	杂项	塑料	贱金属	化学	纺织	贱金属	塑料	光学
2015	机电	机电	杂项	塑料	纺织	贱金属	塑料	化学	贱金属	杂项
2014	机电	机电	贱金属	塑料	塑料	贱金属	纺织	化学	杂项	杂项
2013	机电	机电	贱金属	塑料	塑料	化学	杂项	贱金属	纺织	光学
2012	机电	机电	纺织	化学	贱金属	贱金属	杂项	塑料	塑料	光学
2011	机电	机电	纺织	化学	贱金属	贱金属	塑料	塑料	杂项	纺织
2010	机电	机电	纺织	化学	贱金属	贱金属	车辆	塑料	杂项	车辆
2009	机电	机电	纺织	化学	贱金属	贱金属	杂项	塑料	塑料	车辆
2008	机电	机电	贱金属	化学	纺织	贱金属	杂项	车辆	塑料	塑料
2007	机电	机电	纺织	化学	贱金属	车辆	塑料	塑料	车辆	贱金属

数据来源：奉贤区统计年鉴。

二　奉贤外商直接投资的主要特点

（一）合同金额稳步增长，实际到位有所下降

从整体发展趋势来看，奉贤外商直接投资项目数和合同金额自2012年

以来稳步增长，2016 年项目数达到 344 个，合同金额达到 6.82 亿美元，均创下历史新高。但 2012 年以来，实际到位金额在 2014 年达到 3.6 亿美元的峰值后，连续两年下降，2016 年为 2.63 亿美元（见图 11）。

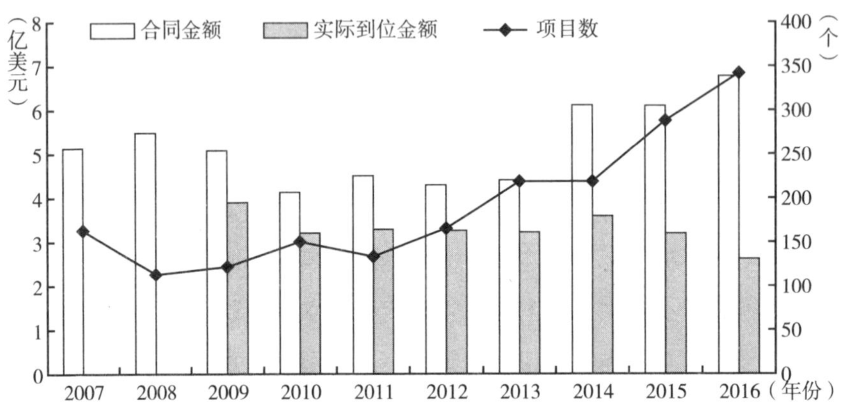

图 11　2007～2016 年奉贤外商直接投资情况

数据来源：奉贤区统计年鉴。

（二）总体表现好于上海平均水平，预计仍有快速增长

尽管奉贤和上海外商直接投资的走势较为一致，但奉贤的表现明显好于上海平均水平，上海外商直接投资合同金额的月累计同比增速已连续 13 个月为负，而奉贤则连续 4 个月增长。由于奉贤外商直接投资合同金额仅占上海的 2%，仍有较大的投资空间和潜力，所以预计 2018 年奉贤外商直接投资额会继续保持两位数的增长（见图 12）。

（三）中外合资增长较快，三产成为投资主流

从投资方式来看，奉贤外商直接投资项目主要以外商独资为主，中外合资为辅，2016 年外商直接投资项目数为 312 个，合同金额为 3.67 亿美元；中外合资项目数为 32 个，合同金额从 2015 年的 0.96 亿美元猛增至 2016 年的 3.15 亿美元。外商直接投资项目数自 2008 年以来迅速增加，说明奉贤对外商的吸引程度不断加大，中外合资项目数则较为平稳（见图 13）。

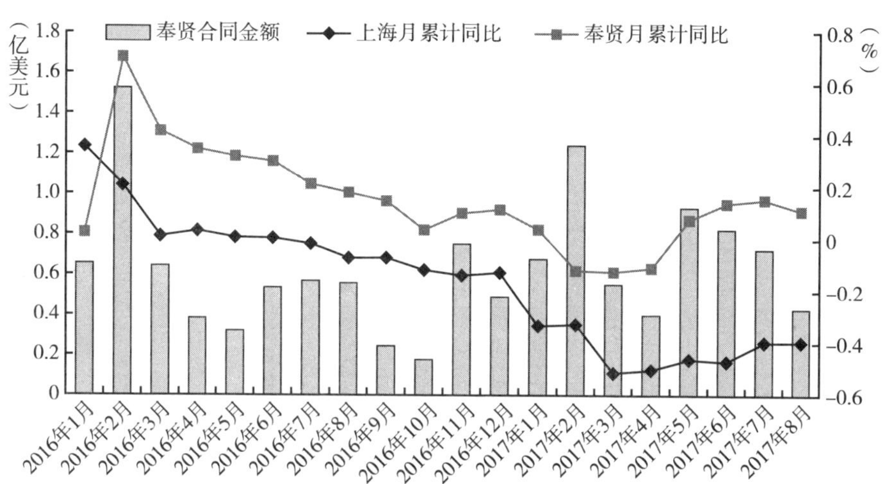

图 12　2016 年 1 月～2017 年 8 月奉贤外商直接投资合同金额及月累计同比

数据来源：奉贤区统计年鉴。

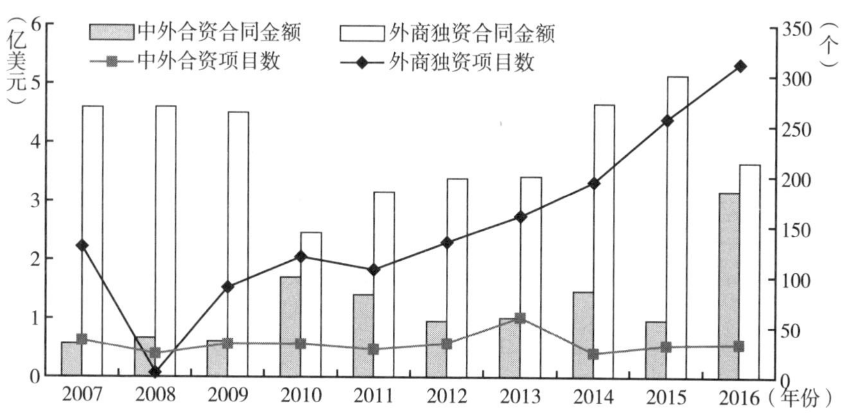

图 13　2007～2016 年按投资方式分奉贤外商直接投资情况

数据来源：奉贤区统计年鉴。

从投资的产业结构来看，奉贤外商直接投资已从工业转向服务业。2016 年，奉贤服务业共吸收外资 5.13 亿美元，占比从 2007 年的 32.46% 增加至 75.22%，投资项目数为 329 个；奉贤工业吸收外资 1.69 亿美元，占比从

2007年的68.54%降低至24.78%。奉贤外商直接投资的产业结构变化深刻反映了奉贤经济转型升级的态势（见图14）。

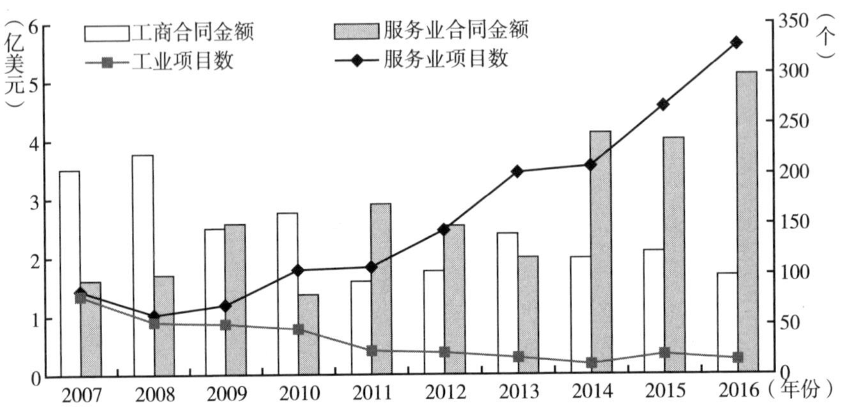

图14　2007～2016年按产业机构分奉贤外商直接投资情况

数据来源：奉贤区统计年鉴。

从投资的合同金额看，奉贤主要以合同金额在500万美元以上的大型投资项目为主，合同总额在2016年为3.97亿美元，占比58.29%。但近两年合同金额在500万美元以下的中小型投资项目逐渐增多且占比不断加大，这种项目投资规模的变化符合以服务业为主的投资方向（见图15）。

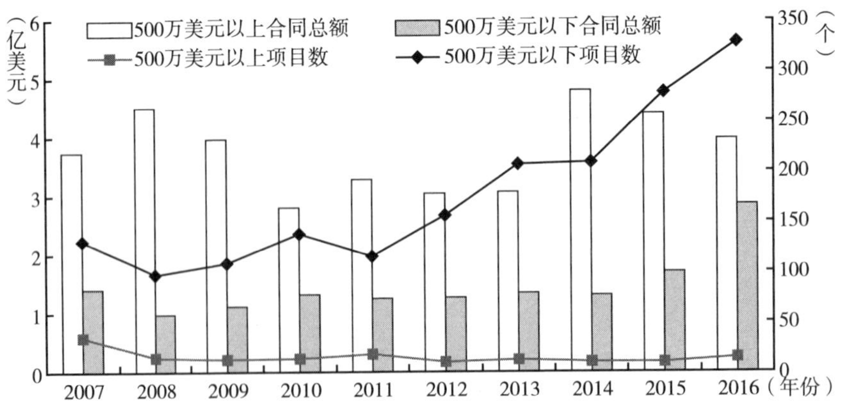

图15　2007～2016年按合同金额分奉贤外商直接投资情况

数据来源：奉贤区统计年鉴。

（四）资金来源有所变化，综合开发区为重点

从投资的来源地看，2016 年韩国的投资项目数跃居第一名，奉贤东方美谷的建设吸引了众多韩国化妆品企业进行投资，但实际到位资金仍有待进一步落实，外部环境的变化对奉贤近两年外商直接投资实际到位金额产生了一定影响。中国香港、中国台湾、美国和日本一直是奉贤较为稳定的外商直接投资来源地（见表5）。

表 5　2007～2016 年奉贤外商直接投资来源地排行前三名

年份	第一名	第二名	第三名
2016	韩国(64)	中国台湾(63)	中国香港(56)
2015	中国香港(71)	中国台湾(48)	韩国(31)
2014	中国香港(49)	美国(22)	中国台湾(20)
2013	中国香港(82)	中国台湾(31)	美国(17)
2012	中国香港(49)	日本(19)	美国(17)
2011	中国香港(54)	日本(16)	美国(12)
2010	中国香港(46)	日本(19)	美国(9)
2009	日本(14)	中国香港(11)	美国(4)
2008	中国香港(28)	日本(11)	美国(6)
2007	中国香港(37)	日本(20)	美国(13)

注：括号内为项目数。
数据来源：奉贤区统计年鉴。

从吸引投资的区域来看，工业综合开发区是奉贤吸引外商直接投资最稳定的区域，年均吸引外资合同金额在 1 亿美元以上。杭州湾开发区吸引外资的规模也较为稳定，2016 年吸引外资合同金额 0. 89 亿美元。金汇镇吸引外资的规模从 2015 年的 0. 18 亿美元快速增长至 1. 44 亿美元，但综合分析金汇镇 2011～2015 年吸引外资的平均水平，未来金汇镇吸引外资增速的可持续性仍有待进一步观察（见表6）。

表6　2011～2016年奉贤各镇（区）吸引外商直接投资合同金额排行前五名

年份	第一名	第二名	第三名	第四名	第五名
2016	金汇镇	综合开发区	杭州湾开发区	奉贤新城	庄行镇
2015	综合开发区	杭州湾开发区	临港奉贤分区	星火开发区	生物科技园区
2014	综合开发区	金融基地	杭州湾开发区	金汇镇	海港开发区
2013	综合开发区	杭州湾开发区	南桥镇	奉城镇	青村镇
2012	综合开发区	化工区	青村镇	庄行镇	海港开发区
2011	综合开发区	化工区	临港奉贤分区	生物科技园区	柘林镇

数据来源：奉贤区统计年鉴。

三　奉贤对外经济未来发展的机遇、挑战及相关建议

（一）奉贤对外经济未来发展的机遇

首先，奉贤产业结构的优化促进对外开放的转型。奉贤逐渐形成战略性新兴产业引领、先进制造业支撑、现代服务业协同发展的产业体系，发展全国领先的高端装备、精细化工等产业，相关技术力争达到世界先进水平，通过对外开放增强自主创新能力，提高科技进步对经济发展的贡献。

其次，城市功能的提升支持奉贤对外开放的发展。奉贤坚持新型城镇化建设，努力形成新城、节点城镇、新市镇协调发展的格局；通过对外开放形成先进的发展理念，积极完善新城功能，突出新城的辐射带动作用，提高经济、人口的集聚能力，不断完善区域公共配套服务设施和交通基础设施，提升投资与生活环境。

最后，生态环境的保护推进奉贤对外开放的等级。奉贤加强生态建设和环境保护，改善大气环境和水环境质量，形成与上海国际大都市相匹配的生态环境体系；通过提高资源利用效率，使绿色生产和绿色消费成为主流，提高节能节水产品、再生利用产品和绿色建筑比例，为奉贤的对外开放形成良好的环境支撑。

（二）奉贤对外经济未来发展的挑战

一方面，国际环境发生深刻变化，为奉贤的对外经济带来不确定性。全球经济复苏态势仍不明朗，逆全球化的浪潮此起彼伏。美国国内经济逐渐步入复苏轨道，但贸易保护主义的势力抬头；欧盟一体化进程遭遇重大挫折，英国脱欧带来的一系列问题必将给国际贸易与投资形势带来重大影响。日本与韩国也同样面临经济政策走向的选择，政治对经济的影响势必加大。作为奉贤的主要贸易伙伴与外商直接投资来源地，美国、欧盟、日本与韩国未来发展的风险加大了奉贤对外经济的不确定性。

另一方面，土地资源与环境压力成为传统对外经济发展方式的主要约束。奉贤所面临的转型发展压力集中的体现就是土地等要素资源越来越稀缺，工业用地减量化将是未来长期的大趋势，土地资源成为奉贤未来发展的约束条件之一，决定了奉贤原有的加工贸易产业所具有的比较优势正在降低。这促使奉贤对外经济的发展方式要从规模速度型粗放增长转向质量效率型集约增长，贸易结构与外商投资结构都面临结构升级的巨大压力，传统要素的倒逼机制逐渐显现。随着奉贤经济发展速度的加快，未来面临的环境资源压力与日俱增，区域环境的承载能力有限，传统的贸易方式与外商直接投资模式所带来的环境问题急需得到解决。

（三）奉贤对外经济未来发展的政策建议

首先，加快融入“一带一路”战略，对接上海自贸区。“一带一路”战略的不断推进为中国的对外开放提供了不竭的发展动力，明确了我国未来经济发展的战略导向，提出了一系列推动产业创新、转型发展的战略举措。奉贤的对外经济发展应主动融入国家战略，充分利用相关政策，进一步释放改革红利。对接上海自贸区发展，随着自贸区建设的深入推进，奉贤东部地区凭借区位优势和生态资源优势，能够更加便利地对接自贸区制度创新和产业发展，承接其溢出和辐射效应，将有力推动奉贤对外经济发展水平不断提升。

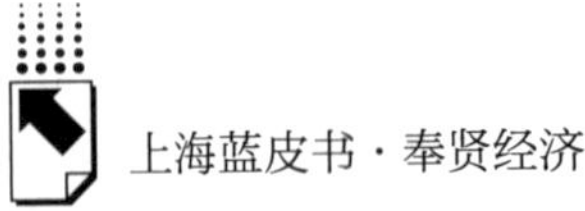

其次，深化国际合作，鼓励创新发展。实现吸引外资和选择外资同步，在扩大资金来源的同时也要注重保证资金质量和使用效率，确保吸引的外资能够被投入重点行业、重点领域，切实拉动区内战略性新兴产业发展；鼓励大型跨国公司在奉贤设立研发中心、实验室等机构，以新技术带动新产业；鼓励企业利用多层次的资本市场，通过兼并收购等手段，基于产业链核心环节向两端延伸产业链和价值链。

最后，以人才促进开放，以开放吸引人才。奉贤的对外开放离不开高水平的专业人才。近年来，奉贤依托“千人计划”战略，构筑引才聚智新高地。2016 年，奉贤共有 66 个千人计划及海外高层次人才项目落户，集聚效应初显，包括 25 个国家千人项目、16 个地方千人计划项目以及 25 个海外高层次项目落户创业园，主要涉及生物医药项目、高精密制造项目、新材料项目和信息技术项目。通过引进高素质人才，以提高奉贤对外开放水平，从而吸引更多的人才，形成良性循环。

B.8

2017～2018年奉贤财政形势分析与研判

吴真如　杜学峰*

摘　要： “十三五”期间，世界经济仍将处于危机后的深度调整期，延续缓慢复苏态势，我国经济发展进入“新常态”，上海进入创新驱动发展、经济转型升级的攻坚阶段。2016年是奉贤区实施“十三五”规划的开局之年，也是推进结构性改革的攻坚之年。财政作为国家政府分配社会产品、调节经济活动的重要手段，对保持经济平稳健康发展、持续改善社会事业、提高保障水平、不断增强人民群众的获得感起到重要作用。本文结合2017年财政数据和数次实地调研考察，分析了奉贤区的财政现状和形势，在此基础上探讨财政未来改革和发展的对策与措施。

关键词： 奉贤财政　财政保障　化解风险

从国际看，“十三五”期间，世界经济仍将处于危机后的深度调整期，延续缓慢复苏态势。美国经济复苏对全球经济复苏产生一定的外溢效应；欧元区经济衰退的风险逐步下降，维持低速增长；3D打印、生物工程、新能源、新材料、云计算、人工智能等领域已出现重大突破，“互联网+”产业发展迅速，创新经济成为经济增长的重要驱动力。但复苏的不确定性和不稳定性增强，美国进入加息周期，美元升值步伐加快；新兴经济体增长有所放

* 吴真如：上海社会科学院产业经济学博士研究生；杜学峰：上海市奉贤区委党校科研室主任，副教授，主要研究方向为城市化与基层社会治理。

缓；美国再工业化、德国工业4.0等推动全球产业结构发生重大变化；TTIP、TISA、ITA等可能带来国际贸易规则的重大变革，围绕市场、资源、人才、技术、标准等的竞争更加激烈；世界区域化、多极化特征明显，地缘政治和周边形势日趋复杂。

从国内看，我国经济发展进入“新常态”。新型工业化、城镇化、信息化、市场化、国际化深入发展，孕育着巨大发展潜能；“大众创业、万众创新”格局初步形成，以中国制造2025、“互联网+”、绿色经济为代表的新经济领域孕育大量机会；全面深化改革战略深入推进，市场活力进一步释放；大力推进实施“一带一路”战略，开放型经济新优势逐步凸显；政府宏观调控和应对复杂局面的能力明显提高，经济社会大局保持稳定。但我国发展中不平衡、不协调、不可持续问题更加突出，经济增速处于换挡期，下行压力增加；楼市风险、地方债风险、金融风险等潜在风险显性化；劳动力、土地等传统要素供求关系日益趋紧，资源环境瓶颈约束加大；科技创新能力仍然不强，产业结构不合理；城乡区域发展还不协调。

从上海看，上海进入创新驱动发展、经济转型升级的攻坚阶段，保持经济平稳增长有基础、有条件。未来三到五年，上海围绕到2020年基本建成“四个中心”和社会主义现代化国际大都市、形成具有全球影响力的科技创新中心的基本框架等目标，将以上海自贸试验区建设为引领，转变政府职能，塑造全方位开放新格局；以科技创新中心建设为契机，构建外环和郊环先进制造业产业带；以《关于推动新型城镇化建设，促进本市城乡发展一体化的若干意见》为指导，推动资源向郊区倾斜。但上海经济运行潜在风险依然存在，股市、楼市、车市等领域风险不断积累，全球范围内资源、人才、规则的竞争压力加大。

从奉贤区看，2017年是奉贤区实施“十三五”规划的攻坚之年。全年我区经济保持平稳健康发展态势，城乡一体化发展开创新局面，美丽贤城面貌持续改善，社会事业和保障水平持续提高，人民群众获得感不断增强。就奉贤区的财政来看，近五年每年财政以较快增长率持续增长，2012～2017年全区财政总收入分别为188.44亿元、209.39亿元、234.18亿元、264.88

亿元、306.13 亿元、403.19 亿元，相比上年增长率分别为 10.2%、11.1%、11.8%、13.1%、15.6%、31.7%。自 2016 年区级地方财政收入首次破百亿（104.81 亿元）后，2017 年区级地方财政收入为 128.11 亿元，比上年增长 22.2%。以园区为抓手，工业转型提质升级，经济发展方式正向集约、开发、共享转变。按村镇划分来看，工业综合开发区表现出色，2017 年带来财政收入 57.53 亿元，较 2016 年增加 26.1%。其中对地方财政收入贡献为 16.07 亿元，增速为 25.8%。作为经济转型发展抓手，园区正成为构建产业变革和技术进步的创新要素集聚地，并走向自主创新和品牌化发展，园区能级不断提升。财政支出继续向民生领域倾斜。2016 年奉贤区全年地方财政支出 212.58 亿元①，比上年增长 26.4%。社会保障和就业、医疗卫生、农林水事务、交通运输、住房保障等方面支出呈明显上升趋势。“大众创业、万众创新”显成效，创业创新活力正在释放。个体经营企业增长率最为突出，全区个体经营企业的数量 2014、2015、2016 年分别为 30866、30180、129348 家，年均增长率为 104.71%。其中 2016 年较 2015 年的增长率为 328.59%。政策环境正在优化，创新主体不断涌现，全社会创新创业蔚然成风，政策举措发挥了很好的效果。

应当看到，奉贤区财政改革和发展取得一系列成效的同时，也面临着财政收入稳定性较差、财政刚性支出压力巨大、财政支出绩效还有待提高、外商投资环境稳定性需要关注并维持等问题。如何进一步加强债务管理，防范债务风险，提高区财政的保障水平和防范、化解风险能力是本章的重点讨论内容。

一　奉贤区财政现状和分析

（一）区财政收入近五年持续增加，增长率保持增长态势

纵观近年奉贤区财政收入，2012～2017 年全区财政总收入分别为 188.44

① 截稿时最新可得财政支出数据至 2016 年。

亿元、209.39亿元、234.28亿元、264.88亿元、306.13亿元、403.20亿元，相比上年增长率分别为10.20%、11.12%、11.89%、13.06%、15.57%、31.71%。自2016年区级地方财政收入首次破百亿（104.81亿元）后，2017年区级地方财政收入为128.11亿元，比上年增长22.2%。以此数据估计，全区财政收入将继续保持较快增长趋势。在全区一般公共预算方面，综合考虑“十二五”期间的收入增长情况，以及当前总体经济形势下滑风险较大的实际，力争“十三五”期间全区一般公共预算收入年均增长率达到8%，到2020年全区一般公共预算收入达到124.7亿元。

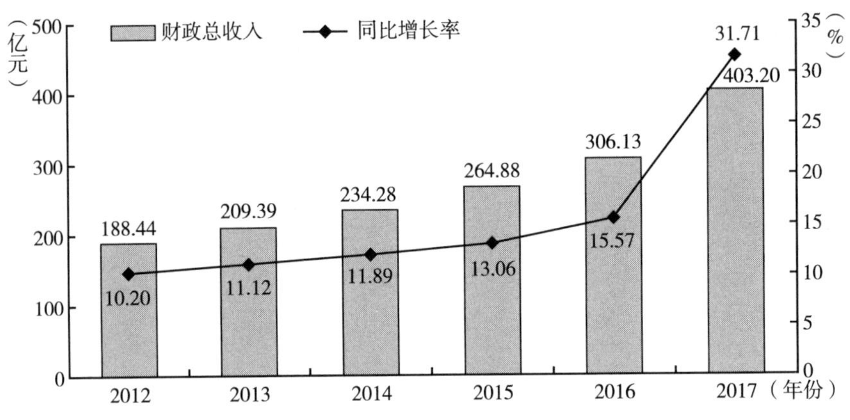

图1　2012～2017年奉贤区财政总收入情况

数据来源：依据财政数据绘制。

（二）以园区为抓手，工业转型提质升级，经济发展方式正向集约、开发、共享转变

从村镇划分来看，工业综合开发区表现出色，2017年带来财政收入57.53亿元，较2016年增加26.1%。其中对地方财政收入贡献为16.07亿元，增速为25.8%。作为经济转型发展抓手，园区正成为构建产业变革和技术进步的创新要素集聚地，并走向自主创新和品牌化发展，园区能级不断提升。园区正深度融入生物医药、文化创意、都市时尚、总部经济等多种业态，通过“产品+服务”形式实现高端应用和价值链延伸，结合消费需求

升级，推进化妆品产业集聚，逐步形成融化妆品研发、生产、市场营销于一体的“东方美谷”品牌，加速美丽健康产业发展。年内，70 家美丽健康产业企业完成产值 221.92 亿元，相比 2016 年的 180.1 亿元增长 23.2%。2017 年 1～11 月实现税收 43.4 亿元，同比增长 43.3%。与此同时力求在新能源、生物医药、新材料三大领域取得突破，进一步推动先进装备、智能电网等产业发展。到 2020 年，预计将形成 5 个产业链较完整、配套体系较完善、产值超 200 亿元的新兴产业集群，五大战略性新兴产业产值有望占全区规模以上工业企业产值的 45%。

从发展方式看，奉贤区第一轮产业结构调整行动计划提前超额完成。通过重点项目调整、腾出土地等手段，已完成对金汇泰顺产业园、生物科技园区、江海园区等园区的专项调整。发展园区经济有利于支持土地减量增效，推动集建区外工业用地减量化工作，未来通过开放和共享为奉贤腾出发展空间。这些转型的背后，是政府大力推进产业结构调整和经济转型升级、加大落后产能淘汰的财力保障力度、支持重点园区转型、增强经济增长动力和财政健康可持续增收能力的结果。

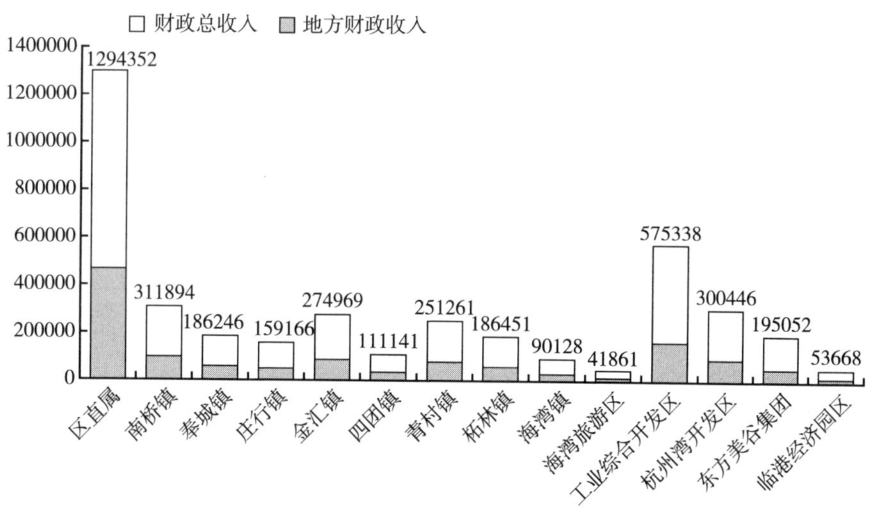

图 2　2017 年奉贤区财政收入情况（按行政区域划分）

数据来源：依据财政数据绘制。

从发展方式看，奉贤区全年完成重点项目调整43个，腾出土地3559亩。推进重点区域调整，已完成金汇泰顺产业园179户石材企业的专项调整以及验收，完成生物科技园区23户企业的调整，江海园区调整有实质性启动，完成常规调整企业446户，占地近5000亩。

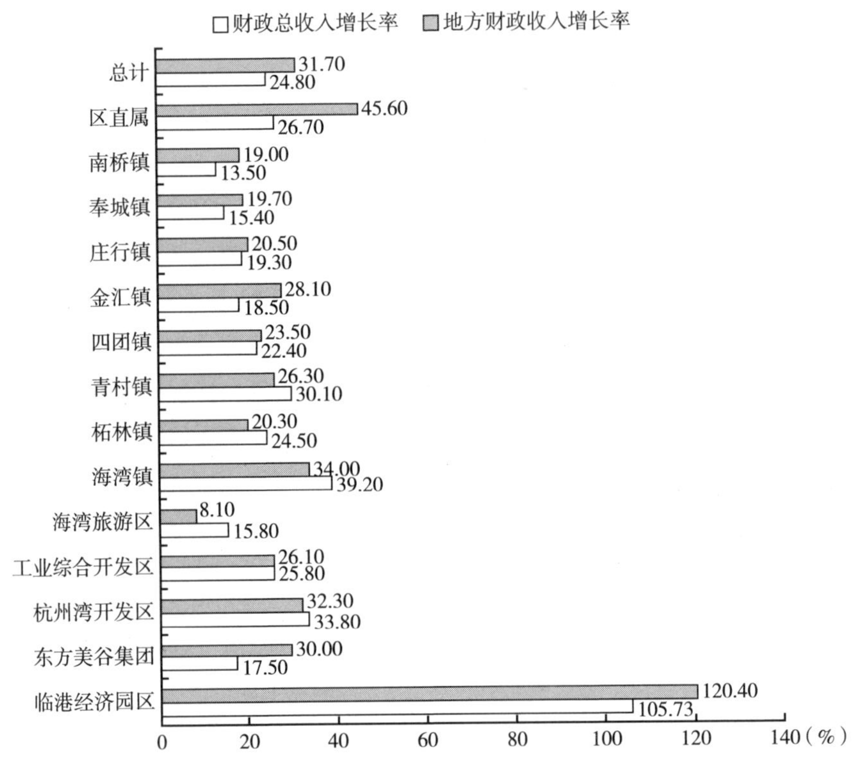

图3 2017年奉贤区财政收入增长率（按行政区域划分）

数据来源：依据财政数据绘制。

（三）民生优先得到落实，重大项目得到保障，人民群众的获得感正在增强

2016年奉贤区全年地方财政支出212.58亿元，比上年增长26.4%。社会保障和就业、医疗卫生、农林水事务、交通运输、住房保障等方面支出呈

明显上升趋势。其中，一般公共服务支出6.09亿元，增长16.0%；教育支出24.35亿元，增长7.4%；社会保障和就业支出23.88亿元，增长179.6%；医疗卫生支出14.72亿元，增长59.6%；城乡社区事务支出17.47亿元，下降56.5%；农林水事务支出19.71亿元，增长124.4%。整体来看，越贴近民生经济方面的财政支出，增长速度越快，同时未来有进一步增长趋势。

重大项目方面，财政注资南桥新城建设发展专项资金，加强轨交5号线南延伸段、BRT沿线路段等重大基础设施建设的财力保障。支持社区大学、第二福利院等工程项目推动，加快推进一批新城功能性项目落地，确保新城早出成绩、早出成效。

通过以上分析，财力正向民生领域倾斜，基本公共服务均等化正在推进，改善民生始终贯穿于财政改革发展的全过程，发展成果能够更多地惠及广大的人民群众，人民群众正拥有越来越强的获得感。

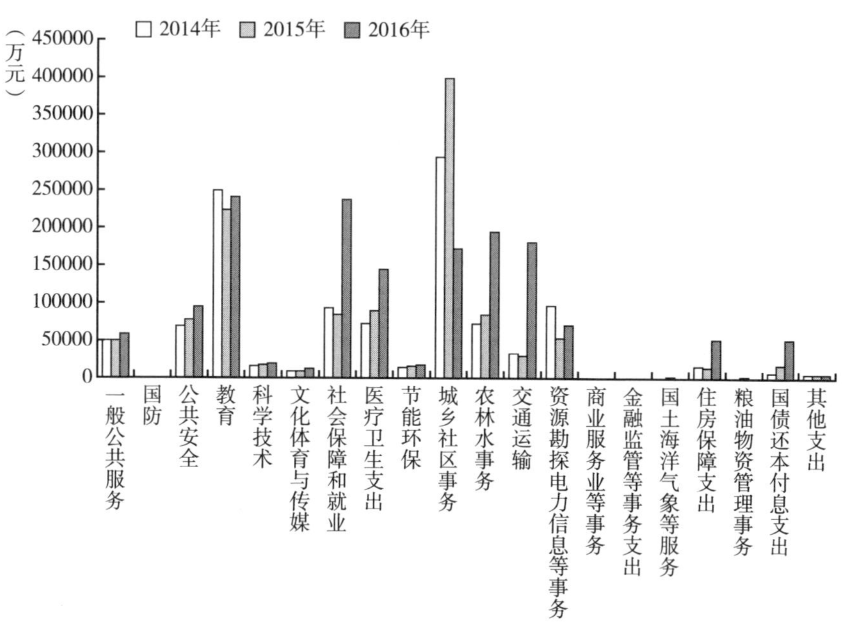

图4　2014～2016年奉贤区财政支出情况

数据来源：依据财政数据绘制。

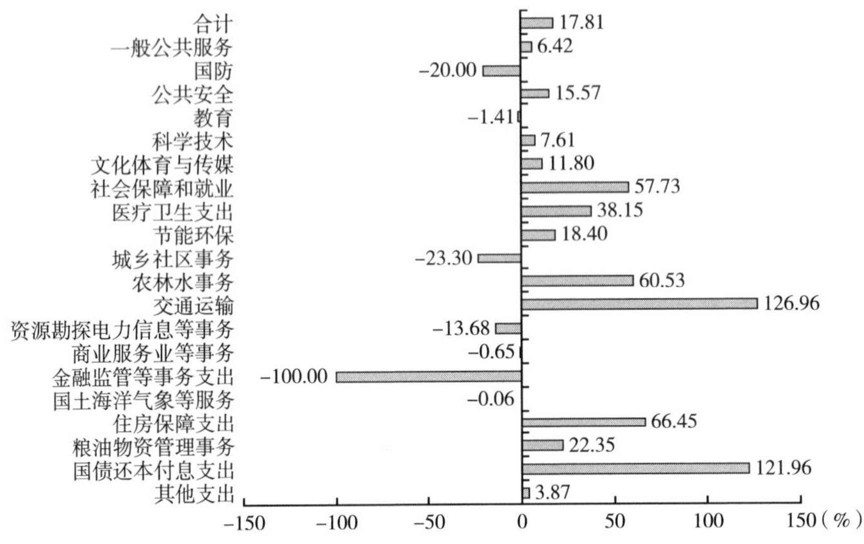

图5　2014～2016年奉贤区财政支出增长率

数据来源：依据财政数据绘制。

（四）“大众创业、万众创新”显成效，创业创新活力正在释放

从不同性质的纳税人群体来看，2014～2017年整体税收年复合增长率都保持在15%以上，处于相对良好态势。其中引人注意的是，个体经营企业税收虽少，但是增长率却最为突出，应与个体经营商户基数增加有关，其中2016年较2015年的增长率为328.59%。个体经营企业对财政的复合增长率也最高，为47.07%。说明自2014年国务院总理李克强在夏季达沃斯论坛上公开发出“大众创业、万众创新”的号召后，政策环境正在优化，创新主体不断涌现，全社会创新创业蔚然成风，政策举措起到了很好的效果。同时，结合我区中小企业科技创新活力区建设的要求，预期2020年全区各级财政的科学技术投入将较“十二五”末翻番，这一财政投入将继续释放活力，为创新创业打造良好的软性基础设施。

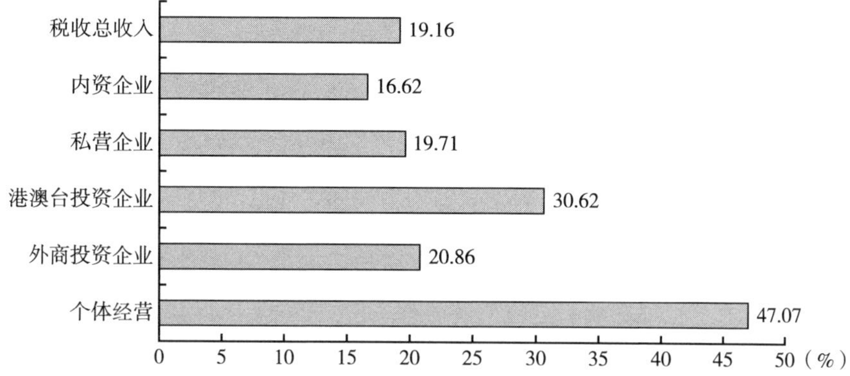

图6　2014～2017年奉贤区财政收入年复合增长率

数据来源：笔者依据财政数据绘制。

二　区财政存在的主要问题

（一）财政收入稳定性较差

奉贤区稳定的支柱财源不够充沛，特别是规模以上的实体型企业较少。注册性企业的税收贡献率较高，受国家政策影响，潜在税收流失的隐患大。税种结构有待优化，近年来税收的增长仍依赖于房产建筑相关的营业税、契税、土地增值税等税种的增长，新兴行业对税收做出较大贡献仍然任重道远。同时，土地出让收入作为财政收入的重要来源之一，受宏观环境和政策影响较大，将在一定程度上影响收入稳定性。

（二）财政刚性支出压力巨大

“十二五”期间，为加快城市基础设施建设、弥补社会公共资源不足，本区财政不断加大对城市交通、教育、医疗卫生等社会公共资源投入，同时社会保障及民生刚性支出日益增加，政府可调控的资金十分有限，区财政平衡财政收支的压力较大。

（三）财政支出绩效还有待提高

部门支出绩效理念仍未深入，“重安排，轻监督；重争取，轻管理；重使用，轻绩效”的情况仍然存在，列入计划、编制预算、支出执行、后期评估等项目的全流程绩效管理体制还有待进一步建立和完善，绩效评价体系、管理信息系统等基础性工作还有待进一步加强，绩效评价运用还不扎实。

（四）个体经营者的经营环境稳定性需持续关注和维持

个体经营企业在 2014 ~ 2017 年复合增长率较高，为 47.07%，但是 2017 年的个体经营企业税收出现了下降，降幅为 24.1%。这样的趋势改变说明个体经营企业的发展环境可能出现变化，需要予以更多的关注，以保证个体经营企业能继续平稳健康投资和可持续发展。

三 财政改革发展的对策与措施

（一）健全经济政策协调机制，支持重点产业发展，增强可持续增收能力

1. 加强财政经济的前瞻分析预判和收入征管。加大对产业、行业、企业的调研力度，密切关注宏观经济形势、调控政策及产业走势等因素影响，关注税制改革、财政分配体制改革、转移支付制度改革等财税重点改革事项。进一步加强财政经济形势的把控、分析和研判，改进财政收入预测分析方法，逐步建立较为科学、完整、系统的收入预测分析体系。进一步加强财税联动，协助开展税收征管和稽查，加强主要税种、重点行业、龙头企业税收征管的跟踪和分析，积极结合财政收入现状开展收入适度调控。完善非税收入信息平台建设，建立非税收入征、管、查一体化动态监控和征管机制。坚持以票控费，票款分离，严格执行“收支两条线”。加强国有土地使用权

转让收支管理，进一步规范土地出让金预决算管理。进一步扩大国有资本经营预算收入规模。

2. 健全财政、货币、产业、区域等经济政策协调机制，支持产业经济发展和转型升级。发挥财税政策、产业政策、金融政策的“组合拳”作用，进一步加大财政支持和保障区域实体经济发展的力度，确保财力逐步向实体经济和可持续发展领域倾斜。加强战略性新兴产业发展的财政政策支持，聚焦“东方美谷”产业发展，着力支持新能源、新材料、生物医药三大领域率先突破，推动先进装备、智能电网等产业深度发展，为构建五大新兴产业链集群，影响和辐射带动周边产业发展，健全资金奖补、政策引导、金融支撑等财政政策体系。重点支持交易平台、节庆论坛、海农休闲等现代服务业发展，大力扶持生产性服务业发展，支持中小企业总部商务区、金融后台基地等总部经济、平台经济及特色生产性服务业发展，培育新兴经济增长极，挖掘财政收入增长点。积极为海农旅游、娱乐休闲、餐饮服务等服务业发展提供生活服务设施建设财力保障，发挥消费在经济拉动和财政增收中的积极作用，优化财政收入结构。大力支持产业结构调整、经济转型发展，积极筹措资金支持星火开发区、江海经济园区等重点园区的整体转型，推动园区自主创新和品牌化发展。

3. 支持区域实体经济蓬勃发展。积极通过孵化基地建设、技术成果转化、产业政策扶持等多渠道、多平台完善企业从初创孵化到成长成熟阶段的分类扶持财政政策，重点支持“四新”业态企业发展。进一步转变企业的财政扶持方式，建立健全以财政投入为导向的多元化投入机制，建立产业投资引导基金，发挥财政金融政策的引导和杠杆撬动作用，创新财政专项资金的“拨改投”，助推“四新”企业发展和转型升级。进一步加强企业融资支持，积极实施政策性融资担保和商业性融资担保相结合的融资支持体系，引导驻地金融机构支持企业做大做强。

（二）完善预算支出执行体系，进一步优化支出结构

1. 健全现代财政国库管理制度。全面实现区本级单一账户体系的全覆

盖，推进国库集中支付电子化改革，全面深化镇级预算单位公务卡改革。进一步深化国库现金管理制度改革，不断强化财政的筹资、理财功能，实现国库资金的保值增值。积极推进政府会计制度改革，逐步引入权责发生制，加快推进建立政府会计准则和制度体系。按照“先易后难、分类推进、分步实施、逐步到位”的原则和要求，有计划、有步骤地开展资产负债清查核实。

2. 加强财政预算执行管理。合理加快年度部门预算执行进度和执行率，实施项目预算支出执行的通报、考核和约谈制度。进一步加大财政直接支付，提高资金管理效益和透明度。建立健全财政资金运行监控体系，加大对重点领域财政资金支付使用的监控力度，增强财政资金管理的统一性、透明度和规范性，逐步实现全部财政性资金的统一监管。切实加强乡镇财政性资金管理。

3. 支持中小企业科技创新活力区建设。进一步完善财政支持科创领域建设的财政政策配套，创新财政支持方式，完善多元化的科技投入机制。建立科技型中小企业风险补偿机制，鼓励和引导面向科技创新企业的风险投资。积极发挥财政资金的引导促进作用，加大科创企业孵化和服务平台建设的财力支持，及时兑现高新技术成果转化和贷款贴息等财政扶持政策，加快促进重大科技专项和高新技术产业化项目，支持重点企业突破核心关键技术，支持具有自主知识产权的新技术、新工艺、新装备研发以及传统产业对先进制造技术、重大科技装备的引进及再创新。

4. 注重保障基本民生支出。聚焦南桥新城建设发展，加大政府投资重大基础设施和市政配套建设的力度。进一步创新社会管理、加强基层建设，加大村级财政转移支付力度，支持村级经济发展和农民增收。实施更加积极的就业和创业政策，加大就业指导、创业扶持、人才激励等财政补贴力度。健全社会救助体系，保障城乡最低生活保障制度，加大困难群体的应急性救助。加强住房保障，支持旧区改造、“城中村”改造和旧住房综合整治、农村危房改造等工程。加快社会事业发展，支持教育综合改革，加大优质教育资源引进、存量教育资源升级以及教育队伍建设的财力保障。支持医疗卫生体系建设，保障重大医疗基础设施建设，进一步提高农村基本医疗卫生服务水平。支持文化和体育事业发展。支持养老服务体系建设，实现财政直接投入和支持社会化、市场化养老服务发展相结合的模式。

5. 加强绿色生态和环境建设。加强农村环境改善的财力支持，持续保障美丽乡村建设。支持水环境建设，保障污水处理厂新建、改造工程和污水管网改造，保障城乡河道综合治理。支持生活垃圾分类减量工作扩大覆盖面，保障生活固体废弃物综合处置中心建设。持续加大绿化建设和绿化养护专项经费投入。

（三）深化预算管理制度改革和创新，建立全面规范透明、标准科学、约束有力的预算制度

1. 深化预算管理制度改革和创新。在推进实施事业单位分类改革的基础上，积极稳妥地开展事业单位财政保障方式改革，科学界定财政支出范围。进一步完善基本支出定额标准体系和项目支出分类体系，提升财政分配科学性。探索并积极推进财政专项资金跨部门优化整合，建立和完善财政专项资金统一协调平台，加强对各类财政专项资金的动态跟踪和分析预警，确保财政专项资金使用的安全、规范和高效。加强财政结余结转资金的管理，建立收缴管理平台，健全财政存量资金清理长效机制，发挥存量资金在弥补刚性缺口、注资引导基金、投资重点建设等方面的积极作用。健全区镇两级财力与事权相匹配、事权与支出责任相适应的体制和制度，积极适应国家财税体制改革，探索新一轮财政体制改革。完善区对镇的转移支付制度，逐步扩大一般转移支付规模，科学测算均衡性和体制性转移支付差别化因素，加大对基本公共服务薄弱地区的倾斜，推进城乡一体化发展基本公共服务均等化。

2. 建立全面规范透明、标准科学、约束有力的预算制度。深化全口径预算管理，建立定位清晰、分工明确、有机衔接的全口径预算体系，加大一般公共预算、政府性基金预算、国有资本经营预算统筹力度，逐步扩大国有资本经营预算编制范围，提高国有企业利润收缴比例，扩大国有资本经

营预算规模。实行中期财政规划管理，建立和完善项目库管理制度，强化财政规划对年度预算的约束力，增强财政政策前瞻性、有效性和可持续性。结合中期财政规划，建立跨年度预算平衡机制，调节保障预算年度之间的平稳运行。全面推进预算绩效管理，健全项目预算绩效、支出执行绩效、资金管理绩效相结合，覆盖事前、事中、事后的科学绩效体系，加强绩效评价结果应用，提高财政支出全过程效益控制能力。深化财政信息公开工作，扩宽公开渠道、细化公开内容、明确发布时限，进一步提高财政工作的透明化程度。

（四）深化投融资体制改革，发挥投资对优化供给结构的关键性作用

1. 深化金融领域改革创新。增强金融服务实体经济能力，逐步完善区域金融体系，为全区经济社会在“十三五”期间实现全面协调可持续发展提供强有力的金融支持。积极推动风险投资、科技金融、文化金融、物流金融、金融后台等新金融发展。同时，合理利用金融工具盘活区内存量资金，充分发挥金融杠杆作用，为区域经济结构调整和转型升级提供重要的支撑，带动社会资本共同参与区域经济的建设发展。

2. 促进区域金融多样性。完善搭建合作交流平台，大力整合金融服务大平台扶持区域实体经济发展，充分发挥金融集聚效应。加强普惠金融、绿色金融、民生金融发展，积极引导地方金融机构创新受益面广、便利性高的金融服务产品，发挥金融机构在关注民生、服务民生、支持民生上的积极作用。引导金融机构加大企业金融服务力度，继续拓宽直接融资渠道和间接融资渠道，提高直接融资比重，促进多层次资本市场健康发展。

3. 有效防范金融风险。加大新兴金融业态的监管力度，深入村居、商圈、企业等区域开展防范非法集资的宣传工作，建立非法集资防范处置工作联席会议制度，严格市场准入、规范审核程序，加大非法集资行为的处置处罚力度，防范地区金融风险，维护群众利益。支持区内信用体系的建设，探索建立企业信用信息平台。

（五）加强债务管理，防范政府性债务风险

1. 建立和完善规范的政府举债融资体制。地方政府债务实行区政府及其部门向市级政府申请代为发行地方政府债券的方式进行举借。一般债务通过发行一般债券融资，专项债务通过发行专项债券融资，并分别纳入一般公共预算和政府性基金预算管理。坚持对政府债务实行规模控制和分类管理，政府举债规模不得突破本市对本区地方政府债务批准的限额。

2. 建立“借、用、还”相统一的地方政府性债务管理新机制。进一步健全完善政府性债务偿债准备金制度，建立地方政府债务平衡制度和债务风险预警机制，完善债务报告制度，实现地方政府债务的实时动态监控。利用地方政府债务信用评级体系和绩效评价体系，严格规范风险管控机制。到“十三五”末，建立独立、透明、可问责、专业化的债务监管体系，完善绩效跟踪与评估体系，建立和实现结果问责机制，形成多方力量参与、持续不断监督的政府债务管理新局面。

3. 积极开展政府性债务的减量降本增效工作。支持建立融资竞争性招标机制，探索多渠道债务置换模式，积极推进金融机构与镇、开发区联动，加快实施高息存量债务的置换工作，努力降低财务成本。强化政府债务管理，以多元化预防制度控制和风险预警措施降低政府性债务风险，积极争取政府债券额度置换存量政府性债务，实现“十三五”期间政府性债务率可控。

（六）强化财政监督职能，增强监管严肃性和有效性

1. 加强财政监督制度体系建设。加强全过程、各环节监督体系建设，建立健全上下联动、左右联动、内外互动的监督处罚体系，加强市、区、镇三级联动共享机制建设，实现信息技术共享、监督平台共建，发挥财政、监察、审计等部门的监督功能，实现横向的互联互通，加强政府内部监督和外部协同监督，发挥国家金库及金融机构、财务监理及第三方评价机构以及广大人民群众的监督能动作用，实现财政监督管理的全面有效。

2. 加强各环节的监督力度。加强财政支出监督，实施部门预算编制真实性、准确性、完整性的监督问效，加强国库集中支付、会计集中核算和政府集中采购的监督检查，强化“收支两条线”制度执行，加强对财政性资金支持的重点单位和重点项目的监督检查。加强财政资金运行监督，围绕重大基础设施建设、民生、社会保障、环境保护、公共安全等重点财政资金的分配和使用情况，重点开展涉及民生资金的监督检查，切实发挥资金在促进民生领域建设的作用。加强国有资产监督，加强行政事业单位资产管理使用情况的监督，通过制定资产配置标准、编制政府采购预算、建立预算单位基础信息管理，强化行政事业单位资产监管，避免国有资产流失。

3. 加强财税金融政策落实情况的监督。积极转变监管思路，逐步将财政监管重点从资金监督管理向国家、市、区财税，金融各项政策的落实转变。重点对贯彻国家财税制度改革和本市推进预算管理制度改革工作的情况进行监督，重点对落实区委、区政府重大决策部署情况及本区财政金融政策情况进行监督，重点对执行《预算法》、《政府采购法》、《会计法》及严肃财经纪律相关规定要求的情况进行监督，进一步加强监督检查结果运用。

（七）加大政府购买公共服务力度，创新社会管理方式

1. 进一步强化政府购买服务职责，完善本区政府购买服务工作机制，提高财政资金使用效益。明确政府购买服务边界，避免政府大包大揽，建立机构编制管理与政府购买服务的统筹协调机制。积极鼓励和引导企业、社会组织和机构等承接政府转移出来的社会管理和公共服务事务。

2. 逐步建立政府购买服务预算管理体系。加强政府购买服务资金管理，实施政府购买服务与减人增效相结合措施，降低公共服务成本，重点保障重大、民生类服务项目。拓展购买服务的范畴，扩大购买服务的规模，到2020年，在全区建立起比较完善的政府购买服务制度，公共服务水平和质量显著提高，推动购买主体加强购买服务项目标准体系建设。

3. 优化完善管理模式和规范化流程。建立以满足服务需要为前提的价格议定机制，同时适当简化政府购买服务的审批程序，提高采购效率。加强采购服务检查与管理力度，定期跟踪服务项目的资金使用情况，确保财政资金使用规范、安全、合理。加强对政府购买服务供应商的管理，健全供应商“守信激励，失信惩戒”的诚信体系，提高采购效益，降低政府购买服务成本。

B.9
2017~2018年奉贤房地产发展形势分析与研判

谢婼青*

摘　要： 2016年，奉贤区住宅成交价格在“去库存”的大背景下经历了新一轮的快速上涨，住宅成交均价32972元，是2015年13655元的2.4倍。面对房地产市场明显过热的现象，习近平总书记在中国共产党第十九次全国代表大会上坚持“房子是用来住的、不是用来炒的”定位，加快建立多主体供给、多渠道保障、租购并举的住房制度，让全体人民住有所居。在这一轮房地产市场调控中，奉贤区政府牢牢把握“控风险”这个主题，坚持主张“去库存”的政策基调，分类调控，有的放矢，有效地控制了房地产增加值占GDP的比重，优化了房地产市场的结构。在研究奉贤区房地产市场2007年至2017年过去多年数据的基础上，本章分析房地产投资和发展的走势，预测2018年的房地产市场将进入一段理性调整期。但是，当房地产市场调整结束后，总体上仍是增长的趋势。

关键词： 房地产价格　控风险　宏观调控

* 谢婼青，上海社会科学院经济研究所西方经济学博士研究生，主要研究方向为计量经济建模与经济决策分析。

随着2016年奉贤区轨道交通、BRT等基础设施的建设和配套设施的逐渐完善，奉贤区的房价在远远低于上海平均值的基础上经历了一轮新的增长。但是，一方面，由于2017年上海房地产市场限购限贷政策不断加码升级，以及上海市的“租购同权”试点，上海楼市商品住宅成交平稳；另一方面，房企获取预售证的难度增加，房地产市场逐渐降温，造成2017年上半年，奉贤区共计成交商品房1642套，同比下行74.21%。2017年，奉贤区房屋建筑施工面积累计达13953996平方米，比2016年增加8.8%，说明2017年房屋施工量继续增加。因此，可以得出，在经历2016年新一轮的增长后，2017年奉贤区整体的房地产市场将有一段理性的调整期，但总体上仍是增长的趋势。

一　2016年奉贤房地产经历新一轮的增长

据奉贤区2008～2017年统计年鉴，2016年房地产增加值43.48亿元，占GDP总量的5.96%，比2015年现价增长35.16%，可比增长18.56%。与2007年相比，现价增长2.55倍。2007～2016年，房地产增加值稳步增长，2009年占GDP总量的比重较高，随后在2016年出现新的高点（如图1所示）。

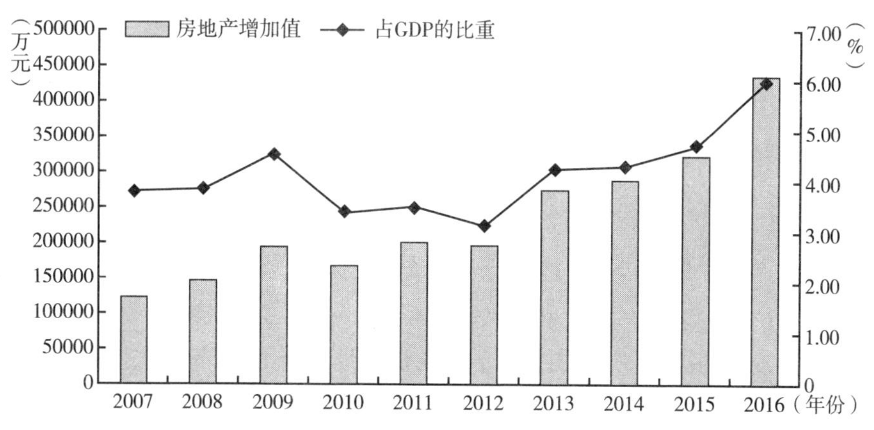

图1　奉贤区房地产增加值及占GDP的比重

数据来源：奉贤区统计年鉴。

房地产增加值当年比去年的可比增长率呈现出周期性的特点（如图 2 所示），其中 2009 年、2011 年、2013 年、2016 年的增速最高，在每次达到最高的增长率后都出现负值的增长率。因此，在 2016 年的繁荣后，全国严控房价的背景下，奉贤区以“控风险”为主要目标，预计在 2017～2018 年的房地产增加值增长率会较低，甚至是负值。但是，从图 1 来看，整体呈增长趋势。

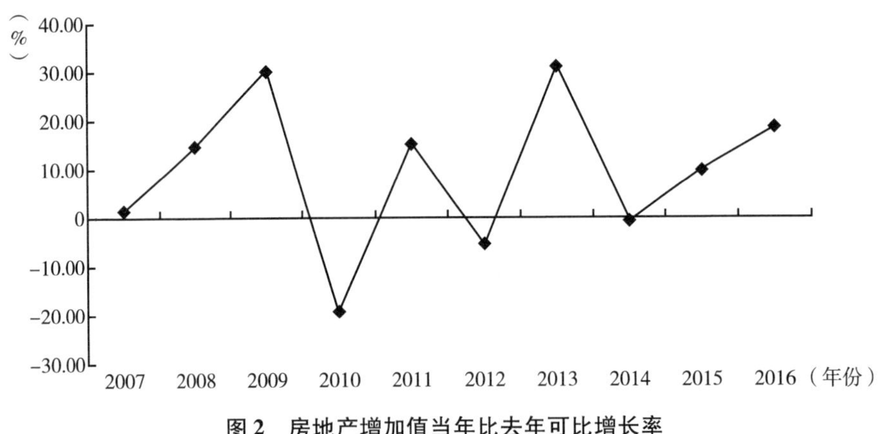

图 2　房地产增加值当年比去年可比增长率

数据来源：奉贤区统计年鉴。

二　奉贤区房地产开发投资创新高

房地产开发投资主要由房屋建设组成，房屋建设有三个相关指标：房地产开发计划投资、房地产开发投资完成额和房地产开发新增固定资产。房地产开发计划投资是在建的建设工程按照总体设计规定全部建成而计划需要的总投资；房地产开发投资完成额是当期房屋和配套设施建设、土地开发和购置的费用；房地产开发新增固定资产是已经完成建造和购置过程并已交付使用的价值，以划拨和“招拍挂”方式取得土地所支付的资金在房地产项目竣工后计入新增固定资产，而以出让方式取得土地所有权的出让金不计入。从工程阶段看，计划总投资对应的是施工，开发投资完成额对应的是当期投资的施工，新增固定资产对应的是竣工。

（一）房地产开发计划投资

房地产开发计划投资大体上对应的是房屋施工面积。2017 年，上海市房地产开发投资 3856.53 亿元，比去年同期增长 4.0%，占全社会固定资产投资的 53.2%。奉贤区 2017 年房地产开发投资 185.17 亿元，同比增长 20.4%。

2016 年房地产开发计划投资总额是 241.50 亿元，同比增长率为 27.95%；相应地，2016 年的房屋施工面积是 9452202 平方米，同比增长率为 17.04%，达到历史最高（如图 3 所示）。房地产开发计划投资与房屋施工面积的变化趋势基本一致，其中，2011 年房地产开发计划投资的增长率最高，达到 61.09%，房屋施工面积的增长率最高，达到 63.04%。因此，可以推断 2017～2018 年总体上呈增长趋势。

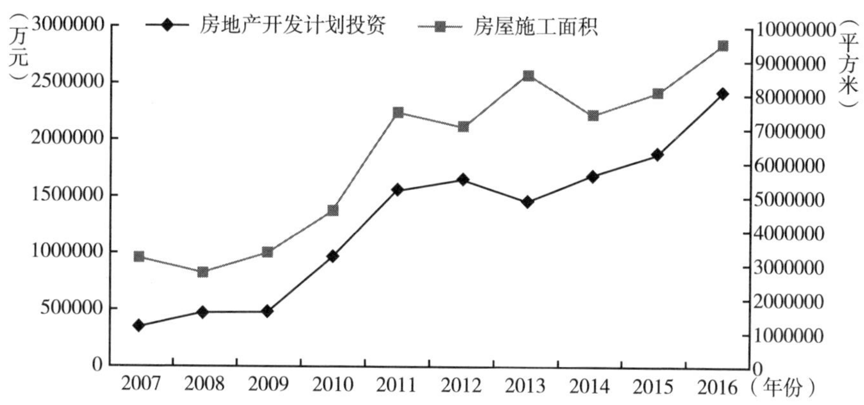

图 3　房地产开发计划投资与房屋施工面积

数据来源：奉贤区统计年鉴。

（二）房地产开发投资完成额

2016 年的房地产开发投资完成额是 153.84 亿元，比 2015 年增长 5.25%，达到历史最高，是2007 年的 5.7 倍。

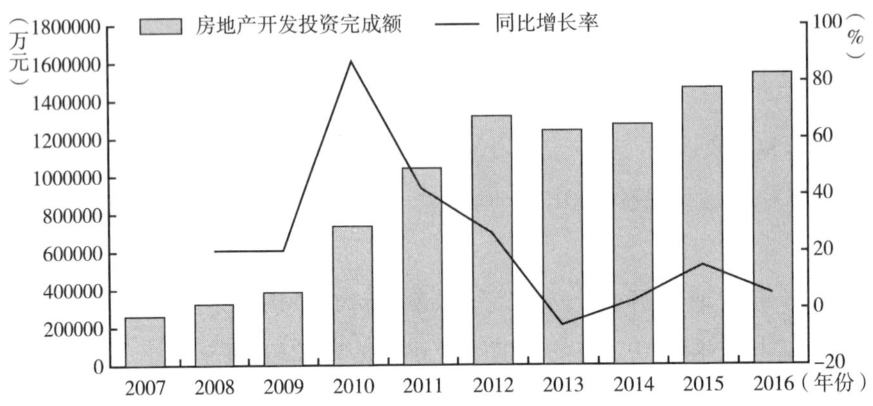

图4　房地产开发投资完成额与同比的增长率

数据来源：奉贤区统计年鉴。

从2007～2016年的数据看，房地产开发投资完成额在这十年中稳步增长，其中2010年的增长率最高，达到87.14%，2008～2012年的增长率都达到20%以上，而2013年的增长率低至－5.72%，之后的三年直至2016年，房地产开发投资完成额的增长率都在20%以下，可以预测2017～2018年的房地产开发投资完成额的增长率较低，但仍在增长。

（三）房地产开发新增固定资产

当房屋竣工完成后，记入新增固定资产。房地产开发新增固定资产，又称房屋竣工价值，其整体上与竣工房屋面积变化趋势一致。

2016年的房地产开发新增固定资产是25.55亿元，与2015年相比降低58.22%。从2007年至2016年十年的趋势看，房地产开发新增固定资产总体上是稳步增长的，其中2009年的增长率达到139.93%，处于历史最高值，而2015年的绝对值最高，达到61.16亿元。从短期趋势上看，2017～2018年的房地产开发新增固定资产增长率较低，绝对值较为平稳，但是从长期趋势上看，房地产开发新增固定资产仍是稳步增长的（如图5所示）。

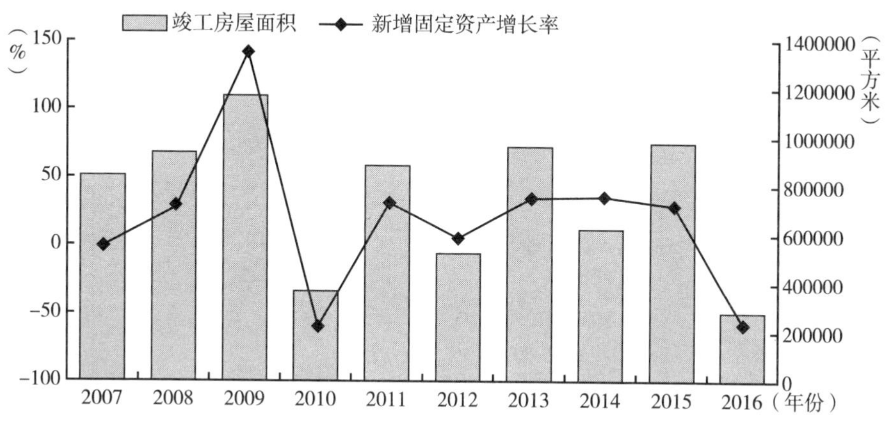

图5　房地产开发新增固定资产和竣工房屋面积

数据来源：奉贤区统计年鉴。

（四）房地产住宅开发完成投资额

在2016年奉贤房地产开发完成投资总额中，住宅完成投资额91.2亿元，比2015年增长9.31%，占房地产开发完成投资额的比重达59.28%。在住宅完成投资额中，90平方米及以下的住宅完成投资额是67.25亿元，占住宅完成投资总额的73.74%；144平方米及以上是3.88亿元，占住宅完成投资总额的4.25%；别墅、高档公寓是6.11亿元，占住宅完成投资总额的6.7%。此外，办公楼完成投资额是4.19亿元，与2015年相比下降了21.45%，占房地产开发完成投资总额的2.72%。商业营业用房完成投资额是5.75亿元，与2015年相比下降了50.49%，占房地产开发完成投资总额的3.74%。

住宅完成投资额占房地产开发完成投资总额的比重从2007年的78.86%下降到2016年的59.28%，其间2011年回升至77.51%（如图6所示）。办公楼完成投资额占房地产开发完成投资总额的比重呈现周期性的特点，分别在2008年和2012年上升，稳定一至两年下降。商业营业用房完成投资额占比与办公楼完成投资额占比相比有一至两年的滞后期，分别在2009年和2014年达到最高值。从以上的分析来看，2017年至2018年的趋势将延续2016年的稳态，住宅完成投资额占比稳定或稍有下降，办公楼完成投资额占比可能上升，商业营业用房占比继续下降。

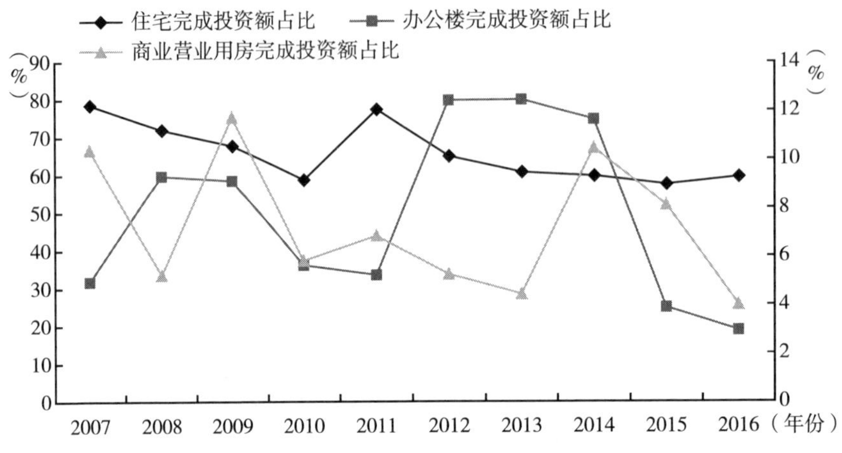

图6　房地产开发完成投资额占比

数据来源：奉贤区统计年鉴。

（五）土地购置费是总投资增量的主体部分

房地产开发完成投资额中主要包括四个部分，即建筑工程、安装工程、设备工具器具购置和其他费用。其中，占比最大的是建筑工程和其他费用。其他费用包括旧建筑物购置费和土地购置费。

建筑工程和其他费用占比最大，平均而言分别是61.73%和30.78%，而安装工程的平均占比是7.08%，设备工具器具购置的平均占比是0.41%（如图7所示）。其中建筑工程占比总体而言是下降的，其他费用是增长的。

从2007年至2016年十年期来看，土地购置费占房地产开发投资总额的平均占比是24.15%，其中，2010年、2013年和2016年较高，存在周期性的特点（如图8所示）。2016年的土地购置费是63.53亿元，占房地产开发完成投资额的41.3%，达到历史最高。土地购置费是按照当期发生实际金额计入房地产开发投资的其他费用项目，平均占比约78.46%。

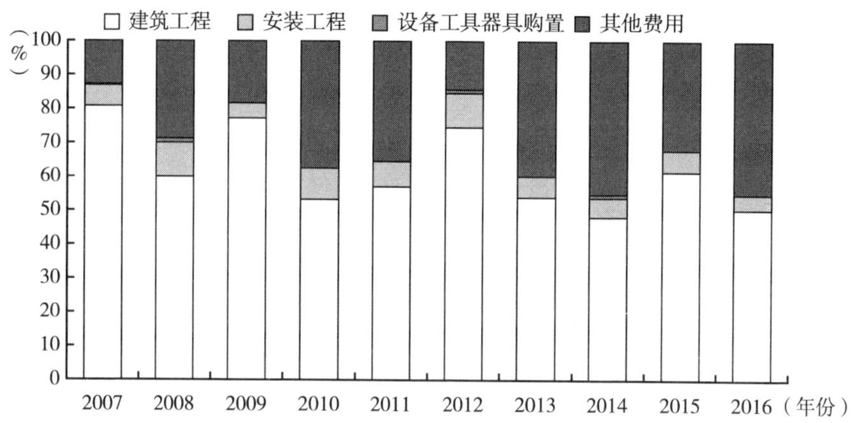

图7　房地产开发完成投资额构成比例

数据来源：奉贤区统计年鉴。

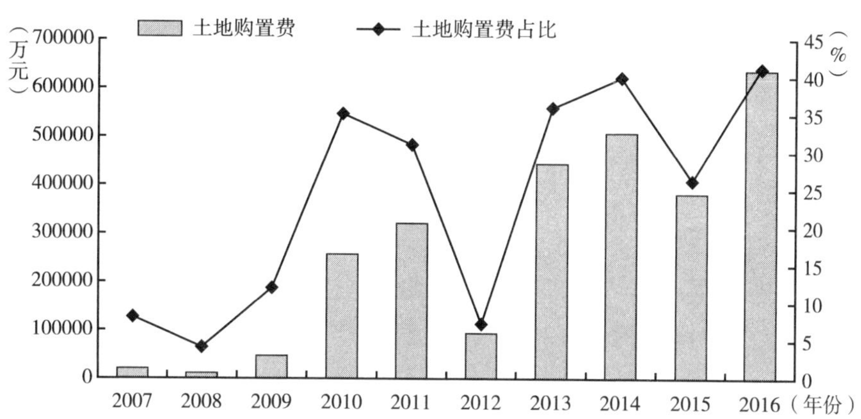

图8　房地产开发土地购置费及土地购置费占比

数据来源：奉贤区统计年鉴。

三　2016年奉贤区房屋新开工面积和竣工面积大幅度增长

2016年以来，奉贤区的房屋新开工面积和竣工面积大幅度增长。原因如下：一方面，奉贤区房地产开发企业普遍加大去库存力度，企业回笼资金加快；另一方面，促使企业加快推进开发项目建设速度，加之轨道交通和BRT的建设和完善，因此，奉贤区受到诸多房地产开发企业的青睐。截至2017年11月，奉贤区有45项重大工程有新的进展。

（一）房屋新开工面积

房屋新开工面积是指不包括上期跨入报告期继续施工的房屋面积和上期停缓建而在本期恢复施工的房屋面积。房屋的开工应以房屋正式开始破土创槽（地基处理或打永久桩）的日期为准。因此，房屋新开工面积的大量增加体现了房地产市场行情较好。

2016年房地产市场经历了又一次繁荣（如图9所示）。2016年，房屋新开工面积达3511561平方米，是2015年的2倍，在2011年曾经达到2945462平方米的峰值。其中，住宅新开工面积2494072平方米，占本年房屋新开工面积的71%，同比增长78.78%，增速较2015年的74.06%上涨约5个百分点。从十年的房地产市场发展来看，呈现出明显的周期性特点，2011年、2013年和2016年的房屋新开工面积和住宅新开工面积都达到峰值，尤其是2016年的新开工面积达到历史最高值，体现了房地产开发商对房价上升的积极反应。

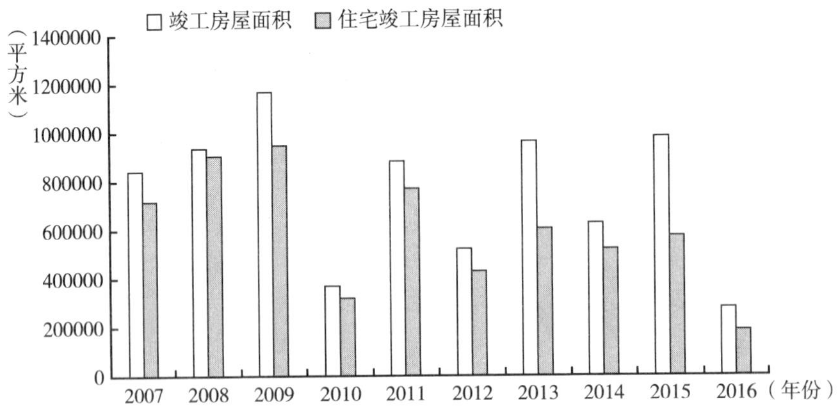

图9　房地产新开工面积和住宅新开工面积

数据来源：奉贤区统计年鉴。

（二）房屋竣工面积

房屋竣工面积是指达到入住和使用条件，经验收鉴定合格（或达到竣工验收标准），可正式移交使用的房屋建筑面积总和。房屋竣工面积和住宅竣工面积反映的是房地产开发新增固定资产，是建筑生产成果的重要指标。

从图10可知，2007年、2009年、2011年、2013年和2015年的房屋竣工面积处于较高水平，而住宅竣工面积在2012年以后都处于较低水平。值得一提的是，2016年的房屋竣工面积和住宅竣工面积都处于历史最低水平，2016年房屋竣工面积是279306平方米，比2015年下降71.57%，与2015年的增长趋势相反。其中，住宅竣工面积是186759平方米，比2015年下降67.40%，也与2015年的增长趋势相反。2017年房屋建筑竣工面积累计1796350平方米，比2016年增长148.3%，说明奉贤区的房地产市场仍处于快速发展的阶段。

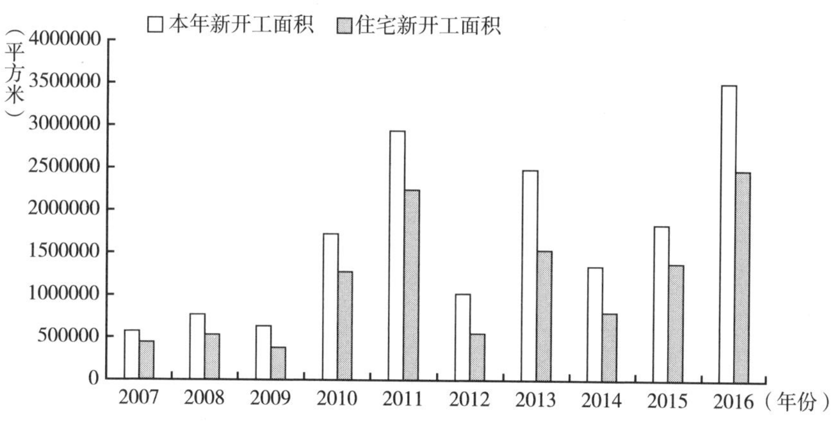

图10 竣工房屋面积和住宅竣工房屋面积

数据来源：奉贤区统计年鉴。

四 2017~2018年奉贤区房地产融资环境收紧

房地产投资过快增长和房地产价格的大幅度上涨已经发展成为影响国民

经济平稳较快增长的不健康因素，而房地产资金是影响房地产投资和价格变动的重要因素。长期以来，我国房地产直接融资渠道狭窄，据奉贤区统计年鉴的数据，从2007年至2016年奉贤区的资金来源结构来看（如图11所示），自筹资金（包括自有资金、股东投入资金和借入资金）占比最大，平均占比46.83%；其次是其他资金来源（包括定金及预收款和个人按揭贷款），平均占比34.03%。2016年的本年资金来源有195.51亿元，比2015年增长6.69%。其中，自筹资金是89.43亿元，占比45.74%，比2015年增长6.61%；其他资金来源是52.22亿元，占比26.71%，比2015年下降31.09%；国内贷款是53.86亿元，占比27.55%，比2015年增长143.95%；利用外资是0元。在2016年的子项目资金来源中，自有资金71.91亿元，银行贷款51.51亿元，定金与预收款28.57亿元和个人按揭贷款16.39亿元是主要的资金来源。其中定金及预收款的增长率是-43.59%，个人按揭贷款的增长率是20.87%。

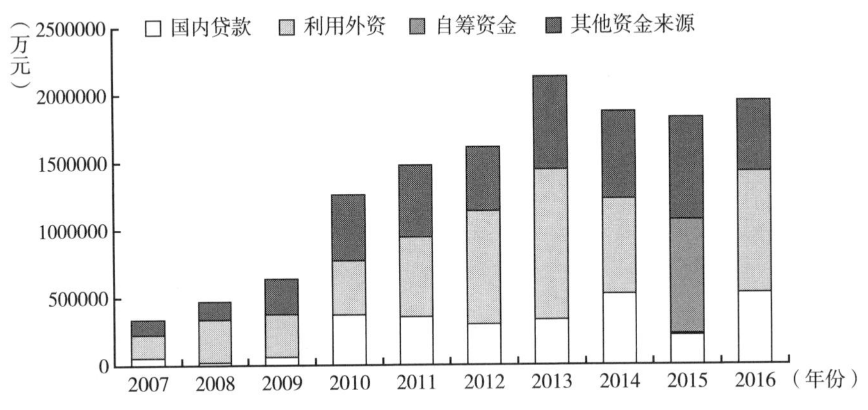

图11　当期资金来源分类图

注：2015年利用外资1.5亿元，占比0.77%，其他年份都为0。

数据来源：奉贤区统计年鉴。

从以上分析来看，奉贤房地产投资资金仍然主要是自有资金和贷款，2016年自有资金占比45.74%、贷款占比36%，其中贷款包括银行贷款（占比26.35%）、非银行金融机构贷款（占比1.2%）、其他资金来源中的个人按揭贷款（占比8.38%）。

从2007年至2016年当期的资金稳步上涨，尤其在2010年和2013年的增长速度最快，2009年的个人按揭贷款占比超过银行贷款占比。但在2010年以后，国内银行直接贷款和个人按揭贷款占比明显下降，2015年的银行贷款占比为10.57%，处于历史较低值，而在2016年随着行情的上涨回升至26.35%（如图12所示）。

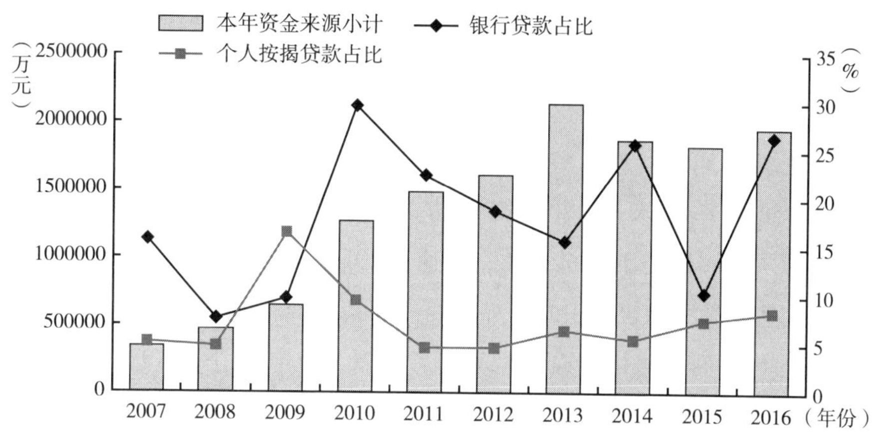

图12　当期资金来源和贷款

数据来源：奉贤区统计年鉴。

奉贤区的房地产投资资金中银行贷款所占比重呈下降趋势，均低于国际一般水平；自筹资金所占比重逐年增加。另外，近五年，个人按揭贷款占比一直处于上升的趋势，可见奉贤区的房屋刚需增长是比较稳定的。但是，整体资金来源的增长速度与房地产市场规模的增长速度不匹配，预售房款在2016年是下降的，2017～2018年，在银行贷款收紧的背景下，房地产市场的资金面临一定程度的收紧。

五　2017～2018年奉贤区房地产需求端受抑

（一）商品房销售面积

商品房销售面积指套内建筑面积和公摊的公用建筑面积，包括现房销售面积和期房销售面积。现房销售面积是指在报告期内正式签订买卖合同、已经竣工达到入住条件的商品房屋建筑面积，包括一次性付款方式和分期付款方式销售的现房建筑面积；期房销售面积是指在报告期内正式签订买卖合同、正在建设尚未竣工交付使用的商品房屋建筑面积，包括一次性付款方式和分期付款方式销售的商品房屋建筑面积。期房销售建筑面积竣工后不再结转为现房销售建筑面积。在奉贤区的统计年鉴中分别报告了现房销售面积和期房销售面积，将其加总便是商品房销售面积。

2007 年至 2016 年奉贤区的商品房和住宅商品房销售面积呈现周期性的特点。从图 13 可知，商品房销售面积在 2009 年和 2013 年有两个峰值，分别是 1295828 平方米和 1705667 平方米，2016 年的商品房销售面积是 937277 平方米，同比下降 5.16%，增速比 2015 年的 -6.94% 增加了 1 个百分点；住宅商品房销售面积的趋势和商品房销售面积变化的趋势基本一致，2016 年的住宅商品房销售面积是 714377 平方米，同比下降 19.59%，增速比 2015 年的 -7.14% 下降了 12 个百分点，比商品房销售面积的下降程度要大得多。从图 13 可知，住宅商品房销售面积占商品房销售面积的比重较大，十年来平均占比 87.68%，但是 2016 年该占比达到历史最低值，是 76.22%。

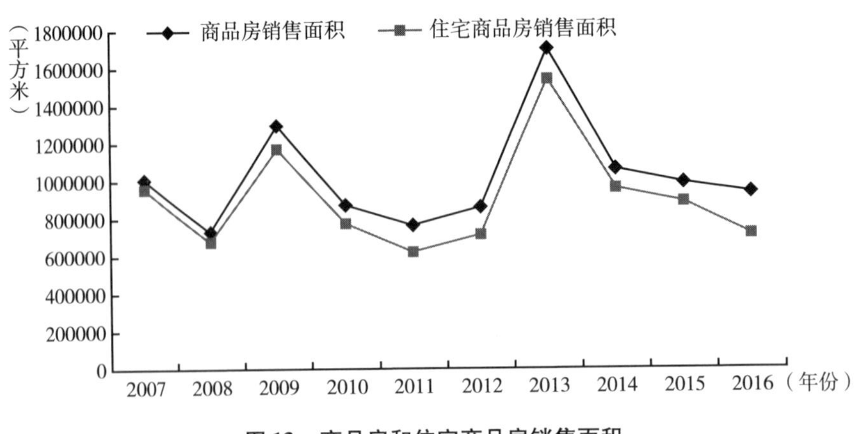

图 13　商品房和住宅商品房销售面积

数据来源：奉贤区统计年鉴。

商品房包括住宅、办公楼和商业营业用房，以上的数据说明，2016 年的办公楼和商业营业用房的销售面积占比提高，从侧面反映出 2016 年的房地产市场繁荣是具有一定的投资和投机动因的。

住宅商品房包括普通住宅商品房、别墅和高档公寓商品房及其他住宅。普通住宅商品房包括 90 平方米及以下、90 平方米到 144 平方米、144 平方米以上。统计年鉴中的数据记录了 90 平方米及以下、144 平方米以上和别墅、高档公寓商品房数据。

90 平方米及以下的小户型商品房销售面积具有周期性波动的特点，在 2013 年达到最高值 428772 平方米，2016 年的 90 平方米及以下的商品房销售面积是 327013 平方米，同比增长 94.64%，增速与 2015 年的 -28.60% 相比呈反向增长趋势；144 平方米以上的大户型商品房销售面积呈现逐步上涨的趋势，到 2016 年是 118310 平方米，同比增长 34.5%，增速比 2015 年的 16.5% 增加 18 个百分点；别墅、高档公寓商品房销售面积在 2016 年是 250229 平方米，同比下降 11.73%，与 2015 年的增长率 132.51% 相比方向相反（如图 14 所示）。从上述数据分析可以得出，2016 年的房地产市场的发展离不开小户型商品房销售面积的大量增加。

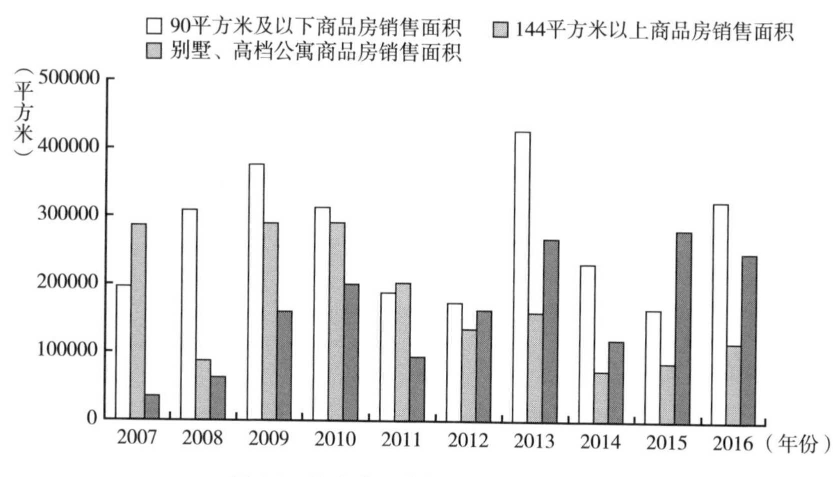

图 14　住宅商品房销售面积分类趋势

数据来源：奉贤区统计年鉴。

商品房待售面积指报告期末已竣工的可供销售或出租的商品房屋建筑面积中，尚未销售或出租的商品房屋建筑面积，包括上期竣工和本期竣工的房屋面积，但不包括报告期内已竣工的拆迁还建、统建代建、公共配套建筑、房地产公司自用及周转房等不可销售或出租的房屋面积。2016 年奉贤区的商品房待售面积是 543674 平方米，同比下降了 25.54%，其中住宅商品房的待售面积是 249627 平方米，同比下降了 40.58%。

（二）商品房销售额

正如商品房销售面积包括现房销售面积和期房销售面积一样，在奉贤区的统计年鉴中分别报告了现房销售额和期房销售额，将其加总便是商品房销售额。

和商品房销售面积周期性特点不同的是，2007 年至 2016 年奉贤区商品房销售额具有稳步增长的趋势，其中 2013 年达到历史最高值，且增速最快。2016 年奉贤区商品房销售额继 2013 年的 182.95 亿元后又出现一次繁荣，为 163.77 亿元，同比增长 1.01%，增速比 2015 年的 33.68% 下降较多，从图 15 中可知，近四年商品房的销售额波动较大。其中，住宅销售额与商品房销售额的变动趋势基本一致。但是，2016 年住宅商品房销售额达 126.50 亿元，同比下降 15.11%，增速比 2015 年的 39.55% 下降较多，且呈现负

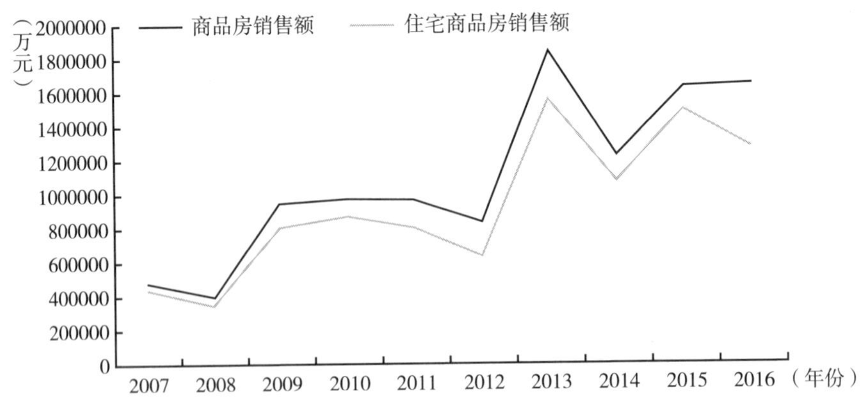

图 15　商品房和住宅商品房销售额

数据来源：奉贤区统计年鉴。

值，与商品房销售额的变动趋势相反。从十年的统计年鉴数据可知，住宅商品房销售额占商品房销售额的比重较大，平均占比约 85.46%，但在 2016 年，这一比值达到最低点为 77.24%。

2016 年的房地产市场繁荣很大程度上是办公楼和商业营业用房的销售额增加，住宅的销售额反而是降低的，这与有关商品房销售面积研究所得出的结论是一致的，其反映了奉贤区房地产在 2016 年出现过多的投资或者投机成分，在 2017～2018 年将出现一段时间的理性调整期。

从类别上看，2016 年奉贤区 90 平方米及以下的小户型住宅商品房销售额达到新高 48.1 亿元，同比增长 84.99%，增速比 2015 年的 5.21% 增加较多；144 平方米以上的大户型住宅商品房销售额为 22.74 亿元，同比增长 24.47%，增速比 2015 年的 13.54% 增加约 10 个百分点；别墅、高档公寓商品房销售额为 44.06 亿元，同比下降 19.94%，而 2015 年的增速高达 231.42%。从结构上看，2015 年住宅商品房中以别墅、高档公寓商品房为主要销售额，但在 2016 年，90 平方米及以下的小户型住宅商品房的销售额增长较快，成为住宅商品房销售额的主要构成部分，这与商品房销售面积中 90 平方米及以下的小户型住宅商品房销售面积占比最大是一致的。

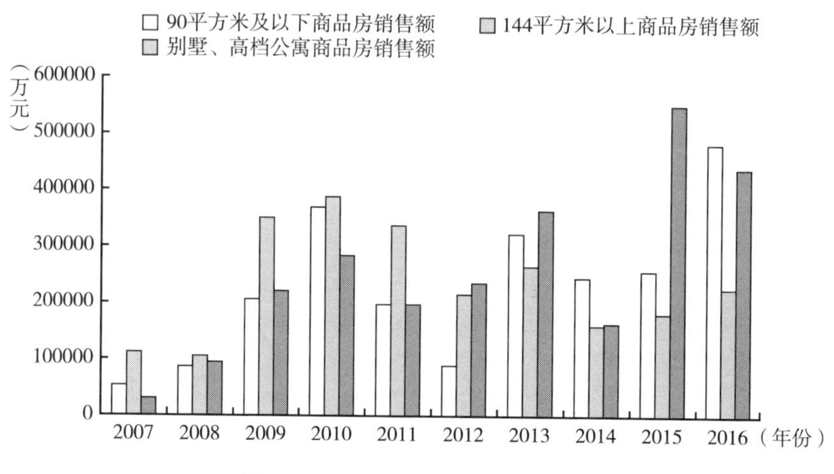

图 16　住宅商品房销售额分类趋势

数据来源：奉贤区统计年鉴。

六 2017~2018年奉贤区房地产成交体量缩水

商品房预售制度即商品房预售许可制度，是指房地产开发企业将已兴建或即将兴建但尚未竣工的商品住宅，与购房者约定，由购房者交付定金或预付款，而在未来某一时期拥有所购房屋的一种房产交易行为。奉贤区住房保障和房屋管理局在2007年至2016年的交易量中记录了一手房预售房屋和销售房屋的总套数、总建筑面积、总成交额和成交均价；预售和销售房屋都分别包含四项：住宅、办公、商业和其他房屋。本节对房地产产权交易量及预收、销售的各分类进行分析。

依据奉贤区住房保障和房屋管理局所发布的《房地产产权交易量》表，2016年奉贤区一手房的房地产产权交易量中一手房总套数19909套，比2015年增加了6509套，一手房总套数中预售10593套，销售9316套；总建筑面积1837150平方米，同比增长36.8%，增长率比2015的9.44%增加约27个百分点；总成交额299.73万元，同比增长66.33%，增长率比2015年的30.07%增加了1.2倍；一手房成交均价112767元/平方米，其中预售的成交均价58087元/平方米，销售的成交均价54680元/平方米。

图17显示的是一手房总建筑面积和预售、销售的总建筑面积，从图17中可知，在一手房总建筑面积中，预售的总建筑面积总体上是增长的。预售作为一种附期限的未来交易行为，购房者向房地产开发商支付一定数额的购房款，为开发商提供资金来源中的定金及预收款项，缓解了开发商的资金成本压力。2016年的预售总建筑面积达到历史最高值，反映了2016年奉贤区房地产市场的繁荣和火热，从而推动了一手房总建筑面积达到历史新高。其中，销售的总建筑面积2016年和2015年基本持平。

一手房可以分为住宅、办公、商业和其他四类。2016年住宅总套数是15952套，比2015年增加了5094套，办公总套数是3122套，比2015年增加了1650套，商业总套数442套，比2015年下降了439套，其他393套，比2015年增加了204套。

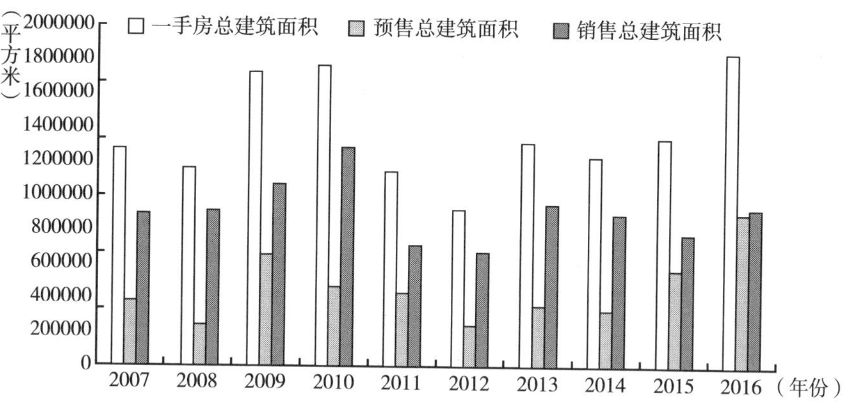

图 17　一手房总建筑面积和预售、销售总建筑面积

数据来源：奉贤区住房保障和房屋管理局《房地产产权交易量》。

自 2007 年至 2016 年，一手房总建筑面积有两个峰值，2010 年的 1758804 平方米和 2016 年的 1837150 平方米。如图 18 所示，其中，住宅的总建筑面积占一手房总建筑面积的比例最高，且发展趋势基本与一手房总建筑面积一致。2016 年，住宅的总建筑面积是 1602120 平方米，比 2015 年增长 44.66%，增长率比 2015 年的 6.65% 增加了 38 个百分点；办公的总建筑面积是 181992 平方米，比 2015 年增长 86.10%，增长率比

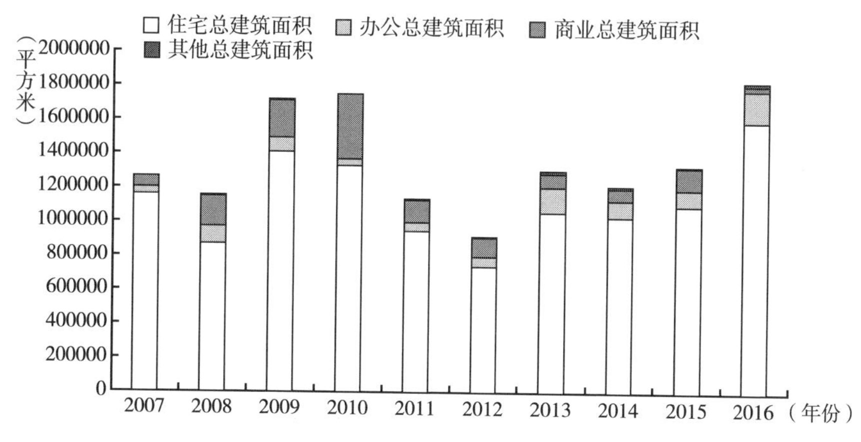

图 18　一手房总建筑面积分类趋势图

数据来源：奉贤区住房保障和房屋管理局《房地产产权交易量》。

2015年的－4.58%增加许多；商业的总建筑面积是35726平方米，比2015年下降72.08%，增长率比2015年的83.11%下降了许多；其他的总建筑面积是17312平方米，比2015年增长78.73%，增长率比2015年的－40.67%增加许多。从上述的数据中可以知道，2016年一手房总建筑面积增长主要是因为住宅、办公和其他房屋的总建筑面积增长，而商业的总建筑面积是下降的。

从图18十年的总建筑面积数据中可以看到一手房总建筑面积呈现周期性的特点。2017年上半年，随着限购限贷政策不断加码升级，又出现上海市的“租购同权”试点，上海市的房地产市场逐渐降温。奉贤区作为远郊区域，随着地铁5号线延伸段的规划和开建，近年来本区的一手房越来越受到置业者的关注。但是，2017年6月，在全市成交面积排行中，奉贤紧随松江之后，以5.14万平方米居于第四位。2017年1月至6月共计成交17.87万平方米，同比成交量严重缩水，2016年1月至6月共计成交61.23万平方米，同比减少70.81%。除了传统淡季，春节前后两个月成交量处于低位，3～5月成交量相对平稳，波动起伏较小，6月成交量超过5万平方米，环比上涨2.2倍，主要原因在于6月份有佳源梦想广场三期、禹州雍贤府二盘相继推盘，且体量都较大，其中禹州雍贤府更是位于2017年6月上海市商品住宅成交面积排行榜榜首。

依据奉贤区住房保障和房屋管理局所发布的《房地产产权交易量》表，可以看到一手房的总成交额和预售、销售总成交额（如图19所示）。2016年的一手房总成交额有大幅增长，达到299.73亿元，比2015年增长36.80%，其中，预售总成交额是183.36亿元，比2015年增长66.70%；销售总成交额是116.17亿元，比2015年增长65.45%。从图19可知自2007年至2016年，一手房总成交额稳步增长，其中2016年的增长率最高；2015年的预售总成交额在2009年以后再次超过销售总成交额，并且在2016年的差值比2015年更高，说明2015年的房地产市场已出现火爆的端倪，而在2016年进一步得到了快速的发展。

因此，预计从2017年至2018年一手房的总成交额随着成交体量的缩水

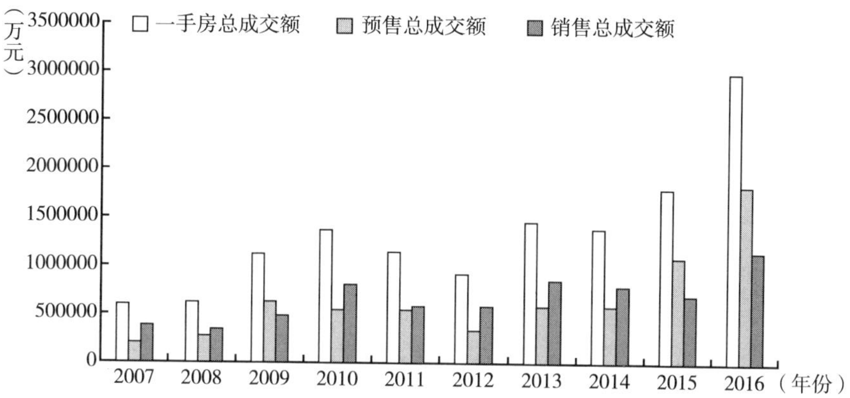

图19　一手房总成交额和预售、销售总成交额

数据来源：奉贤区住房保障和房屋管理局《房地产产权交易量》。

将在一定程度上有所回落，其中预售总成交额的回落将比销售总成交额的回落要大得多。

自2007年至2016年平稳增长的趋势中，住宅总成交额的增长趋势基本与一手房总成交额的增长趋势一致，并且住宅的总成交额占比是最高的。2016年住宅的总成交额是266.09亿元，同比增长75.94%，2015年的增长率是36.66%；办公的总成交额是25.75亿元，同比增长86.10%，2015年的增长率是－4.58%；商业的总成交额是5.91亿元，同比增长－61.60%，2015年的增长率是34.13%；其他的总成交额是1.98亿元，同比增长88.96%，2015年的增长率是－43.65%（如图20所示）。从上述的数据分析中，可以得出2016年一手房总成交额的大幅上涨的主要原因是住宅、办公和其他的总成交额的大幅上涨，而商业的总成交额比2015年下降较多。总体上，一手房总成交额是稳步增长的，但从局部来看仍然是周期性的。

在成交价格方面，从图21中可知，2016年住宅、办公和商业的成交均价都有大幅的上涨，其中商业的成交均价上涨最快。2016年，住宅成交均价是32972元/平方米，同比增长141.46%；办公成交均价是27699元/平方米，同比增长116.18%；商业成交均价是40666元/平方米，同比增长237.95%，充分反映了2016年房地产市场的繁荣。

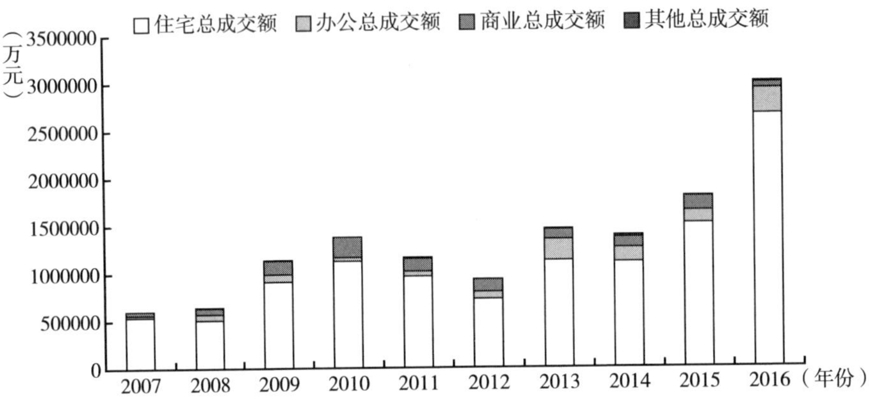

图 20　一手房总成交额分类趋势

数据来源：奉贤区住房保障和房屋管理局《房地产产权交易量》。

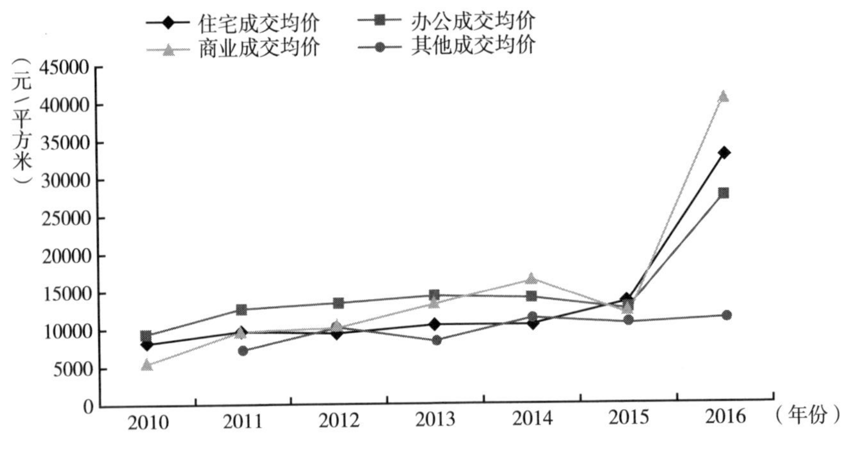

图 21　一手房成交均价分类趋势

数据来源：奉贤区住房保障和房屋管理局《房地产产权交易量》。

但是，依据房天下的数据监控中心统计，2017 年上半年，奉贤区住宅的成交均价为 24371 元/平方米，其中 2017 年 6 月，成交均价为上半年最高达 29638 元/平方米，与 2016 年房管局提供的住宅成交均价相比有一定的回落。其中，金汇板块的禹州雍贤府项目叠加别墅售价是 40000 元/平方米，而小高层房源售价是 34000 元/平方米。

2017 年房地产市场调控是在量价调整的阶段。一方面，在楼市调控加码加力的大环境下，2017 年上海楼市商品住宅成交平稳；另一方面，房企拿预售证难度增加。据统计 2016 年上半年，奉贤区共计有 12 个盘开盘或加推，而 2017 年上半年共计只有 4 个盘开盘或加推，相比 2016 年减少 8 个。在成交套数上，2017 年上半年奉贤共计成交 1642 套；2016 年同期奉贤成交套数达 6369 套，同比下行 74.22%。

2017 年至 2018 年，在房地产政策严控的大环境下，奉贤房地产市场均价将进入一段理性调整期。

七 总结

本章从奉贤房地产市场的开发投资、新开工面积和竣工面积、投资资金来源、商品房销售面积和销售额、房地产产权交易五个维度出发，分析得出 2016 年奉贤房地产市场经历了又一次繁荣，但是在 2017 年房地产市场调控的量价调整阶段，奉贤区房地产市场价格将有一段时间的回落，但总体上是增长的趋势。

2016 年房地产增加值是 43.48 亿元，占 GDP 总量的 5.96%，与 2015 年相比增长 18.56%。房地产开发计划投资总额是 241.50 亿元，同比增长率为 27.95%；相对应，2016 年的房屋施工面积是 9452202 平方米，同比增长率为 17.04%，达到历史最高。房地产开发投资完成额是 153.84 亿元，比 2015 年增长 5.25%，其中，住宅完成投资额 91.2 亿元，比 2015 年增长 9.31%。房屋新开工面积达 3511561 平方米，是 2015 年的 2 倍，其中，住宅新开工面积 2494072 平方米，占本年房屋新开工面积的 71%，同比增长 78.78%。各项数据指标都反映了 2016 年奉贤房地产市场行情较好。

2016 年资金来源有 195.50 亿元，比 2015 年增长 6.69%。其中，自筹资金是 89.43 亿元，占比 45.74%，比 2015 年增长 6.61%；其他资金来源是 52.22 亿元，占比 26.71%，比 2015 年下降 31.09%；国内贷款是 53.86 亿元，占比 27.55%，比 2015 年增长 143.95%。另外，定金及预收款的增

长率是 -43. 59%，个人按揭贷款的增长率是 20. 87%。整体资金来源的增长速度与房地产市场规模的增长速度不匹配，预售房款在 2016 年是下降的，在 2017 年银行贷款收紧的背景下，房地产市场将可能出现一定程度的回落。

2016 年的商品房销售面积是 937277 平方米，同比下降 5. 16%；住宅商品房销售面积是 714377 平方米，同比下降 19. 59%，比商品房销售面积的下降程度要大得多。住宅商品房销售面积占商品房销售面积的比重在 2016 年达到历史最低值，是 76. 22%。2016 年奉贤区商品房销售额是 63. 77 亿元，同比增长 1. 01%，其中，住宅商品房销售额达 126. 50 亿元，同比下降 15. 11%，从侧面反映出 2016 年的房地产市场繁荣是具有一定的投资和投机动因的。

2016 年的一手房总成交额有大幅增长，达到 299. 73 亿元，比 2015 年增长 36. 80%，其中，预售总成交额是 183. 36 亿元，比 2015 年增长 66. 70%；销售总成交额是 116. 17 亿元，比 2015 年增长 65. 45%。2016 年住宅、办公和商业的成交均价都有大幅的上涨，其中商业的成交均价上涨最快。在成交价格方面，2016 年住宅成交均价是 32972 元/平方米，同比增长 141. 46%；办公成交均价是 27699 元/平方米，同比增长 116. 18%；商业成交均价是 40666 元/平方米，同比增长 237. 95%，充分反映了 2016 年房地产市场的繁荣。总体上，一手房总成交额是稳步增长的，但从局部来看仍然是周期性的，在 2017 年上半年楼市调控加码加力的大环境下，预计 2017 年至 2018 年，随着成交体量的缩水，一手房的总成交额将在一定程度上有所下降。

因此，2017 年至 2018 年，在房地产政策严控的大环境下，奉贤房地产市场将进入一段理性调整期。但是，当房地产市场调整结束后，总体上仍旧是增长的趋势。

专题研究篇

Special Topics

B.10 奉贤中小企业科技创新活力研究

王永水　张 淼*

摘　要：　中小企业在奉贤区分布众多，是奉贤区税收创造、吸纳劳动力的主导企业类型。在上海建设全球有影响力的科技创新中心中，奉贤区的禀赋优势便在其数量众多的中小企业之上，创建中小企业科技创新活力区成为奉贤对接上海科技创新建设的重要战略。本文结合多次实地走访与调研的结果，对照奉贤区建设中小企业科技创新活力区的短期和长期目标，对区内企业科技创新活动现状和成效进行梳理，总结奉贤中小企业科技创新存在的瓶颈因素，在此基础上提出中小企业科

* 王永水，经济学博士，华东政法大学商学院助理研究员、上海社会科学院数量经济学科创新团队成员，上海市软科学研究基地——科技统计与分析研究中心研究人员。主要研究领域包括人力资本、科技进步与经济增长，科技政策评价与分析。张淼，上海奉贤区委党校区域与经济发展研究中心副主任，副教授，主要研究方向为区域经济学、金融学。

技创新活力区建设的政策着力点。

关键词： 中小企业 科技创新 活力区

随着中国经济整体上进入结构性换挡阶段，创新成为未来驱动经济增长的主要动力，在此背景下，上海正在致力于建设“全球有影响力的科技创新中心”，并且瞄准这一重要目标出台一系列促进科技创新的相关政策。奉贤区作为上海南部的重要区县，数量众多的中小企业根植于此，已然发展为中小企业创新创业的热土。在主动对接上海科技创新建设工作中，奉贤区充分发挥其禀赋优势，积极推进中小企业科技创新活力区建设，并竭力打造成为南上海中小企业创新创业的聚集地，从政府扶持、资金支持、人才引进、服务配套等多方面积极地、持续地为区内中小企业发展土壤提供充足的养分。

一 奉贤区科技企业创新活动概况

中小企业分布众多，创新资源逐步集聚。中小企业是奉贤区经济社会发展的重要载体，奉贤区已经成为中小企业集聚的重要区域，全区注册的工商企业中有95%以上为中小微企业，其纳税比重高达91%以上，吸纳就业比重也达到95%以上。目前，各种创新要素在奉贤区加速集聚，区内引进了一批中央、市“千人计划”专家以及海外高层次人才。奉贤区毗邻上海交通大学、华东师范大学闵行校区，区内还有包括华东理工大学、上海师范大学、上海应用技术大学等多家高等教育学校，为区域创新提供了坚实的人才支撑。近年来，创新型企业和创新型人才加速集聚。如新集团大中华地区总部、同创普润、上创超导等一批创新型企业和创新型团队落户奉贤区，对区科技创新起到很好的引领作用。比如，同创普润项目团队由国家“千人计划”创业人才姚力军博士率领，从事半导体配线材料研发和生产的高科技企业，得到科技部“863 计划”和工信部电子发展基金支持。以薛华实博士为首的上创超导创业团队，主攻第二代高温超导带材产业化及应用，预计进入量产期后年产值将达到 4 亿元。云健康高通量全方位基因检测平台项目团队，由金刚博士带领，将建立全球最先进的高通量全方位基因检测平台和基因大数据库，将极大地促进精准医疗产业发展。泛智能源项目，由国家“千人计划”联谊会副会长甘中学博士率领，技术研发和管理团队包括 27 名海外归国的技术专家、200 多名国内优秀人才，主要从事微燃机的研发及产业化，处于国内领先水平。

创新能力不断增强，新兴产业初具规模。区内 188 家规模以上高新技术企业的专利技术产值占地区生产总值的 70.3%，企业专利技术产业化率 78%。全区每万人发明专利拥有量 7.85 件，专利授权总量 14593 件。奉贤区不断强化产学研机制，先后与上海交通大学、华东理工大学、上海应用技术大学以及上海师范大学等院校签订了全面战略合作协议，并建立院士专家工作站，为引进的院士和特级专家提供良好的产学研基础设施。制定科技特派员制度，共选派 60 位科技特派员赴企业提供上门服务，攻克产业技术核心难题 20 余项，实施重大科技项目 8 项。由兰宝传感科技公司申报的智能传感器制造数字化车间项目入选工信部智能制造专项项目，彰显了奉贤区企业科技实力。经过前期的不断努力，目前奉贤区新兴产业已初具规模，八大重点产业产值 896.8 亿元，占规模以上工业产值的 56.6%。其中，智能电网（输配电）产业领域重点企业 93 家，产值 133.4 亿元，占规模以上工业产值的 8.4%；先进装备产业领域重点企业 79 家，产值 133 亿元，占规模以上工业产值的 8.4%；新材料产业领域重点企业 47 家，产值 121.9 亿元，占规模以上工业产值的 7.7%；生物医药产业领域重点企业 54 家，产值 118.9 亿元，占规模以上工业产值的 7.5%。

除上述之外，奉贤区未来将进一步把自己打造成为中小企业创新创业的热土，其发展空间广阔。到 2020 年，全区可开发产业用地达 20 平方公里。奉贤新城已建成及在建商务楼宇面积超过 200 万平方米，发展总部经济、众创空间的前景十分广阔。商务及生产成本相对较低，生态环境良好，PM2.5

指数年平均值达到国家一级标准，全年空气质量优良率达 97.3%，具备宜居宜业的环境优势。

二　奉贤中小企业科技创新活力区战略规划

（一）建设目标

加快向具有全球影响力的科技创新中心进军，是习近平总书记对上海发展提出的新要求、新定位。奉贤区在充分融入上海科技创新中心建设进程中，将极力打造中小企业科技创新活力区，这既是奉贤的责任，也是奉贤的内在发展要求。奉贤区基于中小企业众多这一基本区情，结合自身禀赋条件进行综合分析，最终确定了“中小企业科技创新活力区”的角色定位以服务上海科技创新中心建设，并明确提出了活力区建设的总体目标。

按照奉贤区“十三五”规划和“中小企业科技创新活力区建设发展规划”的目标，预计到2020 年，将基本形成活力区建设的基本框架，并为未来进一步发展和优化奠定良好基础。规划目标提出，到 2020 年奉贤区的高新技术产业产值比重达 50%，力争全区高新技术企业总数突破 500 家，市级的科技小巨人企业总数突破 100 家。此外，在创新平台建设方面，力争成功建设国家级孵化器 1 家，市级以上的科技型企业技术服务中心突破 30 家，市级以上的工程技术中心超过 8 家，力争全区每万人发明专利拥有量达 16 件。要做到奉贤区的人才资源、金融资源以及中介服务等创新要素充分集聚，全区人才资源总量比上一个五年计划实现增长 13%，全社会研发投入在地区生产总值中的比重突破 4.5%。到“十三五”末期，力争建成一批科技孵化基地和众创空间，形成大众创业、万众创新的良好格局。

到 2030 年，中小企业科技创新活力区功能显著提升，在长三角乃至全国有较大影响力。高新技术企业、科研院所、科技金融以及中介服务等机构相聚共生，创新生态系统功能进一步呈现；企业创新主体地位更加突出，创新平台建设取得新成效，企业技术创新及产品研发能力进一步提升；战略性新兴产业的优势更加突出，重点产业、企业和领军人物的带动作用更加强劲；全民科学素质普遍提高，创新创业人才大量涌现，形成一支具有创新精神、风险意识和社会责任的中小企业家队伍。

到2050年，与具有全球影响力的上海科技创新中心相匹配，奉贤将建成世界著名的中小企业集聚区，国内外企业总部在奉贤设立分支机构，形成一大批闻名于国内外的创新意识强烈、专业素养深厚、具有社会责任感的中小企业家队伍；科技创新的市场导向机制和产学研协同创新机制更加完善，力争使科技人才、金融以及中介服务等创新创业的资源要素实现优化配置，显著提升区域的自主创新能力，涌现一批创新创业人才，进一步优化创新创业环境，创新效益大幅度提高，科技支撑引领经济社会发展的能力大幅度提升；创新创业活力全面激发，成为全国最具创新创业活力的区域之一。

（二）初步成效

2015年7月，区委三届十次全会通过了《关于加快建设中小企业科技创新活力区的意见》，明确了奉贤区在上海建设具有全球影响力的科技创新中心的定位。目前，中小企业科技创新活力区各项工作顺利推进，至今已经取得了可喜的进展。

1. 积极培育中小企业，打造特色行业

奉贤区创新政策体系正在逐步形成。奉贤区委区政府发布实施了《关于加快建设中小企业科技创新活力区的意见》，中小科技企业、财政金融、人才、知识产权、孵化器、科技中介等领域的配套政策逐步完善，科技体制改革和经济社会领域改革协同推进。重点扶持实力型中小企业，积极制定培育提升中小企业战略的相关政策，制定《关于鼓励科技型中小企业创新发展的实施办法》，新政策中扶持的对象更加聚焦，扶持的力度更大，扶持的手段更加灵活。

全力推进美丽健康产业建设。结合产业发展基础和特色，奉贤研究提出了将自身打造成“全区域覆盖、全功能整合、全产业配套、全要素服务”的健康美丽产业聚集区——“东方美谷”，明确了发展“东方美谷”四大功能、八大中心的功能定位，努力做大做强美丽健康产业。2015 年，区内美丽健康产业实现产值200 亿元，税收近20 亿元。目前，奉贤区获得了“中国化妆品产业之都”称号，美丽健康产业涵盖了精准医疗、美容护肤品、保健品、化妆品包装、生物制剂等多个领域。

积极培育企业创新主体，鼓励和组织企业开展各种技术创新。2015 年全区获得市级以上各类科技项目200 余项，为企业核心竞争力的提升提供了重要支持。其中，获得市级创新资金立项65 项，资助资金830 万元，位列全市第六。获得市级科技小巨人4 家、科技小巨人（培育）8 家，位列全市第八。新增高新技术企业75 家，累计高新技术企业突破432 家，位列全市第六。2 个项目获得了 2015 年度上海市科学技术奖。全区完成专利授权2849 件，同比增长17%，其中发明授权273 件，同比增长51%，企业知识产权创造和运用能力得到提升，奉贤区成为上海市唯一的国家专利保险试点城区。

张江奉贤园和“千人计划”园政策叠加效应不断显现。奉贤园充分借鉴张江招商及产业政策，以“千人计划”创业园为重点，举办了大健康高峰论坛、上海电子信息材料国际论坛、北美创业大赛中国行、移动诊疗设备数据通信国际标准化研讨会等活动，进一步彰显了张江奉贤园和“千人计划”园对全区创新发展的示范引领作用。园内有 3 家企业开展了股份制改造，有3 家企业实现了新三板挂牌，1 家企业成功上市。

2. 集聚各方科技资源，构建科技创新体系

“区校融合”工作不断深化。积极引进高校研发资源落户奉贤，形成研发高地，带动各相关产业共同发展。例如，与华东理工大学合作共建的“上海生物制造产业技术研究院”已正式投入使用，目前集聚了包括多名中国工程院院士、国家千人计划学者、教育部长江学者，“973 计划”首席科学家以及“863 计划”专家，充分实现奉贤区与华东理工大学的优势互补，有效推动奉贤区生物制造产业技术的创新，并显著促进生物科技成果的转化和应用。与上海交通大学在产学研合作方面，提出了“三个一”工程的工作目标，上海交大国家大学科技园南桥园区、上海交大奉贤产学研合作促进

中心已经顺利成立；尝试开展了国际化产学研创新合作，目前该园区与中心已经与来自英国、德国、美国等国家的单位签订了战略合作意向协议或建立了合作伙伴关系，并且与澳大利亚新南威尔士大学开展技术转移合作，组织奉贤区内相关企业进行深入对接。在项目引进方面，目前已经储备投资项目30余项，多家由交大毕业校友创办的企业入驻奉贤，交大（南桥）科技园共引进企业17家，涉及电子科技、新材料制造、特种器材等领域。

科技创新创业载体建设步伐不断加快。上海奉浦现代农业科技创业孵化器、光明村孵化基地、交大大学科技园南桥园、工业综合开发区中小企业孵化基地等一批科技企业孵化器、加速器已建成投入使用，对科技项目进行积极孵化。其中上海光明村科技创业有限公司已成功孵化138个项目，形成了良好的创新创业氛围。2015年，上海奉浦现代农业科技创业孵化器被认定为国家级孵化器，上海汇智天地科技投资管理有限公司、上海金都商务服务有限公司、上海南洋科技园发展中心等3家孵化器被认定为市级孵化器。

协同创新水平不断提高。截至目前，奉贤区已累计获批建立院士专家服务中心2家、院士专家工作站14家，累计柔性引进两院院士13位、专家55位，综合排名已跃居全市前列。建站企业与美国加州大学、清华大学、上海交通大学、同济大学、中国农科院、上海材料研究所等二十多所高等院校、科研院所建立了广泛稳定的合作关系。科技特派员工作进一步加强，60名院校教师深入企业了解需求、研究突破技术瓶颈，与企业进行了深入的技术对接。通过上海市科促会的联盟计划开展了企业难题招标，2015年共采集企业技术需求82项，有17个项目获得了上海市科促会的联盟计划项目立项资助，位列上海市第一位。

3. 招才纳贤，加快滨海贤人集聚

“千人计划”集聚效应愈加凸显。充分依托上海千人计划创业园等创新创业平台，通过团队发挥“以才引才”的积极效应，集聚骨干人才。目前上海千人计划创业园已经集聚了以千人计划专家金刚等引领的生物医药界专家学者，以千人计划专家姚力军等引领的新材料领域优秀团队在奉贤成立工程与材料专委会产业化基地；由千人计划专家齐念民领衔设立的区域细胞制备中心落户奉贤。上海丰科生物科技股份有限公司成功获批博士后科研工作站，实现了奉贤区零的突破，该站拥有硕士博士 23 名、中高级职称 9 人。

优秀人才评估体系逐步完善。为进一步体现人才评选的科学、权威、客观、公正，特别邀请了有关社会资本投资机构负责人、高校院所教授、产业领域高管、国家级和市级青年才俊等第三方社会人士担任“滨海青年英才”选拔活动的评审，涵盖产业科技、社会发展、综合管理等不同领域。评委会坚持以能力、业绩、贡献为主要标准的市场化评价导向，发挥市场评价人才的独特优势。

多途径解决人才“住房难”问题。一是积极筹措人才公寓房源，在区公租房中专门留存 130 套房源优先供应给人才，解决人才后顾之忧。二是鼓励各镇、开发区自筹人才房。在中国产学研合作创新示范基地——光明村科技创业孵化基地内，一幢建筑面积达 6000 平方米的人才公寓已投入使用，入住率达 98%。三是落实人才购房补贴、租房补贴政策，已累计发放人才购房、租房补贴以及安家费达 5000 余万元，成为奉贤吸引人才、激励人才、留住人才的重要举措。

4. 加大财政金融支撑力度，助力企业创新发展

进一步扩大政府财政科技投入对科技创新的支撑作用。以政府财政科技投入支持区内重大科技成果的转化，在政府资金的引导作用下，企业的研发投入积极性进一步被调动起来。在科技金融服务方面的支持力度也进一步增强。针对初创型企业资金匮乏的现状，积极推进科技金融工作。主动整合资源、创造条件搭建融资公共服务平台和金融服务平台，推进银企对接；与中国银行、浦发银行、上海银行、交通银行达成了合作协议，开展多次银企对接活动；加大上市培育力度，推动科技企业上市融资。2015 年，全区新增 IPO 上市企业 2 家、新三板挂牌企业 8 家、股交中心 E 版挂牌 3 家、Q 版挂牌 26 家。积极探索科技创新投融资新途径，与上海交大合作，正在组建科技创新投资基金，帮助企业解决融资难问题。

积极探索研究，优化财政投入方式。积极开展跨部门建立健全财政专项

资金整合优化机制课题研究，分析跨部门专项资金设立现状和存在的问题，明晰跨部门专项资金整合的基本思路、目标和路径。积极探索建立“投贷保奖补”五位一体的财政科技投入体系，研究整合投资引导资金，并设立投资母基金，完善以功能为导向的基金支持体系。

三　奉贤中小企业科技创新存在的瓶颈因素

（一）科技政策的系统性、有序性及针对性有待提高

奉贤区近年来制定了不少科技创新政策，但是各项政策关联性不够强，科技政策各部门交流与协调机制有待强化，目前这些科技创新政策尚未形成合力。比如，在推动学研平台建设方面，尽管相关政策框架已经形成，但与一些兄弟区县相比，还存在政策较零散、集中性不够、体系性不强的问题，不利于企业便捷地掌握政策，降低了企业申请政策扶持的积极性。此外，科技政策对奉贤区产业转型升级的促进作用还有待进一步提升，缺乏围绕区内重点产业转型发展而制定的全面性、针对性的科技创新政策体系，科技产业政策与全区“6 +8”先进制造业体系的对接融合度需要进一步加强。

（二）融资渠道相对缺乏，科技成果转化受限

奉贤区内大部分科技型中小企业都属于轻资产的企业，其自有流动资金较少，但实现科技成果产业化的初期对设备和流动资金需求却很大，获得贷款较为困难，且贷款的额度较小，并不能真正解决企业的发展需求。尤其是创业团队和科技型种子期企业初始发展需要一定的资金支持，但是由于企业在这段时期基本没有资产，且发展风险巨大，所以基本得不到担保贷款和风险投资，导致科技成果难以转化为生产力。目前许多科技金融政策主要有利于条件较好的企业融资，资金紧缺的中小企业反而融资更加困难，多为“锦上添花”而缺少“雪中送炭”。

（三）存量人才配套服务和增量人才引进能力尚需增强

奉贤区在留住现有人才以及吸引增量科技人才方面还存在较大空间。这主要表现在：一是专门针对科技人才的区级政策较少。目前现有的科技人才政策或为配合上海市浦江人才计划等市级政策，或散见于各种其他政策文件中，奉贤区级层面缺少专门针对科技人才的政策，未形成完善的“吸引—扶持—服务”一条龙的科技人才政策体系。二是奉贤区距离中心城区较远，基础设施相对落后、教育和医疗等配套设施水平有待提高，存在一定程度的人才流失现象。三是在对科技人员的奖励方面，以奖金为主的奖励方式较为单一，缺乏其他多元化的奖励方式。四是在人才评级和职称评定方面，目前对于科技人员的学历要求是一项硬性指标，且门槛过高，使得一些学历层次尚未达标，但拥有较多科技成果的科技人员无法参与人才评级或职称评定，影响了科技人员的创新积极性。

四　奉贤中小企业科技创新活力区建设的着力点

奉贤区在遵循科技创新客观规律、借鉴先进地区成功经验后，结合奉贤区实际，需努力统筹推进以下五大战略任务。

（一）培育重点企业，增强创新支撑，引入优质增量

培育实力型重点企业。制定重点企业培育计划，以奉贤区现有优势产业为依托，选择创新能力强、发展潜力大的企业重点培育，在产业用地、品牌建设、创新融资方式等方面给予大力支持。以科技小巨人企业、“专精特新”企业等为抓手，发挥区企业服务信息互动平台作用，加强对企业的服务指导。遵循“四新”经济成长规律，鼓励企业生产和经营组织模式创新。支持重点企业建立技术中心，逐步形成国家、市、区三级梯度结构体系。支持企业建立研发中心、销售中心和地区总部，促进新兴产业集聚。

引进科技型中小企业。前瞻《中国制造 2025》发展方向，奉贤区将产

业重点聚焦于大健康、智能制造、节能环保、新能源等具备较强创新性的产业领域，利用现有的科技创新平台，进一步整合创新资源，引入科技型企业，利用区内资源为优质企业、项目的落地创造最优条件。加强对重点项目的跟踪服务，突破政策瓶颈，在企业注册、用地审批、配套设施建设等方面创造便利条件，促进重点项目早落地、早建设、早投产。

调整技术落后企业。根据转型发展要求，结合产业结构调整和建设用地减量化工作任务，坚决淘汰环境污染大、能源消耗高、科技含量低、综合效益差的企业，盘活土地存量，为奉贤区转型升级奠定基础。促进新一代信息技术与传统制造业的融合，以“互联网 +”改造提升传统产业，增强传统产业发展活力。加强对企业的宣传教育，加大环保、能耗、安监等方面的综合执法力度，推动企业转型，实施二次开发。

（二）强化科技服务，促进协同创新，加强载体建设

强化科技服务支撑。积极培育科技中介服务机构，通过提供办公场所、补贴租金等方式，吸引企业亟须的中介服务机构入驻。搭建科技信息服务平台，建立科技成果产业化数据库，推动专业情报机构、技术监督机构、知识产权服务机构、技术交易机构、风险投资机构等信息资源的共享共用、互联互通，满足产学研各方对科技创新的信息需求。

提升协同创新水平。强化与区内外高校及科研院所的合作，创建产学研常态化互动交流平台，鼓励支持高校、科研院所、企业三个创新主体共同开展重大技术攻关，促进科技成果转化。聚焦生物医药产业基地建设，以龙头企业为引领，强化与高校及科研院所的合作，进一步增强生物医药产业综合实力。着力推进智能电网产业基地建设，以重点企业为依托，加大关键环节科技攻关力度，进一步扩大奉贤区智能电网产业优势。支持具有良好发展前景的科技型中小企业群组建产业技术创新联盟和产业共性技术研发基地，完善科技特派员、院士工作站等机制，努力实现创新资源加速集聚。

加强创新载体建设。提高创新载体建设水平，促进孵化器、创业苗圃与加速器相结合。鼓励、引进知名企业和专业团队在奉贤区创建各类科技企业

孵化器。构建以创新工场、创客空间等形式的众创空间。鼓励国资国企和有条件的农村集体经济组织参与创新载体建设，改进国有企业经营业绩考核办法。加强对众创空间团队的资金补贴和扶持，对经认定的国家级、市级和区级科技企业孵化器（加速器）给予建设费用和场地使用租金补贴，支持科技企业孵化器开展创新活动。

（三）培育存量人才，提升人才增量，优化人才机制

加强区内人才培育和集聚。实施本土科技领军人才培养和选拔计划，力争在区内现有人才中培育出一批具有较大影响力的科技带头人，并着力建设科技人才培养示范基地。对获得国家级成果奖励的主要完成人和国务院特殊津贴专家，给予配套奖励。加快青年人才集聚，培育和选拔区内具备较高专业素养且综合素质全面的青年英才，打造高层次领军人才后备队伍。强化校企联动机制，支持企业与区内外院校联合培养专业技术人才，有效解决企业技术人才短缺问题。鼓励区内企业面向在奉高校开展招聘活动，吸引大学生在奉就业，为区域经济社会发展提供人才保障。

加大各层次优秀人才引进力度，重点引进两院院士、“长江学者”、“千人计划”等高层次专家，同时积极引进国内外领军人才及其团队等。通过区内人才服务配套完善、多重补贴并行、科技奖励支持等多种手段，强化奉贤区对高层次人才的吸引力，这方面尤其要重视克服历史上遗留的短板因素，包括人才子女受教育机会、高端的医疗基础设施以及高层次的人才交流平台的打造，也要充分利用奉贤区天然的环境优势，坚持“宜居、宜业”的发展路径，全面提升奉贤区对人才的吸纳能力。

优化人才评价、流动和激励机制。改善现有的人才评价机制，建立相对灵活的人才考核机制是留住人才和吸引人才的关键。在人才评价中，可以引进第三方机构参与监督，对人才评价的绩效评价还应该充分考虑企业的现实需求，对企业、高校等主体实行差异化的人才评价体系。除此以外，还应该打通企业和高校、科研院所之间的人才回路，保障科技创新人才有充分的激励从事产学研创新活动，进而充分激发各个创新主体的创新创业热情。

（四）优化财政引导，丰富融资方式，鼓励科技金融

优化财政扶持引导方式。加大财政扶持力度，力争各级财政的科技投入在5年内实现翻番。整合条块扶持资金，强化统筹管理，聚焦重点产业，加大投入力度。实行科技政策“普惠制”，探索科技扶持项目“后补助”方式，形成“企业先行投入、验收合格后政府再补助”的资助方式；探索科技资金“拨改投”模式，力争在政府财政科技投入的引导下，能够实现与社会资本、科技创投基金的深度融合；变“项目导向”为“需求导向”，通过发放“创新券”等方式购买科技服务和科技成果；降低政府采购和国企采购门槛，扩大对区内科技型中小企业采购比例；落实区镇联动机制，鼓励镇级资金配套扶持，确保政策落地。设立“奉贤区中小微企业创新创业产业发展基金”，以此为载体争取国家、市级相关产业引导基金注资，为区内中小企业科技创新提供资金支持。

丰富企业多渠道融资模式。完善多层次资本市场服务，加强上市辅导和培训，支持科技型中小企业上市融资。与上海市股权托管交易中心合作建立奉贤服务中心，依托场外交易专业团队，推动科技型中小企业在场外交易市场使用股权定向增发、私募债、企业债等工具获得融资，对成功进入中心挂牌的科技型企业予以挂牌费补贴。发挥“奉贤融资网”的平台作用，鼓励金融机构根据中小企业的资金需求特征进行金融产品创新。探索建立“科技贷”等金融模式，推动区内金融机构创新金融产品。充分调动民间资本在服务中小企业融资方面的积极性，推动区内小额贷款、村镇银行、融资租赁等新兴金融机构发展，引导民间资本支持科技创新。

鼓励科技金融创新。建立并完善科技型中小企业投融资体系，针对科技型中小企业探索融资担保业务。此外，奉贤区还应建立知识产权交易市场，在相对完备的市场中发展知识产权金融业务，包括知识产权证券业务、保险业务以及融资租赁业务等，探索丰富多样的金融产品为具有核心技术的中小企业分散风险，软化财务约束，解决中小企业融资难题。

（五）营造创业环境，规范市场秩序，增强服务的配套性

营造创业环境，创建优质高效的政务环境。推广复制自贸区成功经验，依法合规、放管结合、不断创新政府管理服务方式，优化审批流程，进一步提高行政审批效率。推进服务型政府建设，增强服务科技创新的能力。建立创新创业政策调整优化机制，开展创新创业政策清理，及时修改完善政策措施，并使之常态化。强化区行政服务中心功能，加快推进网上办事大厅建设，全面提升区、镇（社区、开发区）两级政务环境。

规范市场秩序，构建公平公正的竞争环境。切实履行政府职责，培育公平竞争的市场环境。加大知识产权保护力度，加强行政执法与司法的衔接，推进建立统一的知识产权监管和执法体系，形成与上海科技创新中心相匹配的知识产权行政管理体制。推进诚信体系建设，建立科技项目诚信档案，将侵权行为信息纳入社会信用记录，加大惩处力度，积极创造诚信守信的良好环境。

增强服务的配套性，打造宜居宜业的生产生活环境。充分利用奉贤区优越的自然条件，进一步完善城市发展规划，加快推进城市信息高速公路和综合交通等基础设施建设。着力加强区内教育和医疗等公共服务方面的建设，进一步完善生态环境建设，增强公共安全综合治理，以完善的公共服务配套让进入区内的人才能够真正实现“工作在奉贤，生活在奉贤”。

五　研究总结

本文在已有统计数据基础上，结合多次走访与深入调研的反馈结果，梳理了奉贤区在对接上海建设全球有影响力的科技创新中心目标上的禀赋优势。研究发现，奉贤区中小企业聚集效应较为显著，数量众多且分布广泛，在区政府的引导下，中小企业创新创业积极活跃、创新能力不断提升，多种创新要素开始加速集聚，因此奉贤区构建中小企业科技创新活力区成为对接上海科创中心建设的重要战略目标。截至目前，活力区建设初步成效显著，

成绩斐然。

当然，活力区建设和运行过程中还发现存在着不少亟待解决的问题，这些问题成为阻碍活力区充分发挥作用的不利因素，包括一些共性的问题，如科技政策的系统性、有序性及针对性有待提高，融资渠道相对缺乏、科技成果转化受限等；此外还有一些奉贤传统短板因素的羁绊，最主要的在于创新人才的集聚相对有限，创新活动的载体在企业，但活动主体在于研发人员尤其是高级研发人员的引领。因此，本文结合奉贤区已有的禀赋优势，对接活力区建设的短期和长期目标，针对活力区建设存在的问题，进一步提出未来需要进一步统筹实施的政策及其着力点：例如，在企业培育方面，除了培育重点企业外，还应增强创新支撑、引入优质增量企业；创新环境保障方面，一方面要强化科技服务，促进协同创新，加强载体建设，另一方面要培育存量人才，提升人才增量，优化人才机制；此外，还需要进一步优化财政引导，丰富融资方式，鼓励科技金融，并从总体上营造创业环境，规范市场秩序，增强服务配套。

B.11
奉贤新能源、新材料产业发展研究

邱俊鹏　吴康军　宋敏兰*

摘　要： 新能源、新材料产业作为奉贤重点发展的“1+1+X”产业格局中的重要组成部分，在奉贤全面创新转型的征程中，在一项项创新举措的推动下，改革效应日渐体现。在对奉贤新能源、新材料产业发展的状况和相关重点企业现状的分析中，发现在产业规模、产业集聚、产业扶持相关政策等方面具有显著的优势，但同时也发现奉贤新能源、新材料产业存在人才储备相对不足、企业长期发展战略缺失、主营业务单一等问题。立足上述现状分析，本文分别对奉贤新能源、新材料产业的发展路径进行了详细分析，并从扩充人才储备、开展产品市场需求研究、建立产业发展指导小组等方面给出了解决上述问题的具体建议。

关键词： 新能源　新材料　产业发展路径

随着我国经济持续30多年的高速增长时代的结束，全国经济进入了中高速发展的新常态阶段，以传统制造业转型升级为代表的传统行业的转型进入关键突破期。在经济增长出现结构性减速，工业行业产能过剩问题的背景

* 邱俊鹏，经济学博士，上海社会科学院经济研究所、数量经济研究中心助理研究员，主要研究方向为计量经济学理论及其在政策评估中的应用研究。吴康军，奉贤区委党校区域与经济发展研究中心主任，讲师，研究方向为农村经济。宋敏兰，上海社会科学院研究生院，数量经济学专业硕士生。

下，新一代信息技术、生物医药、新能源、新材料、节能环保等战略性新兴产业以其高科技含量、低能耗、高附加值等特点，总体仍然保持较快增长，成为新的经济增长点。在《中国制造 2025》的指引下，在强化创新驱动、智能转型、绿色发展的制造业发展模式下，我国战略性新兴产业将迎来快速发展时期。

作为上海改革开放、创新发展高地的奉贤，在全面创新转型的征程中，一项项创新举措落地生根，制度红利加速释放，改革效应日渐体现。在明确“1+1+X”产业格局的发展重心指引下，以协鑫集成为龙头的新能源产业和以先进高分子材料为主要发展方向的新材料产业近年来发展快速，目前已实现了产业转型发展从散向聚的转变。在落后产能不断退出、产业集聚不断深化、创新政策不断推进的背景下，奉贤新能源、新材料产业未来将如何发展，将是本文接下来所要重点探讨的问题。

一　奉贤新能源、新材料产业发展现状

上海作为“一带一路”的桥头堡、“长江经济带”的龙头，随着上海自贸区建设加快推进，制度创新扩散效应积极释放，倒逼周边区域涉外体制加快变化，进而推动区域开放型经济全面升级，为上海提供了前所未有的历史机遇和发展空间。目前上海制造业正处于转型发展关键时期，随着二、三产业全面融合、智能制造的快速推进，制造业发展动力将转向以科技创新为驱动的新经济。2016 年上海市的战略性新兴产业逆势增长，全年完成工业总产值 8307.99 亿元，比上年增长 1.5%，高于全市工业产值增速 0.7 个百分点。其中新能源产业的工业总产值为 443.24 亿元，新材料产业的工业总产值为 1932.56 亿元。未来上海的制造业将进一步向战略性新兴产业为主导的产业格局转变，以新兴产业的驱动及其对传统经济结构的改造构建经济增长新的引擎。

在国家政策支持，上海政府积极发展战略新兴产业的背景下，地处上海南部的奉贤区，在产业发展上逐步明确了“1+1+X”产业格局，即东方美

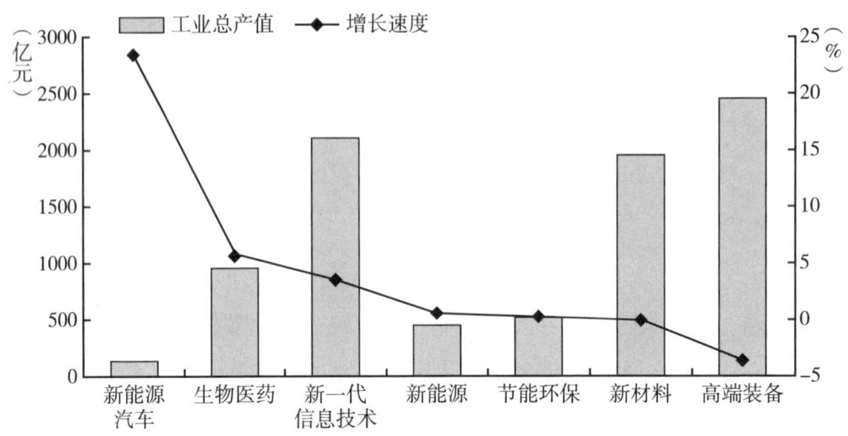

图1　2016年上海战略性新兴产业制造业产值及其增速*

＊战略性新兴产业各子产业之间存在重复，计算总数时剔除重复，与各子产业相加不等。

资料来源：上海市统计局。

谷+新能源产业+生物科技、新材料、高端制造技术、信息技术等“四新”经济和战略性新兴产业。新能源产业和新材料产业作为上海市和奉贤区共同重点发展的产业，随着落后产能的不断退出，低耗能高技术企业的不断集聚，将为奉贤新能源、新材料产业带来新的增长动力。

（一）奉贤新能源产业发展现状

新能源指刚开始开发利用或正在积极研究、有待推广的能源，如太阳能、风能、地热能、生物质能、海洋能和核聚变能等。新能源产业主要是源于新能源的发现和应用。新能源产业是国家和上海市确定的重点支持发展的高新技术产业，也是奉贤区优先发展和重点扶持的主导产业之一。

1. 总体发展情况

发展新能源产业，构筑低碳经济新格局，是我国调整产业结构、打造经济新增长极的重要选择。为发展新能源产业，奉贤将上海市工业综合开发区新能源产业园区和奉城新能源产业园作为新能源产业重点发展区域，规划面积分别为5平方公里和6.2平方公里。目前，奉贤区内已有协鑫集成、晶澳太阳能、德朗能等一批新能源优势企业。重点发展太阳能、潮汛发电装备、风能、氢燃料电池、锂电池和核电站配套装备、配件、材料，推动奉贤新能源产业又好又快发展。

2016年奉贤区规模以上的新能源产业实现工业总产值57.93亿元，同比下降61.60%；实现利润总额2.32亿元，同比下降74.60%。从图2中可以看出，自2011年起奉贤区规模以上的新能源企业发展的整体状况呈起伏状，工业总产值在2015年达到高峰，而企业的利润总额则是在2014年达到高峰。2016年新能源产业的工业总产值较2015年下降近2/3，未来随着落后产能逐渐淘汰，在区政府大力扶持及整个新能源行业的发展前景乐观的推动下，奉贤区的新能源产业的下降状况有望得到改善。

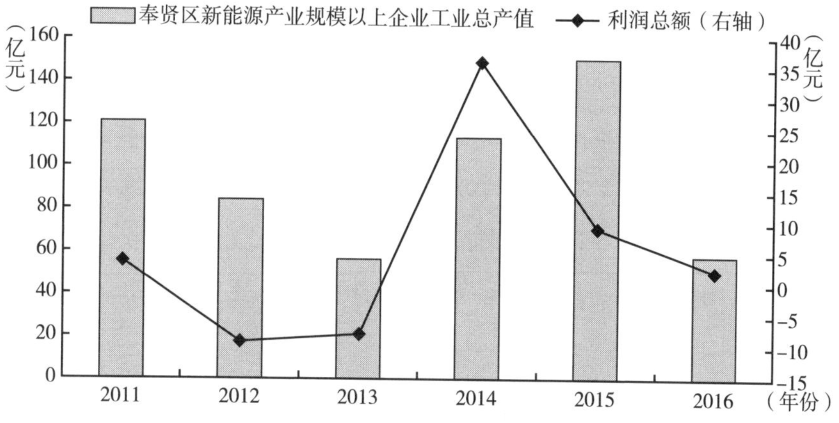

图2　2011～2016年奉贤区新能源产业规模以上企业工业总产值和利润总额

资料来源：历年奉贤区统计年鉴。

2. 重点领域、企业的发展情况

（1）太阳能光伏产业：投资加码，项目建设如火如荼。为进一步推进上海市可再生资源能源发展，带动和促进战略性新兴产业发展，奉贤区加大节能减排和能源结构优化调整工作力度，2016年一至三季度全区完成企业光伏发电项目备案10个，建设项目容量为7.1兆瓦，总投资约0.7亿元；

87个家庭利用自有住宅屋顶建设光伏发电项目。另外，建设新能源汽车充电设施项目167个，总投资约0.32亿元。随着该项技术的产业化的逐步实现，奉贤的新能源产业将会攀上新高峰。

（2）分布式能源：重点企业溢出效应显现，新增长点蓄势待发。协鑫集成作为奉贤区新能源行业领域的代表性企业，2016年成为奉贤首个年营收超百亿元的企业，逆势涅槃填补了奉贤区工业经济下滑的空缺。2015年，经过奉贤区委、区政府多次协调，协鑫计划将智慧交通科技发展有限公司、协鑫昂朝智慧能源交通有限公司落户奉贤。经过一年多的发展，"协鑫"带来的溢出效应也逐步显现：包括电动汽车分时租赁、充电桩及配套车位、停车场库、智慧能源等的智慧交通，探索以绿色能源为导向的"绿色小镇"等，新能源技术革命即将在奉贤蓄势待发。

（3）阿波罗机械：技术优势稳发展，政策激励输动力。位于区内的上海阿波罗机械股份有限公司是奉贤区核电装备制造的代表性企业，是我国主要核泵设备生产厂家之一，也是上海市核电配套设备生产的重要基地之一。公司已成为专业化、集约化的核电产品集成供应商，公司产品在国内核电站用泵等高端泵应用领域处于龙头地位。目前已取得多项拥有核心自主知识产权的发明专利。未来在《中国制造2025》、"一带一路"、"核电走出去"的鼓舞下，将带领奉贤区核电相关产业走向世界，实现跨越式发展。

（二）奉贤新材料产业发展现状

新材料产业包括新型光电材料、超导材料、新型交通运输材料、新型建筑材料和环保节能材料、电子微电子试剂材料、高端应用耗材等领域。我国新材料产业市场规模发展迅猛，从2003年开始每年都增长20%以上。根据《上海促进新材料发展"十三五"规划》中显示，"十三五"期间上海市的新材料产业总产值的目标是达到2500亿元，年均增长率为4%～5%。奉贤区作为上海市新材料产业的主要集聚区，在行业整体发展欣欣向荣以及多级政府政策鼓励的背景下，必将迎来新的发展机遇期。

1. 总体发展情况

新材料产业是国家和上海市确定的重点支持发展的高新技术产业，也是奉贤区优先发展、重点扶持的主导产业之一。上海市政府已经批准奉贤区为上海市新材料基地之一。奉贤区统计年鉴中的数据显示，2016 年奉贤区的新材料行业规模以上企业已增长至 42 家。奉贤区新材料产业主要以新型化工材料为主，上海市政府已经批准奉贤区为上海市新材料基地之一。奉贤区的新材料产业基地分布为：上海奉贤经济开发区、上海化工区奉贤分区和金汇工业园区。目前已经拥有上海康宁、同创普润等知名企业。重点发展特种金属功能材料、高分子材料、环保节能材料、高性能复合材料等。积极发展为航空、航天等产业配套的高强高模碳纤维、高温合金、钛合金等新材料产业；大力发展可持续发展和节能环保的新材料；加快发展电站、船舶等支柱产业配套的高性能精品钢等关键材料。

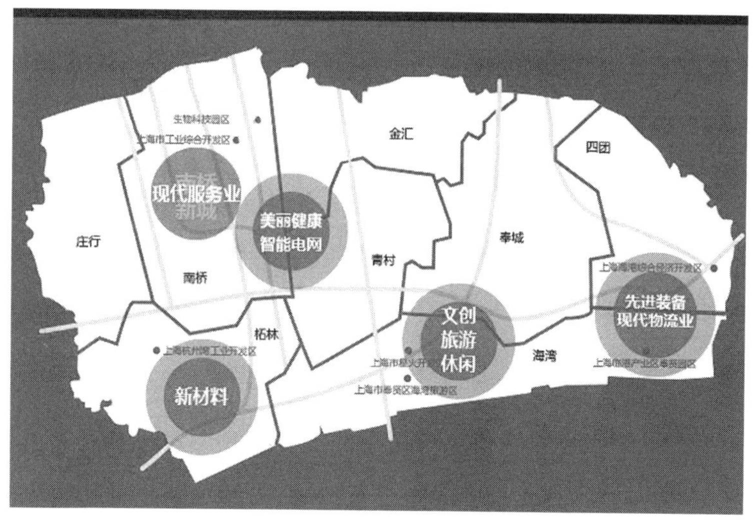

图 3　奉贤区新材料产业的主要分布

资料来源：上海市奉贤区人民政府招商办公室。

从规模以上企业的发展情况来看，2016 年奉贤区新材料行业规模以上企业的工业总产值为 78.9 亿元，比上年增长 17.4%，占全区新材料产业总产值的89.2%；实现利润总额为4.68亿元，比上年增长近5倍。在区政府忍痛割肉，坚持淘汰“三高一低”（高能耗、高污染、高风险、低产出）企业，鼓励企业自主转型等一系列措施的激励下，一批新材料企业陆续落户奉贤，促进了奉贤新材料产业的快速发展。尽管奉贤区新材料产业规模以上企业的工业产值的情况不及2013年高峰时的状况，但企业总体的利润总额有了明显的提升，已经连续两年持续高速上涨（见图4）。

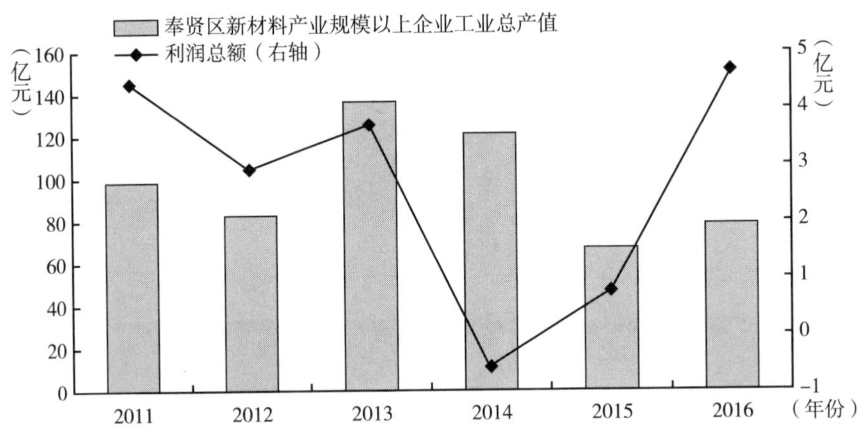

图4　2011～2016年奉贤区新材料产业规模以上企业工业总产值和利润总额

资料来源：历年奉贤区统计年鉴。

2.重点领域、企业的发展情况

（1）细分领域：以先进高分子材料为主，集聚效应初具规模。从奉贤区新材料产业的细分领域来看，无论是奉贤的化工区分区还是其他区域，奉贤区新材料产业均主要以先进高分子材料为主，2016年奉贤区除化工区部分外的新材料总产值为88.43亿元，其中先进高分子材料总产值79.6亿元，占全区的90.0%，占全市先进高分子材料产值的7.5%，比2015年占比下降23.4%。而上海的化工区则主要涉及先进高分子材料的生产，对其他新材料领域并无过多涉及。

（2）上海化学工业区奉贤分区：聚实力，赢未来。上海化学工业区奉贤分区是上海化学工业区的重要组成部分。奉贤分区将在上海化学工业区的

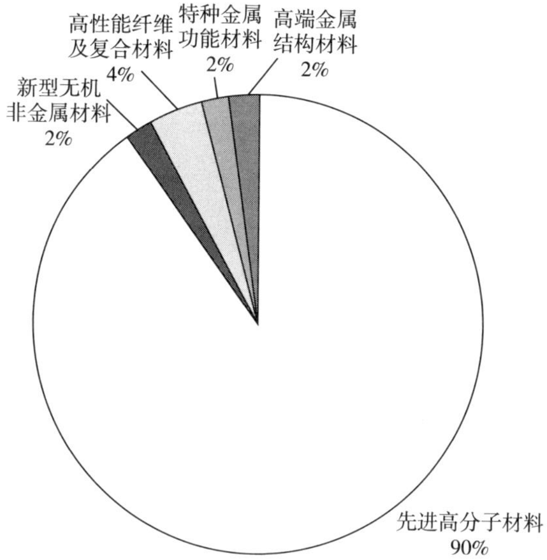

图 5　奉贤除化工区外其他地区新材料产值构成情况

资料来源：上海市经济和信息化委员会。

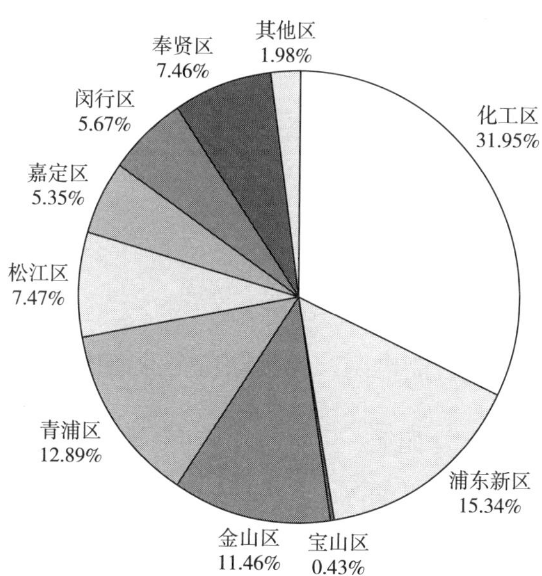

图 6　上海市先进高分子材料产值分布情况

资料来源：上海市经济和信息化委员会。

统一规划基础上，建设成为高科技产业和支柱产业相对集中的，以石油深加工和天然气化工为基础的世界级化学工业区，并将带动地方经济发展。上海化学工业区奉贤分区所辖范围约18.2平方公里。开发区产业定位为精细化工、生物医药、化工仓储物流、化工机械配套及新材料、新兴产业等，同时还承担着开发建设上海国际游艇母港基地的重要任务。经过近六年的发展，开发区内已有国家级的化工研发中心以及大日精化、奇华顿、森佩理特等行业领先的国内外知名企业进驻。

（3）同创普润：海归专家释放创新活力，潜心研发填补技术产业空白。同创普润上海机电高科技有限公司是由中央“千人计划”、奉贤第一批入驻千人计划创业园的专家姚力军博士创建的一家专业研发生产高纯度半导体材料的高新技术公司，公司落户于市工业综合开发区内，占地面积80.96亩，建筑面积63715平方米，接下来，公司将建立国内第一条用于半导体、平板显示器、高转化率太阳能电池产业的超高纯金属材料提纯及大型镀膜设备关键部件生产线，项目总投资5.92亿元，目前公司即将竣工投产，投产后预计将实现年销售10.1亿元，税收9500万元。

二　奉贤新能源、新材料产业发展优势

结合上述对奉贤区新能源与新材料产业的发展现状的介绍，可以对奉贤区新能源新材料产业的发展优势做出如下解读。

（一）新能源+智能电网，强强联合产业链优势显著

新能源产业通过对太阳能、风能、潮汐能等新能源的利用，可以将其转化成电能再为其他产业输送能源。而智能电网则是建立在电能的基础上完成对电能输送智能化。新能源产业为智能电网提供了源源不断的电力支持，而智能电网则保证电能能够更好地满足消费者的用电需求，因而新能源产业和智能电网产业是相辅相成“天然的好伙伴”。奉贤区凭借有利的资源优势在新能源产业已经建立了深厚的产业基础。而奉贤区在智能电网领域也已经具

有一定的产业基础，经过二十多年的发展，形成了输配电“一业特强”局面，汇聚了高低压开关设备制造、变压器、电缆、电池制造、电工器具等领域共94家规模以上企业，集聚了上海通用广电电气、柘中电气、中发依帕股份有限公司等重点企业。2016年奉贤区规模以上智能电网（输配电）企业取得了85.34亿元的工业总产值，虽较去年有所下降，但随着热电工程新老交替在2017年建成启用，未来将持续释放利好消息，促进奉贤区新能源与智能电网产业的发展。

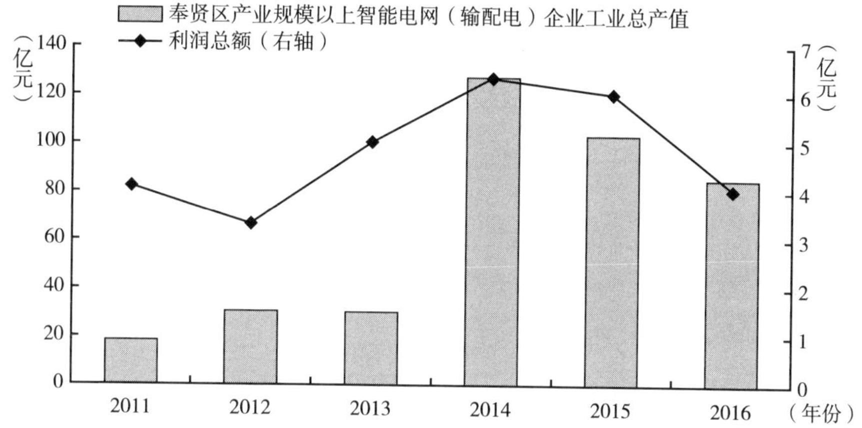

图7　2011～2016年奉贤区规模以上智能电网（输配电）工业总产值和利润总额

资料来源：历年奉贤区统计年鉴。

（二）新材料产业初具规模，总体布局相对集中

从各区新材料产业产值占比情况来看，2016年上海化工区的产值为340.75亿元，占比最大达到18%。位于上海化工区奉贤分区内的新材料产业基地，依托上海化学工业区石油炼化原材料的产业优势，在积极发展壮大下游有机高分子材料、复合材料的产业链及其在航空、航天、高铁、电子、装备等领域的应用过程中扮演着重要的角色。在奉贤分区的新材料产业集聚效应的作用下，奉贤区其他区域新材料产业的总产值也达到88.43亿元，占全市新材料总产值的5%。未来随着奉贤分区的集聚效应的进一步释放，奉

贤区其他区域内新材料产业的产值即将进一步释放转移至分区内，因而分区内产值也有望进一步攀升。

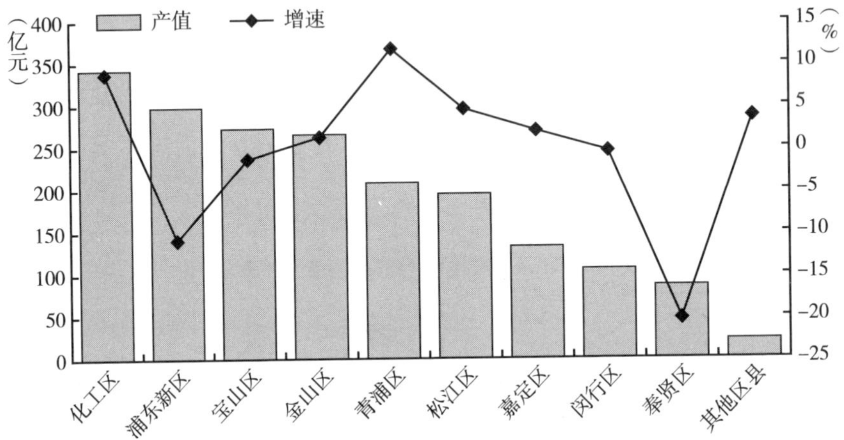

图 8　2016 年上海市各区新材料企业年产值及增速

资料来源：上海市经济和信息化委员会。

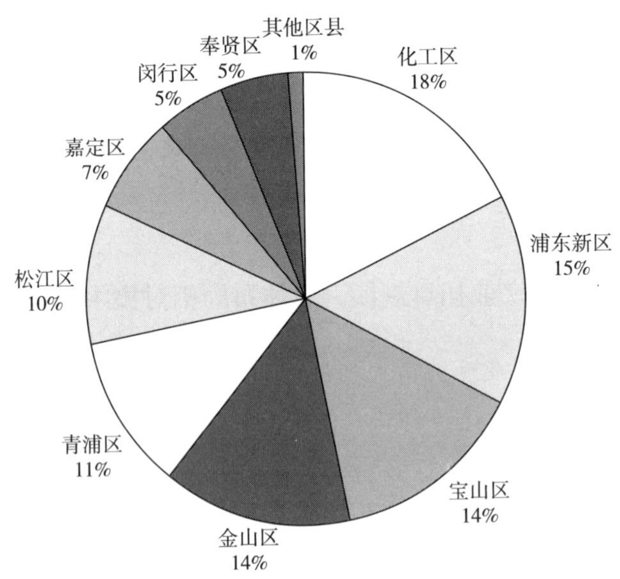

图 9　2016 年上海市各区新材料企业年产值占比

资料来源：上海市经济和信息化委员会。

（三）全方位多领域的政策支持，为梦想解开束缚

以上海交通大学奉贤产学研合作促进中心为主要平台，培育科技创新型项目在奉贤区落户，鼓励企业、高校院所以技术和产权为纽带结成战略联盟，延伸产业创新链。到目前为止，奉贤区大部分高新技术企业都与高校建立了各类产学研合作关系。

在企业融资方面，作为上海市首家国家专利保险试点城区的奉贤，通过三年试点，在专利保险上探索出“政府政策扶持，保险公司市场化运作，企业自愿投保”的奉贤模式，并在上海首创专利保险联盟。联盟不仅帮助企业通过专利质押融资，还为企业的知识产权架起一个保护网，分担专利诉讼的巨额费用。此外，奉贤还搭建了融资公共服务平台和金融服务平台；与多家企业合作开展银企对接活动；培育、推动科技企业上市融资；利用上海股权托管交易中心奉贤分中心平台，支持科技企业进行股份制改造并予以挂牌费补贴。

除了上述各方面的扶持政策外，奉贤区对企业的创业孵化、知识管理、品牌商标、科技创新、技术改造、平台建设等多方面在政策上均有详细的扶持办法、奖励规定、政策支持。在“大众创业，万众创新”的时代，良好的政策环境，才有可能成就创新创业的梦想与未来。奉贤区通过全方位多领域的政策，为创新创业人才解开了束缚，为勇于实现梦想的年轻人创造了展开翅膀的舞台。

（四）人才政策福利多，创新创业氛围浓

为加快建设中小企业科技创新活力区，奉贤区相继出台《关于加快建设中小企业科技创新活力区的若干产业扶持政策》、《关于奉贤中小企业科创活力区建设人才激励的若干扶持政策》等吸引人才、鼓励创新的政策。在人才方面，相较于以往“广覆盖”的人才激励政策，奉贤此次人才激励新政更精准聚焦领袖企业中的领军人才。为了吸引和留住这些企业的人才，政策以人才最迫切的需求为导向，比如通过在购房补贴、人才租房补贴、免

租入住人才公寓、优秀人才津贴、人才子女就学服务、人才医疗服务等方面创造具有吸引力的条件，减少人才的后顾之忧。在产业扶持政策方面，区财政安排10亿元设立奉贤区新能源产业投资基金，引入社会资本投入，通过专业团队运营管理，以市场化方式全部用于投资区内拥有自主知识产权和品牌的实体型新能源企业。在鼓励创新方面，奉贤区通过设立1000万元的奉贤区滨海青年英才开发计划专项资金，专门用于青年英才的个人补贴，扶持青年人才创新创业。

在奉贤一系列有关人才吸引、创新鼓励、技术引进等政策的激励下，2010～2016年，奉贤全区人才资源总量从16.2万人上升到24.84万人。近三年来，“千人计划”集聚效应愈加凸显，通过办理居住证等方式引进各类人才17457人；共培养和引进国务院特殊津贴获得者、上海市领军人才、上海市“千人计划”人才、上海市“首席技师”等近30人；创业园共66个项目成功入驻，其中国家千人计划专家项目25个，地方千人计划专家项目16个，海外高层次人才项目25个；专家引进方面，奉贤在人才引进的基础上进一步借助院士专家的力量，寻求科研突破点。未来随着政策的红利的进一步释放，将助推奉贤区产业发展升级和人才进一步集聚。

三 奉贤新能源、新材料产业发展过程中存在的问题分析

通过对奉贤区的相关企业进行调研，结合上述分析发现新能源、新材料相关企业在发展过程中所出现的问题总结如下。

（一）新能源产业相关人才储备不足，培训晋升体系尚不完善

尽管奉贤区的人才政策的条件以及为创新创业所创造的环境，无论是对高技术人才还是创新创业人才均具有很强的吸引力，也取得了可喜的成绩。但纵观近年来流入的人才所涉及的领域，多出现在新材料、生物医药、美丽健康等产业，而与新能源产业相关的人才储备仍然较为匮乏。调研中交能集团的目前全体员工中本科及本科以上学历占比较低，拥有中级或者中级以上

职称的人才较少，且部分子公司队伍年龄结构老化，另外由于集团自身所处的平台、对外的知名度、对员工的培训晋升体系不够完善等原因，对外来人才的吸引力不足，特别是在高端人才、专业人才上呈现短板。

（二）新材料产业亏损情况有待进一步改善

新材料产业具有技术高度密集、研究与开发投入高的特征，因而产品由研发到产业化，前期往往需要大量的资金和科技投入。而产品一旦开发失败，前期的投入也将付之东流，因而企业出现亏损的情况时有发生。从图10可以看出奉贤区新材料产业规模以上的企业的亏损情况仍然比较严峻。尽管从亏损总额与盈利总额之比的数据来看，从2014年起开始逐渐改善，但2016年亏损总额仍然高达4.89亿元，而2016年的盈利总额也不过9.57亿元，亏损超过一半有余。亏损单位数与新材料行业单位总数之比也呈现上升之势。为扭转亏损较为严重的态势，企业自身需要不断寻求破解之法，找到根本原因，为以后顺利开展生产经营活动做铺垫。同时还需要政府的引领，对于无法很好地找到亏损原因的企业，政府可以提供相应的指导。

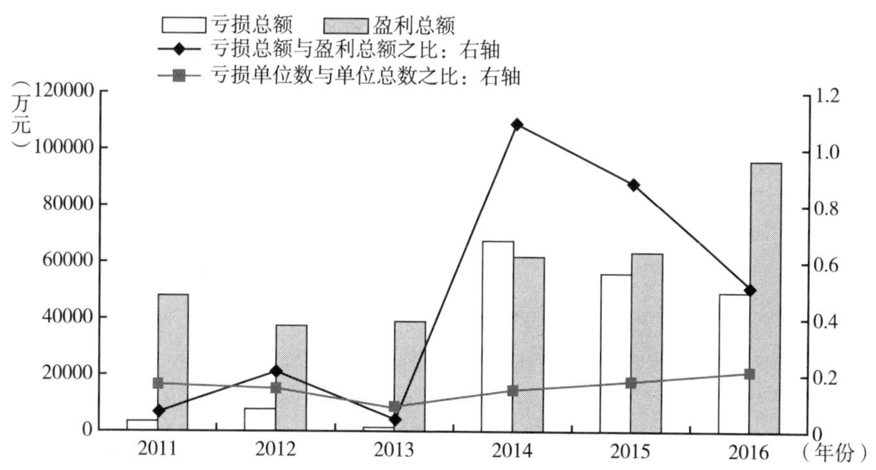

图10　奉贤区新材料行业规模以上企业历年亏损情况

资料来源：历年奉贤区统计年鉴。

（三）长期发展战略缺失，目标导向不够明确

在一系列鼓励创新创业、吸引人才的政策助力下，上海奉贤区的新材料产业汇集了大量的拥有高科技的中小企业。中小企业的相继落户增加了奉贤区的工业附加值，但同时由于企业规模较小，在专心研究生产的同时往往忽略对企业长期发展的规划。在调研中也发现新能源产业的大型企业也面临着相似的困境，企业通常只对今后 2 ~3 年发展有所谋划，但缺少未来长期发展的战略目标和规划，尤其是对企业的核心经营理念、长期发展目标、人力资源管理及企业战略资源等内容缺乏系统性、长远性思考，存在企业战略缺失、发展思路缺位的问题，容易走入企业经营方向迷失、经营领域模糊的困境，也不利于企业职工的凝心聚力。

（四）主营业务结构单一，未来发展不确定性较大

奉贤新材料产业的大多数的中小企业通常都是围绕某项或某几项相关技术进行产品的生产，企业的主营业务比较单一。虽然当下阶段由于技术的先进性和材料的前沿性可以与市场的需求很好地匹配，但由于缺乏对企业发展长期战略的考虑，加之未来市场需求的不确定，企业未来的发展将面临较大风险。从新能源产业的大型企业发展情况的调研中也发现了主营业务结构相对单一，且竞争力不足的问题。因此无论是大企业还是中小企业，对企业核心竞争力培育的同时，还需注重行业发展形势，需要对市场需求状况进行相关的调查和研究，以避免业务单一，市场需求不确定性风险给企业的发展带来的冲击。

四 奉贤新能源、新材料产业发展路径研究

在研究了奉贤的新能源新材料产业后发现，奉贤在这两个领域已经形成了一定的产业规模。但是，新能源产业基础研究薄弱，技术能力不足，国产设备技术落后，技术和产品同质化造成价格竞争等情况还存在；新材料产业仍面临盈利水平不足、企业管理能力薄弱、行业需求不确定等困境。根据上

述分析，并结合《奉贤区国民经济和社会发展第十三个五年规划纲要》、《奉贤区科技事业“十三五”发展规划》等文件，本文给出的奉贤新能源、新材料产业的发展路径如下。

（一）新能源产业的发展路径

1. 坚持逐步淘汰落后产能，开发新项目

对已有的设备进行技术判断，每年制定相应的淘汰落后产能的目标。继续坚持逐步淘汰环境污染大、能源消耗高、科技含量低、综合效益差的中小企业，以便为引进创新创业的项目腾出空间。加大招商引资力度，继续坚持贯彻“一体两翼”战略、“四个聚焦”、“三个并举”，有侧重有选择地进行新项目的开发。

2. 实现重点项目和关键技术的突破

强化新能源领域的科技创新，以太阳能、风能、潮汛发电装备、氢燃料电池、锂电池和核电站配套装备等为主攻方向，提高能源转化及存储效率，努力将奉贤区建设成为上海市新能源产业基地。以重点项目为带动，加大对拥有核心技术的新能源企业的持续支持，培育发展技术领先企业；通过核心技术的攻关，带动相关共性技术的突破，形成核心技术的扩展效应，整体提升奉贤新能源产业技术水平。

3. 构建奉贤区新能源及节能环保产业链

依托交大（奉贤）产学研合作促进中心以及相关高等院校资源，充分发挥大学、企业、政府三方优势，打造集环保科技、再生能源技术研发、工艺操作、产品制作销售于一体的三废治理创新平台示范基地。引进先进的废物再生技术，建立可循环资源的回收、处理和再利用体系，努力打造世界一流的绿色环保和再生能源科技产业化国际基地。

（二）新材料产业的发展路径

1. 明确重点发展的方向

奉贤区新材料产业重点发展的领域为先进高分子材料领域，如今已经形成一定规模的产业集聚。“十三五”期间奉贤将重点在特种金属材料、高分子材料、环保节能材料、高性能复合材料等领域进行进一步的拓展。积极发展为航空、航天等产业配套的高强高模碳纤维、高温合金、钛合金等新材料；大力发展可持续发展和节能环保的新材料；加快发展电站、船舶等支柱产业配套的高性能精品钢等关键材料。

2. 积极培育龙头企业

目前奉贤新材料领域汇集了大量的中小企业，这些企业创新活力十足，创新研发势头强劲。但产业的发展还需建立在企业不断发展壮大的基础上，保持创新的同时还需要注意效率。积极培育龙头企业，可以通过工业区转型升级、加速国内外知名新材料与服务企业集中、兼并、重组，淘汰高投入、高消耗、高污染、低效益的过剩落后产能的企业，实现中小企业的华丽变身。同时重点支撑具有高性能、高附加值产品的高技术项目，扶持一批国际先进水平的龙头企业，通过龙头企业的示范作用，实现产业进一步的集聚。

3. 对接“一带一路”战略，开辟海外市场

除了在农产品、文化交流方面与“一带一路”国家进行贸易交流外，奉贤还可以发挥在先进高分子材料等领域的优势，利用互联网及时了解“一带一路”建设中对新材料的需求动向，及时调整生产方案。结合区内上海石油化工交易中心的优势，鼓励相关企业对“一带一路”国家的市场进行考察调研，与国外的企业进行有效的沟通交流，从中寻找到可合作的项目。此外还需要在制度层面进行创新，对企业与“一带一路”国家进行的合作实施有效保障，实现双方的互利共赢。

五　相关建议

（一）广泛宣传人才引进政策，积极与目标人才进行沟通

奉贤在新能源产业人才储备和技术创新方面相比于新材料产业的情况有些不足，相关的研发氛围和人才引进的情况也尚待进一步的提升。但无论是

新能源产业还是新材料产业，高端人才储备的不足都是常态存在的。奉贤地处上海的南部郊区，相较于市中心交通和各项基础设施较为齐全的区吸引力较弱，奉贤极具吸引力的人才引进政策可以很好地弥补上述缺憾。为更加及时地吸引目标人才，有必要加大对奉贤人才引进政策的宣传力度，扩大人才的搜寻范围。企业或者政府可以通过与高校就业指导处取得联系、到目标人才集聚地举办人才招聘会、人才引进洽谈会等方式与目标人才进行直接的沟通。

（二）开展产品市场需求分析和企业未来发展方向的相关课题的研究

市场需求的不确定性往往使得企业的技术研发和产品的生产面临巨大的风险。新项目从构思到研发再到产品的产业化生产往往需要经过较长的周期，因而在项目开发前对当前市场需求的分析，和未来市场需求的预测是十分有必要的。企业可以委托专业的市场分析研究人员对产品的市场需求进行合理的估算，研发生产过程中也需要及时了解市场的动向以随时应对市场变化。此外，企业也可以聘请相关专家对企业未来的发展方向进行指导，并结合自身的发展情况确定企业长期的发展战略和发展目标。

（三）建立相关产业发展指导小组，逐步落实促进产业健康发展实施方案

为进一步加大新能源、新材料产业推进工作力度，加强对全区新能源、新材料产业发展工作的指导。考虑成立推进奉贤区新能源、新材料产业发展指导小组，统一组织指挥和协调整合各类资源，研究解决产业发展中的重大问题。有关委、办、局及各镇、开发区密切配合，形成合力，充分重视新能源、新材料相关项目的推进工作，切实抓好重大项目的建设。在进行指导时要立足于企业发展的实际情况，给予真实有效的发展建议。指导小组的组织设计需要落实工作责任制，可以通过制定具体实施方案和工作推进计划来进行规范。

（四）强化对企业管理人才的引进，完善员工培训晋升的机制

随着中小企业的不断发展壮大，对管理人才的需求将会不断上升，这也是产业不断发展扩大的必然趋势。因此在引进技术人才的同时，企业管理人才同样不能忽视。奉贤区的人才引进政策中对高端的技术人才给予相当优越的条件，但是对企业管理人才的引进也应该加强重视。优秀的企业管理者可以帮助企业的运作效率大大增强，可以帮助企业建立起完善的员工培训和晋升体系，使每个员工都充分发挥他们的潜能。这些最终都会以提高企业经济效益的形式反映出来，因此政府的人才政策中可以适当对企业管理类的人才做出较为细致的解释。

参考文献

王导：《奉贤亮出科创“金名片”》，《中国经济导报》2017 年 6 月 24 日，第 A04 版。

《奉贤区产业发展引导基金管理办法（试行）》（沪奉府〔2017〕10 号）。

《上海市奉贤区人民政府关于人才激励的若干意见》（沪奉府〔2011〕122 号）

《上海促进新材料发展“十三五”规划》（沪经信新〔2017〕2 号）。

上海市奉贤区第五届人民代表大会第一次会议《政府工作报告》，2017 年 1 月 9 日。

《奉贤区国民经济和社会发展第十三个五年规划纲要》，2016 年 6 月 14 日。

《上海市奉贤区科技事业“十三五”发展规划》，2017 年 2 月 13 日。

上海市奉贤区人民政府《关于加快建设中小企业科技创新活力区的若干产业扶持政策》，2016 年 6 月。

上海市奉贤区人民政府《关于奉贤中小企业科创活力区建设人才激励的若干扶持政策》，2016 年 6 月。

B.12

奉贤“东方美谷”美丽健康产业发展研究

李世奇　朱嘉梅*

摘　要： “美丽中国”是“中国梦”的重要内容，奉贤区委、区政府结合奉贤区的生态环境优势和产业基础，在“十三五”初期提出了打造“东方美谷”的战略目标，推动美丽健康产业的集聚发展。近年来，奉贤区美丽健康产业已具备一定基础和实力，在推进美丽健康产业发展同时，奉贤区积极打造美丽健康产业链，取得显著成效，涌现出一批知名企业，为奉贤经济的创新转型发展注入了新的活力。

关键词： 东方美谷　美丽健康产业　创新转型

奉贤深入贯彻习近平总书记关于提升实体经济能级的系列讲话精神，紧紧围绕上海建设具有全球影响力科创中心的目标，通过大力发展美丽健康产业加快经济创新转型，近年来已取得丰硕的成果，但也面临着新的挑战。党的十九大对加快发展先进制造业和现代服务业提出了更高的要求，上海也从全市的高度对推进美丽健康产业发展提出了若干意见，美丽健康产业作为上海产业能级提升的重要组成部分，对上海培育经济增长新动能的意义巨大。上海将奉贤“东方美谷”作为上海大健康产业先行先试核心承载区，逐步

* 李世奇，上海社会科学院数量经济研究中心经济学博士研究生，主要研究方向为宏观经济增长与科技创新政策评估；朱嘉梅，讲师，上海市奉贤区委党校教研室副主任，主要研究方向为区域经济和公共管理。

推进升级为“上海东方美谷”，这既是对奉贤美丽健康产业发展的肯定，也是对未来奉贤打造美丽健康产业集群寄予的厚望，奉贤“东方美谷”美丽健康产业正站在全新的历史起点上。

一 奉贤美丽健康产业发展现状

（一）产业发展总体情况

近年来，奉贤区美丽健康产业已形成较为可观的规模。2017 年全区美丽健康产业产值规模达 221.92 亿元，同比增长 7.8%，完成税收 33.43 亿元，同比增长 43.3%。奉贤区美丽健康产业快速发展态势初步显现，同时涌现一批知名企业。奉贤区美丽健康产业已经形成涵盖美容护肤品、香水、日化用品、生物医药、医疗器械、保健品、绿色食品等多个领域的产业集群，美丽健康产业相关联的规模以上企业达 196 家，积聚了一批有代表性的企业品牌。其中，美容化妆品相关门类的企业达到 65 家，占全市化妆品企业数量超过四分之一，化妆品生产销售额占全市总量接近 40%，代表企业有如新、伽蓝、韩束、科丝美诗、欧莱雅、百雀羚、创馨、自然美富力等国内外知名龙头企业。

（二）产业链协同发展情况

奉贤区积极打造美丽健康产业链，并取得显著成效，一条集研发设计、生产制造、营销推广、终端消费的全产业链已具雏形，产业链协同发展效应初步显现。

在美丽健康产业研发设计方面。一是积极推进产学研合作、构建研发平台、加快产业孵化能力提升等，围绕美丽健康产业发展，在美容化妆相关产品的研发、设计、测试等方面形成一定的发展基础，如与华东理工大学产学研合作不断深化，推进华东理工大学检测中心建设；二是初步集聚了一批科研院所资源，如中国香精香料研究所、华东理工大学、上海应用技术学院等；三是依靠自主创新，初步形成了一批新技术成果转化项目、科技成果、产学研转化项目等。

在美丽健康制造方面。既有美容护肤品及其上下游相关产品的美容化妆类企业，又有日用护理品等类型的以健康理疗为主体特色的企业；既有化学及生物药品、现代中药等制药企业，又有医疗用品、医疗设备等医疗器械企业；既有食品及保健品等食品加工类企业，又有以美容功能为主的美容保健品类企业。

在生产性服务业方面。围绕美丽健康产业发展，奉贤区大力推进中小企业总部商务区、上海金融产业服务基地、上海南郊生产性服务业功能区、上海奉浦生产性服务业功能区、上海辉展果蔬国际水果交易平台、南上海艺术创意产业园、上海千人计划产业园等生产性服务业功能区建设，初步形成了全方位的服务业载体体系，为美丽健康产业拓展产业链提供优越的发展条件。

在商贸服务业方面：逐步形成以满足购物、休闲、娱乐和商务活动等综合消费为主，具备一定集聚和辐射能力的综合商业功能区，如东方商厦奉贤店、百联南桥购物中心、苏宁易购和宝龙城市广场等，且逐步成为上海市地区级商业中心，为美丽健康产业相关商贸服务业发展奠定基础。

（三）产业空间布局

“东方美谷”在上海美丽健康产业空间布局中居于核心地位，作为上海大健康产业的先行先试核心承载区，“东方美谷”立足上海，联动长三角和珠三角。“东方美谷”以奉贤区全域为载体，充分发挥全区优势资源。

奉贤新城和浦江南岸是“东方美谷”的核心区域。奉贤新城区域主要为奉贤新城区域及周边范围，主要包含生物科技园区、闵行出口加工区、工业综合开发区、庄行工业区。依托四大园区，以美丽健康相关龙头企业为重点支持对象，重点发展美丽健康制造业，依托奉贤新城现代服务业基础，推进美丽健康产业相关的生产性服务业发展，同时开展会展、科普体验、商贸等服务。浦江南岸区域主要为东至区界，南至大叶公路，西至河道，北至黄浦江的区域。重点发展美丽健康研发生产及美容美体服务，以及美丽健康产业相关的工业旅游、功能度假、第六产业等。

滨海片区、临港片区和创新片区是“东方美谷”的重点发展片区。滨海片区主要包含了市化学工业区、化工奉贤分区、原星火开发区。该区域依托化工产业发展，重点布局生物医药、美妆新材料、医用新材料等高附加值美丽健康产业。临港片区主要包含临港奉贤分区、海港开发区、四团区域。借助自贸区的政策优势，重点布局美妆及医用新材料、高端医疗设备及相关配套产业。创新片区主要包含奉城工业园区、青港工业园区。该区域是带动中部经济发展的建设用地增长区，重点布局美丽健康产业的战略性新兴领域，如生物医药、高端医疗器械等。

奉贤其他相关镇及园区共同构成了“东方美谷”的发展基地。同时充分利用全区资源，依托相关镇级园区的基础和条件，推进美丽健康产业及相关配套发展。

二 “东方美谷”的发展思路和功能定位

（一）发展思路

奉贤充分对接国家“美丽中国”、“健康中国”发展战略，秉承上海“海派文化”、“时尚之都”的文化韵致，积极发挥奉贤区发展空间、生态环境、资源联动等综合优势，将美丽健康产业作为对接“中国制造2025”、上海全球有影响力的科技创新中心建设、推进产业转型升级的重点产业方向。以奉贤区全区为载体，联动上海及长三角，打造美丽健康产业集群，延伸美丽健康产业链、开展美丽健康展示体验，全面提升美丽健康产业内涵和影响力，打造面向亚洲、具有东方品位和独特魅力的美丽健康产业硅谷“东方美谷”。以体现高水平为出发点，在当前美丽健康产业及相关产业链发展基础上，顺应国际发展趋势，对接国际最前沿发展理念与技术，不断延续、扩容、巩固、充实、提高，促进与传统产业、新兴产业跨界融合，鼓励多种业态和发展模式。

第一，坚持创新和应用发展。加大产业科技研发创新力度，聚焦推进美丽健康产业发展的相关联技术的研究与开发，不断整合科技创新要素，建立完备的技术创新体系、科技服务体系和创新创业体系；积极引入和构建科技孵化机构，大力推进国内外先进技术在“东方美谷”的成果转化和产业化，并逐步提升研发服务能力。

第二，坚持高端化和品牌化。聚焦附加值高、发展潜力大，能集中体现科技创新、技术进步的产业领域及产品，推进产业高端化发展；打造自主品牌企业和产品，加大宣传力度，积极承接和举办国际化展会论坛等活动，扩大“东方美谷”品牌影响力。

第三，坚持产业融合化发展。秉承“跨界以至无界”理念，坚持产业间跨界融合，催生新技术、新产业、新模式、新业态；利用创新、设计等服务活动提升制造产业链发展水平，坚持制造业服务业融合；推进产业发展与城市化建设、人口集聚的良性互动，促进产城融合。

第四，坚持绿色化和智能化发展导向，开放和共享并举。充分考虑生态、环境、能源、资源等要素，关注绿色经济发展理念，将对生态环境的影响作为产业提升和发展的重要衡量指标。关注“互联网 +”、“物联网 +”等发展趋势，充分利用大数据、云计算等新一代信息技术，推进美丽健康产业与其渗透融合，推动产业发展模式变革，催生产业新业态。积极承载和引入国际美丽健康产业先进理念和技术；注重与国内外合作，形成产业分工，推动产业联动发展。

（二）功能定位

第一，产业集群功能。吸引和培育国内外有影响力的美丽健康行业高端龙头企业，创新发展模式，形成良好的产业要素集聚性，打造国内乃至亚洲规模最大的美丽健康产业集群，积极申请工信部特色产业基地，形成具有行业引领作用的美丽健康产业发展高地。

第二，研发创新功能。通过吸引相关院校、科研院所、行业协会等机构落户，促进信息技术交流，集中国内外美丽健康产业最先进理念、技术及设备，整合产业科技创新要素，打造美丽健康产业科技创新高地，建设能够引领全球美丽健康产业技术变革和理论创新的策源地。

第三，服务配套功能。加强产业发展的基础设施、内外部交通、商务功能配套、生态环境等服务配套功能建设，打造美丽健康产业发展服务平台，如国家级食品药品检测分中心等，形成完善的服务配套功能。确保所有的美丽健康行业企业在该生态系统中找到自己的位置并无缝融入，借助美丽健康产业完善的产业链以及广阔的跨界空间实现企业快速成长、做大做强。

第四，人才集聚功能。吸引美丽健康产业的相关领军人才、创新人才，专业技能人才和管理人才集聚，给予户口、住房、社保、子女就学等方面的扶持，并提供良好的创业和商务环境等，形成美丽健康产业人才集聚高地。

三 “东方美谷”发展的亮点、瓶颈及原因分析

（一）“东方美谷”发展的亮点

第一，行业一流企业集聚，创新载体基本形成。行业一流企业是一个区域产业创新能力和潜力的标志。在化妆品方面，目前东方美谷已经集聚了包括美国如新、美乐家，韩国科丝美诗等世界一流的品牌或 ODM（研发外包）企业。其中如新的大中华区总部、科丝美诗的韩国本土之外最大的研发中心都在美谷内，意大利莹特丽集团的创新中心也将进驻美谷。这些企业不仅集中了一大批行业的专业人士和人才，更为东方美谷带来了世界一流、国际接轨的美丽健康理念和技术。

企业自身创新载体健全。经过多年的培育和支持，区内美丽健康产业已经形成了国家、市、区三级技术中心创新体系。伽蓝、创馨等企业都建立了强大的研发和检测机构。到 2016 年底，美谷 68 家化妆品企业获得专利 118 项（其中发明专利67 项），其中伽蓝（集团）股份有限公司、伊尚（上海）化妆品有限公司被认定为市级专利试点培育企业。

创新服务机构资源丰富。一是东方美谷研究院。由奉贤区政府和上海应用技术大学共同筹建，建设成立国内一流、国际先进的化妆品公共服务平台。为“东方美谷”及上海市化妆品企业提供行业信息研究、学术交流、标准制定及发布、第三方检测、化妆品技术开发等服务。二是上海出入境检验检疫局化妆品检测实验室。借助上海出入境检验检疫局资源，为美谷企业配套建立国际一流水平的化妆品专项检测实验室，为化妆品进出口业务提供极大的服务便利。三是上海食品药品检验所。其在美谷的分支机构能够为美谷企业提供贴身的服务。

第二，现有产业基础与地理空间布局促进奉贤美丽健康产业迅速发展。奉贤区制造业已形成一定基础，产业门类众多，基本形成了以新能源、新材料、生物医药、智能电网、先进装备、精细化工、汽车配件、电子信息为主体的产业体系。另外，现代服务业及相关现代服务业功能区发展势头良好，初步形成了全方位的服务业载体体系，现有的产业基础为美丽健康产业发展提供了充足的动力。同时，美丽健康产业发展的地理空间较大。在土地资源方面，奉贤的土地资源较上海市其他区相对丰富，地理空间优势也为健康美丽产业的要素集聚奠定了良好的基础。

第三，丰富的科技、生态资源激发奉贤美丽健康产业发展的活力。区内拥有华东理工大学、上海师范大学、上海应用技术学院、上海商学院等7所高校资源，丰富的高校研发资源激发了美丽健康产业科技创新的活力，产学研合作稳中有进，主要体现在化妆品领域。借助上海应用技术大学的智力资源和专业优势成立的东方美谷研究院将在技术成果转化、人才培养等方面为美丽健康产业提供有力的支持。奉贤水文资源丰富，依托金汇港和浦南运河打造“十”字水街，以及“上海之鱼”城市地标，形成中央生态林地等休闲生态资源，构建出“蓝绿交融”的城市景观环境，另外，奉贤拥有全市最大的森林公园、生态绿地、黄浦江涵养林带等大型片林以及海湾等生态资源，为美丽健康产业提供良好的生态环境。隔黄浦江北岸为紫竹科学园、交通大学较强的产业集聚区和科研资源，在品牌联动、资源联动、产业联动及服务联动方面具有一定优势。

第四，民族产业创新力提升迅速，“东方美谷”已形成一定影响力。伽蓝、上美、百雀羚三大民族化妆品品牌都在“东方美谷”集聚。其中伽蓝集团每年投入研发经费上千万，不低于当年销售额的3%，其3D皮肤模型已经具备了媲美欧洲最先进皮肤模型技术的实力，为化妆品新品开发提供有力支持。上海创馨化妆品有限公司具有全套完整先进的分析、检测设备。可以针对新产品的配方、原料以及添加要素等进行检测，并出具相关权威报告。区委区政府高度重视“东方美谷”建设，已初步构建“东方美谷”产品、服务、产业“三维立体产业体系”的发展构架，提出围绕美丽健康产业为核心、多种产业分支相连接的“跨界以至无界”的发展理念，形成全区域覆盖、全功能整合、全产业配套、全要素服务的“都市产业生态圈”的空间构想，提出“四大功能”和“八大中心”的核心构架。多次邀请专业协会、国内外知名企业及美丽健康领域的专家企业家，举办美丽健康产业发展交流国际论坛，借力活动平台，宣传展示“东方美谷”，在国内外已初步形成一定的影响力。

（二）“东方美谷”发展存在的问题与面临的瓶颈

第一，具有国际影响力的创新成果较少，缺少世界一流的创新载体。尽管美谷内企业已经有了一定的技术积累和品牌知名度，但是具有国际影响力的技术成果还比较少。在学术研究、论文发表、新成果应用、行业论坛等方面还没有世界级的成果和平台。大部分企业依靠1~2款明星产品实现增长。目前美谷内企业还没有一家世界级企业的中国区研发中心。调研组在走访过程中发现，美谷内化妆品企业的主要研发功能在于配方调制和包材研究，对新原料环节的基础研究方面基本为零。尤其是外资企业，大部分留下来的都是生产车间，核心研发功能要么在国外总部，要么在张江地区，落户区内的区域级研究中心还没有突破。

第二，创新型人才不足，创新资源没有形成合力，专业人才、企业成本等成为重要影响因素。一方面，奉贤区城市建设和公共服务资源与中心城区还有差距，同时由于化妆品行业的技术门槛较低，大量成熟的行业技术人员在具备了一定的经验积累和人脉资源后很快就跳槽到其他企业或在区外自主创业；另一方面，引进成熟高端的国际人才难度大、成本高，一般的企业考虑成本问题无法引进急需的人才。目前行业的创新资源散落在企业、高校以及政府部门中，各方面出于自身利益和专业视角，固守在各自的领域中，没有把创新资源整合起来。企业专注于经济利益，高校专注于论文发表和既定程序，政府着眼于公共效益，各方难以协调，又无法打破成规，导致高校设备被闲置，企业的诉求无人理，政府的补贴收效甚微。随着全市产业结构的深入调整，土地、劳动力、物业租金等方面的成本不断上升，与周边地区相比，上海的竞争优势并不明显。同时，美丽健康行业属于高知识密集型行业，对从业人员的素质有较高要求，当前奉贤区的教育、医疗、交通以及商务配套等公共服务是短板，对企业招收和培育专业人才产生一定影响。

第三，美丽健康产业链仍然不够完善，产业发展突破生态环境的发展要求。研发服务方面的功能性机构资源相对不足，科技创新综合能力水平尚需提升，如美丽健康产业的科研院所、企业技术中心、实验中心、测试中心等专业研发服务平台还需不断完善和丰富；相关制造业企业总体呈现“散、低”的特点，产业集中度偏低，产业集聚和集群发展水平还需进一步提升，产业空间尚未形成科学布局。当前，全区美丽健康产业的部分企业，发展方式仍较为粗放，产品涉及化妆品及中间品、精细化工及化纤、日化用品等，企业的自主创新能力不强，资源能源消耗及污染排放水平尚需提升，对生态环境仍有一定影响。美丽健康产业要求不断向绿色化方向转型，产业发展对环保要求越来越高、产业准入受环保限制越来越严，对产业和产品结构提升提出更新要求。

（三）原因分析

首先，行业监管缺乏专业性。区内多家化妆品企业反馈有关法规制度的建设相对滞后，配套实施细则的缺失，对行业发展和创新能力的提高构成明显制约。第一，行业法规配套滞后。如国家食药监总局《化妆品标签管理办法（征求意见稿）》《化妆品监督管理条例（修订草案送审稿）》等规范行业发展的重要文件至今未能出台，不仅给企业新产品开发带来困惑，也给监管部门审核造成混乱。第二，行业标准衔接不到位。2016 年底，2007 旧版化妆品生产规范废止并实施 2015 版新规范，但符合新版规范的国标和行标细节尚未出台，在新旧标准过渡期间企业生产无从参照，无法做到无缝衔接。企业按老标准可以生产的产品但是在市场上按新标准却无法销售，给企业的创新研发造成困扰。第三，原材料界定范围太窄。原料的使用对于产品创新十分重要。在化妆品行业目前国家允许使用的原料仅有 8000 多种，其余一概不许使用，而国外该行业采用负面清单管理，只要不是明文禁止的原料都可以用以研发创新。目前的行业规定大大限制了企业的创新范围和技术选择，不利于参与国际竞争。

其次，招商引资的基础配套不足，并且标准僵化。美丽健康产业是知识密集型与资本密集型行业，对园区基础配套和城市服务配套有着较高的要求。目前奉贤区的城市公共服务功能距离很多高水平人才的要求还有一定差距，引资难、招人难、留人更难的情况普遍存在。在目前上海全市土地存量博弈的大环境下，各园区在招商引资方面过分注重企业的经济效益的表现，而研发创新机构通常并没有税收产生，无法实现土地价值的最大化。因此，纯粹的研发创新机构并没有太大吸引力。

最后，产学研合作瓶颈较多。一是设备共享度不高。高校在公共财力的支持下拥有强大的研究机构和昂贵的实验设备，而这些设备是学校资产，无法为企业所用；或者可以为企业所用，但手续和渠道极为烦琐。二是人才使用机制不活。高校教师的考核机制决定他们的时间大部分用于自身高深课题的研究和学术发表，对于企业需要的一些技术性问题的解决没有时间和精力去参与，且并不是所有的企业都有足够的能力可以负担得起合作的成本。三是政府支持产学研效果弱。无论是牵线搭桥还是直接补贴，都没有完全调动起企业和高校的积极性，在应用领域生硬的推动难以收获良好效果，而在基础研究领域的投入又显得不足。

四 “东方美谷”未来的发展机遇及对策建议

（一）发展机遇

1. 战略导向，美丽健康产业发展方向明确

党的十九大报告对建设“美丽中国”提出了更高的要求，习近平总书记也曾多次提到“美丽中国”是中国梦的重要内容。“十三五”规划明确提出“健康中国2030”战略，推进健康中国建设，到2020年基本建立覆盖全生命周期的健康服务业体系，健康服务业总规模达到8万亿元以上。美丽中国梦及健康中国的建设离不开美丽健康产业的支撑。上海是“海派文化”集大成的地方，是美丽健康理念和潮流时尚的风向标，奉贤作为上海产业经济的重要承载区，打造以美丽健康产业为核心内容的东方美容化妆界“硅谷”——“东方美谷”，有利于把优越的自然禀赋与坚实的美丽健康产业基础有机整合。

2. 市场需求，美丽健康产业发展前景良好

人口老龄化发展、城镇化发展以及民众健康意识的增强，美丽和健康逐步成为生活中不可缺少的元素，形成了美丽健康产业发展自然驱动力。另外，旅游、健身、休闲、娱乐等发展，进一步促进行业间的融合发展。

3. 科技创新，美丽健康产业发展动力充足

生物技术的不断创新突破和互联网技术的大规模推广应用，对美丽健康产业发展产生了颠覆性的革命。如基因纳米技术、细胞、酶、发酵工程的广泛应用，推进美容化妆品不断向高端化发展。分子诊疗、基因诊断、生物3D打印、诱导多功能干细胞技术和CAR－T等免疫细胞治疗技术的突破，推动了相关生物治疗在临床的广泛应用。组织工程、药物芯片、分子影像技术等突飞猛进，极大程度改变了医疗器械产品的发展空间。脑科学与人工智能、组织工程与再生医学、CRISPR靶向基因编辑技术等一系列新技术对未来产业发展产生较大的影响。云计算、大数据与生物技术的渗透融合进一步催生美丽健康产业新业态的产生。

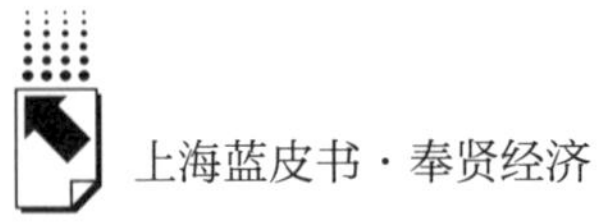

（二）对策建议

1. 打造“东方美谷”完整产业链

引商培育美丽健康高端龙头企业。关注和跟踪基于生物工程技术、纳米技术、天然植物萃取技术的美妆产品，以及使用先进制剂技术和创新科技的生物医药及医疗器械等市场空间大、市场短缺等国际知名美丽健康企业；引进有望实现进口替代成长领域、国内市场占有率大、处于行业前沿、国内优质的民营企业落户；做好现有企业如韩束、伽蓝等龙头企业的跟踪服务工作，促进相关企业加快高端产品系列化、高端技术体系化、高端资源集聚化，促进企业技改扩能、增资扩股；加强与市属国企、央企开展产业战略合作。

孵化培育美丽健康高新技术产业。积极响应产业供给侧结构性改革、对接上海科创中心建设，重点加强与上海张江国家科学中心、紫竹科学园区、静安国际化妆谷以及市区相关科研院所、高校、协会（如上海市日用化学品行业协会、上海国际时尚联合会）等高端资源对接，鼓励企业与其合作建立研发团队或联合实验室，合作成果共享，加快创新成果在“东方美谷”的产业化，培育一批高新技术企业。

2. 提升“东方美谷”科技创新能力，强化创新公共服务平台建设

构建科技研发平台。围绕美丽健康产业发展，打造一批与美丽健康相关的研发及相关服务平台，包括研发设计平台、检验检测平台、“互联网＋”服务平台等。如引入或建立美丽健康产业国内领先的化妆品、香料、医疗美容研究所、美妆安全检测中心、食品药品检测中心以及ODM设计和OEM生产等企业。

构建创新创业实体。充分发挥企业在技术创新体系中的主体作用，鼓励大型骨干企业建立各级各类研发机构，凝聚、培养科技创新和创业人才。鼓励以市场需求为导向，发展众包、众创、众设等新型创新组织模式，支持创新工场、创客空间等发展，打造美丽健康产业“大众创业、万众创新”示范区。

引入各类创新资源。引入和集聚美丽健康相关的领军人才、创新人才、管理人才等高端人才；构建具有国际水平的美容美妆专业培训学校、健康康复类专业培训机构，培养美容、整形、抗体理疗等美丽健康专业人才。

3. 积极推动监管制度与行业标准的改革创新

由于行业监管法规和标准由国家级行政机关确定，地方政府可操作空间较小。建议借助“中国化妆品产业之都”的影响力，由区委、区政府联合行业协会组织共同推动行业规范性法规的制定与实施。

第一，科学制定行业标准。由行业协会牵头，组织行业内的专家以及政府主管部门深度探讨，研究制定适合目前产业发展情况的行业标准。同步设定行业标准的改进路径和预设时间表，给业内企业一个稳定的成长预期。

第二，优化审批流程。在保证产品安全性的前提下，推动行政审批流程的优化缩减，尽可能为企业快速响应市场需求，营造一个有利于通过技术创新和产品品质提升的政策环境。

第三，推动创新原料进出口便利化。对一些有助于创新的实验室材料和动物样本采用特殊方式管理，建立通关信用体系，通过货物备案等方式加快关键实验用原料的便利使用，降低时间成本和过度损耗。

第四，推动国家技术法规与国际接轨。如果化妆品的原料已在欧盟或美国通过国际安全认证，并能为国内新原料的审批提供足够依据可直接使用在化妆品中，建议减少复杂的新原料报批工作，以省去大量的人力物力成本。同时参考和借鉴国外同行业做法，对于化妆品美容产业，化妆品的剂型、功能、产品、仪器等，可以依据技术的发展不断拓宽范围，打开更大市场空间让企业跨界发展。

4. 创新“东方美谷”招商新模式，降低引资企业成本

关注“四新经济”与中小微企业，实现沿链引进、集群发展的新突破。依托上海美丽时尚品牌优势，关注产业要素招商，引入能够推动产业发展的关键性资源，如成立产业联盟、引入知名协会、搭建招商平台、联动全市资源、加大专业人才集聚等，通过资源要素集聚带动产业发展。

降低引资企业的人才引进成本、研发设备成本、信息获取成本以及资金

成本。以伽蓝公司为例，企业通过引进法国、日本、韩国的成熟的专业人才迅速提高产品的品质和国际化竞争力，国际化人才引得进、留得住是企业创新能力弯道超车的关键。因此，必须加大国际化高素质人才的引进力度。每年安排财政专项资金用以补贴高精尖实验设备的补贴，对于创新型企业和研发中心的原料试制、新产品开发、检验检测等设备给予一定比例的补贴。借助与区政府有战略合作关系的高校数据库，区科委研究通过“互联网+”的技术为企业的研究中心开放数据和论文获取端口，方便企业获取最前沿的研究动态。由区内产业引导基金对创新型企业进行重点关注，鼓励企业通过直接融资的方式降低资金成本，以市场化的方式为企业提供融资服务。

B.13
奉贤经济园区转型发展探索与思考

谢婼青　张淼*

摘　要： “经济园区”作为推动地方经济社会发展的推进器，已然成为经济发展新的增长点。习近平总书记在党的十九大上提出，深化供给侧结构性改革，支持传统产业优化升级，加快发展现代服务业。从实践来看，经济园区的转型和发展促进了奉贤产业的转型升级，拉动了奉贤的经济增长。本章通过对奉贤区三类工业地块、17个工业园区的土地利用现状、产出情况、园区发展定位、总体转型情况及典型转型模式的分析，总结经济园区转型过程中遇到的问题和挑战，探索园区转型的路径和未来发展方向，这对于加快形成产城融合发展的新模式，促进经济转型升级具有十分重要的现实意义。

关键词： 经济园区　转型升级　产业集群

奉贤区的工业用地分为三类：104板块、195板块和198板块。经过2009年的清理，奉贤区保留的工业园区共有17个，隶属于104工业地块，主要由国家公告园区、产业基地和工业地块三部分组成。其中，国家公告园区包括工业综合开发区（含闵行出口加工区）、江海经济园区、生物科技园

---

* 谢婼青，理学硕士，上海社会科学院经济研究所西方经济学博士研究生，主要研究方向为计量经济建模与经济决策分析。张淼，上海奉贤区委党校区域与经济发展研究中心副主任，副教授，主要研究方向为区域经济学、金融学。

区、奉城工业园区、星火开发区等；产业基地包括化学工业区奉贤分区和临港物流园区奉贤分区；工业地块包括邬桥工业区、泰顺工业区、金汇工业区、杨王工业区、青港工业区、临海工业区、四团工业区、海港开发区等。在17个104地块产业园区中，奉贤工业综合开发区（包括闵行出口加工区、西渡园区、江海园区）、临港物流园区奉贤分区、化学工业区奉贤分区、生物科技园区、星火开发区为5大重点园区，其余为镇级园区。2017年，奉贤区对17个经济园区进行再次整合，整合过程将在未来很长一段时间持续进行。

一　经济园区的发展现状

（一）经济园区土地利用现状

根据区规土局和经委的数据，2014年底，奉贤区建设用地总量为261.6平方公里，接近265平方公里的上限（约合39.24万亩）。2016年奉贤区实际工业用地总量在80.4平方公里（约12.05万亩），工业用地占奉贤区建设用地的30.73%。

从构成情况来看，当前全区12万亩工业用地主要包括以下三类。

第一类是城镇规划工业用地（104板块），当前有产证的用地总面积约48.25平方公里（约合7.24万亩）。根据《奉贤区土地利用总体规划（2010~2020）》，104产业区规划面积约100平方公里（约合15万亩）。其中扣除市化工区及临港物流园区奉贤分区后几无开发面积，需减量化。17个104工业地块散落在全区各个角落，空间布局上呈现小而散的格局。各园区体量大小不一，最小的邬桥工业区规划面积仅1226亩，最大的奉浦（含扩展区）规划面积近15000亩，相差12倍。

第二类是城镇集建区内当前工业用地（195板块），总量约7.74平方公里（约合1.16万亩）。

第三类是不符合“两规合一”，位于城镇集建区外的当前工业用地

（198 板块），总量约 24. 36 平方公里（约合 3. 65 万亩）。

图 1 是 2016 年奉贤区三大板块的结构分布图，可以看到，104 工业地块占奉贤区工业用地的 60%，其中包含 17 个工业园区。

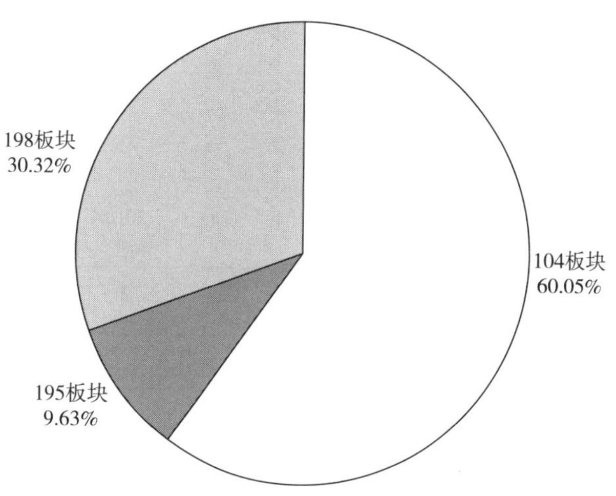

图 1　2016 年底奉贤区工业用地分布结构图

数据来源：奉贤区区经委数据库。

（二）经济园区产出情况

2016 年全区 80 平方公里工业用地纳税总额约为 114. 7 亿元，亩均税收约为 9. 51 万元，增幅近 20%。销售收入为 2738. 68 万元，亩均销售收入约为 230. 88 万元。2015 年纳税总额约为 96. 2 亿元，亩均税收总额约为 7. 98 万元。

从土地属性分类上看（如图 2），奉贤区 104 板块用地面积约 7. 24 万亩，2015 年税收总额约为 72. 52 亿元，亩均税收约为 10. 02 万元。2016 年，税收总额约 89. 43 亿元，亩均税收约 12. 36 万元，同比增加约 23%。

195 工业用地面积 1. 16 万亩，2015 年税收总额约为 7. 25 亿元，亩均税收约为 6. 25 万元。2016 年税收总额约 7. 59 亿元，亩均税收约 6. 54 万元，同比增加约 4. 6%。

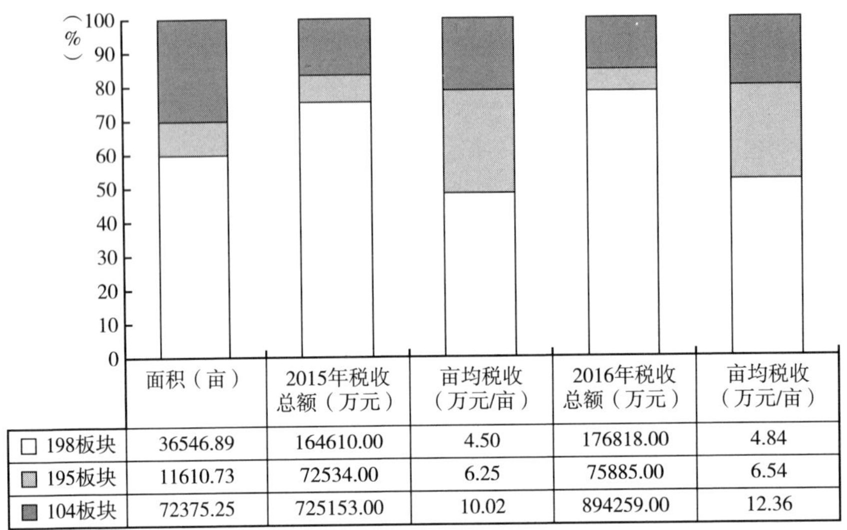

	面积（亩）	2015年税收总额（万元）	亩均税收（万元/亩）	2016年税收总额（万元）	亩均税收（万元/亩）
□ 198板块	36546.89	164610.00	4.50	176818.00	4.84
▨ 195板块	11610.73	72534.00	6.25	75885.00	6.54
■ 104板块	72375.25	725153.00	10.02	894259.00	12.36

图2　奉贤区工业用地分类别税收情况

数据来源：奉贤区区经委数据库。

198 板块面积 3.65 万亩，2015 年税收总额约为 16.46 亿元，亩均税收约为 4.5 万元。2016 年税收总额约 17.68 亿元，亩均税收约为 4.84 万元，同比增加约 7.6%。

2016 年奉贤区各镇和开发区的工、农业总产值。在统计年鉴中包含了海湾旅游区、工业综合开发区、杭州湾开发区、生物科技园区、海港开发区、星火开发区和临港开发区等七个园区。在七个园区中，工业综合开发区的工业总产值是最高的，为 357 亿元，生物科技园区的农业总产值是最高的，为 3.7 亿元（如表 1）。

表1　2016 年各开发区工、农业总产值

单位：万元

	合计	工业	农业
合计	15287967	14885920	402047
海湾旅游区	77105	69655	7451
工业综合开发区/奉浦街道	3569589	3569354	235
杭州湾开发区	725616	725616	—

续表

	合计	工业	农业
生物科技园区/金海社区	566297	529192	37106
海港开发区	119569	114047	5522
星火开发区	1221777	1221777	—
临港(奉贤)	314816	314816	—

数据来源：奉贤区统计年鉴。

开发区2016年的规模以上工业总产值是654亿元，比2015年增长了2%，其中临港（奉贤）开发区的增长最快，达到39.5%，其规模以上工业总产值是31.5亿元，而杭州湾开发区的增长率为负值，是-23.4%（见表2）。

表2　规模以上工业总产值

单位：万元，%

	2016年	增长率
海湾旅游区	69655	12.9
工业综合开发区	3569354	5.6
杭州湾开发区	725616	-23.4
生物科技园区	529192	1.8
海港开发区	114047	1.9
星火开发区	1221777	4.6
临港(奉贤)	314816	39.5
开发区小计	6544456	2.0

数据来源：奉贤区统计年鉴。

（三）经济园区发展定位

经过产业区块梳理和“两规合一”，奉贤区共确定了17个产业区块（包含在工业综合开发区内的闵行出口加工区、江海园区、西渡园区，包含在金汇工业区内的泰顺工业区，因此，以下按16个区块分析），其中，有5个重点开发区和11个镇级园区。产业区块数量排区县第二，仅次于浦东。规划总面积74.60平方公里，已开发面积54.37平方公里，剩余可开发面积20.23平方公里。相对充裕的土地资源，为奉贤区下一步工业化和城镇化加快发展提供了后发优势。

奉贤区以园区为载体，形成规模效应，有利于强化产业集聚和产业配套双重效应，从而带动全区工业的转型升级和发展。17 个经济园区都明确了产业定位和主导产业（见表 3）。

表 3　奉贤区 17 个园区产业定位

序号	分类	工业区块名称		主导产业
1	产业基地	上海化学工业区奉贤分区	上海化学工业区奉贤分区	精细化工、化工新材料、游艇及相关零部件
			杭州湾开发区	
2		临港物流园区奉贤分区		现代物流、航空零部件、大型装备制造
3	国家公告园区	上海闵行出口加工区		新能源、智能化电网、光仪电、汽车配件、信息通信设备、生物医药
4		上海市工业综合开发区	奉浦开发区	
			江海园区（南桥）	输配电、汽车零配件、信息通信设备、轻工机械
			西渡园区（南桥）	输配电、汽车零配件、信息通信设备、轻工机械
5			奉浦拓展区（庄行）	输配电、光仪电、汽车零部件、信息通信设备、新能源设备
6				
7		奉贤生物园区（原农业园区）		生物医药、农副产品深加工、食品加工业
		上海市星火开发区		精细化工及化纤、生物医药、新型建材
		奉城镇工业区	奉城工业园区（老园区加北区）	新能源、物流装备、环保产业
			奉城工业园区北区（青村）	新能源、装备制造、输配电
8	工业地块	邬桥城镇工业地块		轻工机械、电器、机电、输配电
9		庄行城镇工业地块		电气机械及器材制造、轻工机械
10		临海城镇工业地块		汽车配件、机械制造
11		金汇城镇工业地块		新材料、轻工机械、输配电
		泰顺城镇工业地块		新材料、轻工机械、仪器仪表
12		杨王城镇工业地块		装备机械、电子信息、新能源
13		头桥城镇工业地块		电子电器、装备制造
14		四团城镇工业地块		机械制造
15		海港综合开发区城镇工业地块	四团管辖范围	物流及物流装备业
			海港管辖范围	
16		青港城镇工业地块		输配电、新能源

数据来源：奉贤区经委《产业园区转型升级研究》（2012 年）。

（四）经济园区总体转型情况

2014 年以来，奉贤区根据《奉贤区产业结构调整三年行动计划实施方案（2014～2016）》，结合黄浦江沿岸产业调整、生态环境综合整治和 198 区域土地减量化等工作，将工业企业绩效评价结果作为规范化淘汰劣势企业和落后产能的重要依据，关停了一大批家具、印染、化工等重点行业的“三高一低”企业；调整了一批占地面积大，所处位置影响城市服务功能提升的重点项目；积极推进江海园区、泰顺石材市场、生物科技园区、海湾地区等重点区域转型，从 2014 年开始到 2016 年三年间，全区超额完成工业用地调整 7200 亩的任务，实际共完成调整工业用地 9671 亩，降低能耗合计标准煤超过 20 万吨。

经过经济开发区的产业调整，2016 年开发区整体的综合能源消费量比 2015 年下降了 0.4%，万元产值能耗比 2015 年下降了 2.4%，其中杭州湾开发区的综合能源消费量和万元产值能耗量下降较多，分别是 50.1% 和 34.9%，取得了显著的节能减耗成效（见表 4）。

表 4　2016 年规模以上工业开发区能源消费表

	综合能源消费量（吨标准煤）	2016 年比 2015 年增长率（%）	万元产值能耗（吨标准煤/万元）	2016 年比 2015 年增长率（%）
海湾旅游区	1425	-7.3	0.020	-17.9
工业综合开发区	146295	8.1	0.044	2.2
杭州湾开发区	64489	-50.1	0.090	-34.9
生物科技园区	58214	58.2	0.132	55.5
海港开发区	7576	12.1	0.066	9.9
星火开发区	894211	3.2	0.863	-1.7
临港(奉贤)	9046	-11.2	0.029	-36.3
开发区小计	1181256	-0.4	0.197	-2.4

数据来源：奉贤区统计年鉴。

二　奉贤区经济园区转型的特点

本节将从所有制的角度出发，梳理奉贤区的诸多企业和经济园区在产业转型过程中开展的有益探索。从这些案例中，可以总结出奉贤区不同所有制企业转型的典型特点。

（一）外资企业依托技术创新的转型

马勒技术投资（中国）有限公司是外国法人独资企业，于2006年4月在奉贤区成立，并于2012年通过上海市商务委员会认定为企业内部研发中心，企业在经历了2012年、2014年两次扩建后，现有总面积逾65000平方米，拥有一批国际先进的试验室和测试台架，逾15000平方米的生产车间，以及可容纳800名员工的办公区域。马勒总部在德国的斯图加特，是全球最大的发动机零部件配套企业。马勒集团是活塞系统、气缸零部件、气门驱动系统、气体管理系统和液体管理系统的三大供应商之一。2016年马勒技术投资（中国）有限公司营业额超过4亿元人民币，完成税收超过7000万元人民币。作为中国地区总部和研发中心，马勒技术投资（中国）有限公司建立本土研发，在电动、混动技术运用于乘运车和用于城市交通运输的轻型商用车辆的发展过程中，对电子和机电一体化业务进一步强化和开发，为客户提供更丰富的电机产品，一是电气化发动机附件如电动空调压缩机；二是为乘用车提供动力，包括电动轻便摩托车和电动助力脚踏车。

马勒公司的模式是以科技创新带动企业转型，面对新能源汽车的不断发展，马勒公司主动适应电动汽车快速发展的新环境，强化和开发机电一体化和电子业务，开发新型产品，同时保持内燃机的优化，从而在不断变化的环境中依然占有一席之地。马勒公司是典型的外商独资企业，其转型路径依托于技术创新，但是外资高端制造企业对专有技术和知识产权的保护，使得其对经济园区层面的外溢性较弱。

（二）国企转型进程缓慢

在国资国企改革方面，上海奉贤交通能源（集团）有限公司对国企资源进行了有效整合，但是，国企历史包袱重、规模大、问题多，改革是一个漫长的过程。可以从易改革的地方先入手，从而慢慢突破。交能集团在转型方面首先定好位，即从市政投资建设和公共服务主体逐步转型为集能源利用服务、城市投资建设、交通运输管理、土地开发利用、资产运营管理于一体的综合型开发运营企业。其次发挥自身资源禀赋和比较优势，围绕开拓创新、转型发展，实施“三个转型”。

企业功能转型。由功能类、服务类向与竞争类并存转型。紧密围绕区委、区政府赋予的市政建设和公共服务的任务，并以此为基础，充分发挥相关资源优势，逐步向市场探索企业的可持续发展能力，为企业长期生存和发展寻求核心竞争力。

主营业务转型。由单一的建设、供能、公交为基础，通过技术融合和商业模式创新，延伸相关板块领域的产业链、供应链、价值链，全面提升服务的附加值，以资本为纽带发展新兴产业，培育公司整体实力的新增长点。

经营管理转型。学习现代公司治理结构，进一步优化集团现有组织构架和管理机制，完善董事会、经理层、监事会“三足鼎立”的治理格局，明确所有者、法人和经营者之间的权力、责任和利益，创新管理和激励机制，激发集团内在活力。

交能集团转型主要致力于三块：一是燃气公司实现新三板挂牌上市；二是公交公司综合改革；三是停车产业采用智能 APP 形式。目前正在推进公交综合改革；在创新核心能力方面，集团下属企业燃气公司正着手准备进军新三板以及燃气公司逐步涉及液化天然气领域，同时与新能源行业领先者协鑫进行战略合作，成立 LNG 公司。但是，国企改革船大难掉头的问题依然存在：盈利水平低，负债率极高；企业治理仍需完善；主营结构单一，缺乏核心竞争力；长期发展战略缺失；人才储备不足等。

（三）民营企业面临转型

民营企业体制灵活，这对企业创新转型是有利的，但是民营企业在相当长的时间里都以依靠市场价格竞争为主的传统思维模式，随着创新转型刻不容缓，民营企业需要提高技术水平从而提高企业的综合竞争力。

上海天净新材料科技股份有限公司是柘林镇的一家生产水管企业，注册为制造业企业。自2012年开始，天净公司通过两年的市场调研，尝试从传统的销售模式：厂家—代理—分销商—业主，试点“天净”模式，即厂家—水电工（或装饰公司）—业主—服务商（厂家提供），从而减少了中间环节，实现了水电工（或装饰公司）的利润最大化，对业主的服务更加直接，为业主、水电工、代理商提供共赢平台，企业自身的经营范围也进一步拓宽。该企业近三年的净利润平均增长率达到269.8%、销售收入平均增长率为39.7%，2016年缴税总额达到298.7万元。2017年，天净模式打造了一种全新认知——中国第一家联合水电工创业的平台，注册水电工超过10万，几百位代理商销量翻倍，并计划2018年在港股市场IPO上市。天净公司的高速、稳步发展，重新构建了管道行业价值链，推动了服务及产品创新，实现了从制造业向服务业的成功转型。天净新材料公司是制造业向服务业转型的典型，是企业向微笑曲线两端转型的最佳体现。上海天净的转型是依托于制造业发展服务业，即核心技术的服务化，从制造企业转型为服务提供商。但此类转型，需要企业的制造业发展到一定程度，或者是具有新模式、新业态的创新，对经营者提出了较高的要求。

上海柘中（集团）有限公司是上海市最大的成套设备制造商之一，是中国开关行业十强企业，专业生产35kV及35kV以下成套开关设备、10kV箱式变电站。随着30年的有效经营，公司有充足的流动资金和资产，随着开关设备市场逐渐缩小，公司转向其他投资来获得丰厚的利润，主营业务收入占比下降。柘中集团目前主营业务收入占比较低，大部分利润来自于公司的投资收益，由于投资收益的不稳定性，这是不可持续的。只有寻求主营业务的转型和提升，才能在竞争中立于不败之地。

（四）新兴产业方兴未艾

2012年2月的上海智慧论坛就已经提出“平台经济时代来临”。习近平总书记在中国共产党第十九次全国代表大会上提出的“加快建设创新型国家”，未来创新作为中国经济发展第一动力的地位将更加稳固。其中，中国战略性新兴产业蓬勃发展，产业结构逐渐迈向中高端，平台经济、分享经济、协同经济等模式广泛渗透，线上线下融合、跨境电商、智慧家庭、智能交流等新业态方兴未艾。奉贤区的经济园区积极转型发展平台经济，目前已有一家在全国范围内形成一定影响力和辐射力的石油化工交易中心。

上海石油化工交易中心，前身是上海南郊石油化工交易中心。公司成立于2008年12月15日，是一家为全国石油化工企业在奉贤落户提供企业注册、贸易撮合、财会配套、仓储物流、电子商务、信息咨询、企业融资等多种服务于一体的平台型企业。截至目前，交易中心已集聚石油化工企业700余家，其中外省市企业占90%以上。2016年总交易额达1621亿元。目前交易中心已与多个省市同步开启了“中央仓+云物流”的现代化仓储物流管理体系，即将建立15个中央仓，配套云物流指挥系统，有效结合大油桶网上商城，带动金融配套服务，全面开启石油化工品“互联网+”的新时代。

石油化工交易中心是平台经济的典型，为全国的石油企业提供高规格、全方位的专业服务，成为具有上海国际贸易中心水准的行业服务功能区。通过线上发布价格、交易、仓储、物流、资讯等结合互联网功能实现传统贸易向“互联网+”的转变。

三　经济园区转型过程中的问题

（一）产业规模偏小，产业集聚不明显

奉贤区工业用地104板块共建有17个工业园区，散落在全区各个角落，体量大小不一，空间布局上呈现小而散的格局。2016年规模以上工业总产值中开发区总计654亿元，其中最高的是工业综合开发区，为357亿元。奉贤区产业门类多，产业分布相对分散，缺乏高集聚度产业（如：嘉定区汽车产业、浦东新区的电子信息产业），缺少产值规模大、带动能力强、经济效益好的骨干龙头企业。

（二）产业能级不高，产出水平较低

2016年，奉贤区7个园区共完成工农业总产值659.48亿元，其中工业

总产值是654.45亿元；2016年104板块用地7.24万亩，税收总额约89.43亿元，亩均税收约12.36万元。产业能级总体与全市镇级园区的产业能级水平相当，但与全市市级开发区的平均水平相比，仍然存在相当大的差距。

（三）园区公共配套设施建设亟待完善

2016年，奉贤区工业向园区集中度达到73%，比前一年的集中度有所提高，但仍然低于全市平均水平。多年来，奉贤区不断着力完善产业园区的开发运行机制，提升园区功能，打造了如工业综合开发区等已经基本具备了承接大项目条件和能力的重点园区。但镇级园区中同样也依然存在个别刚刚起步的，面临投入大、建设周期长等制约发展的问题。奉贤区的交通和基础设施建设与城区相比，仍显滞后。

（四）经营模式比较单一

开发区现有的经营管理是以出让土地为主，并辅之以提供园区内相应的配套设施建设和管理，盈利模式主要是以土地出让金和税收收益为主。这种模式在经济起步阶段为经济发展提供了大量的资金，取得了一定的成效，但随着上海整体的产业结构不断调整，产业不断向高度化发展的要求，这种模式的缺点也暴露无遗。工业土地出让一般为30～50年，周期较长，而且前期引入的企业质量参差不齐，很多企业在引入时具有一定的盲目性，没能对产业定位、产业布局做好充分的规划。面对产业结构调整时，把这些企业调整出园区成为一项十分困难的工作。

（五）短板效应

目前，制约奉贤区转型发展的一个最为突出的“短板”是人才的缺乏。由于奉贤区地处远郊，很多市区的优秀人才不愿来奉贤工作、生活。一个地区有什么样的人才，就有什么样的产业，所以产业的转型升级归根结底是人的转型升级。能否吸引人才、服务人才、留住人才，将会影响到整个产业转型升级的成败。只有解决了人的问题，才有可能实现真正意义上的产业转型升级。

四　经济园区转型路径探索和思考

为了加快培育奉贤区经济发展新动能，提高区域资源配置效率，构筑全区一盘棋的产业发展新格局，奉贤区从统筹布局、统筹规划、统筹项目、统筹资源、统筹政策、统筹准入、统筹开发、统筹管理、统筹服务等九个方面，探索区统筹镇级经济发展职能的新模式，从而有利于清晰产业布局、整合资源信息、提高土地开发能级、统一招商引资政策、加强农村集体经济造血功能。针对奉贤区经济园区目前存在的问题，提出以下五条对经济园区转型路径的探索和思考。

（一）准确定位，聚焦优势产业

根据上海城市发展战略和规划布局要求，结合各园区产业定位和结构变化趋势，推进规划工业区块有进有出、动态管理。确立以智能电网、医药健康、先进装备和精细化工“四大重点支柱产业”和电子商务、金融服务业、会展旅游、文化创意“四大特色服务业”为重点的产业发展方向，重点引进和培育一批大型核心骨干企业，使之成为带动战略性新兴产业与现代服务业集群发展的核心主体和龙头企业。

合理确定每个园区的重点发展产业，突出园区发展特色。工业综合园区等园区大力发展新能源和智能电网产业，进一步提升汽车配件和电子信息产业集聚发展。星火开发区和现代农业园区作为上海国家级生物医药产业基地扩展重点发展生物制品化学制剂化学原药、现代中药、医疗器械等，实现园区生物医药产业集聚。临港奉贤分区以重大装备制造业为重点，大力发展大型电站配套设备、轨道交通配套设备等。化工区奉贤分区、星火开发区发展新材料产业，大力引进优势产业的龙头企业，扩大产业链深度，进行产业的垂直联动，带动产业能级提升、规模扩大。镇级园区根据自身区位状况，或围绕五大重点园区做好产业链上下游相关配套生产，或自成体系形成相应产业集聚区。

（二）加快调整，推动产业升级

对195、198等工业集聚区，要采取淘汰转移、腾笼换鸟、土地置换、土地回购、联合开发等多种模式，鼓励工业集聚区功能、业态的转型调整。对195范围内的工业用地，要抓住“增设研发总部类用地相关工作的试点”的契机，转型发展生产性服务业、都市产业、创意产业等，形成具有特色的楼宇和总部经济。对198范围内的优质工业企业，要通过土地置换等方式，逐步向工业园区集中或者向总部经济转型。对不符合产业定位和产出效益低下的企业坚决予以淘汰调整，通过鼓励企业以土地入股或者合作开发的模式，引进优质项目，实现业主得益、企业发展和土地开发的多赢局面。

（三）优化园区基础设施和配套设施建设

产业转型是个系统工程，要以对外交通为核心，加大全区重点区域的交通、教育、医疗、商业、文化体育、住房、生活服务等投入力度，加快推进社会服务功能配套体系建设，形成有助于奉贤区经济园区转型升级的城市服务功能格局。

优化园区设施建设，为高端制造业发展提供保障。进一步加强园区的基础性设施建设，包括：公共交通、污水处理、燃气、信息宽带等。建立为企业提供公共服务的信息化平台，并实现各园区公共服务平台的联网，建立全区性的企业公共服务信息化平台。通过数据共享和统一管理，成为园区之间、园区与企业之间、企业之间交换信息的中间平台。帮助中小企业利用社会资源解决各种技术和管理难题、降低成本、提高创新效率，成为改善园区的创新创业环境，增强自主创新能力的有效途径之一，真正实现从“制造”园区向“智造”园区的转型。

（四）优化企业服务，努力营造有利于发展的软环境

加大对于企业服务的投入，成立区、镇两级企业服务的专业部门。建立健全企业投诉机制、挂钩服务机制、协调推进机制和督查问责机制。制定企

业服务手册，提高各职能部门服务企业的专业化水平，基本建成企业服务三级联动体系（区、镇、园区），实现企业服务规范化、标准化、即时化。

（五）大量引进专业人才

经济转型的原动力是人，人是决定经济园区转型成效的关键。从本源来说，经济的转型就是人的转型，产业的升级就是人的升级。只有拥有了高级的人才，才会拥有高级的产业、高级的产品、高级的产业结构。所以，在制定转型政策的过程中要始终牢牢把握“以人为本”的发展理念，在条件允许的情况下，最大程度地为人才的生存和发展创造有利条件。

五　总结

经济园区转型一直是奉贤区经济工作的重点和难点问题。本章通过对奉贤区三类工业地块、17 个工业园区的土地利用现状、产出情况、园区发展定位、总体转型情况及典型转型模式的分析，总结经济园区转型过程中遇到的问题和挑战，探索园区转型的路径和未来发展方向。奉贤区经济园区的转型离不开区政府的统筹和支持，需要在未来进一步统一规划、统筹资源、因地制宜，探索出适合奉贤区发展的园区转型路径。

B.14

奉贤推进“国家新型城镇化”综合试点建设研究

吴真如　杜学峰*

摘　要： 城镇化对经济社会发展具有重大意义，城市发展带动着整个经济社会发展，城市建设成为现代化建设的重要引擎，蕴含着巨大机遇。当前，我国正处于城镇化深入发展的关键时期，我们应准确研判城镇化发展的新趋势、新特点，妥善应对城镇化面临的风险挑战。作为国际化大都市的上海地处改革开放前沿，城市发展取得了举世瞩目的成就，城镇化水平在全国处于领先地位，积累了大量经验。2016年12月，奉贤区被纳入第三批国家新型城镇化综合试点地区名单。如何在快速城镇化发展的新阶段，按照创新驱动、转型发展的要求走新型城镇化道路，更好地将奉贤区的新型城镇化建设融入上海城镇化发展成为重要课题。

关键词： 国家新型城镇化　城乡统筹　以人为核心　美丽乡村

城镇化是一个伴随工业化发展、非农产业在城镇集聚、农村人口向城镇集中的自然历史过程，是人类社会发展的客观趋势，是国家现代化的重要标志。推进新型城镇化是建设中国特色社会主义、全面实现小康目标的重要战

* 吴真如，上海社会科学院产业经济学博士生。杜学峰，上海市奉贤区委党校科研室主任，副教授，主要研究方向为城市化与基层社会治理。

略途径。2001年诺贝尔经济学奖获得者斯蒂格尔茨指出：“城市的成功就是国家的成功，反过来，城市的失败也就意味着是一个国家的失败。”这说明城市化对一个国家的发展起着至关重要的作用，城市的繁荣程度在一定程度上直接显示着一个国家的综合实力。城市是我国经济、政治、文化、社会等方面活动的中心，在党和国家工作全局中具有举足轻重的地位。

《国家新型城镇化规划（2014～2020年）》指出，我国已进入全面建成小康社会的决定性阶段，正处于经济转型升级、加快推进社会主义现代化的重要时期，也处于城镇化深入发展的关键时期，必须深刻认识城镇化对经济社会发展的重大意义，牢牢把握城镇化蕴含的巨大机遇，准确研判城镇化发展的新趋势、新特点，妥善应对城镇化面临的风险挑战。

改革开放后，我国城市化步入较快发展阶段。据国家统计局数据，2016年我国城镇人口占总人口的比重（城镇化率）为57.35%。从城乡结构看，城镇常住人口79298万人，比上年末增加2182万人，乡村常住人口58973万人，比上年末减少1373万人。根据发达国家的城市化经验，城市化率在30%～70%期间是加速城市化的时期，而发达国家的城镇化率一般在80%左右。这在一定程度上反应出我国已进入加速城市化的阶段，促使我国城市的经济结构、消费结构、社会结构、人口结构等发生了重大的变化。

作为国际化大都市，上海地处改革开放前沿，城市发展取得了举世瞩目的成就，城镇化水平在全国处于领先地位。据商务部2014年数据，上海城镇化率已高达89%，位列全国第一①。城市发展带动着整个经济社会发展，城市建设成为现代化建设的重要引擎。

但是，快速城镇化背后也存在着许多问题：一方面，城镇化水平的提高，深刻地改变了郊区农村的面貌，但是大量失地农民的就业、保障和发展问题远没有解决。另一方面，城镇化水平的提高在很大程度上是以资源、能源、生态环境的重大消耗和破坏为代价的，“城市病”如交通拥挤、环境污染等问题也逐渐显现出来。

① http：//www.mofcom.gov.cn/article/resume/n/201408/20140800682921.shtml

在此背景下，奉贤区推进国家新型城镇化的发展迎来新的重大机遇。2016 年 12 月，奉贤区被纳入第三批国家新型城镇化综合试点地区名单。如何在快速城镇化发展的新阶段，按照创新驱动、转型发展的要求走新型城镇化道路，更好地将奉贤区的新型城镇化建设融入上海城镇化发展成为重要课题。

一 上海城镇化发展的实践与经验

（一）上海已进入快速城镇化发展阶段

城镇化是工业化和现代化的必然趋势，是完成落后农业国向发达工业国跨越的必由之路，也是扩大内需的最大潜力。截至 2014 年，上海城镇化率已近 90%，不仅领先于全国的均值，更领先于发达国家城镇化率的平均值，这是了不起的历史性成就。上海在城镇化方面也取得了骄人的业绩，突出地表现为：农业产业比重大幅度下降；农业人口大量转移；农业基础地位进一步加强；农业综合生产能力进一步提高；农民纯收入逐年提高；城乡收入差距渐趋缩小；新农村建设取得了显著成效；农村基础设施投入加大，条件明显改观；城市建设、基础设施等方面发生了历史性变化，城市综合实力显著增强；初步建立了城镇化网络体系和基本框架，基本形成了有利于城镇发展的重大基础设施体系；基本形成了与城镇发展相适应的产业格局；基本形成了与城镇体系相配套的公共设施和社会服务体系等。

2006 年以来，根据中央关于建设社会主义新农村的决定，按照工业化、城镇化与农业现代化“三化”同步协调推进的要求，在中心城市的辐射、带动和支持下，特别是世博会的举办，高速公路、轨道交通等现代交通网络的形成，市委市政府又制定并实施了七个新城建设规划和十二个试点镇的建设，上海城镇化进入了新一轮发展阶段，出现了以工促农、以城带乡、城乡互动、共促共进的城镇化发展新格局。

上海城镇化的发展，核心是坚持从上海实际出发，呈现了上海城镇化发展具有城市与城镇双向演进、经济社会发展与政府规划引导共同推进以及郊区自身发展与中心城区辐射带动互促共进的鲜明的上海特点。呈现了上海城镇化发展“四动”的发展模式和路径，即一是依靠城市大发展大建设推动，二是依托全市产业调整带动，三是依托大型居住区建设拉动，四是各试点区建设与城镇化联动。

（二）上海城镇化发展积累了宝贵经验

一是城镇化依赖于土地、资源、人口的科学配备，提高城市工作全局性需统筹空间、规模、产业三大结构。进入21世纪，上海郊区根据产业集聚依托城镇、城乡统筹产业互动、垂直分工、错位竞争等原则，加快工业向工业园区集中。在4个国家级产业基地和9个市级工业园区、200多个经济小区的带动下，到20世纪末，郊区经济总量已占到全市的1/3，工业总产值占到全市的60%以上。按照农地向规模经营集中的要求，在实施产业结构、产品结构、布局结构调整的基础上，推进农业功能性结构调整和发展规模经营。改革开放以来，上海郊区已完成300余万农民向城镇转移，到2011年底，郊区土地流转面积达150多万亩，规模经营面积占60%以上。其中30亩以上粮田规模经营达65%，农民专业合作社2500多家，农业产业化企业1100多个，体现了“中心城—新城—中心镇——般镇”等多层次、组团式的城镇体系的构建。

二是建立城乡一体化的基础设施和公共服务体系是城镇化的必要条件。从20世纪90年代起，上海城乡基础建设即呈现向郊区倾斜的趋势。2002年4月，上海市委、市政府提出上海郊区进入“城乡一体化发展的新阶段”，明确未来上海郊区要围绕“四化”（城乡一体化、农村城市化、农业现代化、农民市民化）建设的总体目标，为城乡一体化发展打下基础。在2010年上海世界博览会后，城市建设的重心逐步转移到郊区，呈现出人口城市化和郊区化并进的发展态势。

三是切实维护失地农民的利益是我国城镇化取得健康发展的关键所

在。世界城市化的历史表明，城市化是一把双刃剑，它一方面使农村融入城市，改变了农村的经济社会面貌；另一方面，又使大量的农民失去土地和家园，如果处理不当，农民将会沦为城市贫民。上海在城镇化过程中，十分重视失地农民的就业、安置和社会保障，通过建立城乡一体化的就业制度、政府购买服务岗位、农民就业技能培训等措施，切实解决了失地农民的就业问题。上海在全国最早取消农业税，并实行农村集体经济产权制度改革，解决了失地农民的后顾之忧。上海在全国也是最早建立农村社会保障的地区之一，同时为失地农民建立小城镇保障制度，并正在向城市保障制度过渡。上海还积极开展户籍制度改革、农民宅基地置换试点、农村集体建设用地流转试点等，使城镇化过程中农民成为有“薪金、股金、租金、保障金”的“四金农民”，从而有力地保障了城镇化的顺利推进。

二 奉贤区推进“国家新型城镇化”的基本方向和目标

（一）推进城乡统筹发展的基本方向

1. 以奉贤新城建设为龙头，打造区位新优势

奉贤新城是推进城乡空间一体化的重要载体。通过加快奉贤新城建设，在杭州湾北岸率先打造独立性综合型城市，构筑上海特大型城市的南部和长三角节点城市，充分发挥新城的引领和辐射作用，实现对奉贤产业发展、社会事业配备和城市的功能提升，进一步优化城乡发展格局，实现城乡均衡发展。

2. 结合本区特点，提高区域发展协调性

推进奉贤区城乡产业发展的重点是要加快提高奉贤区制造业能级，扩大服务业规模，提升农业效益，形成城乡一体、有机互动、错位互补、协调互助的产业格局。其中，制造业发展要进一步引导向工业园区集中，服务业发展要依托产业园区发展生产性服务业，农业发展要着眼于科技含量高、附加

值高、生态型的现代都市农业，推进规模化、产业化、标准化经营，与二产、三产融合发展。

3. 创新投融资机制，完善城乡基础设施

建立多元化的投融资机制，加大对薄弱基础设施改造和建设的补贴扶持力度，鼓励各类社会主体参与建设。在交通基础设施方面，完成轨道交通建设，推进路网加密，加快村内道路建设，在新城与新城、新城与镇区、镇区与镇区之间建设一批高等级道路，形成城乡联通交通网络，加强工业园区道路、管网、路灯、绿化等市政配套设施建设，加强农业水利、综合开发和农业配套基础设施建设。

4. 推进公共资源均衡化，不断在发展中保障和改善民生

推进医疗、教育、文化、娱乐、体育等设施在奉贤区城乡之间的均衡合理布局，缩小与中心城区的差别。建立有效便利的卫生服务体系，更好地满足全区群众医疗服务需求。继续推进教育资源的城乡全覆盖和均衡化布局，重点完善教育资源建设和规划，引导中心城区的优质教科文卫娱等重大功能性项目等优质社会资源向奉贤新城集聚。

5. 构建奉贤特色风貌，继续保护和改善人居生态环境

在城镇化进程中协调好人和自然生态环境的关系，加强对水资源、岸线带等自然生态体系的保护。在产业转型中，减少对资源的占用和对环境的破坏，提高环保标准，加大环境治理和保护力度，提高农村污水纳管率，对水、土地、大气环境进行综合整治，建设持续承载的环境支撑体系，形成适应新型城镇化的城乡生态环境体系。在奉贤新城建设进程中，综合考虑绿化、水系等生态资源的合理配置和布局，优化人居生态环境。

6. 优化城乡管理模式，推进体制创新试点

将管理重心下移、管理权限下放，推进管理体制创新试点。赋予奉贤区具体项目的土地审批权，重点解决奉贤新城建设土地指标问题，适当放宽建设用地总体指标和容积率，在规划明确的基础上，对建设项目的审批权一揽子下放，实现责权利对等。

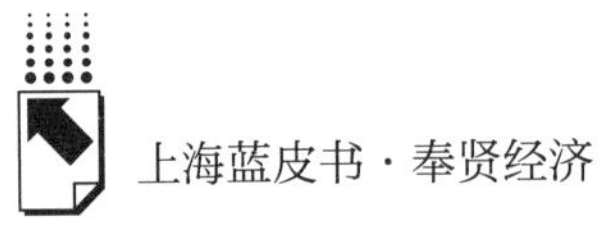

（二）“十三五”时期奉贤区推进城乡统筹发展的目标

继续坚持统筹城乡改革专项试点总体方案目标，力争到2020年，基本建成城乡空间融合、城乡要素合理流动、城乡生产布局优化、城乡公共服务均等、城乡生态环境良好的发展格局，塑造与国际化大都市相匹配的郊区形象和环境，努力建设成为上海统筹城乡发展的重要示范区，走出一条国际化大都市郊区加快推进城乡一体化发展的新路。

具体目标为：到“十三五”末，城镇化不断推进，城镇化率达到75%；现代农业稳步发展，农业适度经营规模比重达到90%，农业组织化率达到85%；农民收入结构不断优化，城乡居民家庭可支配收入比小于1.6；农村面貌日益改善，生活污水有效处理率达到24%；基本实现公共资源均衡布局，行政村公交通达率达到100%，城乡义务教育阶段生均经费比小于2.5，城乡最低生活保障标准比和城乡最低养老保障比均达到1，实现与中心城区无差异的保障水平；城乡重点改革凸显成效，财政投入三农发展资金占全部财政支出比重达到9.9%，村级集体资产股份改革完成率达100%，全面消除经济薄弱村。

三　奉贤区“十三五”城乡统筹发展重点任务展望

（一）完善城镇发展体系，推进以人为核心的新型城镇化，加强人文环境的保护建设

1. 构筑“1+2+5+X”的城镇发展体系

着力完成镇村规划体系，争取实现奉贤规划全覆盖。坚持集约、智能、绿色、低碳方向，统筹城乡发展，以维护新型城市化功能为立足点，依托产业资源、区位交通等便利条件，加快推进城镇化进程，引导农村人口向新城、重点镇集聚，零散自然村就近向一般镇、中心村迁移，构筑“1+2+5+X”的城镇发展体系。其中，“1”指一个面向长三角地区的综合性节点

城市，即奉贤新城；“2”指奉城镇、海湾镇两个功能性节点城市；“5”指庄行、柘林、四团、青村、金汇五个新市镇（小城市）；“X”指部分撤制镇、104 工业转型社区、农村集中居住区、特色自然村落等。

2. 聚焦重点功能区差异化、联动化发展

进一步聚焦重点发展的功能区，结合各主要功能区的特点提出相应的发展定位。奉贤新城是奉贤今后相当长一段时期发展的重点，作为长三角的综合服务节点城市，面向杭州湾的中小企业总部服务及创新经济孵化中心，奉贤新城是推动区域发展的重要引擎，体现新城的综合服务功能，着力增强其辐射带动能力。奉城镇、海湾镇两个功能性节点城市，体现各自发展特色，着力培育城市功能，对周边城乡区域形成辐射带动作用。其中奉城地区突出产业转型升级，着力发展科技型、创新型、创意类产业，增强城市服务功能，成为奉贤区东部综合服务节点城镇及先进制造业基地。海湾地区突出滨海特色，着力发展旅游休闲、知识创新、金融会展等高端产业，成为上海南部以滨海活力为特色的休闲度假中心。新市镇发挥各自特色，提供区域性的公共配套服务，服务周边城乡地区。进一步改善撤制镇、104 工业转型社区、农村集中居住区、特色自然村落等地区的发展环境，完善基本公共服务配套设施，推进城乡一体化发展。

3. 充分发挥各镇的载体作用，提升服务水平

镇作为城之末、村之首，承担着城的延伸功能，带动着村的发展，也是奉贤区城镇体系中不可或缺的层次和环节，应把镇作为吸引农民集中居住、统筹城乡政策和资源的载体。针对不同镇的发展现状，加强分类指导，加大镇的基础设施和公共服务资源配置，创新镇的管理模式。建议根据各类镇在城镇群网络中的作用和功能，按照不同发展导向，提升规划建设水平，完善配套服务能力，引导周边农村人口集聚，进一步强化特色功能、公共服务、环境品质和吸引力。

4. 优化村庄规划布局，体现历史底蕴及人文记忆

按照保护村、保留村和撤并村，分类引导村庄发展，注重人文环境的保护和建设，保留历史底蕴和文化记忆。加强保护村的环境整治和风貌保

护，进一步凸显其特色风貌和历史文化价值，鼓励发展休闲、旅游、创意等产业，提高农民收入。改善保留村的人居环境，按照“三个集中”的要求，优化生产生活布局，适当考虑紧凑组团式发展。有序推进撤并村农民的集中居住工作，逐步撤并受环境影响严重以及规模小、分布散的村庄点。

（二）加强新农村建设，打造美丽智慧新乡村

1. 加强对内对外交通建设和设施维护管理

首先，抓紧完善奉贤区交通设施的规划建设标准。加快编制镇村内部交通规划，完善镇村内外交通联系。其次，加强对外交通道路建设。一方面要尽快推进和落实原有规划道路，主要工作有：加快推进林海公路、金海路虹梅路越江隧道、金海南路、浦星公路拓宽、大叶公路改建、浦卫公路改建等骨干工程；加快推进 S3 高速、闵浦三桥等市域联系通道的开工建设等。另一方面需要进一步加强与中心城区的道路交通联系，主要的工作有研究奉浦大桥拓宽、S4 高速地面段（浦南运河—大叶公路）高架改造，支持金海公路全线 17 公里纳入国省干线公路网，加快推进 S3 高速、嘉闵高架南延伸、两港大桥西延伸规划建设，研究将奉浦东桥建设列入建设计划等。再次，加强区内交通体系建设。支持奉贤新城内部中运量有轨交通体系建设，加快推动区内各板块之间快速交通体系建设。最后，及早明确村内道路、桥梁长效管养机制，明确管理职责，落实专项配套资金。

2. 推进信息基础设施建设力度，构建智慧城市

推进信息基础设施建设，强化信息网络、数据中心等信息基础设施建设，为智慧城市建设打下基础。区政府要创新城市治理方式，适应农村生产生活方式转变需要，加强城市精细化管理。利用大数据等手段充分利用各类镇区等城市化区域的基础设施和公共服务配套资源数据，加强政策统筹，强化激励和约束，做实基本管理单元，增强基本公共服务的便捷性和执法管理的有效性。推动基本管理单元与城市网格化综合管理有效衔接。

3. 开展美丽乡村示范村创建

实现生产空间集约高效、生活空间宜居适度、生态空间山清水秀；完善农村道路系统，硬化村主路，合理改造村支路，整修村内危桥，保障村民出行安全；因地制宜开展农村生活污水处理项目建设、按需建设农村环卫设施、安装村内照明装置；有条件的地区开展供水管网改造、燃气管网安装等；全面开展村庄环境整治；疏浚治理河道水系，改善村庄水环境；完善农村生活垃圾“户集、村收、镇运、市处理”的收运处理系统；开展宅前屋后环境整治，拆除各类违章建筑，规范农户家庭养殖，适当美化农宅墙体；开展家庭经济林、苗木等多种形式的村庄绿化，把好山好水好风光融入城市。

（三）加大统筹力度，推进城乡基本公共服务均等化

1. 优化布局，提升奉贤基本公共服务的可及性和便利性

按照基本管理单元的要求，以服务半径、服务人口为主要依据，优化教育、卫生、文化等领域基本公共服务的建设标准，聚焦若干重点区域和薄弱环节，加紧开展奉贤区基本公共服务设施补点建设。按照基本管理单元的要求，以服务半径、服务人口为主要依据，优化教育、卫生、文化等领域基本公共服务的建设标准，聚焦若干重点区域和薄弱环节，加紧开展补点建设，提高农村地广人少地区公共服务设施的可及性。

2. 积极推进基本公共服务在乡镇之间的均等化

目前的财政转移支付主要发生在市与区两级层面之间，并未细化考虑到不同乡镇区域之间，因此难以真实反映城乡发展的真实差距，即便是在社会保障方面也是以乡村居民的人数来确定转移补贴资金的多少，并未从城乡动态发展的角度来考虑。奉贤区应该进一步优化各类镇的基本公共服务资源配置，坚持统筹兼顾，坚持改革创新，坚持尽力而为、量力而行的原则，按照实际需求配置镇的功能和设施，充分利用好镇区存量资源。

3. 加强教育、医疗等重点领域的基本公共服务均等化的配置

一是均衡配置教育资源，完善终身教育体系。通过“学区制”改革推

进区域教育均衡，通过教师流动推进资源配置均衡，通过合作联动推进城乡学校均衡，促进城乡义务教育均衡发展；通过健全三级终身教育工作网络，探索建立街镇终身教育体系，建设职业教育园区，推进区域终身教育发展。用开设分校或合作办学的方式引进优质高中和综合性大学，缓解奉贤区教育资源贫乏的困境。二是合理配置和布局医疗资源，提高医疗服务的质量和效率。提高基本医疗保障水平。不断完善“区级—街镇—村级”三级公共卫生服务网络，大力推进城乡一体化的社区卫生服务建设，不断巩固“横向到边、纵向到底”覆盖全区的社区卫生服务组织网络。积极开展形式多样、针对性强的公共卫生队伍培训工作，继续开展重难点工作督导检查。三是完善养老服务体系，全面建设老年宜居社区。力争到2020年，全面建成完善的社会养老服务体系，以居家为基础、社区为依托、机构为支撑的“9073”养老服务格局得到巩固。

4. 进一步完善长效性制度，加强人才培养

加大政策支持力度，鼓励优秀人才服务奉贤郊区农村，对农村地区义务教育学校、社区卫生服务中心等基本公共服务机构在绩效工资总量上予以倾斜，增加部分专项资金用于奖励在农村工作的优秀教师、医生等人才。对有志于到农村地区扎根的年轻人才，要建立职称评定、交流培养等长效机制，拓宽其职业发展通道，使其有稳定长期的自我发展预期。加强社区“三个中心”等对农村地区的辐射能力，主动送技术、送服务下乡，在人员使用上探索实行“镇村一体化”管理，推动基本公共服务资源和人才下沉。

（四）完善农村要素资源配置的市场机制

1. 继续加大对农业农村的投入力度

建立多元农业投入稳定增长机制。基于农业产业特征和农业现代化的发展要求，贯彻中央对农村发展的精神，进一步在财力上给予农村发展更大的支持。继续加大财政投入力度。按照总量持续增加、比例稳步提高的要求，增加“三农”投入，适度增加现代农业生产发展资金和农业综合开发资金

规模。

2. 积极主动推动农业结构调整

关闭整治不规范的中小畜禽养殖场，对大型养殖场严格实行动物防疫条件合格证和排污许可证的双证管理。优化农业布局规划和粮食种植业结构，推动粮食播种机械化，提高蔬菜生产机械化水平。大力发展多功能都市现代农业，把产业链、价值链等现代产业组织方式引入农业，不断提高现代农业综合效益和竞争力。

3. 加强农村要素市场建设

坚持“政府主导、市场主体、群众参与”的原则，充分发挥市场在资源配置中的基础性作用，重点加强集体建设用地、农村承包地经营权、资本、技术等生产要素市场建设。完善上海农村要素交易所的运营管理，加强交易信息服务平台建设，打造上海农业专业技术人才交流市场。

4. 提高农村金融服务质量和水平

充分发挥上海建设国际金融中心的辐射效应，加强金融支持农村发展的创新，鼓励各类金融组织向农村延伸网点和机构。支持各类具备条件的企业和公司从资本市场进行直接融资，鼓励和吸引多元化的社会资本投资村级集体经济。争取农村住房产权和土地承包经营权以及林权等抵押贷款试点。

5. 积极引导社会资源投向农业农村

积极引导市场各方力量参与构建多元化的开发平台，鼓励市场资金和社会主体投入农业农村，逐步形成政府及民营投资主体优势互补、利益共享、风险共担、协同共建的市场化运作的体制机制。放宽民间资本进入城乡公用事业领域的限制，引导不同经济成分和各类投资主体参与城乡建设，努力形成政府推动、多元投资、市场运作的资本经营机制。

（五）深化农村制度改革，增强农村发展活力

1. 加快推进农村土地制度改革

一是稳定完善农村土地承包经营权等级制度。健全土地承包经营权等级

制度，全面完成推动承包经营权确权登记颁证工作。二是积极探索宅基地整理和利用新机制。在农民自愿的基础上，鼓励区县探索以多种方式推进农民集中居住工作；推进土地整治和闲置宅基地、危房违房的专项整治工作。三是规范引导农村土地经营权有序流转。四是完善征地补偿机制和收益分配机制。五是完善城乡建设用地增减挂钩制度。

2. 加快推进农村产权制度改革

一是深入推进集体经济组织产权制度改革。加快推进村级集体经济组织产权制度改革，积极创造条件，探索镇级集体经济组织改革试点。二是实行“一村一策”，率先在有条件的村开展集体经济组织土地资产股权化改造试点。按照成立改制工作小组、制定方案、清产核资、评估资产、界定股权、清人分类、量化到人的次序稳步推进。三是及早确立农村股份合作经济组织的法人地位。四是明确社区集体经济组织产权制度改革后的发展定位。五是积极稳妥地探索土地股份合作制。六是合理确定税收减免政策，减轻农村股份合作经济组织负担。七是加强集体资产的管理。

四　奉贤区城乡统筹保障措施及政策建议

（一）加强组织协调，完善考核监督机制

争取在市级层面构建长效性的城乡统筹工作联席会议制度，定期开展会议交流工作，形成专项改革试点的综合推进机制，协调指导奉贤统筹城乡发展专项改革试点工作，协商解决重大问题。发挥区级统筹城乡发展推进领导小组的统筹协调作用，确保城乡统筹试点工作有序开展。切实加强对试点工作的监督检查和具体指导，以奉贤区城乡统筹发展指标体系为标准，建立动态监测评估机制，将试点工作情况纳入年度绩效考核范围。建立专项经费，保障试点工作顺利推进。

（二）整合统筹政策，构建合理高效的财政支持体系

整合各项政策，完善配套政策体系，加大对薄弱地区和环节的区级资金统筹力度。财政资金进一步向改善民生倾斜，增强内生发展能力，提高农村居民特别是低收入农户的生活水平，增强老百姓的“获得感”。研究奉贤区生态补偿横向转移支付制度，设立城乡统筹专项资金用于农村地区的生态建设、土地复垦、镇村基础设施建设和社会民生保障等。

（三）创新多元化投融资渠道，引导社会资源投向农业农村

充分利用市场力量，加快城镇发展，鼓励有实力、有专业能力的大企业大集团通过多种方式参与镇区和农村地区的综合开发。采取股份制、建设—移交制等多种形式，打破行业、地区和所有制界限，鼓励市场资金和社会主体投入农业农村，放宽民间资本进入农村基础设施、公用事业领域的各种限制，逐步形成政府及民营投资主体优势互补、利益共享、风险共担、协同共建的市场化运作机制。

（四）强化人才支撑，健全专业人才到农村工作的激励政策

引导农村人才回归、吸引优秀人才向农村地区流动，鼓励优秀人才扎根基层就业创业。引导优秀人才到基层服务，对基本公共服务机构在农村地区服务的人才予以适当奖励。建立健全有利于促进优秀人才服务农村的长效激励机制，对有志于到农村地区扎根的年轻人才，要建立职称评定、交流培养等长效机制，加大农业相关产业的创业扶持力度。

（五）及时总结经验，加强试点经验宣传力度

加强动态跟踪，掌握试点中的问题，适时对试点工作成效进行总结评估。积极申办长三角级别或更高层次的城乡统筹发展论坛，加强与全国城乡统筹先进地区的联系和沟通。积极与相关媒体开展宣传合作，及时发现和宣传各类先进典型，总结推广好的经验和做法，形成全社会共同参与和推动城乡统筹发展的良好氛围。

附表1　奉贤区城乡统筹发展指标体系“十三五”发展目标（带＊数据为预估值）

评价领域	序号	评价指标	单位	2014	2015	2020	责任单位
统筹城乡经济发展	1	二、三产业增加值占 GDP 比重	%	97.4	97.5*	98*	区经委
	2	园区内工业产值占全区工业产值比重	%	71.8	74	≥80	区经委
	3	农业适度规模经营比重	%	55.2	47.5	90	区农委
	4	单位增加值综合能耗下降率	%	3	23	16～18	区发改委
统筹城乡公共服务	5	城乡最低生活保障标准比	以农为1	1.15	1.1	1	区民政局
	6	城乡最低养老保障标准比	以农为1	1	1	1	区人社局
	7	城乡义务教育阶段生均经费比	以农为1	3.6	≤3*	≤2.5*	区教育局
	8	城乡每万人拥有医生数比	以农为1	2.75	≤2.6*	≤2.5*	区卫计委
	9	城乡人均拥有公共文化体育设施面积比	以农为1	0.76	0.68	0.67	区文广局、体育局
	10	行政村公交通达率	%	100	100	100	区建交委
	11	农村供水集约化率	%	100	100	100	区水务局
统筹城乡人民生活	12	城乡居民家庭人均可支配收入比	以农为1	1.77	≤1.75*	≤1.6*	区统计局
	13	城乡上网家庭比重比	以农为1	2.4	≤2*	≤1.2*	区信息委
	14	城乡居民文教娱乐服务支出占家庭消费支出比重比	以农为1	1.4	≤3*	≤2*	区统计局
统筹城乡空间形态	15	城乡规划覆盖率	%	100	100	100	区规土局
	16	城镇化率	%	67.5	≥70*	≥75*	区统计局
统筹城乡重点改革	17	财政投入三农发展资金占全部财政支出比重	%	10.1	9.8	9.9	区财政局
	18	财政投入三农发展用于改善民生类资金比重	%	18.4	19.2	20	区财政局
	19	村级集体资产股份改革完成率	%	0.56	27.3	100	区农委
	20	农村土地承包经营权流转率	%	55.6	70	80	区农委
	21	农业组织化率	%	77.4	80	85	区农委
	22	经济薄弱村占比	%	56.5	31.6	0	区政研室
统筹城乡生态环境	23	农村生活污水有效处理率	%	19.1	20	24	区水务局
	24	农村生活垃圾无害化处理率	%	100	100	100	区绿化市容局
	25	建成区绿化覆盖率	%	28	30	35	区绿化市容局
	26	环境空气质量优良率	%	97.3	98	80（AQI）	区环保局

B.15 奉贤区特色小镇建设路径研究

伏开宝　吴康军*

摘　要： 奉贤作为第三批国家新型城镇化综合试点地区，正积极打造一批各具特色、环境友好、智慧生活、品质服务、产城融合的特色小镇，作为城市更好的支撑和配套。本文结合多次实地走访与调研的结果，以金汇“东方美谷”小镇和庄行“农艺”小镇为例进行分析研究，结合奉贤区经济发展现状，总结奉贤区特色小镇建设存在的瓶颈因素，在此基础上提出奉贤区特色小镇建设应该避免的问题和建设路径。

关键词： 特色小镇　金汇“东方美谷”小镇　庄行“农艺”小镇

一　特色小镇建设的背景

目前，我国经济社会发展进入了一个全新的攻坚阶段，城乡差距日益拉大，诸多转型升级的要求迫在眉睫。小城镇属于城市之末、乡村之首，是统筹城乡二元发展的过渡地带，也是沟通城乡区域经济社会发展的桥梁和纽带。我国实施新型城镇化战略，加快特色小镇建设就是在这一背景下应运而生的。特色小镇主要指聚焦特色产业和新兴产业。开展美丽特色小（城）镇建设是我国推进供给侧结构性改革的重要平台，对推动我国经济转型升级

* 伏开宝，上海社会科学院博士研究生，研究方向为区域经济与科技进步；吴康军，奉贤区委党校区域与经济发展研究中心主任，讲师，研究方向为农村经济。

和发展动能转换具有重要作用。全国各地都在推进特色小镇建设，我国特色小镇建设已经初显成效，特色鲜明、人文气息浓厚、生态环境优美、多功能叠加融合的特色小镇有望成为拉动我国经济发展的新引擎。

2016 年 7 月，住房城乡建设部、国家发展改革委、财政部联合发布《关于开展特色小镇培育工作的通知》，该文件明确了特色小镇培育的一大目标、三大原则及五大要求。自此，全国各地兴起了轰轰烈烈的特色小镇建设热潮。培育创建一批特色小镇是我国经济社会发展的内在需求，对经济转型发展具有重要战略意义。通过培育特色小镇，做强特色经济，推动产业间的协同创新，由点及面引领产业布局调整，由小及大加速产业转型升级，带动当地经济加快转型升级；通过高起点规划，由表及里提升城镇化水平，由内及外激发创新活力，吸引高端要素向小镇集聚；通过产业富民、旅游惠民，实现百姓、企业和政府三方共赢。

二 奉贤区经济社会发展现状

奉贤地处上海的南部，北枕黄浦江，南临杭州湾，总面积 733.4 平方公里，全区 8 个镇，6 个开发区，现有常住人口 115 万。通过近几年的建设，奉贤已形成五纵三横的生态网络体系，生态用地的总面积为 220 平方公里，其中拥有 1.6 万亩的海湾国家森林公园、1.2 万亩的申隆生态园，全区人均绿地面积达到每人 13.2 平方米，在上海市郊区中排名第一。奉贤通江达海，最北端黄浦江岸线 19.79 公里，处于上海市黄浦江岸线整体开发区域，最南端杭州湾岸线 31.6 公里，是奉贤宝贵的资源。奉贤历史悠久、人杰地灵、人文荟萃。区内人文气氛浓郁，知识汇聚，各类人才达 20.3 万人，其中国务院特殊津贴专家、千人计划人才、市领军人才以及区领军人才近百名。

2016 年奉贤区全年实现增加值 729.3 亿元，可比增长 5.5%，三次产业结构逐步优化。分产业看，第一产业增加值 16.3 亿元，可比下降 11.6%；第二产业增加值 396.6 亿元，可比增长 4.2%，对增加值的贡献率为 24.0%；第三产业增加值 316.4 亿元，可比增长 8.2%，对增加值的贡献率为77.7%。第一产业增加值占总增加值的比重为2.2%，比上年下降0.3个百分点；第二产业增加值比重为54.4%，下降1.9个百分点；第三产业增加值比重为43.4%，上升2.2个百分点。全年全区财政总收入为306.13亿元，比上年增长15.6%，其中区级地方财政收入104.81亿元，比上年增长23.5%。全年税收收入285.56亿元，同比增长15.3%。全年完成全社会固定资产投资总额300.6亿元，比上年增长3.0%。工业经济走势止跌趋稳。全年实现工业增加值361.7亿元，可比增长3.7%。工业经济效益明显改善，全年规模以上工业企业实现主营业务收入1587.0亿元，同比上升2.2%，实现利润总额121.0亿元，同比上升20.9%。

虽然奉贤区经济社会发展水平不断提高，但仍然存在着不足和挑战。从表1可知，2016年奉贤区GDP占上海GDP的比重为2.66%，一产、二产、三产增加值分别占上海市一产、二产、三产GDP的比重为14.89%、4.96%、1.63%。数据显示，奉贤区GDP、第二产业和第三产业增加值在上海的占比都较低，对全市经济发展贡献率偏低，远落后于上海市多数区县。2016年奉贤区的一产、二产、三产增加值占比分别为2.24%、54.38%、43.38%；同期上海市的一产、二产、三产GDP占比分别为0.39%、29.11%、70.5%。奉贤区第二产业增加值占比达到54.38%，可见当前奉贤区经济主要依靠传统工业拉动，而第三产业增加值占比43.38%，远落后于上海市的70.5%。

表1　奉贤区、上海市分产业GDP

单位：亿元，%

	奉贤区	上海市	奉贤区占比
GDP	729.3	27466.15	2.66
第一产业	16.3	109.47	14.89
第二产业	396.6	7994.34	4.96
第三产业	316.4	19362.34	1.63

数据来源：2016年上海市、奉贤区国民经济和社会发展统计公报。

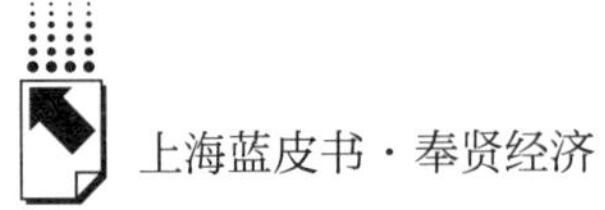

由此可见，奉贤区经济社会发展存在的主要问题有以下几点。

1. 经济发展水平相对落后，对全市经济的贡献非常有限，现代服务业发展水平比较低。上海市服务业占国民生产总值比重达到70.5%，但是奉贤区第三产业增加值占比仅为43.38%，同比远远落后于上海市整体水平。因此，大力发展现代服务业，加速经济结构调整势在必行。

2. 产业特色不鲜明，产业层次较低，自主创新能力薄弱，生态保护与资源环境制约加剧产业发展。奉贤区产业结构“散、乱、小”特征明显，以传统行业为主且层次中低端偏向明显，以自主创新能力为核心的产业竞争力依然较弱，人才集聚能力相对较弱。骨干龙头企业较少，行业企业散而弱；面对宏观经济减缓压力、要素制约趋紧和外部市场多变的环境，其产业弊端尽显，亟须推动产业优化升级来破解经济发展困局。

3. 缩小城乡差距、区域统筹发展的任务艰巨。奉贤区城乡差距非常显著，薄弱的基础设施阻碍了其发展进程，产业分布的散乱也为区域统筹发展带来重大挑战。

4. 公共服务成为制约发展的短板。奉贤区社会管理、公共服务等方面的短板不仅无法满足人民的生活需求，还严重制约了经济转型与发展。尤其表现在教育、医疗和公共交通等方面，迫切需要政府提供公共服务以满足人民生产、生活诉求。

三　奉贤区特色小镇建设现状

奉贤作为第三批国家新型城镇化综合试点地区，正积极打造一批各具特色、环境友好、智慧生活、品质服务、产城融合的特色小镇，作为城市更好的支撑和配套。特色小镇建设是产城融合的重要手段，也是缩小城乡差距的重要抓手，特色小镇建设无疑将成为推动奉贤产业转型升级、城镇功能形态完善、缩小城乡差距的有力载体。奉贤具有得天独厚的地理优势，奉贤区域面积大，各镇的经济基础、人文环境、生态特色等各不相同，每一个镇的特色小镇建设路径也必然有着一定的差异。奉贤区紧紧围绕自身的优势与特点，规划和发展了一批在上海具有代表性的特色小镇：依托奉贤金融基地打造上海金融小镇；依托东方美谷打造金汇镇“东方美谷”小镇；依托农艺公园和农艺特色打造庄行“农艺”小镇；依托上海神仙酒厂等非遗文化集聚打造四团镇“醉美幸福”小镇等。不同的特色小镇建设为新型城镇化综合试点提供了有益的思路。特色小镇建设，产业是根基，生态是底色，文化是灵魂。在上海奉贤，建成以产业有支撑、文化有内涵、生态有保护为目标的具有鲜明发展特色的小镇，是奉贤区经济发展的重要抓手，上海奉贤迎来“小镇时代”（见表2）。

表2　奉贤区特色小镇

镇名	建设目标	特点
庄行镇	农艺小镇	入选住建部第二批全国特色小镇
青村镇	文旅特色小镇	文创产业为支撑，古镇复兴为重举
柘林镇	绿色智慧小镇	绿色生产、智慧城市，柘林构建产城融合新模式
金汇镇	东方美谷小镇	山水意境、美谷景象，金汇打造产业生活融合景象
四团镇	醉美幸福小镇	酒醉人、景醉心，四团探索农业观光融合发展新路径
海湾镇	运动休闲小镇	户外运动、休闲旅游，海湾用活生态、资源优势
奉城镇	美家小镇	乐商、乐活，上海家具之乡奉城浴火重生
南桥镇	趣·南桥	激活老城、复兴老城，南桥利用微型趣味空间更新城市
以申隆湖为中心的公共核心区	上海东方金融小镇	四大特色、五大风貌区，积极融入上海国际金融中心总体布局

2017年6月，奉贤区庄行“农艺小镇”入选住建部第二批全国特色小镇。全国各地276个镇被认定为第二批全国特色小镇，上海共有6个镇入选，分别是浦东新区新场镇、闵行区吴泾镇、崇明区东平镇、嘉定区安亭镇、宝山区罗泾镇、奉贤区庄行镇。2017年7月，奉贤区海湾镇被国家体育总局选为全国首批运动休闲特色小镇。

四　金汇镇“东方美谷”特色小镇建设分析研究

当前奉贤区正在积极推进“东方美谷”的建设，金汇镇“东方美谷”

小镇不仅是奉贤区特色小镇的重要组成部分，更是奉贤区“美丽健康”产业的重要承载区，且金汇镇离市区相对较近，产业基础较好、经济实力较强，未来特色小镇的开发有一定的基础。

（一）金汇镇建设“东方美谷”特色小镇的优势

1. 区域地理位置优越。金汇镇位于奉贤区中北部，西南邻近奉贤新城，北接闵行区和浦东新区，北距人民广场 30 公里，东距浦东国际机场 46 公里，西北距虹桥机场 33 公里，距离前滩地区 20 公里，区位条件优越，是奉贤连接市区的桥头堡和北大门。

2. 大交通环境持续向好。金汇镇内水陆交通便捷，黄浦江、大治河在此交汇，浦星公路、林海公路、大叶公路、金大公路分别穿过金汇全境，徐家汇商圈、虹桥商务区、迪士尼乐园、前滩、浦东机场等核心圈层皆在 25 分钟交通覆盖区域内。镇区沿浦星公路向北 3 公里可达轨道交通 8 号线沈杜公路站，西部金海公路越江隧道直通正在建设中的虹梅南路高架。全市第一条 BRT 快速公交穿越金汇，并已经启动建设，S3 高速也穿过金汇，金汇镇未来的交通环境将持续向好。

3. 生态环境资源丰富。金汇镇被大治河及金汇港两条市级生态廊道包围，镇域近一半土地位于生态廊道范围内，有着良好的生态基底。镇域内绿树成荫、水网密布，坐拥 3800 亩片林，拥有南上海不可多得的生态资源。

（二）金汇镇建设“东方美谷”特色小镇的劣势

1. 产业小、散、乱。目前，镇域内的企业大部分为小企业，且行业分布比较散乱，不集中，没有主打产业，更没有形成产业链及产业集群。现有的企业中，除了“广泽股份”这一骨干企业之外，还有大健康产业项目若干，但是这些项目总体规模较小，未能形成鲜明特色，这与“东方美谷”特色小镇的产业定位差异较大。

2. 公共配套不健全、能级低。虽然金汇镇域内现有的公共配套设施能基本满足目前居民的基础需求，但缺乏高质量的学校、公园、医疗机构、商业配套、文化体育设施等，难以满足未来引进中高端人才的需求。

3. 生态资源尚未转化成生态优势。金汇镇虽然有金汇港这一天然水系资源，但是金汇港沿线尚未开发。区域内达令港公园在建，但还未完全建成，对周边产业和生活的带动作用尚未体现。区域内的片林等绿化资源都远离生活区和产业区，且目前均未开发，导致金汇镇虽有丰富的生态资源，但并未转化成生态优势。

（三）金汇镇建设“东方美谷”特色小镇的机遇

1. 有望承接市级层面对郊区发展的重心倾斜。上海下一步的发展重心将向郊区倾斜，基础设施的投入重点也在郊区。未来将有数条交通干线经过奉贤，奉贤和上海市中心城区、浙江地区的交通连接将更为便捷。在社会事业配套方面，国妇婴等市级高水平医院也将落户奉贤，体现了市委市政府对郊区社会事业的大力支持。金汇作为奉贤的北大门，对接中心城区的桥头堡，无疑将率先享受到市委市政府对郊区各类扶持措施的倾斜。

2. 有望获得全国统筹城乡试点区的各项政策支持。统筹城乡发展是奉贤新一轮改革创新发展的动力，奉贤区抓住全国统筹城乡专项改革试点的契机，积极推进城乡一体化工作，这也为金汇镇特色小镇建设奠定了良好的发展基础。金汇的特色小镇建设作为奉贤推进城乡统筹的重要组成部分，有望获得国家、市级、区级层面的政策支持。

3. 有望成为大健康产业的重要承载区。随着生活水平的提高，人们对健康产品和服务的需求也水涨船高，大健康产业方兴未艾。上海市已经将大健康产业作为未来的主导发展产业之一，而奉贤凭借着“东方美谷”的产业定位和产业基础必将成为整个上海市大健康产业的核心承载区。金汇“东方美谷”小镇在地理位置上和奉贤“东方美谷”核心区连成一片，可形成联动发展之势，未来有望在大健康产业的版图中占有重要地位。

（四）金汇镇建设“东方美谷”特色小镇的瓶颈因素

1. 产业定位尚不明晰。金汇镇的产业摸底工作与初步方案制定还在开展中，现有产业能级低，未来的产业目标定位还不够清晰。虽说已经确定了“东方美谷”的主题，但是具体要选择哪个大健康特色主导产业和产业集群，尚未有明晰的定位。

2. 专业人才紧缺。特色小镇是集产业链、创新链、人才链于一体的创新生态系统，这对原有的政府管理人才是挑战。目前金汇镇有专业的领导团队，领导班子思路清晰，但是基层的具体实施人员在年龄结构、专业知识、服务意识和能力等方面，与特色小镇建设要求之间还存在较大差距。如果没有足够数量和质量的专业人才支撑，特色小镇的建设规划就难以有效实施。

3. 建设资金缺口大。“东方美谷”小镇规划面积大，建设空间资源较充裕，但是相应的资金需求大，如果全靠政府一力推动，仅凭财政资金，预计开发进程将十分缓慢。如果引入社会资本，无疑会提高开发的经济效率和时间效率，但也面临特许经营导致的垄断性、复杂交易结构带来的风险、长期合同缺乏灵活性等问题。引入社会资本是未来特色小镇开发的方向，但是在具体操作中如何设计出社会资本与政府良性互动、长期利益共享的开发形式，还有待进一步探索。

（五）金汇镇“东方美谷”特色小镇建设建议

1. 产业发展路径

（1）找准产业定位，形成错位竞争优势。抓住上海“大健康”产业发展的东风，紧扣“东方美谷”的主题，找准产业定位，同时要和“东方美谷”核心区的产业定位区分开来，找准特色，形成联动。从目前来看，“东方美谷”核心区更偏重生产制造业，而金汇的区位、交通、生态优势更适合在制造业外拓展“大健康”领域的服务业和“小而精”的智能制造业。应坚持智能制造业和服务业联动发展的格局，建议可结合区域内现有的产业基础，在美丽健康产业的部分分支领域如食品保健品、健康检测仪器、体育等产业及其延伸产业上下功夫。例如，结合区域内现有的奶制品制造企业“广泽股份”，可以引进更多健康食品和保健品制造、设计包装企业，并打造食品研发中心、健康食品博物馆、制作体验馆等一系列配套延伸产业；也可以往智能制造方向发展，引进一些健康检测仪、美容仪器等健康检测仪器生产企业，再配以医学检验所、健康检测体验中心、康复中心、美容体验中心等延伸产业；或者结合金汇港沿岸开发，打造以水上运动项目为特色的体育产业链，开发体育主题公园、主题酒店，引进体育设备制造及会展策划企业，举办龙舟、帆船、皮划艇、跑步等大型赛事，将“大健康”产业的内涵进一步延伸。

（2）注重多方联动，打造产业服务链。在引进产业项目的同时，应注重从原有的工业时代思维转化为互联网思维，跨前一步，打造产业服务链。要注重产业链上下游联动，结合 1 ~2 个龙头主打产业，适时推动某一产业领域的相关科研院所、第三方检测平台、开放性公共实验室、科技中介机构、众创空间、企业孵化器等平台进入，激发地区创新活力，引导产业持续内在生长动力，逐渐形成产业链集聚效应。

（3）坚持“腾笼换鸟”，淘汰落后产能。必须坚定不移地淘汰区域内高投入、高能耗、高污染、低效益的劣势企业，以腾出空间引进符合产业导向的优质企业。要注重“区区联动”，在招商工作中要积极承接张江等地溢出的“大健康”产业产能，尤其是研发已有一定基础、正欲加速扩张、市场前景良好的成长型、潜力型企业，打造大企业顶天立地、小企业铺天盖地的良好局面。同时，在后续招商中，将项目准入关口重心前移，从源头上加以控制，对存量工业用地转让、新增工业项目等严格把关，努力引进一批科技含量高、品牌影响大、综合实力强、产出效益好的优质产业项目。

2. 生态环境打造路径

（1）金汇港沿岸开发。金汇港通江达海，拥有丰富的水系资源，是金汇镇不可多得的生态优势，必须充分利用。目前金汇港沿岸开发还处于空白区，未来可考虑充分利用浦江第一湾之势，打造以“东方美谷”为主题的生态集群，如第一湾公园、民宿村落、滨港绿化带、体育公园和体育设施带、美谷主题展示馆等。也可恢复老金汇港，打造新老金汇港环抱的独特水系景观。结合金汇港对岸农艺公园的开发，适时与对岸联动，形成两岸交相辉映的独特生态景观。金汇港沿岸开发必须坚持顺应自然、科学实施，与奉贤新城的总体开发相互配合，打造人与自然和谐共处的高品质城市功能服务带。

（2）达令港公园及周边开发。达令港公园作为未来“东方美谷”小镇生活区的中心，对东方美谷生活区生态环境的打造有着重要意义。该公园占地总面积225亩，公园以“现代滨水、登高远眺、乡愁文化、公共活动”为主题，突出地方特色，注重历史文脉传承。目前正在开展水系开挖工作，预计2018年建成。该公园建成后，应充分利用这一生态优势，在周边布局各类功能性项目，如青少年活动中心、文化中心、体育场馆、社区商业中心等，促使整个老镇改造提升，打造活力多元、环境优美的高品质居住社区。

（3）结合美丽乡村建设统筹推进。金汇镇东方美谷核心区内现有四纵六横十河道，规划建设三大十二小公园绿网格，生态景观资源丰富。可结合美丽乡村建设，适时对现有的村落民宅进行改造，打造具有东方意境、民俗特色、田园风情的乡村文化建筑和“和美宅基”，作为生态环境开发的独特一环，促进生态美和人文美的和谐统一。应坚持因地制宜的方针，充分利用现有的水系绿地资源。全镇内的生态开发应秉承“自然美、湖湾美、田园美、生态美”四美合一的主基调，统筹兼顾，按照特色小镇开发进程，分步开发，稳妥推进。

五　庄行“农艺”特色小镇建设分析研究

（一）庄行“农艺”特色小镇建设的现状

1. 农艺公园是奉贤区正在重点打造的建设项目

奉贤农艺公园选址于奉贤区庄行镇、南桥镇、西渡街道、金汇镇4个街镇，其中重点区域在庄行镇，东至竹港、南至大叶公路、西至千步泾、北至黄浦江（包含新叶、渔沥、浦秀3村全部区域及汇安、张塘2村部分区域），区域总面积50平方公里。

庄行镇一直以来都是奉贤的休闲农业旅游重镇，素有“上海农业看奉贤，奉贤农业看庄行”的美誉。农艺公园建设是将农艺与城市要素整合，更好地推动黄浦江两岸和奉贤区经济发展的有力抓手。重点从生态文明、工业文明、城市文明、农耕文明入手，以田园综合体模式推进。通过引进工商资本，植入城市文明，挖掘农耕文明，强化生态保障，在这四位一体里找到最佳结合点。最佳结合的载体就是“投我一个总部，还你一个庄园”的设想。未来，50 平方公里的农艺公园将要引入 100 个公司总部。

2. 区位优势突出，交通相对便利

农艺公园选址距上海城市建成区仅一江之隔，处黄浦江生态走廊带上（位于生态边界、生态走廊、生态保护区三者交界的位置），在生态保障功能、黄浦江上游水源保护区的保护等方面将发挥较大作用。同时该区域交通便利，距离最近的地铁站仅 2 公里，既可直达上海市中心、虹桥机场、浦东机场，又是连接杭州湾大桥，连通浙东沿海的经济重镇。区域内黄浦江上将架桥，由浦卫公路连接闵嘉高架。

3. 文化资源丰富，底蕴深厚

在现有庄行土布染织技艺、伏羊烧酒时俗、青团制作技艺等非遗项目的呈现基础上，还可挖掘开发诸如董其昌赠予好友的 400 年牡丹、农民诗人王海、新考古发掘的唐朝墓园，以及客乐浦、汉光陶瓷、紫顶艺术工坊等的相关历史和企业文化，尤其是具有奉贤特色的农耕文化。

（二）庄行“农艺”特色小镇建设存在的瓶颈问题

1. 缺少总体规划布局。农艺公园建设是一个系统工程，涉及农、林、水、田、宅以及路网、水系改善等方面。笔者通过调研了解到，庄行镇农艺小镇碰到了特色镇规划落地难，现有的规划建设用地规模无法开展特色镇建设的问题。目前该镇的存量建设用地多为工业和仓储用地，调整为其他用地难度大，按照现行政策只能进行原有项目的小修小补。

2. 盘活用地存在瓶颈。对于农民承包地、农村宅基地、集体经济建设用地“三块地”，还没有形成比较成熟可行的运作机制，老规划与新发展、老观念与新模式的矛盾比较突出。据庄行镇政府摸底，在农艺公园规划区域内，除新叶村已完成宅基地归并，其余村有70%的农民不愿意进行宅基地置换，这给盘活农艺公园的建设用地带来了阻碍。

3. 建设资金筹措困难。特色小镇建设是一个系统工程，涉及产业发展、环境打造、人才引进、公共设施配备、文化挖掘等方面，这些都需要大量的资金投入。特色小镇的开发主体在镇级政府，资金来源比较有限，镇级财政无融资平台和功能，资金筹措渠道有限。

4. 特色小镇建设和环境保护的矛盾较为突出。庄行农艺小镇核心区初步选址在邬桥社区境内的浦江沿岸地区，该地区属于上海市二级水源保护区及黄浦江涵养林保护区，在建设和保护方面如何取得平衡，需要市区有关部门协调解决。

（三）庄行镇“农艺”特色小镇建设路径

1. 明确农艺特色小镇建设的新理念和新发展定位。一是农艺公园要以“艺”字作为核心竞争力，体现艺术性和文化性，结合乡村、郊野、自然、回归、乡愁、族谱等意象，打造特有的“乡村综合旅游休闲”，如开设休闲垂钓、采摘、农场动物园等旅游项目带动整个区域的经济发展。二是农艺公园的建设要切实以农为本，以农民利益为先，与田园综合体相结合，通过引入工商资本，发展绿色产业，激发农村要素资源的活力。

2. 合理规划庄行镇农艺特色小镇建设。庄行镇邬桥滨江地区，总区域面积约3平方公里。“农艺小镇”建设要在传统产业和文化沉淀的基础上，通过植入城市文明，挖掘农耕文化，以“互联网+”的手段，打造集生态、生产、生活、艺术、文化于一体的农艺公园，改变农村生产和生活方式，改善生产和生活环境，增加农民可持续性收入，探索在大都市郊区具有引领作用的“农业更强、农民更富、农村更美”的新路子。

3. 以乡愁文化引领农艺特色小镇。庄行拥有庄行土布染织技艺、伏羊烧酒时俗、青团制作技艺等非遗项目，远可挖掘诸如400年前董其昌赠予好友的牡丹、《杜十娘怒沉百宝箱》的作者宋懋澄、新考古发掘的唐朝墓园，近可挖掘客乐浦（万国商团夜总会）建筑、汉光陶瓷、陈逸飞夫人故乡等近代历史文化。特色小镇要有文化和内涵，要注重保护历史和传统文化，提升完善小镇精神，以形成小镇的文化认同，使其散发出迷人的魅力。

4. 建设具有鲜明特色的乡村旅游。庄行的“春赏菜花、夏食伏羊、秋品新米、冬看民俗”乡村旅游四季歌已经蜚声沪上、名扬周边。上海奉贤菜花节已连续举办9届，累计接待游客609万人次，实现旅游消费2.7亿元。花米庄行乡村旅游景区现为国家级农业旅游示范点，顺利通过国家AAA级旅游景区复审，庄行先后荣获“中国节庆经济发展先锋镇”“华东十大油菜花观赏地”等称号，核心区潘垫村被评为“中国乡村旅游模范村”。但要打造“引得进、留得住”的旅游环境，关键在于要将简单的聚居形式或生活模式作为一种文化来创意和策划，做进一步的创新创造，在观、吃、住、玩上下功夫，高起点建设休闲、度假的场所，吸引游人前来。

5. 形成生态康养产业体系。依托庄行镇良好的气候及生态环境，政府部门应将医疗、气候、生态、康复、休闲等多种元素融入特色小镇发展中，积极构建生态体验、健康保健、度假养生、田园养生、老年体育、老年教育、老年文化等养生业态，打造休闲农庄、养生度假区、生态酒店、民宿等产业，大力发展医疗保健、健康保险等老年健康服务，推动传统养老向“健康型”和“幸福型”养老发展，形成生态养生健康小镇产业体系，活跃小镇的气氛，为其带来现代都市的气息。

六　奉贤区特色小镇建设的障碍与瓶颈

当前，特色小镇已成为各镇的热点工作之一，结合奉贤区经济发展现状，在对庄行和金汇的特色小镇建设现状进行分析的基础上，我们要清醒地认识到，目前奉贤区在特色小镇的建设中还存在很多不足和问题，需要我们理性对待。

（一）基础设施薄弱、建设资金缺乏

在奉贤区的城镇或农村，无论是村庄改造、美丽乡村建设，还是市镇建设，乃至现在的特色小镇建设，最薄弱的就是道路、环境、污水处理等区域基础设施建设。要把特色小镇建设成为生产、生活、生态的美丽小镇，需要大量资金支持，而奉贤区经济发展水平在上海市相对落后，特色小镇建设资金缺乏是奉贤区特色小镇建设面临的难题之一。

（二）特色不强、高端不够

奉贤区目前存在着产业布局散、产业链培育不够、行业集中度偏低等问题，同时生态保护与资源环境制约产业发展和集聚。在特色小镇建设上存在产业定位尚不明晰，产业特色不鲜明、不突出的问题，导致特色产业有效投资不足，小镇特色产业投资偏低。在培育行业领军企业、培育未来新产业和集聚高端要素方面需要进一步加强，生产与生态功能融合发展方面有待深入思考。

（三）专业人才紧缺、人才管理机制不健全

特色小镇是集产业链、创新链、人才链于一体的创新生态系统，需要有足够数量和质量的专业人才支撑。交通基础设施、人才服务配套等方面短板的存在，使得奉贤区的人才集聚程度较低，人才总量不足，高层次人才队伍存在较大缺口。同时，还存在人才管理机制不健全、人才政策的覆盖面较窄、综合配套与人才生活环境不够完善等问题。

（四）缺乏成熟的市场模式

当前，特色小镇在投资、建设和运营管理等方面还没有形成一套成熟、成功的商业模式可供借鉴。没有成熟的商业模式使得社会资本投入特色小镇建设信心不足，特色小镇的运营和管理都需要在实践中加以研究和探索。奉贤区特色小镇建设中存在的问题需要根据奉贤区经济社会发展现状、不同小镇的产业定位和建设现状具体解决。

七　奉贤区特色小镇建设应避免的问题

（一）避免特色小镇房地产化

当前，一些地方政府存在借特色小镇之名行房地产开发之实的现象，这和特色小镇建设之初衷背道而驰。奉贤区特色小镇建设应从产业入手，注重产城融合，做强特色经济，推动产业间的协同创新，而不是扩大基建，在鼓励房地产企业参与特色小镇建设的同时，也要防范特色小镇重走“房地产化”的老路。

（二）避免特色小镇泛旅游化

当前全国各地的特色小镇有“泛旅游化”倾向。旅游的核心是消费，产业发展的核心是生产，二者的发展路径截然不同。从奉贤各镇的现状来看，其拥有的历史积淀、自然风貌、文化特色等适合旅游开发的资源并不多，因此，奉贤的特色小镇建设不应该“泛旅游化”，大部分小镇必须以产业为核心，以产城融合、智慧宜居为方向，旅游可作为各小镇产业发展的一环或个别小镇的主打产业，不宜作为奉贤特色小镇开发的主导方向。

（三）避免特色小镇产业空心化

只有服务业，没有制造业，只有虚拟经济，没有实体经济，只有散乱企业，没有主导产业，会导致产业空心化。特色小镇的建设核心应该在明确产业定位的基础上，打造特色产业和主导产业。没有主导产业，特色小镇的建设就是空中楼阁。特色小镇产业打造应防止“小、散、乱”的现象，坚持“特色、精专”的方针，在找准主导产业的基础上，积极延伸上下游产业链，打造一超多强、相互融合的全产业链，将特色小镇的产业发展做实。

（四）避免特色小镇纯园区化

在特色小镇建设过程中，应该尽可能地坚持产业引导，但是要同纯园区化区分开来，防止产业园区模式简单地向特色小镇转移。产业园区的关注点仅仅在为企业带来税收等收益上，对当地生态的保护、文化的传承、生活设施的配套、人的宜居等关注不多。对特色小镇的评价指标不宜采用产业园区的单一评价指标，而应更注重产城融合，在城镇格局、建设风貌、生态环境、生活方式等方面统筹考虑。

八　奉贤区特色小镇建设路径

（一）产业引领，个性发展，强化“特色”为王

从特征内涵上看，特色小镇应具备四个特征：产业上“特而强”，功能上“有机组合”，形态上“小而美”，机制上“新而活”。各特色小镇应在找准产业定位的基础上，各有侧重，错位发展。要根据区域发展的实际情况和自身核心竞争力进行规划设计，“宜农则农、宜工则工、宜游则游”是根本原则。特色是小镇保持旺盛生命力的根本，奉贤特色小镇的开发应坚持因地制宜、顺势而为的原则，不要“千镇一面”。要充分发挥奉贤区资源禀赋优势，找准锁定有坚实基础、最具优势的独特产业，既要培育新产业，又要善于使传统产业凤凰涅槃、焕发新的生机与活力。

（二）起点要高，步子要稳

特色小镇，首先要做好顶层设计。新时代的特色小城镇建设不能再复制以往的低水平开发模式，而要坚持高起点、精品化战略，在规划的引领下突出特色。同时，特色小镇的建设涉及土地、产业、生态、资金、人才等多种要素的融合，如果大干快上、盲目推进的话，不仅人力物力跟不上，更会造成低水平建设。因此，奉贤的特色小镇建设可以采取以点带面、小规模铺开

的方式，先期用较低的成本探索特色小镇建设的科学方法，或者先期集中力量建设 1 ~2 个特色小镇，等成熟之后再逐渐深入，增加投入，扩大开发面。走稳每一步，才能走对路，这是特色小镇建设路径中不可忽视的一环。

（三）灵活机制，多元共建

从各国特色小镇的发展经验来看，市场是主导，政府要提供服务。特色小镇建设要凸显企业主体地位，充分发挥市场在资源配置中的决定性作用，发展特色产业和形成完善产业链，政府的职责重在“引导、扶持和服务”。同时，其余社会主体也要积极发挥自身优势，共同促进特色小镇良性发展。在此过程中，政府和市场主体要加强在资金、人才等领域的合作，注意设计合理的利益分配和责任分担制度，将二者的长期利益绑定，最终的目的是合作共赢，共同打造长期繁荣、充满生机的特色小镇。

（四）加大交通基础设施建设力度，补齐社会事业短板

交通对区域发展的重要性不言而喻，奉贤区需要加快金庄公路、金闸公路、金碧路北延伸等区域内主干道路的建设进程，推动金钱公路拓宽并延伸至浦江镇，积极争取城际铁路、地铁 15 号线南延伸等重大交通基础设施在金汇镇区域内设站。未来 BRT 通车后要加强相关道路设施管理，应主动对接共享单车企业，为区域内居民解决到 BRT 车站的“最后一公里”问题。同时需要加强功能性配套设施建设，以加强教育、医疗等基础设施建设作为吸引和留住人才的重要抓手。

（五）市场化运作，多渠道融资

特色小镇投资建设呈现出投入高、周期长的特点，因而纯市场化运作难度较大，需要政府政策资金支持，需要引入社会资本和金融机构资金，扩大社会资本投资领域，加大政策扶持力度，打造投资平台。同时还应进一步完善投资中介服务体系，充分发挥中介机构在投资决策、建设实施过程中的服务作用，为特色小镇建设投资提供更加优良、专业的中介服务。

（六）把特色小镇打造成为人才高地

首先，在滚动开发过程中积累经验，加强对镇内现有干部人才队伍的培养和锻炼，从而为整个特色小镇的后续开发奠定基础；完善特色小镇人才发展体制机制，将特色小镇纳入人才管理改革试验区政策试行范围。其次，积极与市场主体、社会主体合作，用灵活的机制引入更多人才，做到“不求所有、但求所用”，集聚各方人才共同推进特色小镇建设。最后，结合产业发展进程，集聚产业链上下游的相关人才，形成产业链与人才链的良性互动。

九　结语

奉贤区内特色小镇发展潜力巨大，具有较大的“后发优势”，对产业的培育不仅能创造更多的就业机会，改善群众生活水平，还能大大增强小镇的发展后劲，进而提升区域经济的整体实力。“镇小能量大，创新故事多，镇小梦想大，引领新常态”，以智慧的“智”、资本的“资”积极投入特色小镇的发展，定能实现合作共赢。我们相信在不久的将来，奉贤区特色小镇建设必将成为耀眼的明珠，一大批特色鲜明、人文气息浓厚、生态环境优美、多功能叠加融合、体制机制灵活的新风貌特色小镇必将为新型城镇化增添多彩的一笔。

B.16

奉贤创建“国家生态园林城区”研究

张鹏飞　陈　蓉*

摘　要： 十九大报告明确指出建设生态文明是中华民族永续发展的千年大计，坚定走生产发展、生活富裕、生态良好的文明发展道路。生态园林城区是园林城市的升级版，考核评估指标更为严格，推行生态绿化方式，更加注重城镇园林绿化品质的提升，对公园绿地的功能性、文化性和规范性提出更高要求。尽管目前奉贤区各项指标与国家生态园林城区的标准还存在着一定差距，但是随着奉贤区不断加强对生态园林城区建设的规划和引导，统筹城乡生态空间建设，不断提升城镇园林绿化品质等，奉贤区力争通过5～10年时间使城市建设各项指标基本达标，成功创建成为“国家生态园林城区”，助推上海迈向卓越的全球城市。

关键词： 生态园林城区　评估指标　规划引导

奉贤区地处上海市南部，位于长江三角洲东南端，南临杭州湾，北枕黄浦江，与闵行区隔江相望，东与浦东新区接壤，西与金山区、松江区相邻。奉贤境内有31.6公里杭州湾海岸线，13公里黄浦江江岸线。奉贤区作为长三角城市群中具有辐射带动能力的综合性节点城区，建设国家生态园林城区

* 张鹏飞，上海社会科学院博士研究生，研究方向为区域经济学；陈蓉，中共上海市奉贤区委党校副教授，党建与文化研究中心主任，研究方向为两新组织党建。

不仅有助于奉贤区自身改善区域生态环境质量，推进全区经济社会事业的发展，更将助推上海迈向卓越的全球城市。

一　奉贤创建生态园林城区的背景、指导思想和目标

随着工业发展和城市化进程的加快，城市生态园林建设对提升人居环境，改善城市环境、净化空气、减弱噪声，维持城市生态平衡方面的作用逐渐受到重视。早在100年前，英国就发起了“花园城市运动”，随后世界上涌现了一批如美国华盛顿、俄国莫斯科等世界级“花园城市”。1992年，在我国建设部开展的全国范围的园林城市建设活动中，上海、北京、珠海、深圳、大连等先后获得“园林城市”美称。1999年，上海市政府决定利用15年时间与国际大都市接轨，把上海基本建成优雅、舒适、整洁的生态城市。2004年，上海荣获“国家园林城市”称号。同年我国建设部下发《关于创建“生态园林城市”的实施意见》，提出了生态园林城市建设需要具备的绿化指标和标准。目前，建设“生态城市”已经成为城市建设的发展目标之一。

党的十八大以来，习近平总书记关于生态文明建设作出了重要指示，强调生态文明建设是“五位一体”总体布局和“四个全面”战略布局的重要内容①。为进一步贯彻落实习近平总书记关于生态文明建设的重要指示精神，奉贤区严格落实生态环境治理、水环境整治等主要任务，助力上海建设卓越的全球城市，奉贤区政府提出准备通过5～10年时间的建设，把全区创建成为国家生态园林城区，不断提升全区城市生态环境品质，推动全区经济社会各项事业可持续发展。奉贤成为上海提出创建“国家生态园林城区”的第一个区。尤其是2017年9月《奉贤区创建“国家生态园林城区”实施方案》（以下简称“方案”）的下发，表明奉贤创建国家生态园林城区已经

① 新华网：《习近平对生态文明建设作出重要指示强调树立“绿水青山就是金山银山”的强烈意识努力走向社会主义生态文明新时代》，2016年12月2日。

进入了具体实施阶段。

在十九大报告中，习近平总书记明确指出生态文明建设功在当代、利在千秋，需要牢固树立社会主义生态文明观，统筹山水林田湖草系统治理，实行最严格的生态环境保护制度，形成人与自然和谐发展的现代化建设格局。奉贤区认真学习贯彻十九大精神，紧紧围绕“奉贤美、奉贤强”战略目标，以生态文明建设为主线，结合全国文明城区、上海市节水型社会建设试点等创建工作，大力开展绿化建设、水环境治理、生态环境综合整治等工作，使奉贤绿地空间分布更均衡、系统功能更完善、生态结构更合理、景观更优美、人居环境更清新舒适，力争通过5~10年时间使城市建设各项指标基本达标，成功创建成为“国家生态园林城区”，进而最终实现奉贤区“三生融合”的城市发展目标。

二　创建国家生态园林城区背景下的奉贤区城市绿化现状分析

2005年，奉贤区成功入选“上海市园林城区”。近年来，奉贤区完善了区镇两级绿委体系，明确绿委成员单位的管理职能，确定了各类绿地管理责任主体，消除了镇级绿化林业管理工作的盲点。各镇、开发区按照体制改革的要求，明确了镇级绿化部门的管理职能，成立了绿化和市容管理所，并设立分管领导，配备专人进行绿化对口管理。

此外，为了进一步加快奉贤区的绿化发展，改善区域环境面貌，奉贤区从2014年开始，开展了第一轮绿化三年行动，不断加大对树、水、空气、土地的建设和优化，加强绿化建设、环境整治、水环境治理和生态基础设施建设，使得区域生态环境质量显著提高。

截至2017年9月，奉贤区共完成田字绿廊外圈绿化196.76公顷，道路绿化96公顷，乡村道路绿化509公顷，镇、村两级河道绿化1578公顷，种植公益林390公顷，建成生态廊道593公顷。全区绿地率为28.31%，绿化覆盖率为29.9%，公园绿地服务半径覆盖率为46.7%，人均公园绿地面积为5.93平方米/人，防护绿地实施率为36.6%。尽管奉贤区绿化总量和面貌有了一定的提高，但由于原有基础较差，奉贤区国家生态园林城区建设仍然存在区域绿地系统尚未完善，绿地面积的破碎程度较高，已建成绿地的开放性和可达性不高，服务能力不强等问题。

三 奉贤区国家生态园林城区考核指标完成情况

根据住房城乡建设部2016年印发的《关于印发国家园林城市系列标准及申报评审管理办法的通知》，国家生态园林城市考核标准共有七大类，47项指标。其中，有8项指标为否决项，分别是：第5项城市绿线管理，第10项建成区绿地率≥35%，第12项城市公园绿地服务半径覆盖率≥90%，第15项城市各城区人均公园绿地面积最低值5.5平方米/人，第38项城市污水处理率考核要求第②项城市污水处理率不低于95%，第39项城市垃圾处理考核要求第①项城市生活垃圾无害化处理率达到100%，第44项林荫路推广率大于85%，第47项综合否决项（对近3年内发生城市园林绿化及生态环境保护、市政设施安全运行等方面重大事故，城乡规划等方面的重大违法建设事件，被住房城乡建设部通报批评或被媒体曝光，造成重大负面影响的城市，均实行一票否决）。

结合奉贤区本地实际情况，有2项指标奉贤区不涉及，分别是第31项山体生态修复，第43项北方采暖地区住宅供热计量收费比例；有3项指标需经过现场调查考核后，才能做出综合评价及计算分值，分别是第8项公众对城市园林绿化的满意率、第19项城市园林绿化建设综合评价值、第36项城市容貌评价值。除上述2项不涉及工作指标、3项现场考核指标和1项综合否决项指标外，奉贤区其余34项指标及7项否决项指标的具体完成情况如下。

（一）已基本达标指标

已基本达标的指标共计10项，分别是：第7项城市数字化管理，第20

项公园规范化管理，第 21 项公园免费开放率，第 24 项节约型园林绿化建设，第 25 项风景名胜区、文化与自然遗产保护与管理，第 37 项城市管网水检验项目合格率，第 39 项城市垃圾处理，第 44 项林荫路推广率，第 45 项步行、自行车交通系统，第 46 项绿色建筑和装配式建筑。

对于已经达标的 10 项指标，奉贤区要求各镇、街道、社区、开发区和其他相关部门对照指标，完善工作措施，巩固和优化已达标的项目成果，并按要求进一步完善相关材料。

（二）存在差距，通过3~5年工作开展能达标的指标

存在一定差距，通过 3 ~5 年工作开展能达标的指标共计 19 项，分别是：第 1 项城市园林绿化管理机构，第 2 项城市园林绿化建设维护专项基金，第 3 项城市园林绿化科研，第 4 项《城市绿地系统规划》编制实施，第 5 项城市绿线管理（否决项），第 6 项城市园林绿化制度建设，第 13 项建成区绿化覆盖面积中乔、灌木所占比率（≥70%），第 22 项城市绿道规划建设，第 23 项古树名木和后备资源保护，第 26 项海绵城市规划建设，第 27 项城市生态空间保护，第 28 项生态网络体系建设，第 29 项生物多样性保护，第 30 项城市湿地资源保护，第 32 项废弃地生态修复，第 34 项全年空气质量优良天数，第 35 项城市热岛效应强度，第 38 项城市污水处理率（否决项），第 41 项城市地下管线和综合管廊建设管理。

对于存在差距的 19 项指标，奉贤区要求各镇、街道、社区、开发区和其他相关部门针对尚未达标的项目进行充分研讨和论证，查找问题，研究整改对策，采取有效措施，集中力量进行重点整治和提高。其中这些存在差距的指标的现状、未来目标和时间规划等内容见附表 1。

（三）差距较大的指标

差距较大的指标有 12 项，分别是：第 9 项建成区绿化覆盖率（≥40%），第 10 项建成区绿地率（≥35%）（否决项），第 11 项人均公园绿地面积（≥12 平方米/人），第 12 项城市公园绿地服务半径覆盖率（≥90%），第 14 项城

市各城区绿地率最低值（≥28%），第 15 项城市各城区人均公园绿地面积最低值（≥5.5 平方米/人）（否决项），第 16 项园林式居住区（单位）达标率或年提升率（达标率≥60%或年提升率≥10%），第 17 项城市道路绿地达标率（≥85%），第 18 项城市防护绿地实施率（≥90%），第 33 项城市水体修复，第 40 项城市道路建设，第 42 项再生水利用率（≥30%）。

对于差距较大的 12 项指标，奉贤区要求各镇、街道、社区、开发区和其他相关部门进一步查找问题，研究整改对策，制定可行性改进方案，明确实施时间，分步推进，缩小差距，全面完善，集中力量进行重点整治和提高。差距项具体情况详见附表 2。

从整体上来看，奉贤区国家生态园林城区建设现状与国家生态园林城市标准的差距还是比较明显的，41 项指标中，只有 10 项达到标准，19 项需要 3～5 年时间达到标准，12 项指标因为涉及大量动迁、建设资金需求量较大、新城及老城镇更新的建设时序与创建国家生态园林城区不能同步等原因，提升速度缓慢，差距较大。此外，奉贤目前建成区可绿化空间日益减少、生态容量基本饱和，要进一步扩大环境容量和生态空间，奉贤区还面临很多挑战。但是我们也需要看到奉贤区目前所做出的努力，针对具体项目、具体问题，奉贤区都提出了具体可执行的相关措施，明确了截止时间和负责单位，制定了需要达到的具体目标。

四 国内外生态城市建设与城市绿化的经验及启示

（一）新加坡：从“花园城市”到“花园中的城市”

在“花园城市”建设过程中，新加坡始终坚持实用主义原则，把促进新加坡经济发展作为其主要目标。20 世纪 60 年代，新加坡领导人李光耀提出把新加坡打造成东南亚的绿洲，力主充分发挥新加坡在城市环境建设方面的优势，通过清洁绿化的生态环境来优化新加坡营商环境，吸引世界投资和旅游，为新加坡向第一世界跨越助力。在 1968 年，新加坡政府首次提出将新加坡建设成清洁、葱绿的“花园城市”，注重行道树栽种，同时修建城市花园，注重对自然保护区的保护，并且严格规划各类专门用途土地的使用性质，增加保护强度，还对商用和民用建筑之间留出的地面空间进行了绿化指导。到了70年代，新加坡政府组建“花园城市行动委员会”，统筹协调相关部门在市区重建、公屋建设和工业开发中的绿化行动，同时注重道路绿化过程中不同植被的搭配，并在公园绿化空间里增设休闲设施，满足居民的生活休闲需要。80年代，新加坡注重园林建设和规划，逐渐形成了由公园、开阔空间和闲置空间组成的网络化和一体化的绿色系统空间，并且通过承包制度促使公众参与到生态建设中来。

20世纪90年代末新加坡政府在“花园城市”的基础之上，进一步提出了把新加坡建成“花园中的城市”的规划，开始建设全岛公园网络连接道系统，同时注重城市绿道和水流河道的连接，强调生态环境保护的整体性，更加注重自然生态遗产和生物多样性的保护，逐步在生态自然保护与城市绿色空间的基础上形成网络化和系统化的城市绿化格局，给居民提供一个更加舒适宜人的生活空间。21世纪以来，新加坡不断向“花园中的城市”目标迈进。

（二）美国南加州：城市金项链游径系统

美国南加州的城市金项链游径系统是指设想有一条贯穿南加州，供步行、骑行、骑马人使用的步行道，从山脉绵延至海岸，连接整个州的生态系统和历史文脉；设想绿道宛如金项链将当地诸多河流流域内的大量社区连接起来，将人口稠密区和太平洋山脊系统连接起来。借助这条绿道，可以感受整个州的绿色生态和历史脉络。

1930年3月，众所周知的《1930奥姆斯特德 & 巴塞罗穆规划》（简称《奥・巴规划》）出炉。《奥・巴规划》基于人们徜徉自然、驾车饱览南加州独特风景的体验，要求大力加强公共投入，并购新的公园空间，整合风景公园大道。整个规划共囊括了700多公里的防洪系统以及沿途的公园。尽管后来由于各种原因，该规划被束之高阁，但是随着城市发展带来的一系列问题的凸显，公众对环境后果和绿色工程持续关注，社会、公共空间保护组织都推动和加快了城市金项链设想的实施。

尽管这条“金项链”的实现，还有漫长的路要走，但是其“使通体血脉畅通”的做法可为舒缓城市生活的压力提供一个健康选择。《奥·巴规划》体现了一个健康的洛杉矶图景，未来随着大家的共同努力，一个人人可达、连贯通畅的公园与绿道体系会逐渐形成。

（三）日本东京：立体绿化、垂直绿化和空中绿化

东京早在1991年就颁布了《城市绿化法》，规定在设计大楼时，必须提前向政府提出绿化计划书，得到政府批准通过后，才能建筑大楼。1992年，日本政府又制定了“都市建筑物绿化计划指南”，明确规定在兴建大型办公和住宅建筑物时，必须在屋顶有一定比例的绿化面积；对于面积超过1000平方米的房屋，必须种植不少于屋顶面积20%的绿色屋顶植物。但是实施屋顶绿化时，需要考虑屋顶的承重，并且要做好屋顶防水等工作。为了进一步促进城市空间绿化、垂直绿化和空中绿化建设，日本政府又于1999年规定凡建筑物面积超过2000平方米、“楼顶花园”占楼顶面积40%以上的业主可以享受部分低息贷款等。经过几年的努力，围墙、护栏和广告支架上被种植草坪、花卉或者灌木，建筑物的“楼顶花园”和住宅“阳台微型庭院”等随处可见，这使得东京街头风景宜人，取得了良好的垂直绿化效果。

由于绿色植物可以进行光合作用，能够吸收CO_2和其他有害气体，同时释放氧气，此举可以调节空气湿度，还可以减少紫外线辐射，对建筑物本身起隔热节能和降低噪声等作用，对于直接改善居民的生活环境和城市绿化结构具有重大意义。

（四）江苏省苏州市：建设国家生态园林城市

苏州市政府通过科学规划、精心施工，逐渐形成以公园绿地为重点、道路绿化为网络、小区绿化为依托、街头绿地为亮点的城市园林绿化格局。目

前，苏州建成区绿地率达 37.7%，绿化覆盖率达 42.6%，陆地森林覆盖率达 29.4%，自然湿地保护率达 51.4%①。苏州市以下几点做法对奉贤创建生态园林城区具有启示性作用。

一是大力推进循环经济建设，努力构建循环型生态经济产业链，加大循环型生态农业、绿色工业、绿色服务业和生态型居住小区的建设力度，加大对清洁生产的审核和 ISO14000 环境管理认证体系的建设，全面促进开发区实施生态园林建设。

二是积极推进绿道绿廊规划建设，推动环古城风貌保护带建设，结合绿化要求对东城进行布景，着重挖掘西线历史文化内涵，最终形成长约 15 公里，以驳岸、城墙、绿化为特色的风景线；启动环古城河健身步道工程，通过新建栈桥及临水道路、加大桥涵整治力度等方式，把慢行步道贯通起来，并在沿途增设垃圾桶、信息标识牌、休憩场所和照明等配套设施；修缮修整环城河边已有步道，不断增加有益于居民活动的小型广场建设等。

三是严格划分生态功能区，其中湖泊水面、山地、水源地、湿地、自然保护区和森林等为禁止开发区，严格实施强制性保护，杜绝任何类型、任何理由的开发；历史文化名城名镇、生态敏感区和具有历史保护价值区域为限制性开发区，保护优先，进行有限开发；对园区和高新区等建设用地比重较高的区域，主要发展现代服务业和高新技术产业，严格控制高污染企业进入。

四是积极开展海绵城市建设，积极推广集雨型绿地建设，提升城市绿地功能；强化与海绵型园林绿地相关的技术的应用；注重新技术与景观的融合，比如推广透水路面、透水铺装、下沉式绿地等的建设，实现雨水的“渗、滞、蓄、净、用、排”。

由此可见，上述城市都能够因地制宜，根据自身特征进行城市生态建设，它们对奉贤区创建国家生态园林城区的启示有三：一是政府应发挥主导

① 衣学领：《苏州：创建国家生态园林城市》，《中国城市经济》2008 年第 2 期，第 62～65 页。

作用，加大公共投入和顶层规划；二是应提高市民的环保意识，促使其重视社区生态建设和保护；三是应重视技术在生态园林城区建设中的应用。

五　奉贤区创建国家生态园林城区的政策建议

建设生态园林城区是一个循序渐进的过程，奉贤区政府需要根据十九大报告中关于生态文明建设的指导思想，加强对绿化管理实践的统领，切实做到为人民服务，将城市绿化工作要点与人民群众的需求相结合。本报告结合《方案》的具体内容，对奉贤区创建国家生态园林城区提出如下几点政策建议。

（一）加强区政府对生态园林城区建设的规划和引导

以《区总体规划》为引导，奉贤区需要进一步完成《区绿地系统规划》《区环境保护系统规划》《区税务系统规划》等的修订工作，加快编制《奉贤区公园体系规划》《奉贤区绿廊绿道网络规划》《生物多样性保护规划》《湿地资源保护规划》《海绵城市规划》等专项规划，从顶层设计上和源头上科学规划生态环境和休闲游憩空间网络格局，指导绿化林业发展目标方向，依法、有序、科学建设绿色生态空间。

（二）统筹城乡生态空间建设，不断优化城乡生态结构

由于历史原因，外延和粗放式的经济发展方式，使得奉贤区生态空间被蚕食的现象时有发生，生态环境遭到了破坏，城乡绿地系统结构得不到优化。随着奉贤区经济社会改革的深入，生态环境建设和整治的力度将不断加大。因此，奉贤区需要按照新型城镇化和城乡一体化建设要求，进一步优化城乡绿地系统结构，在保护原有生态绿化资源的基础上，发挥自身通江达海、河网密布的区位和自然资源优势，结合绿线、蓝线和生态保护红线规划，严格控制开发强度，保护城乡绿色生态基地。结合奉贤新城建设、建设用地减量化和环境综合整治等，积极开展区域绿化建设和生态环境修复，加快推进奉贤新城“田字”型绿化景观建设和沿线、沿河绿色廊道等的建设，

使城市内部水系、绿地同城市外围河湖、林地、湿地等形成完整的生态系统，为奉贤区建设一流的生态环境奠定基础。

（三）注重生态空间综合功能建设，提升城镇园林绿化品质

由于生态理念和资金等方面的原因，奉贤区前几年建成的绿地及行道树植物品种单一，群落结构不合理，植物景观季节变化不明显；绿地游憩性和参与性较差，文化内涵不足，服务功能较弱。针对上述现状，奉贤区需要转变发展理念，要注重园林绿地功能复合和品质提升，设计建设与奉贤功能定位相协调的绿化景观，提升城市的竞争力。绿地设计应以色叶乔木为主，乔灌花草复合配置，增加绿地的生态效益，体现春景秋色的景观效果。要优化绿地功能布局，完善服务设施，形成开放、共享的绿色公共空间。同时，要以多元化和多层次的社会、文化需求为导向，要融入现代文化元素，更要挖掘地域文化特色，传承历史文脉，充分发挥绿地的综合功能，提升城市绿地的品位。

（四）加快推进重点生态项目建设，带动全区生态建设不断发展

奉贤区需要开展以绿化建设为重点的生态环境整治工作，按照绿化三年行动计划安排，加快推进四连通工程、百座公园建设、田字绿廊建设等区重点工作。奉贤区也需要以镇（社区）公园建设为重点，实现“一镇一园”和“一社区一公园”的全面覆盖。此外，奉贤区还需要不断加大对原有核心区公园绿地的重点升级改造，带动全区的生态质量提升。

（五）以“三级联创”为载体，调动全区居民参与生态环境建设的积极性

奉贤生态园林城区建设需要以区、街镇、村“三级联创”为载体，形成上下联动、部门配合、社会参与、同创共建的良好氛围，实现区、镇（街、社区、开发区）、村创建工作的全覆盖，充分调动各级领导和全社会参与生态环境建设管理的积极性。根据国家生态园林城市的指标、标准，对已经达标的指标，各镇（街、社区、开发区）和相关部门等要进一步巩固

和优化；对存在一定差距的指标，各镇（街、社区、开发区）和相关部门等要进行充分研讨和论证，查找问题，研究整改对策，采取有效措施，集中力量进行重点整治和提高；对于有较大差距的指标，各镇（街、社区、开发区）和相关部门等需要明确实施时间，分步推进，缩小差距，进而全面改善。奉贤区需要不断完善和创新管理制度，开展绿化林业建设、生态环境整治，优化城乡生态空间，提高奉贤区的生态文明建设水平。

（六）生态建设需要契合人民群众需求，注重便民、惠民服务水平的提升

良好的生态环境是最公平的公共产品，是最普惠的民生福祉。目前，奉贤区公园绿地总量和人均公园绿地面积偏少，且均衡性较差，不能满足广大市民日益增长的游憩、健身和文化娱乐等需求。奉贤区需要以创建国家生态园林城区为契机，结合绿化三年行动计划，结合市民需求，建设“小、多、匀”的公园绿地系统，强化绿地服务居民日常活动的功能。初步实现让广大市民能“推窗见景，出门进园”的美好愿景，切实提升公园绿地的服务水平，增加市民对生态环境建设的获得感和幸福感。加强商业核心区、公园、绿地、河道之间的紧密连接，构建以自行车、人行为主，水上航线为辅的环网交通，打造具有奉贤自身特色的城市绿色慢性交通系统，在增强城市公共空间活力和绿化景观效果的同时，提高居民出行的舒适性和安全性。

参考文献

①〔美〕朱莉安娜·迪加多：《城市金项链：南加州地区以区域综合功用为导向的游径系统》，张振威译，《中国园林》2011 年第 27 卷第 2 期。

②李忠东：《东京城市建设的“生态”思维》，《资源与人居环境》2010 年第 22 期。

③王君、刘宏：《从“花园城市”到“花园中的城市”——新加坡环境政策的理念与实践及其对中国的启示》，《城市观察》2015 年第 2 期。

④衣学领：《苏州：创建国家生态园林城市》，《中国城市经济》2008 年第 2 期。

附表1　奉贤区与国家生态园林城市建设指标存在差距，通过3～5年工作开展能达标的指标

序号	指标	现状	完成时间	工作目标
1	第1项城市园林绿化管理机构	已设立专业管理机构，依法行使绿化管理职能，区绿化管理机构领导符合要求，镇级绿化管理部门专业人员配备不全	2018年12月前	按照各级政府职能分工的要求，设立职能健全的镇级园林绿化管理机构，依照相关法律法规有效行使园林绿化行业管理职能；专业管理机构领导层至少有2～3位园林绿化专业人员，并具有相应的城市园林绿化专业技术队伍，负责全区园林绿化从规划设计、施工建设、竣工验收到养护管理的全过程指导服务与监督管理
2	第2项城市园林绿化建设维护专项基金	养护有预算，但低于园林养护定额，建设资金基本保障到位	2017年9月前制定工作方案	园林绿化养护资金与各类城市绿地总量相适应，且不低于当地园林绿化养护管理定额标准，并随物价指数和人工工资增长而按比例增加
3	第3项城市园林绿化科研	区绿化部门与应用技术大学、市绿化指导站、市园林科学研究所等单位建立了科研合作关系，开展相关课题的研究；对“园林废弃物资源化利用技术研究”“奉贤区滨海生态居住区建设与发展研究”等课题进行研究；申请树木支撑专利，并应用于行道树种植	2020年6月前完成	建立园林绿化科研队伍，制度健全、管理规范、资金保障到位；园林科研项目成果在实际应用中得到推广
4	第4项《城市绿地系统规划》编制实施	已编制《奉贤区绿地系统规划2013～2020》，并纳入总体规划、控制性详细规划，目前已按规划开展绿地建设	2018年12月前	《城市总体规划》审批后一年内完成《城市绿地系统规划》修订工作；与城市总体规划、控制性详细规划等相协调，并依法报批，实施情况良好
5	第5项城市绿线管理（否决项）	规土部门已划定绿线范围，并按照《城市绿线管理办法》等相关规范，严格实施城市绿线管制制度	2018年12月前	严格实施城市绿线管制制度，根据修订后的《奉贤区绿地系统规划》划定绿线，并在至少两种以上的公开媒体上向社会公布；现状绿地都已设立绿线公示牌或绿线界碑，向社会公布四至边界

续表

序号	指标	现状	完成时间	工作目标
6	第6项城市园林绿化制度建设	已建立绿化养护、绿化建设、古树名木保护等城市园林绿化制度，但需进一步补充完善	2018年12月前	建立健全绿线管理、建设管理、养护管理、城市生态保护、生物多样性保护、古树名木保护、义务植树等城市园林绿化法规、标准、制度
7	第13项建成区绿化覆盖面积中乔、灌木所占比率（≥70%）	目前在建设绿地时，按照建设规范将草坪面积控制在30%以内，但前些年建设的单位绿化，基本以草坪为主，需增加乔灌木比例，提高绿地的生态功能。具体比例需经专业机构通过遥感分析确定	2019年6月底前完成整改任务	建成区绿化覆盖面积中乔、灌木所占比率≥70%
8	第22项城市绿道规划建设	奉贤区目前已委托上海园林编制《奉贤区绿道规划》；上海市已完成绿道规划，其中，奉贤区规划市级绿道74.9千米，区级绿道86千米。从2016年开始，奉贤区开始绿道建设试点工作	2020年6月底前完成建设任务	编制城市绿道建设规划，通过绿道合理连接城乡居民点、公共空间及历史文化节点，科学保护和利用文化遗产、历史遗存等，绿道及配套设施维护管理良好
9	第23项古树名木和后备资源保护	奉贤区古树名木品种多、数量少。现存古树名木64株，古树后续资源21株，共计85株，古树名木保护率达到100%标准。目前已对树龄超过80年（含）的古树名木及后续资源定期开展了普查、建档、挂牌并确定保护责任单位和责任人，尚未延伸到50年（含）至80年（不含）的树木	2018年12月完成	完成树龄50年（含）以上古树名木后备资源普查、建档、挂牌并确定保护责任单位或责任人。优化古树名木保护环境
10	第26项海绵城市规划建设	2015年9月，新城公司委托上海勘测设计研究院对奉贤新城S4以东37平方公里范围内区域进行海绵城市建设规划。通过研究，结合国家和上海市关于海绵城市建设的相关指导文件和标准，针对新城的特点，制定符合新城现状和规划的海绵城市建设目标和指标体系，制定海绵城市建设的总体规划，并提出建设的政策性导向和工程性手段。目前工作正在开展之中，已有了一定的基础和初步成果	2018年12月完成	因地制宜、科学合理编制海绵城市规划，并依法依规批复实施，建成区内有一定片区（独立汇水区）达到海绵城市建设要求

续表

序号	指标	现状	完成时间	工作目标
11	第 27 项城市生态空间保护	目前奉贤区涉及水体修复，当前的重点工作包括“增加水面积”、“黑臭河道整治”、塘外化工区生态修复等。	2020 年 6 月完成	城市原有山水格局及自然生态系统得到较好保护，显山露水，确保其原貌性、完整性和功能完好性；完成城市生态评估，制定并公布生态修复总体方案，建立生态修复项目库；有成功的生态修复案例及分析
12	第 28 项生态网络体系建设	区规土局会同区水务局正在编制奉贤区河道蓝线专项规划。目前区域总体规划正在编制中，将在总规成果中统筹绿线、水体保护线、历史文化保护线和生态保护线工作	2018 年 12 月，完成绿线、河道蓝线、生态保护红线等专项规划编制	结合绿线、水体保护线、历史文化保护线和生态保护红线的划定，统筹城乡生态空间；合理布局绿楔、绿环、绿道、绿廊等，将城市绿地系统与城市外围山水林田湖等自然生态要素有机连接，将自然要素引入城市、社区
13	第 29 项生物多样性保护	经 2006～2007 年全区陆生野生动物资源调查，共记录野生动物 240 种 。2013～2015 年上海市野生动物二调结果即将发布。植物二调共统计出 42 科 98 种重点保护野生植物资源，37 科 90 种非重点保护植物。目前，上海市有针对单项生物的保护规划，暂无整体的《城市生物多样性保护规划》。监测记录数据具备，但因计算指数还需其他部门的数据配合等，暂不确定指数是否达标	2017～2021 年，开展生物多样性跟踪监测和评价	开展生物物种资源普查；制定《城市生物多样性保护规划》和实施措施；有五年以上的监测记录、评价数据，综合物种指数≥0.6，本地木本植物指数≥0.8
14	第 30 项城市湿地资源保护	已完成奉贤区第二次湿地资源调查，结果显示行政区域内湿地总面积为 11936.94 公顷，包括 3 个湿地区、4 种湿地类、8 种湿地型。湿地植物面积 774.43 公顷，湿地植物 47 科 98 属 123 种。目前相关方面的法律还不健全，暂无已编制的《城市湿地资源保护规划》及实施方案	2018 年底前完成湿地资源普查、完成城市湿地资源保护规划	完成城市规划区内的湿地资源普查；编制《城市湿地资源保护规划》及其实施方案，并按有关法规标准严格实施
15	第 32 项废弃地生态修复	经初步分析，奉贤区尚无该意义上的“废弃地”，仅存在塘外化工区遗留区域。关于“采矿废弃地修复和再利用”，奉贤区无采矿废弃地	2018 年底前完成原塘外化工区生态修复	科学分析城市废弃地的成因、受损程度、场地现状及其周边环境，运用生物、物理、化学等技术改良土壤，消除场地安全隐患。选择种植具有吸收降解功能、抗逆性强的植物，恢复植被群落，重建生态系统；废弃地修复再利用率每年增长不少于 10 个百分点或修复成果维护保持率≥95%

续表

序号	指标	现状	完成时间	工作目标
16	第 34 项全年空气质量优良天数	以空气质量指数(AQI)统计，2015 年奉贤区环境空气质量优良天数 258 天，优良率 70.7%；2016 年优良天数 283 天，优良率 77.3%。总体呈改善趋势，但两年的优良率均没有达到指标要求(优良天数大于 292 天，优良率大于 80%)	2018 年 6 月前达标，并长期保持	≥292 天
17	第 35 项城市热岛效应强度	奉贤区境内布设温度监测的气象设施 16 个，分布在奉贤区各镇，由于考虑探测环境等因素，中心城区目前没有探测设施，靠近中心城区的测站，地址在奉浦肖南路 475 号，理论上不能代表中心城区的气候状况，需要新建具有代表性的站点。不考虑卫星遥感评价手段，仅以奉浦肖南路 475 号测站为中心城区，头桥中学、申隆生态园以及庄行试验站为区域腹地计算依据，计算出的热岛效应程度大约在 0.3～0.5℃，所以重新选取中心城区测点后，其热岛效应程度完成≤2.5℃指标，理论上不存在问题	2018 年 12 月前达标	≤2.5℃
18	第 38 项城市污水处理率(否决项)	截至 2016 年全区的污水处理率为 88.10%。按照“泥水同治”的原则，奉贤区还积极推进污泥处置项目的工作，累计完成 150 吨/日高温耗氧发酵的污泥处置项目和 100 吨/日生活垃圾焚烧的污泥处置项目。东、西部污水厂提标改造项目(出厂水质达到一级 A 排放标准)亦在加快推进过程中	2020 年 6 月前达标	城市污水应收集全收集；城市污水处理率≥95%；城市污水处理污泥达标处置率 100%；城市污水处理厂进水 COD 浓度≥200mg/L 或比上年提高 10% 以上
19	第 41 项城市地下管线和综合管廊建设管理	区建管委于 2017 年将对全区约 563 公里的道路地下管线进行普查，目前已将普查方案上报至市住建委审核待批复。563 公里道路包括市管公路(川南奉公路、南奉公路、南亭公路) 39.88 公里，主要区管公路 330.90 公里，区管城市道路 96.04 公里，新城、西渡街道、奉城镇规划镇域范围的小市政道路约 96.18 公里，合计约 563 公里，本次地下管线普查各类地下管线总长度预计为 6200 公里。奉贤区尚未开展城市综合管廊规划，根据市综合管廊规划研究情况，奉贤规划有约 20 千米综合管廊，主要位于 G228 国道及奉贤新城部分区域	2020 年 6 月前完成综合管廊建设试点	地下管线等城建基础设施档案健全；建成地下管线综合管理信息平台；遵照相关要求开展城市综合管廊规划建设及运营维护工作，并考核达标

附表2　奉贤区与国家生态园林城市建设指标之间存在较大差距的指标

序号	指标	现状	完成时间	工作目标
1	第9项建成区绿化覆盖率(≥40%)	目前,按照建成区面积127.48平方公里统计,奉贤区建成区绿化覆盖率为32.25%,与指标相差约7.75个百分点	2020年6月前达标	≥40%
2	第10项建成区绿地率(≥35%)(否决项)	按照建成区面积127.48平方公里统计,目前奉贤区建成区绿地率为31.67%,与指标相差约3.33个百分点	2020年6月前达标	≥35%
3	第11项人均公园绿地面积(≥12平方米/人)	按照建成区常住人口41.34万人计算,目前人均公园绿地面积7.37平方米,与指标相差4.63平方米	2020年6月前达标	≥12平方米/人
4	第12项城市公园绿地服务半径覆盖率(≥90%)	奉贤区目前为46.7%,与达标相差43.3个百分点	2020年6月前达标	≥90%
5	第14项城市各城区绿地率最低值(≥28%)	奉贤区绿地率最低值为柘林镇7.96%。还未达到指标的镇、街道、社区有:奉贤新城、南桥镇、金海社区、西渡街道、庄行镇、柘林镇、海湾镇、奉城镇、青村镇、金汇镇、四团镇等	2020年6月前达标	≥28%
6	第15项城市各城区人均公园绿地面积最低值(≥5.5平方米/人)(否决项)	奉贤区目前人均公园绿地面积最低的地区为西渡街道1.04平方米/人。还未达到指标的镇、街道、社区有:南桥镇、西渡街道、奉城镇、金汇镇、四团镇、青村镇、柘林镇、海湾镇、奉浦街道、海湾旅游区等	2020年6月前达标	≥5.5平方米/人
7	第16项园林式居住区(单位)达标率或年提升率(达标率≥60%或年提升率≥10%)	奉贤区目前拥有市绿化合格单位139家;市花园单位51家;市级园林式小区22个,与全区机关、企事业单位数量相比,达标率偏低	2020年6月前达标	达标率≥60%或年提升率≥10%
8	第17项城市道路绿地达标率(≥85%)	由于历史原因,奉贤区的城市道路绿地达标率较低	2020年6月前达标	≥85%
9	第18项城市防护绿地实施率(≥90%)	目前奉贤区城市防护绿地实施率为46.7%,与指标相差43.3个百分点	2020年6月前达标	≥90%

续表

序号	指标	现状	完成时间	工作目标
10	第33项城市水体修复	近年来奉贤区开展了建成区范围内部分河道的综合整治和水体修复工作,完成种福河、青村港的重污染河道治理,同时完成了2016年度国家级水质考核断面(金汇港—钱桥)的达标工作	2020年6月底前地表水质达标	水体岸线自然化率≥80%,地表水Ⅳ类及以上水体比率≥60%,无黑臭水体
11	第40项城市道路建设	奉贤新城区域内的城市道路总里程为273千米,路网密度为3.13公里/平方公里,面积率约为11.3%,均不符合考核要求。根据现有规划及在建项目,建设总里程为108.9千米,建成后路网密度为4.38公里/平方公里,面积率约为13%	2020年6月底前达标	编制城市综合交通体系规划及实施方案,确保2020年达到城市路网密度≥8公里/平方公里和城市道路面积率≥15%
12	第42项再生水利用率(≥30%)	奉贤区除绿色建筑创建项目中有少量雨水回收利用率外,暂无污水经适当处理后再生利用水量	2020年6月底前达标	≥30%

B.17
奉贤区“生态旅游”产业发展研究

纪园园　陈蓉*

摘　要：　“生态旅游”是奉贤区“十三五”规划的重要内容之一，奉贤区领导结合奉贤区自身的环境优势，提出了发展“生态旅游”的战略目标，加快转变奉贤区旅游发展方式，提升奉贤区旅游整体素质，推进全区旅游业的发展。近年来，奉贤区的生态旅游产业快速发展，发展格局基本形成，构建了生态旅游产品体系，开发了诸多生态旅游景区（点），提升了旅游能级，取得了显著的效果，同时也为奉贤经济的转型升级起到了支撑作用。

关键词：　生态旅游　生态旅游景区　旅游能级　转型升级

一　奉贤区生态旅游业发展的机遇

（一）旅游消费升级的市场机遇

随着经济的发展，人们生活水平的提高，人们的消费观念和消费结构都发生了巨大转变，人们已经不再局限于衣、食、住这些基础性消费，对生活品质、健康休闲等的关注越来越多。旅游成为人们休闲度假的重要方式之

* 纪园园，经济学博士，上海社会科学院经济研究所、数量经济研究中心助理研究员，主要研究方向为计量经济学与大数据分析、计量经济理论；陈蓉，中共上海市奉贤区委党校副教授，党建与文化研究中心主任，研究方向为两新组织党建。

一，国家也借此契机大力促进旅游业的发展。早在2014年，国务院就正式出台了《国务院关于促进旅游业改革发展的若干意见》，为我国旅游业的发展提供纲领性指导。上海市亦积极响应国家号召，大力推动生态旅游业，构筑城乡旅游新局面。这一切都将扩大旅游业的消费需求，促进旅游消费升级，从而为生态旅游业的发展创造了空间。

（二）促进城镇化发展的时代机遇

国家统计局数据显示，2016年，我国城镇化率高达57.35%，城镇化水平不断提高。城镇化建设一直以来都是我国政府的重点工作之一，习近平总书记在十九大报告中也指出“以城市群为主体构建大中小城市和小城镇协调发展的城镇格局”，充分肯定了加强城镇化建设的重要性。上海市政府紧跟国家步伐，出台了一系列措施，推进新型城镇化建设。奉贤区位于上海郊区，是一个农业大区，上海在推进新型城镇化的进程中，进一步深化完善了奉贤区的乡村规划体系、公共交通建设、生态环境治理等，对整个奉贤区的发展都产生了积极的影响，为奉贤区生态旅游业的发展创造了机遇。

（三）迪士尼乐园的联动机遇

2016年6月16日，上海迪士尼乐园正式开园，作为中国大陆第一个迪士尼主题公园，吸引了大批的旅客，为上海旅游业的发展带来了新的机遇。迪士尼乐园位于上海市浦东新区川沙新镇，作为国际旅游度假区，其对上海国际化大都市的建立起到了不可估量的作用。迪士尼乐园的建立不仅促进了上海市中心旅游业的发展，同时对上海周边城郊旅游业的发展也有极强的辐射效应，大大调动了周边郊区的旅游资源，为奉贤区的旅游发展带来了联动机遇。

二　奉贤区生态旅游业发展现状

（一）生态旅游业发展总体情况

奉贤生态旅游起步于20世纪末，依托国家改革开放不断深入，国人生活水平不断提高的机遇，随着奉贤区经济的发展和美丽乡村建设的推进，区内生态旅游业快速发展起来。目前，奉贤区已经在上海各郊县生态旅游发展中位于前列，成为全国生态旅游示范县。

奉贤生态旅游以1998年前后建成的申隆生态园、玉穗绿苑、花果山百枣园等生态旅游景区（点）为标志，进入起步发展阶段，为此后奉贤区旅游业的发展打下了坚实的基础。2006年前后，奉贤确定了以“海”“农”为特色的旅游发展战略，标志着奉贤生态旅游得到高度重视，进入了快速发展阶段。经过近10年的快速发展，现今奉贤区的旅游业已经进入提升发展阶段。这主要得益于奉贤区在旅游业发展中一直遵循的“五个着重”，即在资源整合上，着重全区全行业协作联动；在组织实施上，着重镇、开发区和旅游企业本身的主体作用；在活动策划上，着重游客的参与性与体验性；在宣传推广上，着重借节庆活动推广区域旅游品牌；在办旅游节庆方式上，着重由政府主导向市场运作转型。

（二）生态旅游业发展的主要特点

1. 生态旅游快速发展，发展格局基本形成

奉贤生态旅游经过多年快速发展，已基本形成以东部海湾都市菜园、西部庄行金色田园、南部申亚乡村度假农园、北部瑞地怡园、中部绿都现代农园为代表的“东西南北中”五大板块的空间发展格局，基本形成以生态旅游景区（点）为主体，以农家乐为支撑，以“林家乐”和“渔家乐”为补充的业态发展格局。多元化的发展格局，综合性的生态旅游服务功能，推动奉贤生态旅游进入持续高速增长新阶段。从统计数据来看，2009年到2016年，奉贤区旅游接待人数从448.6万人次增加到895.7万人次，年均增长14.2%，旅游总收入从21.7亿元增加到34.3亿元，年均增长8.35%。2017年1~9月，旅游接待总人数733.8万人次，比上一年同期增长6.1%。从上述统计数据可以看出，奉贤乡村为生态旅游做出了重要贡献，奉贤生态旅游已进入高速发展阶段。

2.“花米庄行”龙头作用初步显现，生态旅游发展后劲明显增强

庄行镇凭借“万亩蔬菜、万亩良田、万亩水产、万亩蜜梨”的资源优势，努力打造“春赏菜花、夏食伏羊、秋品新米、冬看民俗”的“花米庄行”生态旅游品牌。“花米庄行”先后获得全国农业旅游示范点、国家3A级旅游景区、全国休闲农业与生态旅游五星级企业等称号，庄行油菜花景观被国家农业部授予“中国美丽田园”。自2010年以来，“花米庄行”游客接待量持续上升，始终占据全区游客接待总量的重要份额。以“花米庄行”为龙头，大地油画等重点功能性项目为支撑，星级农家乐集聚为优势，南、北、中、西四大生态休闲旅游板块为补充的区域生态旅游集聚效应已经初步显现，“旅、文、农、商、体”产业联动效应加强，奉贤已逐渐成为上海市区居民乡村休闲度假旅游的聚集地。奉贤生态旅游发展后劲明显增强。

3.生态旅游内涵不断丰富，生态旅游活动亮点纷呈

奉贤生态旅游坚持以农业旅游为核心，节庆、民俗、农副产品销售等延伸发展，使旅、文、农、商、体各种活动相互促进、互为补充，拓展了生态旅游的内涵；坚持以节庆活动为龙头，多种活动联动发展，呈现生态旅游的更多亮点。通过资源整合，内涵拓展，奉贤已形成质朴乡村游、田园风光游、亲子采摘游、科普文化游、休闲度假游、森林生态游、海岸风情游、特色农家游等十大生态旅游产品，奉贤已成为集田园风光欣赏、生态水乡体验、农副产品贸易为一体的上海知名乡村休闲旅游区。

4.生态旅游社会效益明显，对经济社会的推动作用日益凸显

近年来，奉贤生态旅游持续高速发展，申亚瑞地等多元投资主体积极参与重大生态旅游项目建设，生态旅游规模不断壮大。2017年1~9月，奉贤区新建旅游景点10个，旅游景点接待人数610.34万人次，营业收入12.75亿元，同比分别增长6.6%和6.3%。随着奉贤生态旅游规模的发展壮大，生态旅游在提高农业效益、增加农民收入、增加农村就业、推进农业“接二连三”、加快农业转型发展、推进美丽乡村和新农村建设、推进城乡一体化发展等方面发挥了重要作用。随着奉贤生态旅游进一步加快发展，生态旅游对经济社会的推动作用不断凸显。

（三）生态旅游业空间布局

“十三五”期间奉贤依托生态旅游优势资源，拓展生态旅游发展空间，加快构建“一心、四区、多点”的总体布局，形成“东西联动，中部崛起”的发展新格局，推动生态旅游的科学发展。

一心：奉贤生态旅游的核心——“花米庄行”。

四区：庄行生态旅游集聚区，重点发展精致乡村休闲游；青村生态旅游集聚区，重点发展特色林果生态游；柘林生态旅游集聚区，重点发展乡村风情体验游；海湾生态旅游集聚区，重点发展现代农业主题游。

多点：南桥、金汇、四团等各乡村，重点发展农家乐等乡村观光休闲游，依托散布于奉贤各乡村的农业资源，形成星罗棋布的多点生态旅游发展态势。

东西联动：奉贤东部海湾地区生态旅游和西部“花米庄行”生态旅游联动发展。

中部崛起：奉贤中部的青村和柘林的生态旅游要在“十三五”期间通过二次创业重新崛起。

三　生态旅游产业发展思路、功能定位

（一）发展思路

奉贤生态旅游发展的总体思路是：聚焦一个亮点，实施三大战略，推进两个跨越，实现科学发展。

1. 聚焦一个亮点——“花米庄行”

“花米庄行”作为奉贤区旅游业的亮点，先后获得全国农业旅游示范点、国家3A级旅游景区、全国休闲农业与生态旅游五星级企业等称号，成为上海市远近闻名的旅游景点。奉贤生态旅游发展要进一步聚焦“花米庄行”，打造奉贤区生态旅游业的样板，打造上海市生态旅游业乃至全国生态

旅游业的典型范例。要以“花米庄行”建设为核心促进奉贤区生态旅游业的发展，打造功能齐全的生态旅游业区域。

2. 实施三大战略——市场先导战略、景区（点）提升战略、人才保障战略

第一，市场先导战略。生态旅游发展的基础是市场，“十三五”奉贤生态旅游发展首先要确立市场先导战略。首先，生态旅游行政管理部门和生态旅游企业都要把开展市场营销作为工作重点，明确拓展旅游市场对生态旅游发展的重要意义，把拓展旅游市场作为生态旅游发展的重中之重。其次，要把奉贤的优势生态旅游资源和特色生态旅游资源通过各类有效途径传递到旅游目标受众市场。塑造奉贤生态旅游品牌，要唤起旅游者的消费动机，在目标群体中间营造一种强大的感情上的吸引力。特别是要提升上海中心城区居民对奉贤生态旅游的认知度和兴趣度，使其产生来奉贤生态旅游的强烈感情和积极意愿。再次，各类生态旅游项目建设和生态旅游产品开发，都应该以市场为导向，满足旅游者的现实需求和潜在需求，把市场需求作为各类生态旅游项目建设和生态旅游产品开发的重要考量。最后，加大奉贤生态旅游营销投入，把旅游营销与功能性项目建设摆在同等重要的地位，提高生态旅游营销经费的投入，确保生态旅游营销资金到位。

第二，景区（点）提升战略。具有强大吸引力的旅游景区（点）是旅游业发展的重要条件。奉贤生态旅游实现跨越式发展需要全力推进重点生态旅游景区（点）提升建设，大力开展生态旅游景区（点）景观综合整治，加快实施生态旅游景区（点）基础设施提升工程，为重大生态旅游景区（点）提升项目提供重点服务，着力解决重大生态旅游景区（点）提升项目建设中的突出问题，加强对重大生态旅游景区（点）提升项目的招商引资工作，保障重大生态旅游景区（点）提升项目按计划完工，形成开工一批、在建一批、投产一批、储备一批的生态旅游景区（点）提升项目建设格局，确保重大生态旅游景区（点）提升项目对生态旅游发展的强力拉动。

第三，人才保障战略。奉贤生态旅游实现跨越式发展，需要大量生态旅游专业人才。要加快奉贤生态旅游人才队伍建设，提高生态旅游从业人员素质，推进生态旅游经营管理人才、生态旅游专业技术人才和生态旅游服务人

员三支队伍的建设，为生态旅游发展提供重要支撑。要逐步建立与国际接轨并适合奉贤实际的生态旅游人才开发机制，使生态旅游人力资源供给在数量、结构和素质上，适应奉贤生态旅游快速发展的需要。

3. 推进两个跨越——从生态旅游资源大区向生态旅游强区跨越，从“农家乐”向“乡村度假”跨越

第一，从生态旅游资源大区向生态旅游强区跨越。奉贤作为上海唯一的全国休闲农业与生态旅游示范县，拥有灿烂的历史文化和秀丽的生态环境。奉贤有宋、明、清等朝代众多的历史遗存，有全国十大最美油菜花海等美丽乡景，是上海名副其实的生态旅游资源大区。但是无论从生态旅游规模还是生态旅游发展水平来说，奉贤还不是上海的生态旅游强区。奉贤要积极推进三大战略，努力提高生态旅游整体素质，把资源优势转化为产业优势，实现从生态旅游资源大区向生态旅游强区的跨越。

第二，从“农家乐”向“乡村度假”跨越。奉贤生态旅游在上海市区居民中已有一定的知名度，但从整体来看，奉贤生态旅游仍停留在“吃农家饭、采农家果”的传统农家乐模式，旅游者逗留时间普遍较短，消费方式比较单一。今后，奉贤生态旅游发展的重点之一，是要实现旅游者从“一日游”向“过夜游”和“多日游”的转变，由单一的“吃农家饭、采农家果”向丰富多彩的乡村休闲度假转变。应努力打造奉贤生态旅游整体形象，使奉贤生态旅游对休闲度假游客有更大的吸引力，辐射力更强，消费更高。积极推进三大战略，丰富、完善各类生态旅游服务设施，延长游客逗留时间，提升效益，实现从“农家乐”向“乡村度假”跨越。

4. 实现科学发展——加快转变奉贤生态旅游发展方式，提高生态旅游整体素质，提升生态旅游综合功能

实现奉贤生态旅游科学发展，就是要加快转变奉贤生态旅游发展方式。坚持把构建现代化的生态旅游产业体系作为奉贤加快生态旅游发展的方向，坚持把推进自主创新作为奉贤加快生态旅游发展的重要支撑，坚持把保障民生和群众满意作为奉贤加快生态旅游发展的根本出发点和落脚点，坚持把可持续发展作为奉贤加快生态旅游发展的重要着力点，坚持把改革开放作为奉

贤加快生态旅游发展的强大动力。全面提升生态旅游整体素质和综合功能，使奉贤生态旅游与其他产业的融合进一步深化，生态旅游新业态、新模式蓬勃发展，生态旅游集聚效应有效发挥，生态旅游企业主体不断发展壮大，生态旅游效益进一步提高，生态旅游的经济社会功能进一步显现。

（二）功能定位

1. 庄行生态旅游集聚区，重点发展精致乡村休闲游

庄行镇的“花米庄行”是奉贤生态旅游的核心区域。它是上海极少数还保留了江南鱼米之乡风貌的净土，是修身养性的好去处。它可以向上海市民展示一种新的生活方式，展示一种生活的时尚。庄行镇要紧紧围绕“休闲度假，回归自然”的功能定位，以舒适宜人的生态环境、丰富多彩的乡村体验、亲切周到的特色服务、门类齐全的产业体系，满足上海市民日益高涨的旅游消费需求；构建以休闲度假为核心功能的生态旅游集聚区，成为杭州湾北岸生态旅游的新亮点，成为上海乃至长三角生态旅游的新地标。

2. 青村生态旅游集聚区，重点发展特色林果生态游

青村是奉贤生态旅游中部崛起的主要力量。青村是上海最早开展生态旅游的地区之一。青村的申隆生态园等景区（点）在生态旅游发展的早期，在上海和长三角地区产生过重大影响。青村生态旅游发展要紧紧围绕“生态养生，休闲度假”的功能定位，依托工业强镇的经济优势、特色林果的资源优势、古镇老街的文化优势，通过二次创业迅速崛起，成为一流的以林果生态、创意农业为特色的生态旅游休闲集聚区。

3. 柘林生态旅游集聚区，重点发展乡村风情体验游

柘林是奉贤生态旅游中部崛起的重要力量，是奉贤生态旅游的重要组成部分。柘林的玉穗绿苑、香豪小镇等景区（点）在奉贤生态旅游发展进程中产生过重大影响。柘林生态旅游发展要紧紧围绕“乡村风情体验，观光休闲度假”的功能定位，依托独特的资源优势，通过二次创业迅速崛起，建设成为以生态农业、民俗风情为特色的生态旅游休闲集聚区。

4. 海湾生态旅游集聚区，重点发展现代农业主题游

海湾地区是奉贤生态旅游发展的重要区域。海湾地区的“都市菜园”蔬菜主题公园等景区（点）在上海生态旅游发展进程中产生过重大影响。海湾地区生态旅游发展要紧紧围绕“科技农业体验，休闲度假”的功能定位，依托独特的资源优势，建设以现代农业主题游为特色的生态旅游休闲集聚区。与西部庄行生态旅游休闲集聚区联动发展，加快形成奉贤生态旅游“东西联动”的发展格局。

四　生态旅游产业发展的重点领域

（一）增强“花米庄行”亮点效应，发挥样板示范带动作用

面向上海巨大的生态旅游需求市场，深化“花米庄行”生态旅游景区（点）“休闲度假，回归自然”的发展定位，深度开发“花米庄行”乡村观光体验、乡村休闲度假、乡村亲子娱乐、乡村民俗节庆等综合旅游服务功能，整体推进“花米庄行”生态旅游景区（点）及其周边旅游功能开发，加快高品质生态旅游项目建设，把“花米庄行”生态旅游景区（点）打造成为杭州湾北岸生态旅游新亮点，上海乃至长三角地区生态旅游新地标。通过“花米庄行”的示范作用，带动奉贤生态旅游全面升级增效。

一是用设计的思维、可持续的理念和标准建设“花米庄行”生态旅游景区（点）。抓好金色田园大地艺术、倩舍塘景区（点）、亲子乡村主题公园（亲子村）、贤庄农家——“潘垫人家”四大重点项目。从多维视角深度发掘乡村的历史、文化、社会和生态价值，全面展现乡村之韵与设计之美，实现让人感动的乡村体验。

二是建设自行车骑游系统、游客漫步系统、水路环游系统，提升“花米庄行”生态旅游景区（点）的内部通达性；建设“花米庄行”旅游集散分中心，实现“花米庄行”与南桥及奉贤其他主要旅游景区（点）的无障碍对接，提升“花米庄行”生态旅游景区（点）的外部通达性。

三是重点推进乡村精品民宿和乡村标准民宿建设，实现功能集聚，满足不同消费层次的多种需求。

四是按照“投资公司化、创意专业化、运作市场化、监管制度化”原则，引入专业公司办节，市场化运作，推动奉贤菜花节、庄行伏羊节、金秋品米节等乡村民俗节庆向专业化、市场化、品牌化发展。

五是加强在上海中心城区的营销力度，提升“花米庄行”生态旅游景区（点）在上海中心城区居民中的知名度和美誉度。

（二）构建重点生态旅游产品体系，展现奉贤生态旅游魅力

以市场为导向，以“花米庄行”生态旅游集聚区为核心，青村、柘林、海湾三大生态旅游集聚区为支撑，各类生态旅游景区（点）集聚为优势，深度开发生态旅游产品，构建重点生态旅游产品体系。把传统的“农家乐”改造升级为“乡村假日（乡村度假）”，推广生态旅游新模式，不断提升奉贤生态旅游核心竞争力。精心打造奉贤生态旅游品牌，全面展示现代农业的魅力，全面展示新农村建设的成就，让游客享受“水净、土净、气净”的田园风情，体验静谧悠闲的田园生活，感受丰收的喜悦，采摘劳动的果实。让游客在奉贤不但能体验朴实的农家生活，也能得到现代化的生活享受。发掘整理奉贤生态旅游资源，结合郊野单元规划和新市镇规划，打造奉贤各镇生态、农业、观光、休闲、度假、自驾游等旅游精品，把生态旅游资源优势转化为生态旅游产品优势，唱响“想休闲，到奉贤”的奉贤生态旅游品牌。

（三）加大营销力度，提升奉贤生态旅游知名度和美誉度

围绕奉贤生态旅游发展目标，明确奉贤生态旅游目标市场，发挥奉贤生态旅游比较优势，加大营销力度，打造“杭州湾北岸生态旅游新亮点，上海乃至长三角地区生态旅游新地标”的全新旅游形象；增加营销投入，组织营销队伍，创新营销方式，进一步提升奉贤生态旅游的知名度和美誉度。

1. 明确奉贤生态旅游目标市场定位

第一，总体市场目标定位。奉贤生态旅游目标市场是上海中心城区居民

和奉贤本地以及闵行、金山、松江等周边地区的城镇居民。其他旅游客源市场对奉贤生态旅游来说都可以忽略不计。这种市场格局在“十三五”期间不会改变。

第二，细分市场目标定位。在总体目标市场定位之下，对奉贤生态旅游市场做进一步细分定位，如节假日的白领自驾市场、平日的老年银发市场、春秋季的学生春游市场和秋游市场、夏季的学生夏令营市场。

奉贤生态旅游营销要紧紧围绕目标市场展开，创新营销方式，吸引更多上海中心城区居民来奉贤开展生态旅游。

2. 创新奉贤生态旅游营销方式

第一，精准营销。针对目标市场，采用目标市场客源群体容易接受的媒体介质，建立畅通和稳定的营销渠道，宣传推广奉贤生态旅游。不但要宣传奉贤生态旅游的特色美景，还要宣传如何快捷便利地到达奉贤生态旅游景区（点）。

针对广大上海中心城区居民，在地铁和公交车车厢移动电视以及各站点进行针对性宣传推广；针对老年银发市场，在社区以及学校工厂等大型企事业单位退管会、老年大学、各老年社团进行针对性宣传推广；针对年轻白领，通过办公楼电梯口的移动电视、移动旅游电商 App 等进行针对性宣传推广；针对学生，在高等院校对学生社团进行针对性宣传推广，在中小学对教学行政管理部门进行针对性宣传推广。

第二，品牌营销。奉贤已取得了“全国休闲农业与生态旅游示范县（区）”称号，奉贤多个生态旅游景区（点）已取得“全国农业旅游示范点”“国家 4A 级旅游景区”“全国休闲农业与生态旅游五星级企业”“中国美丽田园”“上海三星级农家乐”等称号。奉贤生态旅游要通过品牌管理，推进品牌营销，把荣誉变为品牌。提升上海中心城区居民对奉贤生态旅游的认知度和兴趣度。在目标客源群体中营造一种强大的感情吸引力，使游客在面对其他地区生态旅游景区（点）的宣传时，毫不犹豫地选择奉贤生态旅游。

第三，节庆和特殊事件营销。重大节事活动能集聚人气、吸引大客流、快速提升旅游目的地知名度，节事活动是旅游营销的重要手段。要进一步培育和壮大“奉贤菜花节”“庄行伏羊节”“金秋品米节”“奉贤黄桃节”“光明蔬菜节”五大重点生态旅游节事活动，鼓励各镇结合自身特点举办具有特色的生态旅游节事活动。

第四，叠加营销。推进生态旅游与会展商务旅游、滨海休闲度假旅游、文化旅游的联动发展。整合全区旅游资源，开展叠加营销，提高奉贤旅游的知名度和美誉度。整合生态旅游资源与会展商务旅游资源，开展“会展+休闲”“会展+度假”的叠加营销，延长会展产业链；整合生态旅游资源与滨海休闲度假旅游资源，开展“滨海休闲+乡村休闲”的叠加营销，延长游客逗留时间；整合生态旅游资源与文化旅游资源，开展“文化体验+乡村休闲”的叠加营销，提升奉贤生态旅游的文化内涵。

第五，技术营销。构建以信息化为基础的奉贤生态旅游技术营销平台。在传统网络营销的基础上，把握移动互联网时代的发展趋势，充分利用各类社交媒体如微信、微博、智能搜索引擎、移动旅游电商 App 等新技术、新手段，强化奉贤生态旅游营销力度，提高奉贤生态旅游营销效果。

五　生态旅游产业未来发展任务

根据奉贤区经济社会发展目标的总体要求，综合考虑未来奉贤生态旅游的发展环境和基础条件，奉贤生态旅游发展的目标为：树立科学旅游观，通过生态旅游转型升级，全面展示奉贤优美的生态环境、生态文明建设和新农村建设取得的成就。凭借丰富的生态旅游资源，打造奉贤生态旅游升级版。把资源优势转化为效益优势，把生态旅游业打造成奉贤经济转型升级的动力产业、服务民生的重要产业、低碳环保的先行产业。努力把奉贤建设成上海居民重要的生态旅游目的地，杭州湾北岸生态旅游新亮点，上海乃至长三角生态旅游新地标。

第一，基本形成“广覆盖、有重点”的生态旅游发展新格局。至“十三五”末期，全区有条件的村都应建设生态旅游景区（点）或农家乐。全区建设规模化生态旅游景区（点）30 个；建设 1～2 个年接待能力百万人次以上的生态旅游景区（点）；形成 1000～2000 张床位的生态旅游住宿接待能力。至“十三五”末期，全区生态旅游接待量应达到 400 万～500 万人次，年营业收入超过 3 亿元，利润超过 6000 万元。使生态旅游真正成为奉贤经济的重要组成部分和农民增收的重要通道。

第二，基本形成“布局合理、特色鲜明”的生态旅游新体系。全区建成 3～4 个生态旅游重点镇；每个生态旅游重点镇建设 1～2 个内容丰富、特色鲜明的农业旅游集聚区；全区形成 1～2 个在上海乃至长三角有较高知名度的生态旅游景区（点）；全区农家乐、专题采摘园、观光农园、综合生态旅游景区（点）、休闲林地、生态旅游节庆活动等百花齐放。全区生态旅游做到区有品牌、镇（开发区）有特色、村有亮点。全区生态旅游季季有市、区级生态旅游节庆活动，月月有镇、村级活动。使奉贤成为上海城市居民首选的生态旅游目的地。

第三，基本形成“管理规范、配套完善”的生态旅游新系统。全区建成 30 个主要的生态旅游景区（点），基本做到服务管理完善，综合配套齐全，全部达到上海市 A 级农家乐标准，其中三分之一达到上海市 3A 级农家乐标准，1～2 家建成国家 4A 级旅游景区，2～3 家建成国家 3A 级旅游景区。所有生态旅游景区（点）的安全生产、社会治安和食品安全等公共安全都有切实保障。

第四，基本形成“经营灵活、各方重视”的生态旅游发展新机制。为促进奉贤生态旅游进一步发展，要建立具有更大协调能力的生态旅游管理体制；要积极制定更为完善的促进生态旅游发展的用地、环保、安全、税务、卫生、工商登记等相关政策；制定更为积极的投融资政策和财政扶持政策，鼓励多元资本投资奉贤生态旅游。为奉贤生态旅游发展创造一个更宽松的发展环境，形成经营灵活、各方重视的生态旅游发展新机制。

B.18 以“贤文化”引领奉贤经济发展路径研究

邵晓翀　杜学峰*

摘　要： 在奉贤经济社会发展中，“贤文化”的引领作用多年来得到了实践的检验以及社会各界的认可。奉贤经济的发展历程，也是奉贤经济人才聚集体系与奉贤区域经济产业体系互相正向影响，朝着更加有序健康的良性循环发展的历程。“贤文化”是奉贤区的文化基因，其核心是“敬奉贤人，见贤思齐”，本质是进取精神，载体是“贤人”。依靠“贤文化”营造出的政商环境和人才队伍建设，对于奉贤经济发展有不可替代的地位和作用。在经济发展中通过观察现代“贤人”，即经济人才的聚集和经济活动是观察“贤文化”引领经济发展路径最直观、最核心的角度。从奉贤区经济人才的活动情况总结来看，“贤文化”对经济的引领作用，同奉贤的经济发展有显著的协同效应。

关键词： 贤文化　奉贤经济转型　奉贤人才培养

2017年3月5日下午，习近平总书记参加上海代表团审议时，上海奉贤区南桥镇杨王村党委书记孙跃明谈了加强农村基层治理问题。谈及重视文

---

* 邵晓翀，上海社会科学院研究生院博士生。杜学峰，上海市奉贤区委党校科研室主任，副教授，主要研究方向为城市化与基层社会治理。

化建设，以家训带家风，以家风树村风，以村风扬民风。总书记说，这也是“奉贤”的含义吧？孙跃明说，是的，相传孔子高徒言偃（言子）曾来此，故取敬奉先贤之意为名，就是要见贤思齐。总书记详细了解村里的人口数量、人均收入等。孙跃明告诉总书记，全村有1000多户住上了别墅，在实际中感受到，价值取向正确了，发展动力将会无限。在“贤文化”的引领作用下，“见贤思齐”的产业多层级协同发展历程与“敬奉贤人”的正反馈经济人才集聚历程和谐一致互相促进。本章是在实地调研以及资料搜集的基础上，理解“贤文化”在当前奉贤经济社会活动中的实际意涵；探讨如何将“贤文化”更加深入全面地融入经济社会和区域发展的全过程；探寻“贤文化”在经济发展中的出发点，落脚点以及引领经济发展的路径。

一　“贤文化”是奉贤的基因

奉贤，是一个拥有4000多年文明历史和文化传承的地方，“奉贤”是一个地名，更是一种文化传统和人文情怀。2007年，以奉贤区创建全国文明城区为契机，区委区政府提出建设区域特色“贤文化”促进区域发展战略的部署，至今整十年。十年来，全区不断掀起“贤文化”建设的高潮，“贤文化”的精神也浸润在奉贤的每一个角落里。“贤文化”的意涵也不断地通过实践的检验和证明，逐步深化和沉淀。通过全社会广泛关注和参与来谋求优秀传统地域文化创新发展以及社会治理创新的探索。“敬贤厚德”的理念同社会主义核心价值观内容相结合，“敬贤、学贤、扬贤、做贤”蔚然成风，“贤文化”不仅深入人心，更成为奉贤区一张响当当的名片。在奉贤地区，自古以来就口口相传，说孔子的大弟子言偃晚年专门游学此地，宣传儒家思想。到清代雍正初奉贤立县时，因此为名。可见，对于优秀文化的敬奉、学习、坚持、实践是奉贤最核心的文化基因。

（一）核心是“敬奉贤人，见贤思齐”

“敬奉贤人，见贤思齐”出自《论语》“见贤思齐，见不贤而内自省也”，“敬奉贤人，见贤思齐”不仅是一句响亮的口号，更是表达了孕育良久的文化自信。这是对千百年来古圣先贤的崇敬之心，也是奉贤这一地方对于自身历史发展传统的总结提炼。“贤文化”是当地人在精神追求领域一个共同的归属和文化基础，在“贤文化”多层次的表现形式和意涵之下，最核心的部分就是“敬奉贤人，见贤思齐”。

（二）本质是进取精神

“贤文化”本质是一种“尚贤文化”，是推崇、注重贤人的文化，具有鲜明的精神价值取向，通过人们各种社会经济活动体现出来，为整个奉贤的发展起到了积极的作用。所以，如果要给“贤文化”下个定义的话，它是存在于奉贤人各项社会实践活动和生活方式中的尚贤风气。“贤文化”属于道德文化，是在奉贤地区盛行的一种地方风尚，是奉贤区别于其他地区的所独有的精神气质。其核心是“敬奉贤人，见贤思齐”，本质是进取，反映的是奉贤人不断进取的精神状态。有了这种精神状态，奉贤经济社会发展中遇到的问题都能得到很好的解决。

（三）载体是“贤人”

言子在奉贤的传学仅仅是“贤文化”的源头，放眼整个奉贤的先贤群体，在清光绪《重修奉贤县志》的人物志中，人物有 785 人，其中绝大多数是奉贤历史上的君子和贤人，值得学习和仿效。有保家卫国的英雄、有为民请命的好官、有满腹经纶的才子、有医术高超的名医、有德高望重的乡贤、有各行各业的翘楚栋梁，勤政为民、抗敌报国、诗书礼仪、重教好学、无私奉献、团结合作等都承载了不同面向上的“贤文化”，丰富着整个“贤文化”的精神内涵。在当今时代，“贤人”的意涵更多地体现在社区生活中品德高尚、感动奉贤的邻里乡贤，以及各行各业中德才兼备的业务人才。正是越来越多的“当代贤人”汇聚在奉贤，支撑起奉贤的经济社会健康快速发展。

二 “贤文化”引领奉贤经济发展的实践

“贤文化”扎根于奉贤，是自古以来融在整个奉贤人精神中的文化基因。有了这个文化基因，在奉贤经济生活的各个领域中，人们自然而然地实践着“敬奉贤人，见贤思齐”的精神。“贤”的本意在《庄子》中是“管理钱的人”，因为“贤”字从“贝”，与财富有关。又是用“臣（眼睛）”和“又（手）”控制“钱”。因此，“贤文化”的关键作用是在经济发展领域中的引领和推动作用。五年来，奉贤区经济持续健康发展，财政收入每年都有10%以上的增长率，“贤文化”如同春风化雨一般，融在整个经济运行的全过程中，就像珍珠项链中串起珍珠的那根细线。一批又一批德才兼备的企业家、经营管理人才、市场管理者、科研专家等现代贤人汇聚在奉贤，贡献自己的光和热。

（一）建设贤能政商环境

以“融经济、融社建、融条线”的途径和方式，区委区政府不断推进“贤文化”在奉贤经济发展各个方面的融合。始终不移地推进建设一支“忠诚、廉洁、务实、创新、服务、奉献”的德才兼备型人民公仆队伍，争创群众满意机关，推进服务型政府的建设。针对非公企业多的特点，2011年起以“贤文化”为指引，发挥企业家政治身份作用，引导企业经营者建立工会组织，带头开展加强职工教育，全力推进各项工作开展，打开非公企业工作局面，得到中央高度肯定。2013年底，经营者有政治身份的企业，100%建立工会组织、100%建立集体协商制度，100%建立职工代表大会制度。同时，精心打造“贤商”品牌，建设一支谦虚好学、诚信大度的企业家队伍。

（二）招贤纳士建设人才队伍

经济建设关键在人才，十年来全区干部队伍和人才队伍的结构有明显的优化和更新。区委、区政府在推进“贤文化”建设过程中，大力弘扬“敬奉贤人”的传统文化，通过各种方式吸纳优秀人才落户奉贤，推动奉贤经济社会发展。

（1）吸纳高校优秀人才落户奉贤，实施“滨海人才”计划。开展区领导结对联系高层次人才活动，签订优秀人才工作目标和责任书以及结对协议。与清华大学、北京大学、中国人民大学等知名高校开展人才培养合作。搭建科技创新平台吸引人才落户，组建院士工作站，与上海交通大学签署全面战略合作框架协议，与华东理工大学联合共建上海生物制品产业技术研究院。加大区校融合发展，与区内九大高等院校紧密合作，吸引高校人才为奉贤服务。积极引进中小企业主来奉贤创业，中小企业在奉贤区的经济发展中有着举足轻重的作用。个体经营企业的数量2014年、2015年、2016年分别为30866家、30180家、129348家，年均增长率为104.71%。2013年中小企业纳税占全区税收收入的比重达到91%，2014~2016年整体税收年复合增长率都保持在10%以上，同时中小企业吸纳了超过95%的劳动力就业。

（2）建设千人计划创业园。奉贤出台相关人才政策，提供良好社会环境，营造“近悦远来，群贤毕至”的氛围。一批海内外事业有成的青年博士、科技带头人和创业精英等中高级人才落户扎根奉贤。上海千人计划创业园于2012年揭牌成立，规划面积13.8平方公里，以该区域为核心，以点带面，辐射全区。聚焦战略性新兴产业和现代服务业，重点打造生物医药产业、高精密制造产业、新材料产业和信息技术产业。例如，由国家千人计划专家联谊会秘书长姚力军博士领衔同创普润建立国内第一条用于半导体、平板显示器、高转化率太阳能电产业的超高纯金属材料提纯及大型镀膜设备关键部件生产线。2017年5月入驻上海千人计划创业园的项目——上海万泽精密铸造有限公司在奉贤开工。未来将建成7座工厂，以航空航天及地面燃气轮机为主的产业化生产基地将填补国内高温合金铸件的技术空白。

（3）引进新阶层人士挂职。针对奉贤区地处上海远郊，与市中心人才交流较少的情况，区委建立“新阶层代表人士奉贤实践锻炼基地”，筑巢引凤。例如邀请四维乐马律师事务所主任历明任职奉贤区司法局副局长、上海拙朴投资管理中心创始合伙人邵楠担任奉贤区发改委副主任、万隆咨询集团有限公司总裁助理陆雷先生担任奉贤区科委副主任等。之后发挥了“鲶鱼效应”，给奉贤的经济社会发展带来了新的活力和专业优势。

三 “贤文化”引领经济发展的要素

推进任何一件事情就是对成就这项事业的要素进行必要的梳理和分析，发现各种要素规律之间的相互冲突，寻找要素规律之间的最佳结合点。在奉贤区的经济社会发展中，通过“贤文化”的引领，促成奉贤区经济发展，经济的快速增长又反过来推进“贤文化”的深入建设，聚集吸引越来越高端的人才和经济资源。由此可见“贤文化”是奉贤区推进经济快速发展的逻辑起点和必然结果。在整个奉贤经济发展的过程中，有以下四大要素相互作用。

（一）人才要素

“敬奉贤人，见贤思齐”最关键的就是经济人才要素。一切的经济活动都离不开人，而人的主观能动性和才能变化，能在同样的客观条件下有天壤之别的效果。这也是奉贤“贤文化”的核心：尊重人才、爱惜人才、敬仰人才、渴望人才。在奉贤经济发展中，具有决定性地位的就是企业人才，他们可以是雄才大略的企业家、德才兼备的经营管理人才（企业中层），亦可以是技能突出、爱岗敬业的普通职工。这些人才并非天生的，也并非学历最高的，而是在不同的层次上，处在合适的位置，并具有发挥所长的环境。他们通过市场的竞争最终脱颖而出，通过竞争自然淘汰、自然选拔出来的人才。这些人才通常有三个特点。

（1）追求荣誉和尊重。他们拥有 ·技之长，普遍需要有氛围能让自己的作用得到认可，有平台让自己的能量得到发挥。这是经济人才抱有的普遍诉求，不仅是追求经济利益，在精神层面上，自我努力得到的成就感是他们最看重的，也是“敬奉贤人”的“贤文化”最能契合的地方。

（2）经历市场的检验，是竞争中的胜利者。经济人才不同于实验室里的技术骨干有明确的技术指标能衡量成果的先进性。而是在竞争中体现自身的价值和优势。过去的履历、学历只能作为一个侧面的佐证。是否为人才需要在实践中得到检验，这一特点看似增大了“选贤与能”的难度，其实恰恰相反，只要政府营造一个公平的竞争环境，自然而然就能看到优秀的经济人才不断涌现。过去三十年奉贤的发展证明了这一点，例如上海柘中集团有限公司董事长陆仁军，1984 年在柘林中学担任物理教师，创办柘中校办厂，带领一群老师开发一流技术、制造一流产品、实现一流佳绩，不断前行，将校办厂经营成奉贤土生土长的上市公司，为奉贤区五百多户家庭提供了就业机会。

（3）追求体面生活。市场之所以伟大，是因为人在付出劳动的交换过程中互惠互利。个人追求利益最大化的同时，也是为他人创造价值。经济人才希望能够过上比较体面的生活，也希望能得到符合市场价值的回报，还希望自己以及家庭通过自身的经济活动获得很好的保障。所谓千做万做，亏本生意不做，这是人之常情，更是在经济活动中铁一般的规律。“贤文化”中“见贤思齐”是向经济人才学习成功经验，增长自身在市场中的竞争力；“敬奉贤人”则是要给予经济人才应有的，甚至比其他区域更高的、更好的制度环境与经济回报。

（二）企业要素

无论是大型企业还是中小微企业，对于奉贤的经济发展都同样具有不可忽视的作用。

（1）企业对外要有市场竞争力。竞争力源于科技创新和成本控制。在一般的情况下，没有回报的事情，企业是不会去做的。所有的中小微企业都围绕着如何增强市场竞争力，赚取更多的利润集合各方面资源，敏锐了解市场行情，其利用自身“船小好掉头”的特点，不断发现市场上的商机，不断通过科技创新与降低成本增强自身在同行业中的竞争力。大型企业也同样重视科技创新与降低成本，而且在追求稳定利润的同时，能够把眼光放得更加长远，在五到十年甚至更长的周期里布局未来。其中大型国有企业更是承担了大量的社会基础设施建设任务和企业社会责任，例如上海奉贤交通能源（集团）有限公司集公共交通运营、市政投资、商业开发、燃气供应为一体。承担了市政基础设施投资建设、公共事业的运营和管理、轨交沿线站点综合开发和城市建设等任务。其在短期内承担了巨大的资金压力和较长的回报周期，但仍旧不断通过吸引优秀人才和优化管理架构及科技创新增强自身市场竞争力。

（2）对内有一套评价体系。奉贤区有一套由市场价格决定的评价体系。对中小微企业来说，一旦认为有良好的经营土壤，能收获合理的回报就会进行实业投资，把自身所有资源和智慧花在科技创新与降低成本上，而一旦市场环境不适宜实业经营就会选择关停并“脱实向虚”，这会导致就业减少，这都是市场的自然规律。企业内部的评价体系是否科学合理、是否构建完善，取决于企业管理者的经营才能。从这个意义上讲，又回到了“敬奉贤人”的企业经济人才上。从企业的角度来讲，“敬奉贤人”是政府能否维护一个好的市场竞争环境，给予企业良性竞争的制度土壤。

（三）技术创新要素

科学技术是第一生产力。经济学上讲边际效益递减，理想形态中通过市场的竞争利润最终都会趋向于零，只有技术创新才能成为经济发展的新动力、新引擎，才能推动经济持续、健康、高速的发展。技术创新也需要两个条件。

（1）资金投入。这要求企业有一定的经济实力和基础。例如，奉贤的马勒技术投资（中国）有限公司，是一家技术驱动型的公司。马勒的动力总成技术可将污染排放控制在最低程度，与此同时，其过滤技术确保了车厢内怡人的空气环境并且为汽车提供高效的燃油效率，还能给人们带来驾乘乐趣。马勒中国于2006年4月在上海成立。经历了2012年、2014年两次扩建后，现有总面积逾65000平方米，拥有一批先进的试验室和测试台架、逾

15000 平方米的生产车间以及可容纳 800 名员工的办公区域。其将中国地区总部和研发中心都落户在奉贤，未来整个亚太地区的研发中心和实验室也都可能会落户奉贤。

（2）必要的研发时间。科研工作的产品研发的时间因素或者时间条件很重要。例如马勒的电动车辆产品、压缩天然气与小型化、空调节能系统、增程发动机、小型发动机等新技术，不仅是基于过去几十年的积累，更是基于未来十年乃至更长时间的战略布局。新技术研发成功不代表能够量产投入市场，往往需要很长一段时间的技术验证，以及等待上下游配套厂商材料技术的成熟。时间一长不确定因素就多，这些时间成本往往需要决策者承受很大的压力。而“贤文化”就体现在为企业经营者排忧解难，降低成本，提供力所能及的帮助上。无论是政策优惠或者是基础设施配套的完善，都是奉贤区“敬奉贤人”的具体体现。

（四）政府市场要素

市场是一个需要政府去维护和经营的“昂贵”的公共品。市场天然就存在，而一个公平高效良性竞争的市场不是天然就存在的，是需要政府通过制度环境的打造去维护和经营的。奉贤区委、区政府一直以来着力以“贤文化”为引导，打造“忠诚、廉洁、务实、创新、服务、奉献”的德才兼备型的公务员队伍，这不仅是公务员个人的道德素养和品德的提升，也是对其政府执政能力的提升，不可否认的是，在奉贤的经济发展中政府起到了无可替代的积极作用。

（1）政府掌握着大量的、丰富的经济社会资源，通过政府积极动员，加大资源投入规模，在短期内可产生一定的效果。在奉贤的经济启动期，政府投入了大量资源进行基础设施建设，建设各类产业园区、高新技术园区，规划各类经济区域，采取各类优惠措施“筑巢引凤”，极大地缩短了良性市场形成的时间，快速形成了经济发展的强大动力。在整个招商引资的过程中，硬件上为市场经营主体企业“三通一平、五通一平、七通一平”，软件上给予人才优惠政策、给予企业优惠扶持，等等，特别是政府工作人员在为企业服务东奔西走等等事迹上，都体现出“敬奉贤人”的“贤文化”。

（2）从长期来看，整个市场的健康有序发展需要政府通过制度建设来不断完善和维护。相应的制度建设相对经济发展比较滞后，这是近年来提出释放制度红利，深化改革，增强制度创新的深层次原因。而如何健全和完善制度，则仍旧是从“贤文化”中“敬奉贤人”的角度出发，用以人为本的思想尊重市场的主体——企业，一视同仁地营造公平公正的市场经营环境，尊重市场规律，以更为科学合理的制度释放改革更大的红利。

四 “贤文化”引领经济发展的效应

“贤文化”的核心是“见贤思齐，敬奉贤人”，载体和落脚点是“贤人”，在经济发展中通过观察现代“贤人”，即经济人才的聚集和经济活动是观察“贤文化”引领经济发展路径最直观、最核心的角度。从奉贤区经济人才的活动情况总结来看，“贤文化”对经济的引领作用，同奉贤的经济发展有显著的协同效应。主要体现为正反馈协同效应与多层次协同效应。

（一）“敬奉贤人”——“贤文化”对经济的正反馈协同效应

奉贤区经济人才的聚集同奉贤的经济发展有循环互动的特征，即奉贤区的经济发展越快速越发达，所吸引的经济人才质量越高、规模越大、结构越合理、层次越丰富，继而又使经济发展的竞争更加激烈、质量越高、经济活力越大，从而形成了一个良性的循环。在“敬奉贤人”的“贤文化”精神影响下，奉贤区对于人才的渴望、尊重以及善待都促使越来越多的人才愿意并且主动为奉贤的经济发展做出贡献。例如，上海奉贤交通能源（集团）有限公司人才培育方面也是屡出新政，一是提供优渥条件，从薪酬、福利、住房等方面入手吸引人才；二是建立培训制度，全方位、综合性地提供培训项目；三是扩大发展空间，建立后备干部和储备人才机制，充分利用和发挥人才的作用和价值。又例如，区委党校领导干部的人才引进政策，以及给予应届博士毕业生相较其他区县单位更加优渥的物质条件和工作环境。还有上海石油化工交易中心以共建、共创、共享、共赢的精神大量培养和发掘奉贤本土优秀本科毕业生，使其担任业务骨干和运营中层。由此可见，奉贤区从企业主体到市场部门“敬奉贤人”的精神氛围和物质环境，吸引了一大批优秀的人才，这些人才不仅为经济建设做出贡献，也是一块块活招牌，吸引同他们一样的优秀的经济人才来到奉贤（或从奉贤本土脱颖而出）从事经济建设，形成引力场效应，而引力场的中心就是“贤文化”的核心“见贤思齐，敬奉贤人”。

（二）“见贤思齐”——“贤文化”对经济的多层级协同效应

“贤文化”如同串起经济发展这串珍珠项链的细线，而经济活动就是一颗颗珍珠，但是经济活动并非并行和平面排列的，所以经济的发展有不同层次。不同的经济组织组成不同的产业链条、不同的经济产业方向组成了不同的产业区域，在产业内部和外部都共同产生了多层级协同效应。奉贤区内属于104产业板块的产业园区截至2014年曾一度达到17个，存在布局散、规模小、配套成本高、土地利用率不高等问题，经过区委、区政府近年来的发开规划和转型升级，预计到2020年，将形成5个产业链较完整、配套体系较完善、产值超200亿元的新兴产业集群，五大战略性新兴产业产值有望占全区规模以上工业企业产值比重达45%。产业的聚集就是生产力的聚集，生产力的聚集就是经济人才的聚集，经济人才的聚集又带来了更多经济资源的聚集。因此“贤文化”中“见贤思齐”的核心意涵在产业经济领域表现得尤为突出，举例来说，区一级积极打造“东方美谷”品牌，在区内形成了涵盖美容护肤品、香水、日化用品、保健品、生物医药等多个门类的产业集群区。集聚了以如新、伽蓝、韩束、科丝美诗等国内外知名企业为核心的产业集群。主打产业集群的出现不断提高企业和人才的聚集程度，加大了企业之间和人才之间的竞争强度，推进企业不断追求更高的质量和更优秀的人才。于是在整个奉贤经济领域内，产生了上下游产业链的良性协作和同层级企业的良性竞争，这正是多层级协同效应带来的良性竞争氛围，也正是“见贤思齐”在奉贤经济领域中的最佳诠释。

五　“贤文化”引领经济发展的路径

奉贤经济的发展历程，也是奉贤经济人才聚集体系与奉贤区域经济产业体系互相正向影响，朝着更加有序健康的良性循环发展的历程。在“贤文化”的引领作用下，“见贤思齐”的产业多层级协同发展历程与“敬奉贤人”的正反馈经济人才集聚历程互相促进，从中我们可以观察到一个以“贤文化”价值观为引领的，具有以下四个步骤的区域经济发展路径。

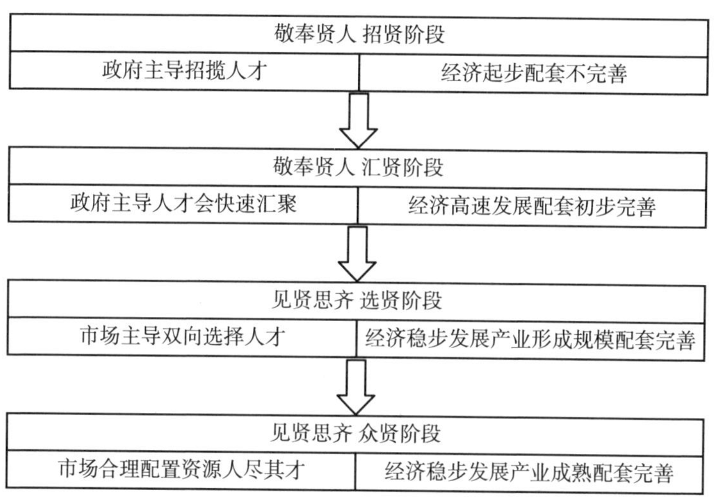

图1　“贤文化”引领奉贤经济发展路径

（一）招贤阶段

战国时期燕昭王即位之初有感于千金买骨的故事，采纳了郭隗的建议，拜郭隗为师高筑“黄金台”以招贤纳士，以致名将乐毅、剧辛先后投奔燕国，燕国从此逐渐成为一个富裕兴旺的强国。从这一历史故事中我们可以看到，自古以来在事业的起步期人才的重要性。从高筑黄金台的故事我们可以看到燕国“敬奉贤人”的途径和方式，从郭隗到乐毅、剧辛，我们可以看到在“见贤思齐”的效应下，人才的水平也有一个逐步递增的过程。在奉贤经济事业的起步阶段，是人才聚集与经济发展协同最困难的阶段，我们可以回想一张白纸似的奉贤经济地图，在这地图最初，奉贤的经济基础薄弱，企业分散在区域里的星星点点，不成体系，产业远未形成，人才积累也是方兴未艾，奉贤本土的经济建设者们白手起家。在这个阶段，几个经济开发区刚经过论证进入基础设施建设阶段。此时政府的强大资源导入是整个经济发展的主导力量，各类扶上马、帮一程模式的政策，使各类企业或组织进入奉贤发展。以“敬奉贤人”的诚意，奉贤区给予企业和人才各种形式的优惠和补贴，承诺各类基础设施配套，高筑“黄金台”招商引资，吸引了第一批的企业和人才入驻。此时人才和企业都受到环境的局限性影响，如配套不完善、工作环境较差、以人才被动选择为主，经济发展也未进入正轨，正向反馈协同效应以及产业内部企业间的良性互动都没有形成。

（二）汇贤阶段

这一阶段是“敬奉贤人”使得经济人才快速汇集，“见贤思齐”促进奉贤经济高速发展的时期。区域经济建设突飞猛进，人才数量增速明显，重点产业发展工作进展顺利。伴随着基础设施的完善，特别是交通的完善，通勤时间缩短，越来越多的企业看到奉贤区相比市中心更低的土地成本，更健全的营商环境，特别是看到有同产业链上下游的企业扎堆奉贤后，主动甚至“被动”地入驻奉贤。优秀的人才会看到在奉贤区扎根的优秀企业，以及合理的经济回报主动的落户奉贤，从而形成一个良性循环。此时，人才引进和人才流动开始具有主动性，双向选择模式开始在人才聚集过程中发挥作用。

（三）选贤阶段

经过前两个阶段政府持续的资源导入，扶上马、送一程式的市场经营方式。人才聚集转为以产业聚集形成的市场力量为主导吸引人才，人才通过竞争到合适的位置。整个奉贤区经济建设进入了以市场为主导，政府退居其次处于辅助地位的阶段。此时，硬件上的基础配套设施建设在前两个阶段的不断完善和努力下已经达到一定的水准和层次，足以满足整个经济发展的需求。同时，软件上关于企业和人才的一整套政策制度也日趋成熟，步入正轨。经济进入稳步提升的新阶段，人才的聚集速度也稳步增长。五大主打产业集群形成内部与外部的多层次协同效应，人才聚集也随着产业链的完善进入良性循环的轨道。经济人才在整个市场中根据价格指导可以寻找到适合自己的位置，企业可以在市场中通过互相学习和竞争不断增强实力。一大批新的优秀人才，新的明星企业成为奉贤乃至上海的经济发展新亮点。当然，此时因为市场自发调节机制尚未形成，存在一定程度的资源错配和人才浪费问题，需要通过发展来逐步完善和解决。

（四）众贤阶段

众阶段是整个奉贤经济人才与奉贤产业经济协调发展的成熟阶段。经济实现了自发市场调节下的可持续健康发展，人才供需达到自然调节状态下的基本平衡，每个人都能找到自己合适的位置，可以说每个人都是自己岗位上的人才。在这个阶段，奉贤区政府完全脱离对市场的主动干预，成为完全的市场维护者、服务者。奉贤区政府的管理和服务架构基本形成一套完善的体系，产业结构布局合理，发展势头良好。经过市场自发的调整，各层次的经济人才都能很好地找到自己位置，人尽其才。人才聚集的效应，同经济发展的产生的正反馈协同效应和多层级协同效应达到顶峰。人才具有更优化的结构性和层次性，对经济发展贡献增大，经济的持续发展又进一步的吸引更多的人才在奉贤发挥自己的能量。

六　继续推进“贤文化”，引领奉贤经济发展

围绕着“敬奉贤人，见贤思齐”，奉贤的经济建设在新常态下连续高速稳定发展。如何进一步增强“贤文化”对经济的引领作用，核心的抓手还是从人才和企业入手，“敬奉贤人”吸引经济人才聚集，“见贤思齐”打造企业健康稳定的竞争环境，特别是推动民营经济更快、更好地发展。

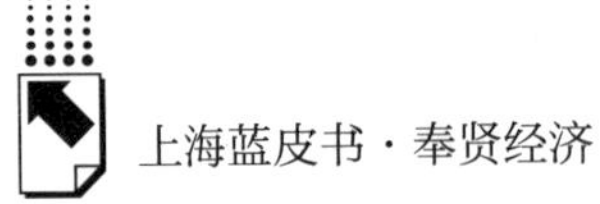

（一）打造多层次“敬奉贤人”标杆

古代秦国有求贤令、燕国有黄金台，奉贤区多年来求贤若渴，人才引进工作卓有成效，一大批优秀人才落户奉贤。从中选取不同层次的典型人物进行重点推广和宣传，对于“贤文化”引领经济人才聚集有很强的示范作用。例如选取从政府部门、学界精英、商界翘楚的高层次人才，同时也选取一线技术能手、街道“小巷总理”类型的基层人物。树典型的同时，将所给予的物质条件、精神鼓励以及扎根奉贤后的事业故事一并宣讲，乃至通过精心策划一起热点事件，起到示范效应。同时，拓展和疏通引进渠道，引进各大产业链急需的人才，实现团队引进、规模引进，创新和谋划引进，柔性引进各类高层次人才，深入推进人才区域合作，分类建立人才数据库，推动合作规范化、制度化、长期化，打牢跨越式发展的智力储备基础。

（二）优化多层次“见贤思齐”环境

2007年时任上海市委书记的习近平在与奉贤区党政领导干部座谈时指出，促进民营经济快速健康发展，要充分把握长三角联动发展机遇，进一步加强与周边地区的合作，努力实现优势互补、联手做强。要大力弘扬发奋图强的创业精神，支持和鼓励更多的人自力更生、自主创业，使奉贤真正成为创业者的乐园、民营企业的乐土。要为民营经济发展营造良好的环境。发展民营经济要充分发挥市场作用，政府应该有所为有所不为，不大包大揽，不放任自流。政府应该在降低门槛、优化服务、搭建平台等方面发挥应有作用。奉贤要依托左邻的跨海大桥、右舍的洋山深水港，发挥“通江达海、左右逢源”的优势，积极引进物流企业，发展职业教育，满足企业不同层次的人才需求。言犹在耳，十年之后回头看奉贤的经济发展取得了长足的进步和可喜的成绩。“通江达海、左右逢源”继续以“敬奉贤人，见贤思齐”的“贤文化”精神大力促进和引领民营经济的发展，进一步促进市场健康稳定发展，进一步简政放权建设服务型政府，不辜负总书记对奉贤的嘱托。

Abstract

During 2017, Fengxian District actively adapted to the new normal in the economic development of Shanghai to promote the transformation, upgrading, innovation and development of regional economy. Fengxian grasped the total tone of "Making Progress while Ensuring Stability" and propelled structural reform of supply side unswervingly. With the central principle of improving quality and efficiency of economic growth, Fengxian comprehensively promoted the implementations of policies and measures for stabilizing growth, improving transformation, making up the short board, benefiting the people's livelihood and preventing risks. This book analyzed the agricultural economy, industrial economy, service economy and investment, consumption and trade of "The three Key Demands", as well as financial income and the real estate market from the fundamentals and structure of Fengxian's economic development. Then it presented the innovation and development of the enterprises and economic zone, beauty and health industry, new energy industry, new material industry, new urbanization, ecological civilization, cultural industry and other special topics.

These researches showed that, in 2017, Fengxian's economic development exhibited three main characteristics. Firstly, the economic development was stable, and the industrial structure was constantly optimized. Secondly, the growth of demand had been sustained, and the basic momentum of the fundamentals had been steadily strengthened. Thirdly, the income level had been significantly improved, and the people's livelihood has been boomed. The combination of internal and external macroeconomic situation and regional economic development indicate that in 2018, the structure of economy of whole region will be optimized furtherly. Moreover, with Fengxian's potential economic growth rate of around 6.5%, the new momentum of economy will be continuously in force, and a more beautiful Fengxian will be built steadily. At the same time, we also noticed that there were opportunities and challenges of economic development of Shanghai Fengxian. We should hold firmly to industry level upgradation, innovation and entrepreneurship aggregation, space layout optimization, cultural charm formation and so on. Meanwhile, we will confront problems namely imbalances of physical and virtual economy, insufficiency of economic drivers and inadequacy of talents services, and so on. For the purpose of ensuring the completion of "The 13rd Five-year Plan", it was suggested that the real economy should be taken seriously, the environment of innovation and entrepreneurship should be actively created, and the service supporting mechanism for talents should be improved to take full play to its advantages and to further integrate the regional development strategy.

Keywords: Fengxian Economy; Innovation and Development; Xian Culture

Contents

Ⅰ General Report

Abstract: The overall economic development of Fengxian in 2017 showed three characteristics: the stable economic development and continuous optimization of industrial structure, the steady growth of demand and gradual consolidation of kinetic energy foundation, the significant increase of income level and booming development of people's livelihood. Combined with the internal and external macroeconomic situation, it is expected to achieve a growth rate of 6. 5% in 2018. The economic development opportunities and challenges coexist in the new era of Fengxian, we should firmly grasp the opportunities arising from industrial upgrading, innovation and entrepreneurship agglomeration, spatial arrangement optimization, and cultural charm shaping. At the same time, we must be aware of many problems, such as the imbalance between the real economy and the virtual economy, the lack of economic momentum, and the incompatible talent service. In order to ensure the successful completion of the "13th Five-Year Plan" task, it is suggested that attention should be paid to the development of the real economy, creating an environment for innovation and entrepreneurship actively, strengthening the awareness of retaining reserves and introducing increment of talent pool, giving full play to own advantages and deeply connecting to regional development strategies.

Keywords: Fengxian Economy; Beautiful and Healthy Industry; Characteristic Town

Ⅱ Analytical Study

B. 2 Agricultural Economy of Shanghai Fengxian: Analysis and Forecast (2017 -2018)

Zhang Pengfei, Chen Rong / 028

Abstract: The 19th National Congress of the Communist Party of China clearly puts forward the implementation of the strategy of rural revitalization, and shows that solving the problem of agriculture, rural and rural areas is the most important work of the Communist Party of China. According to the strategic goal of "Beautiful Fengxian, Powerful Fengxian", Fengxian District learns the spirit of the nineteenth National Congress of the Communist Party of China as the guiding ideology, implements the strategy of revitalizing the rural as an opportunity, promotes ecological construction as the core, reforms the land system as the starting point, and implements the agricultural policy as the direction to promote agricultural modernization and to make the agricultural economy in Fengxian District have a great progress. It is mainly manifested in the following aspects: a) the agricultural production reduced, but the quality improved; b) the urban agriculture is rapidly developing; c) the income of farmers continues growing, and the growth of the gap between urban and rural areas has slowed down; d) with the promotion of urbanization, the number of rural population is decreasing, and the structures of population and culture are more reasonable; e) the rural ecological construction is developing steadily; f) rural reform is progressing smoothly etc.

Keywords: Fengxian Agriculture; Rural Revitatization; Yield Reduction and Quality Improvement; Ecological Construction; Real Right Registration

B. 3 Industrial Economy of Shanghai Fengxian: Analysis and Forecast (2017 -2018)

Wang Yongshui / 046

Abstract: The development of industrial economy in Fengxian district keeps its pace with the adjustment and upgrading of Shanghai industrial structure. In the process of "Made in China 2025" and building the global influential S & T innovation center in Shanghai, Fengxian gave full play to its endowment advantages and cut the backward production capacity at the same time. The adjustment path is consistent with the goal of "higher quality and lower energy". As we can see, the industrial enterprise development quality in Fengxian improved significantly with the main profit margin rising but the energy consumption per capita output falling. However, technological innovation plays a weak role in the development of Fengxian's industrial enterprises. Meanwhile, the public service such as infrastructure, education and health care resources as well as financial power are in a relatively weak development, which leads to a limited scale of creative element agglomeration. In the future, the shortage in public service will hopefully improve, Fengxian's industry transformation is expected to boost by innovation led by high-level talents. Eventually Fengxian would become the bridgehead of the south of Shanghai, and further impact the Yangtze river delta region.

Keywords: Innovation Support; Human Resource Policy; Public Service

Abstract: In 2017, Fengxian actively adapted to the "new normal" of Shanghai's economy, and fully promoted the transformation, upgrading and innovative development of the economy. In the perspective of tax contribution and fixed asset investment, from January to December, the contribution rate of fiscal revenue to the whole district achieved nearly to half as 44.51%, and the fixed asset investment accounted for 75.67% as the dominant force in investment. From the perspective of value-added, from January to September, the service industry value-added in Fengxian was 56.01 billion yuan, growing at a rate of 4.9% on year-over-year basis, making up 44.97% of whole district's value-added. Compare to 2016, Fengxian's role in supporting economic growth for the whole district was stronger. From the distribution of private enterprises in the service industry, Fengxian is in the dominant position in quantity, attracting investment and registered capital. However, the service industry in Fengxian still faces some bottleneck constraints, and the transformation task is still very difficult. We expect that, in 2018, the market trend of consumer goods in the service industry of Fengxian will remain stable, the growth of the financial sector may continue to decline, and the trend of the real estate industry remains to be observed further.

Keywords: Service Industry; Economy Transformation; Tax Contribution; Fixed Asset Investment

B.5 Fixed Assets Investment of Shanghai Fengxian: Analysis and Forecast (2017 -2018)

Fu Kaibao / 103

Abstract: The industrial structure of fixed assets investment in Fengxian District has been continuously optimized from 2007 to 2016, and the proportion of investment in fixed assets in the tertiary industry has been increasing year by year. However, the growth rate of investment in fixed assets in Fengxian District is lower than the growth rate of Shanghai and too much investment in tertiary industry depends on real estate investment, the successive years of negative growth in industrial investment and other issues need to be further optimized; In 2017, the investment in fixed assets in Fengxian District increased rapidly, exceed the same period of last year by 21.6%. The industrial investment turned positive from negative; Based on the further adjustment of the economic structure of Fengxian District and the commencement of construction of key projects, the investment in fixed assets of Fengxian District is expected to maintain steady growth, which will effectively improve the infrastructure in Fengxian District and support economic growth.

Keywords: Fixed Assets Investment; Industrial Structure; Major Projects

Abstract: Based on the historical data and related policies of consumer goods market in Fengxian District, we analyzed and judged the situation of consumer goods market in Fengxian from 2017 to 2018. We found several characteristics in social consumption as following. Firstly, the consumption structure of consumer goods has changed. Secondly, the residents have higher demand for consumption quality and consumption service, which develops toward the top grade and characteristic. Thirdly, the retail industry has grown steadily, and the sales model on the network platform has developed rapidly. Finally, although the per capita income level of the whole area increases gradually, the real estate loan has squeezed the consumption to some degree. So the residents are cautious about future consumption.

Keywords: Demand Side; Consumer Goods Market; Consumption Structure

Abstract: In 2016, the import and export value of Shanghai Fengxian was 64. 42 billion yuan which accounted for 2. 25% of the total value of Shanghai's foreign trade and dropped by 3. 1% which was significantly narrower than that of the previous year, with the export value of 39. 9 billion yuan, dropped 3. 1%, and the import value of 24. 51 billion yuan, decreased 2. 9%. In 2016, the number of newly approved FDI contract was 344, an increase of 19. 4% compared with the same period last year, the contract amount of FDI was 680 million dollor, up 11. 5%, the actual amount in place of FDI was 260 million dollor, down 17. 4% compared with the same period last year. Compared with 2016 and 2015,

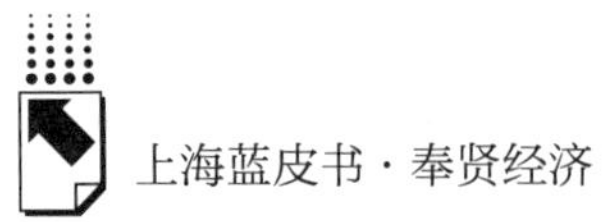

the external economy situation of Fengxian has been improved in 2017. The value of foreign trade and FDI in Fengxian is expected to maintain growth in 2018, but the growth rate should fall down due to the high growth base in 2017.

Keywords: External Economy; Trade Structure; FDI

B. 8 Government Finance of Shanghai Fengxian: Analysis and Forecast (2017 –2018)

Abstract: During China's "13th Five-Year Plan" period, the world economy will remain stagnant after the 2008 crisis with a slow recovery trend. China's economic development has entered the "New Normal", Shanghai has entered an innovation driven stage with structural transformation. It is important for Fengxian District to promote structural reforms in 2016, the first year of the "13th Five-Year Plan". Public finance is crucial for redistributing wealth and regulating economic activities, and plays an important role in maintaining economic stability, promoting social development, improving social security, and enhancing people's wellbeing. This report is based on recent years' fiscal data, several seminars and interviews with local government officials, CEOs and managers. We hope this report can provide a perspective for Fengxian District's fiscal situation and future measures for reforms and development.

Keywords: Fiscal Analysis; Situation Analysis; Future Measures for Reforms and Development

B. 9 Real Estate of Shanghai Fengxian: Analysis and Forecast (2017 –2018)

Abstract: In 2016, the transaction price of residential house in Fengxian District experienced a new round of rapid increase under the background of "de-inventory". The average price of residential house was 32,972 yuan, which was 2.4 times that of 13,655 yuan in 2015. In the face of overheating phenomenon of the real estate market, Xi Jinping, General Secretary the CPC Central Committee, insists in the 19th National Congress of the Communist Party of China that "the house is used to live, not to resell for profit" and we should speed up the establishment of a multi-agent supply and multi-channel security, hire purchase and rent housing system, and let all the people have house to live in. In this round of the real estate market regulation, the Fengxian District government firmly grasp the theme of "control risk", insists "de-inventory" to classify regulation, and effectively control the added value of real estate as a share of GDP to optimize the structure of the real estate market. This repont studies the real estate market from 2007 to 2017, analyzes the real estate investment and development trends, forecasts that the real estate market will enter into a rational adjustment in 2018. However, after the real estate market adjustment, the overall trend will still be up.

Keywords: Real Estate Price; Risk Control; Macroeconomic Regulation

Ⅲ Special Topics

Abstract: Small and medium-sized enterprises are widely distributed, which are the leading enterprises of tax creation and labor absorption in Fengxian District. Fengxian's endowment advantage for supporting Shanghai to construct the global influential S & T innovation center is the large number of small and medium-sized enterprises. In consequence, creating small and medium-sized enterprise technology innovation active zone play an important role in Fengxian's development. In this repont, combined with the result of several investigations and the short-term and long-term construction goal, based on the present situation of science and technology innovation activities and results in Fengxian, we summarize the restriction factors for the development of small and medium-sized enterprises. Thereafter some conclusions and policy implications are proposed respectively.

Keywords: Middle and Small-sized Enterprises; Technology Innovation; Active Zone

B. 11 Research on Development of New Energy and New Material Industry of Shanghai Fengxian

Abstract: The new energy industry and new materials industry are important parts of the "1 +1 +X" industrial pattern of the key development of Fengxian District. In the process of Fengxian District's comprehensive innovation and transformation, a series of innovative measures have promoted the reform of new energy industry and new material industry. The effect of the reform has become more and more obvious. In the analysis of the development of new energy industry and new material industry in Fengxian District and the current situation of key enterprises, we found that Fengxian District has significant advantages in terms of industrial scale, industrial agglomeration and industrial support policies. At the same time, we also find that Fengxian District's new energy industry and new material industry have some problems, such as shortage of talent pool, lack of long-term development strategy and single main business. Based on these situations, this report analyzes the development path of new energy industry and new material industry in Fengxian District. The concrete suggestions for solving the above problems are given from the aspects of expanding the reserve of talents, carrying out the research on the demand of the product market and establishing the Guidance Group for the development of the industry.

Keywords: New Energy Industry; New Material Industry; The Path of Industrial Development

Abstract: "Beautiful China" is an important part of "China dream", based on ecological environment advantages and industrial foundation, the party committee and government of Fengxian District put forward a strategic target to build the "Oriental Beauty Valley" in the earlier stage of "Thirteenth Five-Year Plan" to promote the agglomeration development of beauty and health industry. In recent years, beauty and health industry in Fengxian has formed a certain foundation. At the same time, Fengxian actively created beauty and health industry chain which has achieved significant results, a number of well-known enterprises have emerged which has injected new vitality in the innovation transformation of Fengxian economic development.

Keywords: Oriental Beauty Valley; Beauty and Health Industry

Abstract: "Economic zone", as a propeller of local economic and social development, has become a new growth point of economic development. Xi Jinping, General Secretary the CPC Central Committee, proposes in the 19th National Congress of the Communist Party of China that we should deepen supply-side structural reform, support the upgrading of traditional industries and accelerate the development of modern service industries. From the perspective of practice, the transformation of the economic zone promotes the upgrading of Fengxian's industry and growth of the economic growth. This chapter analyzes the three kinds of industrial land, and land use status, output, development positioning, the overall transformation situation of 17 industrial zones, then concludes the problems and challenges, to explore the path and the future development direction of zones' transformation. It is helpful to develop a new model of city fusion and promote economic upgrading.

Keywords: Economic Zone; Transformation and Upgrading; Industrial Cluster

Abstract: Urbanization is significant for economic and social development. It is like an engine driving the whole economic and social development, and contains great opportunities. At present, our country is in a critical period of further development of urbanization. We should judge the new trend and characteristics of urbanization development accurately, and properly cope with the risks and challenges facing by urbanization. As an important metropolis, Shanghai has been pioneering for reforming and opening up, and has accumulated a lot of experience. In December 2016, Fengxian District was included in the list of third batch of National New Urbanization pilot areas. How to urbanize in accordance with the requirements of innovation driven and transformation development in the new stage? How to integrate the new urbanization of Fengxian District into the development of Shanghai? These has become important and interesting topics.

Keywords: National New Urbanization; Coordination of Urban and Rural Areas; People Orientation; Beautiful Countries

Abstract: Fengxian, as the third batch of new urbanization pilot areas in the country, is actively building a number of characteristic towns with distinctive features, environment-friendly, smart living, quality service and integration with the industrial city as a better support and complement for the city. Based on the results of many visits and investigations, this report takes Jinhui "Oriental Beauty Valley" and Zhuangxing "Agriculture" town as an example for analysis and study, combined with the current situation of economic development of Fengxian District, summarizes the existing bottleneck factors, on this basis, puts forward the problems that should be avoided and the construction path of featured towns in Fengxian District. I believe that a large number of distinctive, cultural, ecological, multi-functional and flexible new style towns will certainly make the new urbanization colorful.

Keywords: Distinctive Town; Jinhui "Oriental Beauty Valley" Town; Zhuangxing "Agriculture Characteristics" Town

Abstract: The report of the nineteenth National Congress of the Communist Party of China clearly points out that building ecological civilization is a millennium plan for the sustainable development of the Chinese nation. We must firmly follow the path of production developing, rich life and good ecology. The ecological garden city is an upgraded version of the garden city, the assessment index is stricter. The implementation of ecological greening mode pays more attention to the improvement of the quality of the urban landscaping, and puts forward higher requirements for the functionality, culture and standardization of the green space.

Although the gap between indexes of Fengxian District and the National Ecological Garden City standard is still obvious, but with Fengxian District continuing to strengthen the planning and guidance of the construction of the Ecological Garden City, coordinating the urban and rural ecological space construction, and constantly improving the quality of urban landscaping etc. Fengxian District strives to achieve the standard of urban construction in the next five to ten years, and will successfully become a "National Ecological Garden City", boosting Shanghai as an Excellent Global City.

Keywords: Ecological Garden City; Evaluation Index; Planning Guidance

Abstract: "Ecological tourism" is one of the important contents of Fengxian's "13th Five Year Plan". In order to accelerate transformation of Fengxian's tourism development, improve the quality of tourism, and promote the development of regional tourism, the leaders of Fengxian proposed the development of "ecological tourism" strategic objectives, combining with its own environmental advantages. In recent years, Fengxian's ecological tourism have developed rapidly, development pattern has been formed basically, and built a series of ecological tourism product system, developed many ecological tourism scenic area (spot), improved the level of tourism, obtained the remarkable effect, and also played a supporting role in Fengxian's economic transformation and upgrading.

Keywords: Beauty of Ecological Tourism; Ecological Tourism Scenic Area; Tourism Level

Abstract: In the economic and social development of Fengxian, the leading role of "Xian culture" has been tested by practice and recognized by all circles of society for many years. The development of Fengxian's economy is also a positive development of Fengxian's economic talent gathering system and Fengxian regional economic industrial system, which is heading for a more orderly and healthy cycle. "Xian culture" is a cultural gene of Fengxian District, its core that "Respecting talents and learning talents" is the essence of the enterprising spirit and the carrier of "sage". It is an irreplaceable role for the economic development of Fengxian to build a political and business environment and the construction of a talent team based on the "Xian culture". Observing the modern "sage" economic talent aggregation and economic activities in the economic development is to observe the "Xian culture" to lead the economic development path of the most intuitive, which is the core point of view. From the summary of the activities of Fengxian District's economic talents, the leading role of "Xian culture" to the economy has a significant synergy with the economic development of Fengxian.

Keywords: Xian Culture; Economic Transformation; Talents Training in Fengxian

皮书起源

“皮书”起源于十七、十八世纪的英国，主要指官方或社会组织正式发表的重要文件或报告，多以“白皮书”命名。在中国，“皮书”这一概念被社会广泛接受，并被成功运作、发展成为一种全新的出版形态，则源于中国社会科学院社会科学文献出版社。

皮书定义

皮书是对中国与世界发展状况和热点问题进行年度监测，以专业的角度、专家的视野和实证研究方法，针对某一领域或区域现状与发展态势展开分析和预测，具备原创性、实证性、专业性、连续性、前沿性、时效性等特点的公开出版物，由一系列权威研究报告组成。

皮书作者

皮书系列的作者以中国社会科学院、著名高校、地方社会科学院的研究人员为主，多为国内一流研究机构的权威专家学者，他们的看法和观点代表了学界对中国与世界的现实和未来最高水平的解读与分析。

皮书荣誉

皮书系列已成为社会科学文献出版社的著名图书品牌和中国社会科学院的知名学术品牌。2016 年，皮书系列正式列入“十三五”国家重点出版规划项目；2013~2018 年，重点皮书列入中国社会科学院承担的国家哲学社会科学创新工程项目；2018 年，59 种院外皮书使用“中国社会科学院创新工程学术出版项目”标识。

中国皮书网

（网址：www.pishu.cn）

发布皮书研创资讯，传播皮书精彩内容
引领皮书出版潮流，打造皮书服务平台

栏目设置

关于皮书：何谓皮书、皮书分类、皮书大事记、皮书荣誉、皮书出版第一人、皮书编辑部

最新资讯：通知公告、新闻动态、媒体聚焦、网站专题、视频直播、下载专区

皮书研创：皮书规范、皮书选题、皮书出版、皮书研究、研创团队

皮书评奖评价：指标体系、皮书评价、皮书评奖

互动专区：皮书说、社科数托邦、皮书微博、留言板

所获荣誉

2008 年、2011 年，中国皮书网均在全国新闻出版业网站荣誉评选中获得“最具商业价值网站”称号；

2012 年，获得“出版业网站百强”称号。

网库合一

2014 年，中国皮书网与皮书数据库端口合一，实现资源共享。

中国社会发展数据库（下设 12 个子库）

全面整合国内外中国社会发展研究成果，汇聚独家统计数据、深度分析报告，涉及社会、人口、政治、教育、法律等 12 个领域，为了解中国社会发展动态、跟踪社会核心热点、分析社会发展趋势提供一站式资源搜索和数据分析与挖掘服务。

中国经济发展数据库（下设 12 个子库）

基于“皮书系列”中涉及中国经济发展的研究资料构建，内容涵盖宏观经济、农业经济、工业经济、产业经济等 12 个重点经济领域，为实时掌控经济运行态势、把握经济发展规律、洞察经济形势、进行经济决策提供参考和依据。

中国行业发展数据库（下设 17 个子库）

以中国国民经济行业分类为依据，覆盖金融业、旅游、医疗卫生、交通运输、能源矿产等 100 多个行业，跟踪分析国民经济相关行业市场运行状况和政策导向，汇集行业发展前沿资讯，为投资、从业及各种经济决策提供理论基础和实践指导。

中国区域发展数据库（下设 6 个子库）

对中国特定区域内的经济、社会、文化等领域现状与发展情况进行深度分析和预测，研究层级至县及县以下行政区，涉及地区、区域经济体、城市、农村等不同维度。为地方经济社会宏观态势研究、发展经验研究、案例分析提供数据服务。

中国文化传媒数据库（下设 18 个子库）

汇聚文化传媒领域专家观点、热点资讯，梳理国内外中国文化发展相关学术研究成果、一手统计数据，涵盖文化产业、新闻传播、电影娱乐、文学艺术、群众文化等 18 个重点研究领域。为文化传媒研究提供相关数据、研究报告和综合分析服务。

世界经济与国际关系数据库（下设 6 个子库）

立足“皮书系列”世界经济、国际关系相关学术资源，整合世界经济、国际政治、世界文化与科技、全球性问题、国际组织与国际法、区域研究 6 大领域研究成果，为世界经济与国际关系研究提供全方位数据分析，为决策和形势研判提供参考。

法律声明